Südtirol

Reinhard Kuntzke · Christiane Hauch

DUMONT
Reise-Taschenbuch

Unterwegs in Südtirol

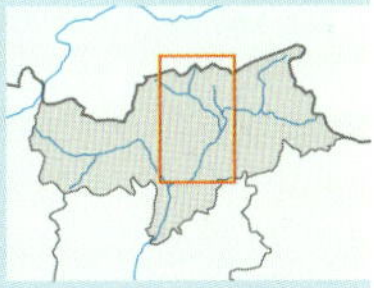

Auf Entdeckungstour

Karten und Pläne

► Dieses Symbol im Buch verweist auf die Extra-Reisekarte Südtirol

Schnellüberblick

Burggrafenamt
Der weite Talkessel rings um Meran ist Urlaubermagnet ersten Ranges. Die Kurstadt lädt zum Flanieren ein und besitzt mit den Gärten von Schloss Trauttmansdorff und den neuen Thermen herausragende Highlights. Dorf Tirol und das Passeier Tal stehen für die wechselvolle Geschichte der Provinz, der Naturpark Texelgruppe für die landschaftliche Schönheit. S. 224

Vinschgau
Das breite Tal der oberen Etsch wird gen Westen immer rauer und alpiner. Die trockenen Sonnenhänge über dem fruchtbaren Talboden sind von Bewässerungskanälchen durchzogen, an denen es sich herrlich wandern lässt. Im Nationalpark Stilfser Joch erhebt sich der Ortler, der höchste Berg Südtirols. S. 254

Bozen
Die lebendige Hauptstadt der Provinz ist stets einen Besuch wert. Die Lauben locken zum Einkaufen und die Altstadt zum Bummeln. Das ›Ötzi‹-Museum und Messners Bergmuseum sind Höhepunkte jeder Reise nach Südtirol. S. 76

Eisacktal
Das Transit-Tal gen Süden wird vom Verkehr überrollt. Aber seine Städte und Städtchen sind viel zu schön zum eiligen Durchhasten. In den Seitentälern und auf den Höhen der Seiser Alm und des Schlerngebiets vor dem grandiosen Panorama der Dolomiten ist jede Hektik vergessen. S. 100

Pustertal
Gen Osten ins österreichische Osttirol führt das grüne Tal, das von sanften Mittelgebirgsterrassen begleitet wird. Bruneck ist die besuchenswerte Talmetropole. Das ladinische Gadertal, das Pragser und das Sextental streben direkt in die fantastischen ›Bleichen Berge‹ der Dolomiten. S. 158

Überetsch und Unterland
Das fruchtbare Obst- und Weinland hinter Bozen ist ganz dem Süden zugewandt. Nirgendwo sonst gibt es so viele Burgen und Schlösser wie im Überetsch. Das breite ebene Unterland und der Kalterer See bieten Rad- und Badespaß. Und durch die Seitentäler gelangt man rasch zum Wandern in die hohen Berge. S. 200

Mit Reinhard Kuntzke und Christiane Hauch unterwegs
Reinhard Kuntzke, Journalist und Politologe, und Christiane Hauch, Dramaturgin und Schauspielerin, durchstreifen seit vielen Jahren auf unzähligen Wegen Südtirol und haben sich Schritt für Schritt Land und Leuten genähert. Im Laufe der Zeit haben sie dabei viele Freundschaften geschlossen und die wechselvolle Geschichte des Landes südlich des Brenners erforscht und in zahlreichen Publikationen thematisiert.

Rast auf der Kassianspitze im Sarntal

›Land im Gepirg‹

Südtirol ist das ›Land im Gepirg‹. So wurde im frühen Mittelalter der Teil der alten Grafschaft Tirol südlich des Brenners genannt. Ein zutreffender Name: Fast zwei Drittel der Fläche Südtirols liegen über 1500 m hoch.

Berge und Täler

Aber das ›Land im Gepirg‹ zeigt sich in zwei verschiedenen Ansichten. Da ist einmal der Blick von unten, von den großen Tälern aus. Hier, in den breiten Talebenen und Talkesseln von Etsch, Eisack und Rienz schlägt das wirtschaftliche Herz der Gegenwart. Hier haben sich die Industrien und große landwirtschaftliche Betriebe angesiedelt. Hier lebt die Mehrzahl der Bevölkerung, und hier verlaufen die großen Verkehrsachsen der Neuzeit. Von unten erscheint das Gebirge wie eine Kulisse, gar wie eine Barriere.

Der andere Blick ist der von oben, von den Höhen und Bergen aus. Von dort ergibt sich eine ganz andere Perspektive. Vom Talgrund der Etsch oder dem Eisack lässt sich die Weite der Hochgebirgslandschaft kaum erahnen. Was von unten wie eine Barriere wirkt, ist vielerorts eine Hochfläche, die von den Menschen seit Jahrhunderten besiedelt und kultiviert wird. Über die flachen Sättel und Pässe liefen die Verbindungen der Vorzeit. Denn über die Berge waren die Wege viel kürzer als durch die düsteren, gefährlichen Talschluchten oder durch die versumpften Talauen. Die Berge und Pässe waren nicht Hindernis sondern verbindendes Element. Erst mit der Industrialisierung verloren die alten Höhenwege langsam ihre Bedeutung. Aber noch heute erschließt sich das ›Land im Gepirg‹ in seiner ganzen Weite und Schönheit nur im Blick von oben.

Vielfalt und Abwechslung

Südtirols Touristiker preisen ihr Land als ein Qualitätsprodukt an und vermarkten es auch so. Gut und teuer. Aber der Gast aus dem Norden erhält auch eine Menge für sein Geld: vielfältige, ge-

Bürgerhäuser in Bozen – das Felsenreich des Rosengartens scheint zum Greifen nah

pflegte Landschaften auf kleinstem Raum, die unverwechselbar sind; weltberühmte Berge, deren Namen sich sofort einprägen. Eine lebendige, tradierte Kultur, die bereits den Süden erahnen lässt. Liebenswürdige Menschen, die fremde Besucher bereits seit Jahrhunderten gastfreundlich empfangen. Eine feine, aber auch deftige Küche, die das Beste aus dem Norden und dem Süden miteinander verbindet. Und in jeder Hinsicht eine gut ausgebaute touristische Infrastruktur, die nahezu alle Wünsche erfüllen kann.

›Zwischenland‹ Südtirol

Die Mehrheit der Menschen in der Provinz spricht ein reizendes, schön gefärbtes Deutsch, das voller Eigenheiten ist. Die Südtiroler sind polyglott, die meisten parlieren in mindestens zwei Sprachen. Das Italienische setzt dem Ganzen ein schickes Krönchen auf und gibt der heimlichen Sehnsucht der Besucher von ›Heimat in der Fremde‹ den nötigen Anstrich von Weltläufigkeit, *dolce vita* und Abenteuer.

Südtirol, das zu den reichsten Provinzen Italiens zählt, ist ein Grenzland, eine Übergangsregion von Nord zu Süd. Südtirol ist klein: Keine 500 000 Menschen leben hier in acht Bezirksgemeinschaften und in 116 Gemeinden. Vom Brenner im Norden bis zur Salurner Klause im Süden sind es nur rund 120 km auf der Autobahn. Von der Grenze zum österreichischen Osttirol bis zum Übergang zur Nachbarprovinz Sondrio im Westen beträgt die Entfernung auch nur gut 200 km.

Die Südtiroler rechnen sich drei unterschiedlichen Sprachgemeinschaften (deutsch, ladinisch, italienisch) zu und versuchen, sich im komplizierten, aber spannenden demokratischen System zurechtzufinden, das die Minderheiten schützt. Südtirol ist einerseits eine konservative Gesellschaft aus Bauern und Kaufleuten. Es ist aber auch eine Region, die immer wieder kluge Köpfe hervorgebracht hat. Manche haben oder mussten die Enge der Provinz verlassen. Manche sind mit neuen Ideen zurückgekehrt. Dank und trotz aller Widersprüche und Widerspruchsgeister ist Südtirol in Europa angekommen und hat die europäische Gemeinschaft mitgestaltet.

Hier schmeckt die Meraner Hauswurst den Autoren am besten, S. 94

Das besondere Souvenir: handgefertigte Filzpantoffeln aus dem Sarntal, S. 116

Lieblingsorte!

Atemberaubend: Seiseralm mit Plattkofel und Langkofel, S. 150

Einkaufsparadies der nostalgischen Art: Alimentari Horvat in Bruneck, S. 180

Eine Burg aus Kindheitsträumen: die Trostburg bei Waidbruck, S. 134

Unterwegs einkehren: am liebsten in einer der unzähligen Jausenstationen, S. 146

Die Reiseführer von DuMont werden von Autoren geschrieben, die ihr Buch ständig aktualisieren und daher immer wieder dieselben Orte besuchen. Irgendwann entdeckt dabei jede Autorin und jeder Autor seine ganz persönlichen Lieblingsorte. Dörfer, die abseits des touristischen Mainstream liegen, eine ganz besondere Einkehrmöglichkeit auf einer Bergtour, Plätze, die zum Entspannen einladen, ein Stückchen ursprüngliche Natur – eben Wohlfühlorte, an die man immer wieder zurückkehren möchte.

Auf dem Meraner Höhenweg, einer der schönsten Bergtouren in Südtirol, S. 238

Innen wie außen bezaubernd: die St. Ägidius-Kapelle im Vinschgau, S. 267

Reiseinfos, Adressen, Websites

Am Latzfonser Kreuz bei Villanders, dahinter die filigranen Geislerspitzen

Informationsquellen

Infos im Internet

Südtirol ist sehr gut im Internet vertreten. Nahezu alle Ferienorte haben eine eigene Homepage mit Informationen zu Unterkünften, Sehenswürdigkeiten, Veranstaltungen, Ausflügen und Aktivitäten. Auch die meisten Hotels, Restaurants und Museen haben eigene Websites. In der polyglotten Provinz Südtirol ist es eine Selbstverständlichkeit, dass alle Websites auf Deutsch, Italienisch und zumeist auch auf Englisch vorhanden sind.

Internet-Cafés dagegen gibt es in der Provinz allerdings nur selten. Lediglich in den großen Städten sind ein paar zu finden. In den Telecom-Zentralen wie auch in den kommunalen Bibliotheken stehen meist einige Terminals zur Verfügung. Je besser ein Hotel ist, desto wahrscheinlicher ist es, dass es einen öffentlichen Internet-Zugang oder einen Web-Anschluss auf den Zimmern anbietet.

www.suedtirol.info: Offizielle Homepage der Südtirol Marketing Gesellschaft, des Tourismus-Dachverbandes, mit Infos und Links zu allen Tälern und Orten.
www.provinz.bz.it: Startseite des Südtiroler Bürgernetzes zu Politik, Verwaltung und Gesellschaft.
www.uibk.ac.at/zeitgeschichte/zis/library/suedtirol-im-20.-jahrhundert: Dokumentensammlung zur Südtiroler Geschichte der Universität Innsbruck.
www.altabadia.it/ladins/cap1dt.htm: Informationen über die jüngere Geschichte der ladinischen Sprach- und Kulturgruppe.
www.museen-suedtirol.it/de/default.asp: Startseite für nahezu alle Südtiroler Museen.
www.dolnet.it: Internet-Verzeichnis für Südtirol.
www.stol.it: Redaktionelle Informationsplattform des Athesia-Verlages.
www.suedtiroljournal.com: Aktueller Nachrichtendienst für Südtirol.
www.provinz.bz.it/wetter/suedtirol.asp: Wetterbericht für Südtirol.
www.provinz.bz.it/verkehr/default.asp: Verkehrsbericht für Südtirol mit Stauwarnungen, Baustellen, Passsperren, Radarkontrollen.
www.suedtirol24.tv : Webcams in Südtirol.
www.eventguide.it: Aktueller Veranstaltungskalender für die Provinz.
www.provinz.bz.it/natur/themen/naturparks.asp: Informationen über die Südtiroler Naturparks.
www.ski-ferien.com: Übersicht über alle Skigebiete der Provinz.
www.suedtirolerwein.com: Informationsseite über Wein, Weinanbau und Kellereien.
www.visittrentino.it: Tourismus-Homepage der Nachbarprovinz Trentino.
www.dolomiti.com: Tourismus-Homepage der Nachbarprovinz Belluno.

Fremdenverkehrsämter

Allgemeine touristische Informationen über die italienischen Regionen und Provinzen erteilen die Büros der Italienischen Zentrale für Tourismus. Die Informationen über Südtirol sind allerdings nicht allzu umfangreich.

... in Deutschland
60325 Frankfurt/M.
Barckhausstraße 10
Tel. 069 23 74 34
Fax 069 23 28 94
frankfurt@enit.it

... in Österreich

1060 Wien
Mariahilfer Straße 1B
Tel. 0 15 05 16 39
Fax 0 15 05 02 48
vienna@enit.it

... in der Schweiz

8001 Zürich
Uraniastr. 32
Tel. 04 34 66 40 40
Fax 04 34 66 40 41
zurich@enit.it

... in Südtirol

Informativer ist es, sich für Auskünfte über Südtirol direkt an die zentrale Auskunftsstelle in der Provinz zu wenden:

Südtirol Marketing Gesellschaft
Pfarrplatz 11
39100 Bozen
Tel. 04 71 99 99 99
Fax 04 71 99 99 00
info@suedtirol.info
www.suedtirol.info

Alle Talschaften und größeren Orte in Südtirol besitzen zusätzliche Tourismusbüros, bei denen auch Informationsmaterial angefordert werden kann bzw. vor Ort erhältlich ist. Die Adressen sind im Reiseteil nach den Ortsbeschreibungen aufgeführt.

Lesetipps

Die Stichworteingabe »Südtirol« bei einem der Internet-Buchvertriebe wie Amazon ergibt eine riesige Trefferquote. Die kleine – durchaus persönlich gefärbte – Auswahl soll eine Schneise durch das Bücherdickicht schlagen. Vor Ort bieten die Buchhandlungen von Athesia (www.athesiabuch.it), die es in Bozen, Meran, Brixen, Sterzing, Bruneck, St. Ulrich, Neumarkt und Schlanders gibt, eine umfassende Auswahl an. Eine Alternative zum großen Medien-Konzern ist die genossenschaftlich geführte Buchhandlung **KoLibri** in Bozen (Raingasse 17, Nähe Waltherplatz, www.kolibri.it), die ein fundiertes, oft überraschendes Sortiment nicht nur zu Südtirol bereithält.

Gunther Langes und Josef Rampold: Südtiroler Landeskunde (sieben Einzelbände), Athesia Verlag, Bozen. Das eher konservative Standardwerk über Südtirol ist mittlerweile nur noch antiquarisch erhältlich.

Rolf Steininger: Südtirol im 20. Jahrhundert, Studien Verlag, Innsbruck 2004. Der Professor aus Innsbruck ist ein fundierter Kenner der Südtiroler Vergangenheit und Gegenwart.

Franz Tumler: Nachprüfung eines Abschieds, Haymon Verlag, Innsbruck 2011. Das Werk des Südtiroler Autors, der zur Avantgarde nach dem Zweiten Weltkrieg zählt, war lange Zeit vergriffen.

Sepp Mall: Wundränder, Haymon Verlag, Innsbruck 2011. Der Roman beschreibt die Narben und Konflikte, die in den 1960er-Jahren die Attentate der »Bumser« in Südtirol hinterließen.

Francesca Melandri: Eva schläft, Haymon Verlag, Innsbruck 2012. Die Autorin aus Rom hat lange Zeit in Bruneck gelebt. In ihrem Roman wirft sie einen Blick aus südlicher Perspektive auf Südtirol.

Flavio Faganello und Florian Kronbichler: Gehen – Andare via, Il Margine Verlag, Trento 2010. Das zweisprachige Buch ist eine Hommage an den bedeutendsten Fotografen der Region und ein Spiegelbild jüngst vergangener Zeiten.

Karl Felix Wolff: Dolomitensagen, Athesia Verlag, Bozen 2003. Als Wissenschaftler sehr umstritten, sind die Dolomiten-Sagen des Autors jedoch sehr schön zu lesen.

Norbert C. Kaser: Herrgottswinkel. Photographien – Gedichte, A1 Verlagsgesellschaft, 2005. Zu Lebzeiten angefeindet, hat Südtirols größter zeitgenössischer Lyriker erst nach seinem Tod die verdiente literarische Anerkennung erhalten.
Joseph Zoderer: Die Walsche, Das Glück beim Händewaschen, Der Schmerz der Gewöhnung, Der Himmel über Meran, Hanser Verlag, München sowie diverse TB-Ausgaben. Der Romancier schildert Südtirol in feinen und dennoch eindringlichen Tönen.
Bettina Galvagni: Melancholia, Persona. Residenz Verlag St. Pölten/Salzburg 2001 bzw. Luchterhand Literaturverlag, München 2002. Die Autorin gilt als das größte Nachwuchstalent aus Südtirol.
Kurt Lanthaler: Azzuro, Der Tote im Fels, Grobes Foul, Herzsprung, Haymon-Verlag, Innsbruck. Drastischer, voller *action* und mit vielen Verwicklungen geht es in den Südtirol-Krimis zu. So ganz nebenbei erfahren wir, was die Provinz bewegt. Heute lebt der Autor in Berlin.

Mit dem Mountainbike im Vinschgau

Wetter und Reisezeit

Jahreszeiten und Klima

Südtirol ist ein Ganzjahresreiseziel, sieht man vom meist trüben November ab, in dem auch die meisten Gastbetriebe geschlossen sind. Das **Frühjahr** lockt mit der Obstblüte in den Talschaften zu ausgedehnten Radtouren. Auch dürften die Städte zu dieser Zeit kaum überlaufen sein, sodass die – seltenen – Regentage für Museumsbesuche genutzt werden können.

Der **Sommer** mit den langen Schönwetterperioden ist die richtige Zeit für Hochgebirgswanderungen. In den niedrigen Lagen wird es allerdings so heiß, wie man es sonst nur aus südlicheren Regionen Italiens kennt. Die ersten beiden Augustwochen sollte man aber – sofern man kein Quartier vorgebucht hat – unbedingt meiden, denn dann macht ganz Italien Ferien und auch in Südtirol ist kaum ein freies Bett zu finden.

Auch der **Herbst** zeichnet sich zumeist durch eine stabile Hochdruckwetterlage aus. Dann ist in den Bergen die Fernsicht besonders gut. Der **Winter** ist natürlich die Zeit der Skifahrer, Tourengeher und Langläufer. Dem zunehmenden Schneemangel versucht man durch den Einsatz von energieintensivem Kunstschnee mittels Schneekanonen zu begegnen.

Kleidung und Ausrüstung

Was an **Bekleidung** in das Reisegepäck gehört, hängt von Reisezeit und geplanten Aktivitäten ab. Im Sommer braucht man neben luftigen Sachen für abends auch einen leichten Pullover oder eine leichte Jacke. Wer Wandertouren plant, benötigt feste, gut eingelaufene Wanderschuhe und einen Tagesrucksack. Nicht fehlen darf ein Regenschutz (am Besten ein Poncho, unter den auch der Rucksack passt) und eine Windjacke oder ein Pullover, denn ein Gewitter mit Kälteeinbruch kann in Südtirol auch im Hochsommer überraschend kommen. Gegen die in größeren Höhen sehr intensive Sonneneinstrahlung empfehlen sich Kopfbedeckung und Sonnencreme mit hohem Schutzfaktor.

Zwar gibt es in Südtirol überall genügend Einkehrmöglichkeiten, aber etwas **Proviant** und eine gefüllte Trinkflasche gehören in jeden Wanderrucksack. Die **Bergschuhe** sollten gut eingelaufen sein, um Blasen zu vermeiden. Von Turnschuhen ist bei Hochgebirgstouren dringend abzuraten.

Auch **Badezeug** lohnt sich mitzunehmen. Südtirol hat einige schöne Badeseen und fast jede Gemeinde ein Schwimmbad.

Klimadaten Meran

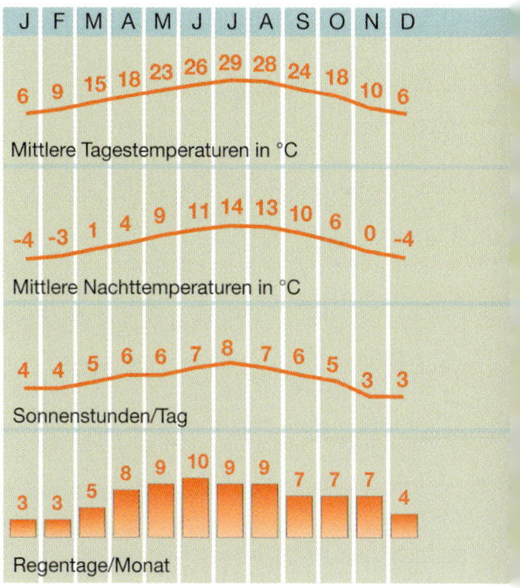

Rundreise planen

Die schönsten Orte in vier Tagen

Wer im Zug oder mit dem Auto vom Brenner durch das Eisacktal gen Süden fährt, wird nur Seitenblicke auf die Schönheiten Südtirols und auf die weltberühmten Gipfel und Grate der Dolomiten erhaschen. Wer aber in Bozen aussteigt, kann sich mit der folgenden Tour – sei es per Linienbus oder per (Miet-)Auto – überraschen und zum Wiederkommen verführen lassen.

Südliches Flair in Bozen

1. Tag: Das Hotel für die Nacht in **Bozen** am besten vorbuchen oder noch schnell im Verkehrsamt (bis 19 Uhr geöffnet) am Waltherplatz organisieren. Nach dem Frühstück am nächsten Tag bietet sich für den **Vormittag** ein Stadtbummel an. Vielleicht als Erstes zum **Waltherplatz** in die Edy Bar für einen Cappuccino. ›Pflicht‹ sind anschließend die **Lauben** und der **Obstmarkt**. Danach kann man sich in die Schlange vor dem **Archäologiemuseum** einreihen, um ›Ötzi‹ seine Referenz zu erweisen. Ab 10 Uhr ist das Museum geöffnet. Außer im Juli/August sollte man den Montag meiden, denn dann empfängt der ›Gletschermann‹ keine Besucher. Für die Stärkung am **Mittag** ist eine Meraner Hauswurst an einem der Bozner Würstlstände genau richtig (s. S. 94).

Am frühen **Nachmittag** könnte man sich auf die Fahrräder schwingen, die man idealerweise am Vortag beim Ver-

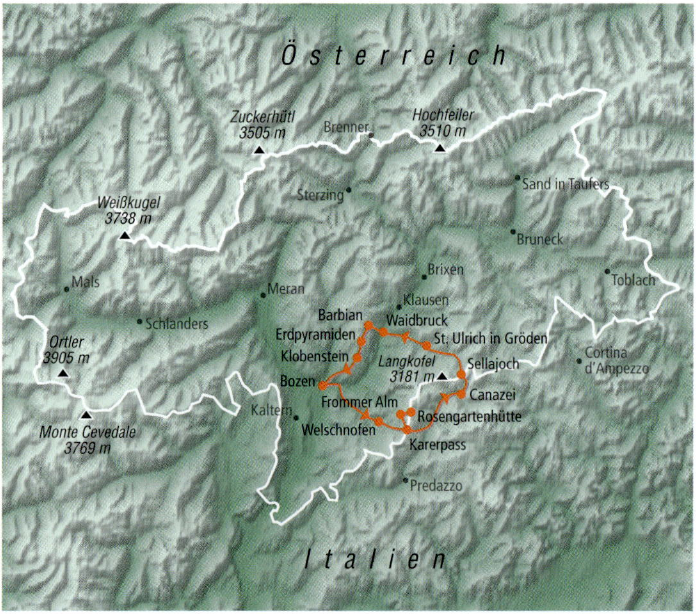

kehrsamt reserviert hat. Auf dem Radweg an Eisack und Etsch rollt man so genüsslich nach **Sigmundskron**. Nur die letzten Meter hinauf nach **Firmian**, Messners Bergmuseum (ebenfalls Mo Ruhetag) sind anstrengend. Auf demselben Weg geht es dann per Rad zurück. Wer noch Zeit und Kondition hat, radelt auf den Promenaden entlang der Talfer zur **Burg Runkelstein** (Mo geschlossen).

Am **Abend** nach dem Essen mischt man sich dann unter die Leute im Karree zwischen Obstmarkt und Dr.-Streiter-Gasse. Das eine oder andere Glas Wein wartet noch auf die Verkostung.

Erste Bergluft schnuppern

2. Tag: Die Dolomiten und das Felsenreich des Rosengartens haben aus der Ferne bereits am Vortag leise gerufen. Über **Welschnofen** und dem nur noch am frühen Morgen verwunschenen **Karersee** geht es zum **Karerpass** und weiter zum Gasthof **Frommer Alm**. Der Sessellift bringt Besucher in wenigen Minuten hinauf auf fast 2400 m Höhe zur **Rosengartenhütte**. Der **Hirzlweg** ist ein richtiger Bergsteig, der aber mit Trittsicherheit und Schwindelfreiheit problemlos zu begehen ist. In gut zwei Stunden führt der großartige Steig unterhalb der Wandfluchten des Rosengartens und an der mächtigen Rotwand entlang zur **Rotwandhütte**. Auf der Terrasse kann man es sich bei einem zünftigen Bergsteigeressen am späten **Mittag** inmitten der gewaltigen Felsszenerie gutgehen lassen.

Wer mit dem Auto unterwegs ist, wandert auf dem Hirzlweg zurück, Busnutzer gehen nur bis zur Paolina-Hütte zurück und nehmen den Sessellift hinab zur Feriensiedlung unterhalb des Karerpasses (Bushaltestelle).

Vom **Karerpass** geht es hinunter in die Nachbarprovinz **Trentino** und durch das **Val di Fassa**. Wer noch Zeit hat, besucht in Vigo die Fassa das **Ladinische Museum** und erfährt viel Wissenswertes über die rätoromanische Kultur. In **Canazei**, dem Hauptort des Fassatals, wird man außerhalb der absoluten Hochsaison kein Problem haben, ein Zimmer zu finden. Die abendliche *passeggiata* durch die Straßen hat italienisches Ferienflair.

Rund um den Langkofel

3. Tag: Früh am **Morgen** kurvt man die zahlreichen Serpentinen hinauf zum **Sellajoch** und startet sogleich mit leichtem Gepäck zur Umrundung des **Langkofels**. Am besten entgegen der Uhrzeigerrichtung – so ist die Tour am schönsten. Mit mindestens 6 Std. Gehzeit ist die Wanderung eine stramme, aber fantastische Tagestour. Dann gilt es zu entscheiden, ob man im Sellajochhaus oder in einer der Berghütten unterwegs übernachten will. Proviant braucht man nicht viel mitzunehmen, denn etliche Schutzhäuser laden mit ihren Aussichtsterrassen zur wohlverdiente Rast ein.

Gröden, Trostburg und Ritten

4. Tag: Durch das **Grödner Tal** geht es am Morgen abwärts nach **St. Ulrich**. Das **Café Corso** im Ortszentrum lockt mit einem zweiten Frühstück, bevor man nach **Waidbruck** unten im **Eisacktal** aufbricht. Die **Trostburg** (Mo Ruhetag), zu der man gut 20 Min. hinaufsteigt, ist eine der schönsten Burgen Südtirols. Wer mit öffentlichen Verkehrsmitteln unterwegs ist, steigt in **Waidbruck** in die Bahn oder in einen der Linienbusse und kehrt nach **Bozen** zurück. Autofahrer können den herrlichen Umweg über **Barbian** nehmen und auf der kleinen Gemeindestraße über die Höhen zu den **Erdpyramiden** (s. S. 145) bei **Maria Saal** auf dem **Ritten** fahren. Über **Klobenstein** geht es dann nach **Bozen** zurück.

Anreise und Verkehrsmittel

Einreisebestimmungen

EU-Bürger werden beim Grenzübertritt kaum kontrolliert. Trotzdem muss man – wie die Schweizer auch – Ausweispapiere dabeihaben. Und seit Juni 2012 benötigen auch Kinder unabhängig vom Alter ein eigenes Reisedokument. In einem EU-Mitgliedsstaat gekaufte Waren für den Eigenbedarf können mitgeführt werden (Richtmengen: z. B. 800 Zigaretten, 10 l Spirituosen, 90 l Wein). Für Schweizer gelten reduzierte Freimengen (z. B. 200 Zigaretten, 2 l Wein, 1 l Spirituosen).

Anreise

... mit dem Flugzeug

Der Bozner Airport Bozen Dolomiten (www.abd-airport.it) wird im Linienflugverkehr zurzeit nur aus Rom und Olbia angeflogen. Hinzu kommen einige Charterflugverbindungen. Vom Flughafen gelangt man per Taxi in die Stadt.

Billigflüge zu den Flughäfen von Mailand/Bergamo und Verona bekommen eine immer größere Bedeutung. Das Busunternehmen Terravision bietet von beiden Flughäfen einen Transferdienst nach Bozen und in die Dolomiten an. Zeiten und Preise: www.terravision.eu/tedesco/dolomite_transfers.html. Die Anfahrt von Mailand, Bergamo und Verona lässt sich aber auch leicht per Bahn organisieren (Fahrplanauskünfte s. rechts).

... mit der Bahn

Solange der Brenner-Basistunnel noch im Planungsstadium ist, stellt die alte Brenner-Eisenbahn mit ihren schmalen Kehren und vielen Tunnels weiterhin die wichtigste Bahnverbindung zwischen Mitteleuropa und Italien dar. EuroCity- und D-Züge verkehren täglich im 2-Std.-Takt von München über Innsbruck nach Italien. Diese internationalen Züge halten in Südtirol an den Bahnhöfen Brenner, Franzensfeste, Brixen und Bozen. Auch von Lienz/Osttirol bestehen direkte Zugverbindungen nach Südtirol. Den Lückenschluss zwischen dem Schweizer und Südtiroler Bahnnetz stellt die Busverbindung zwischen Zernez (Graubünden) und Mals (Vinschgau) her. Verona liegt an der EC/IC-Strecke Mailand/Venedig–Bozen–Brenner. Von Bergamo ist Südtirol mit Umsteigen in Mailand bzw. Brescia zu erreichen. Autoreisezüge fahren von Hamburg, Hildesheim, Düsseldorf und Berlin nach Bozen.

Informationen über Zugverbindungen nach und innerhalb von Südtirol: www.bahn.de, www.autoreisezug.de, www.öbb.at, www.sbb.ch, www.ferroviedellostato.it (auch in Englisch).

... mit dem Bus

Urlauber, die ein Quartier im Gebiet des Tourismusverbands Meraner Land oder im Süden von Südtirol gebucht haben, können eine preiswerte Busverbindung ab München (45–90 € hin und zurück) nutzen, die von Mitte März bis Oktober jeden Mittwoch und Samstag besteht. Buchung über die Tourismusbüros, Bezahlung im Bus.

Aus der Schweiz (von St. Gallen über Winterthur, Zürich, Sargans) verkehrt von Mitte April bis Oktober jeden Samstag der »Südtirol-Express« (160 SFR hin und zurück) durch den Vinschgau nach Meran und Dorf Tirol. Buchung über: Südtirol-Express, Wilenstraße 11 c, CH-9322 Egnach, Tel. 00 41 (0)71 298 11 11, Fax 00 41 (0)71 298 09 17, www.suedtirolexpress.ch.

... mit dem Auto

Die **Hauptroute** für Autofahrer ist die stauträchtige und gebührenpflichtige Brenner-Autobahn, die von Innsbruck durch Wipp- und Eisacktal nach Bozen und weiter über Trento nach Verona führt. Parallel zur Autobahn verläuft die mittlerweile passabel ausgebaute alte Bundes- bzw. Staatsstraße.

Über den **Reschenpass** gelangt man vom österreichischen oberen Inntal in den Südtiroler Vinschgau. Von Osttirol wird das Südtiroler Pustertal über Sillian und den Grenzübergang **Winnebach** erreicht. Der leichteste Straßenzugang von der Schweiz verläuft durch das **Münstertal** in den Vinschgau. Alle anderen Straßenverbindungen von Norden oder Westen (Umbrail Pass/ Stilfser Joch, Timmelsjoch, Staller Sattel) sind serpentinenreiche Hochgebirgsstraßen, die nur im Sommer befahrbar sind.

Verkehrsmittel in Südtirol

Bahn

Regionale Zugverbindungen bestehen im Eisack- und Etschtal vom Brenner über Bozen bis nach Salurn und weiter nach Trento und Verona, im Pustertal von Franzensfeste über Bruneck und Innichen nach Winnebach und weiter nach Lienz. Der Zugverkehr zwischen Bozen und Meran und weiter durch den Vinschgau nach Mals folgt einem stündlichen Takt. In Italien müssen Fahrkarten vor der Reise an den Automaten im Bahnhof abgestempelt werden. Fahrplanauskünfte: www.sii.bz.it und www.vinschgerbahn.it.

Bus

Südtirol hat ein gutes öffentliches Busnetz. Nahezu alle Dörfer und Täler werden von regelmäßig verkehrenden Linienbussen angefahren. Nur am Wochenende und in den Wintermonaten sind manche entlegene Orte schwer oder gar nicht zu erreichen.

Neben Einzelfahrscheinen können Urlauber auch die preisgünstigeren **Wertkarten** zu 5, 10 oder 25 € nutzen, die auf allen Stadtbus- und Überlandbusstrecken sowie allen Bahnlinien Südtirols (aber nicht in Trenitalia-Zügen) und in Seilbahnen gültig sind. Die Kosten für die Einzelstrecken werden vom Fahrer oder Fahrscheinautomaten abgebucht. Die Wertkarten sind in den Überlandbussen, an Bahnhöfen, größeren Busstationen und in etlichen Tabakläden *(tabacchi)* erhältlich.

Fahrplan-Informationen erteilt die Service-Nummer 840 000 471 (nur in Italien anwählbar) oder das Internet unter www.sii.bz.it.

Seilbahnen

Viele Seilbahnen in Südtirol nehmen die Funktion eines öffentlichen Verkehrsmittels ein und erschließen Bergregionen, die nicht oder nur umständlich auf teils steilen und schmalen Stra-

Ohne Auto mobil

Dank des guten preiswerten Nahverkehrssystems ist ein (eigenes) Auto nicht unbedingt nötig. **Mobilcard** heißt die Netzkarte, die in allen Linienbussen, Stadt- und Citybussen, im Schweizer Postauto zwischen Mals und Müsteir, in vielen Seilbahnen und Bahnen (Regionalzüge Brenner bis Trento sowie Mals bis Innichen) gültig ist. Die Mobilcard gibt es für 3 Tage (23 €) und 7 Tage (28 €). Kinder bis zum 6. Lebensjahr fahren völlig frei, Kinder von 6–16 Jahre erhalten die **Junior Card** zu einem reduzierten Preis. Die Karte ist bei den Tourismusbüros und den Verkaufsstellen des öffentlichen Nahverkehrs erhältlich (www.mobilcard.info).

ßen mit dem Auto zu erreichen sind. Diese Seilbahnen sind ganzjährig in Betrieb. Etliche Aufstiegshilfen, die primär für den Wintersport errichtet wurden, verkehren auch im Sommer. Die Betriebszeiten sind von der Höhenlage und den unterschiedlichen Saisonzeiten abhängig und können bei den Tourismusvereinen erfragt werden.

Mietwagen und Taxi

Die Reservierung und Buchung von Mietwagen ist über die großen internationalen Firmen im Heimatland in der Regel preiswerter als die Buchung bei lokalen Anbietern vor Ort. Hertz (www.hertz.de) oder Avis (www.avis.de) beispielsweise haben Filialen in Bozen, wo die reservierten Autos abgeholt werden können.

In allen größeren Orten gibt es Taxen. Bei Ortsfahrten kommen zur Grundgebühr ein Kilometer- und ein Gepäckzuschlag hinzu. Für Überlandfahrten werden meist Pauschalpreise vereinbart.

Autofahren und Verkehrsregeln

An ausländischen Fahrzeugen muss das Hoheitskennzeichen angebracht bzw. im Nummernschild enthalten sein. Die Grüne Versicherungskarte wird bei Unfällen benötigt und bei Verkehrskontrollen oft verlangt.

Die **Verkehrsregeln** sind im Wesentlichen dieselben wie im übrigen Mitteleuropa. Zusatztafeln an Verkehrszeichen sind in Südtirol zweisprachig: italienisch und deutsch. Die Höchstgeschwindigkeit in geschlossenen Ortschaften beträgt 50 km/h, auf Landstraßen 90 km/h und auf Autobahnen 130 km/h (bei Regen 110 km/h). Außerhalb der Ortschaften muss auch am Tag das Abblendlicht eingeschaltet sein (bei Zweirädern auch innerhalb der Orte). Privates Abschleppen ist auf Autobahnen verboten. Das Tragen einer Warnweste ist bei Unfällen und Pannen außerhalb von geschlossenen Ortschaften Pflicht. Die Promillegrenze liegt bei 0,5. Zahlreiche Passstraßen werden auch im Winter frei gehalten, müssen aber mit Schneeketten befahren werden (Hinweisschilder stehen am Beginn der Straßen). Aktuelle Verkehrsberichte und Infos über eventuelle Passsperrungen erhält man bei www.provinz.bz.it/verkehr.

Bleifreies **Benzin** *(senza piombo)* ist an so gut wie allen Tankstellen erhältlich. Viele Stationen sind am frühen Nachmittag, sonntags und nachts geschlossen. Einige verfügen aber über Automatensäulen zum Self-Service, die Geldscheine annehmen. Durchgängig geöffnet sind die Tankstellen an der Autobahn und den Grenzübergängen.

Pannendienst des Italienischen Automobilclubs (Tag und Nacht): 116
ADAC-Notrufdienst in Mailand: 03 92 10 41.

Übernachten

Saison

Südtirol besitzt ein großes Bettenangebot in Hotels, Gasthöfen und Privatquartieren, sodass man meist auch ohne Vorbuchung ein Zimmer findet. Die lokalen Verkehrsbüros und Tourismusvereine versenden detaillierte Unterkunftslisten und sind bei der Suche und Buchung behilflich. Nur während der Feiertage (Weihnachten/Neujahr, Ostern, Pfingsten) und in der Hauptferienzeit in Italien, also den ersten beiden Augustwochen bis *Ferragosto* (15. August), kommt es zu Engpässen. Während dieser Zeiten ist eine vorherige Reservierung unbedingt notwendig!

Südtirol hat zwei Hauptsaisonzeiten: Die Sommersaison reicht von Anfang Juni bis September. Die winterliche Skisaison beginnt kurz vor Weihnachten und reicht – je nach Schneeverhältnissen – bis Ostern. Je höher der Ferienort liegt, desto kürzer ist die sommerliche Periode.

Preise und Buchung

Die Unterkunftspreise schwanken sehr stark zwischen der absoluten Hauptsaison im August und der restlichen Zeit des Jahres. In der Nebensaison sind manche Hotels bis zu 50 % preisgünstiger. Die Buchung einer Halb- oder Vollpension, die vergleichsweise günstig ist, ist in den meisten Hotels erst bei einem Aufenthalt ab 3 Tagen möglich. Bei einer Einzelübernachtung muss mit einem Preisaufschlag gerechnet werden.

Die im Reiseteil dieses Reiseführers angegebenen Preise beziehen sich auf die Übernachtung mit Frühstück pro

Wenigstens einmal sollte man auf einer Berghütte übernachten, zum Beispiel in den Schlernhäusern im Schlerngebiet

Person im Doppelzimmer (DZ) während der Hochsaison im August. In Klammern wird der Preis für die Nebensaison im Juni bzw. September genannt. Ist nur die Buchung einer Halbpension (HP) oder anderes möglich, wird dies extra vermerkt. Die genannten Preise können aber nur zur Orientierung dienen, denn in manchen Unterkünften ist die Staffelung in Saisonpreise mitunter sehr differenziert. Preisunterschiede gibt es auch zwischen einzelnen Zimmertypen.

Die Unterkunfts-Datenbank der offiziellen **Südtirol Marketing Gesellschaft** für alle Unterkunftsarten ist unter www.suedtirol.info zu erreichen. Zum Teil lassen sich die Quartiere auch online direkt buchen. Zwar können Unterkünfte in Südtirol auch über die gängigen Hotelbuchungsseiten wie www.hrs.de und www.hotel.de gebucht werden, doch ist die Auswahl recht begrenzt.

Hotels

Vom einfachen preiswerten Ein- oder Zwei-Sterne-Hotel mit Etagendusche bis zum Fünf-Sterne-Luxushotel mit jeglichem Komfort sind alle Hotelkategorien vertreten. Eine Besonderheit in Südtirol sind die ****S-Kategorie und die ***S-Kategorie, die eingeführt wurden, um dem hohen Steuersatz für die nächsthöhere Klasse auszuweichen.

Pensionen und Gasthöfe

Auch Pensionen und Gasthöfe sind in Sterne-Kategorien eingeteilt. Zumeist sind diese Betriebe preiswerter als Hotels. Während traditionsreiche, oft bereits jahrhundertalte Gasthöfe häufig auch gesellschaftlicher Mittelpunkt eines Dorfes mit Schankstube und Stammtisch sind, überwiegt in den Pensionen oft eine familiäre Atmosphäre, die besonders Stammgäste anzieht.

Privatzimmer und Ferienwohnungen

In allen Ferienorten gibt es preiswerte Privatzimmer. Allerdings geht die Zahl der Vermieter von Jahr zu Jahr zurück. Auch Ferienwohnungen kann man vielerorts mieten. Die Auswahl ist aber nicht so groß wie in anderen Ferienregionen Europas. Über www.suedtirol.info kann man auch Privatzimmer und Appartements finden und teilweise direkt buchen.

Urlaub auf dem Bauernhof

Zahlreiche Bergbauernbetriebe, Höfe unten in den Tälern und Weinhöfe nehmen Gäste auf. Der Standard ist oft niedriger als in Hotels, dafür ist meist Familienanschluss und der Kontakt zu Tieren möglich. Informationen für diese Urlaubsform, die besonders Familien mit Kindern anspricht, gibt es bei den Verkehrsämtern und im Internet unter www.roterhahn.it und www.erlebnisbauernhoefe.com.

Berghütten

Der Alpenverein Südtirol (www.alpenverein.it) und die verschiedenen Sektionen des italienischen Alpenvereins CAI (www.cai.it) betreiben in den Südtiroler Bergen zahlreiche Schutzhütten, die sehr unterschiedlich ausgestattet sind. Manche Häuser gleichen eher Berghotels, andere haben nur einen Minimalstandard mit Massenunterkünften und eingeschränkten sanitären Einrichtungen. Mitglieder ande-

Die Unterkunftspalette reicht vom ›Gemeinschafts-Lager‹ in der Berghütte bis zum komfortablen Wellness-Hotel

rer Alpenvereine erhalten bei der Übernachtung, teils auch bei der Verpflegung Ermäßigungen. Im ›Lager‹ (eigener oder Leihschlafsack notwendig) zahlen Alpenvereinsmitglieder ca. 10 €, Nichtmitglieder ca. 20 €. Die Preise im ›Zimmer‹ (zumeist mit 2 oder 3 bezogenen Betten) belaufen sich auf 14 bzw. 26 €. Daneben gibt es auch Berghütten, die privat geführt werden. Je nach Höhenlage sind die Schutzhütten von Ende Juni/Anfang Juli bis Mitte/Ende September geöffnet. Internet-Beschreibungen diverser Berghütten finden sich unter www.tourenwelt.info/huettenliste/geo.php?id=333.

Jugendherbergen

Jugendherbergen gibt es in Bozen, Meran, im Kassianeum in Brixen und im restaurierten ehemaligen Grandhotel in Toblach, Jugendgästehäuser in Salurn und Castelfeder/Auer. Die Südtiroler Vereinigung ist nicht Mitglied im Internationalen Jugendherbergsverband, sodass ein Jugendherbergsausweis nicht nötig ist. Es werden deshalb aber auch keine Ermäßigungen gewährt. Weitere Infos: www.jugendherberge.it.

Camping

Das Netz der Campingplätze ist mit ca. 40 Plätzen nicht gerade eng geknüpft. Ein Verzeichnis aller Plätze versendet Südtirol Marketing (s. S. 17). Im Internet informiert die Website www.campingsuedtirol.com. Wildes Campen ist in den Naturparks verboten und wird streng geahndet.

Essen und Trinken

Österreichisch-italienische Melange

In Südtirol vereinigt die Küche alle Vorzüge des Nordens und des Südens. Sie steht in der Tradition des habsburgischen Vielvölkerstaates, zu der sich die mediterranen Spezialitäten Italiens gesellen. In vielen **Gasthäusern** überwiegt zwar noch immer eine eher deftige Kost, aber in den 1990er-Jahren hat eine ganze Generation von Köchen und Köchinnen den Weg für eine kreative, leichte Küche freigemacht. Sie beruht auf regionaler Basis und bezieht Innovationen des Mittelmeers mit ein. In vielen Orten sind **Feinschmeckerrestaurants** entstanden, die in den Gourmetführern in hohen Tönen gelobt werden.

Aus dem Norden stammen die **Knödel**, die es in Südtirol in allen denkbaren und ungewohnten Variationen gibt. Als Leber-, Speck- oder fleischlose Fastenknödel schwimmen sie in der Suppe. Als Servietten-, Spinat- oder *schwarzplentene* Knödel (aus Buchweizenmehl) werden sie als Vorspeise gereicht oder ergänzen ein üppiges Fleischgericht. Zuckersüß kommen sie als Zwetschgen- und Marillenknödel zum Dessert auf den Tisch.

Als Beilage werden auch gern Bratkartoffeln gereicht, die im sonstigen Italien nahezu unbekannt sind. Die **Polenta** hat als Beilage ihren Weg nach Südtirol gefunden. Der gelbe Maisbrei, der ursprünglich aus den Ebenen Norditaliens stammt, wird gekocht, gebraten oder gebacken serviert.

Südliche und nördliche Einflüsse vermischen sich bei den **›Schlutzkrapfen‹**. Diese mit Spinat gefüllten Teigtaschen kennt man in Italien in etwas kleinerer Ausführung als *ravioli*. Auch die kleinen Teigklößchen, die **Nocken,** die hier als Topfen-, Spinat-, Käse- oder Pilzno-

Auf den Hütten gehören deftige Südtiroler Spezialitäten zur Brotzeit

cken bekannt sind, haben ihre italienischen Verwandten, die *gnocchi*. Und auch das altbekannte Schnitzel kommt in Südtirol mit zwei Namen daher, obwohl das Tier, von dem es stammt, dasselbe ist: Einmal ist es nach der österreichischen Hauptstadt Wien benannt, das andere Mal ist die norditalienische Metropole Milano Namenspate.

Pasta und Schweinebraten

Eindeutig italienischen Ursprungs ist die **pasta.** Nudeln mit Fleisch-, Tomaten- oder Sahnesoße stehen als Vorspeise gleichberechtigt neben den traditionellen einheimischen **Suppen** wie Frittaten-, Backerbsen- oder Milzschnittensuppe (mit feingeschabter Milz). Beim Hauptgericht überwiegt dann wieder die nördliche Kost. Deftiger Schweinebraten, Gulasch oder Schnitzel sind die Favoriten auf den Speisekarten der Gasthäuser. Aber auch ein zartes *vitello tonnato* (kaltes Kalbsfleisch mit Thunfischcreme) oder die Spezialität aus dem benachbarten Trentino, das *carne salada* (gebeiztes Ochsenfleisch), sind gerade in den Sommermonaten überaus beliebt.

Speck und Törggelen

Zu den Südtiroler Spezialitäten gehört auch der **Speck.** Er passt gut zu einer Zwischenmahlzeit, der *marende*, oder zur abendlichen Vesper mit einem guten Glas Wein und dem luftgetrockneten ›Schüttelbrot‹. Allerdings ist auch der Speck nicht mehr das, was er einst war. Bis vor wenigen Jahrzehnten hatte jedes Tal, ja fast jeder Bauernhof, seine eigene Tradition, eine ganze Schweinehälfte mit den verschiedensten Kräutern und Gewürzen zu beizen, mild zu räuchern und anschließend über Monate hinweg in einem gut durchlüfteten Raum zu lagern. Heute stammt das Schweinefleisch zum größten Teil aus Holland und Deutschland und wird in großen Fleischfabriken auf ›Südtiroler Speck‹ getrimmt. Gewähr für eine traditionelle Bearbeitung des Fleisches bieten am ehesten noch die kleinen Schlachter in den Dörfern.

Das Törggelen, benannt nach der Weinpresse, der ›Torggl‹, ist der Brauch, sich nach der Weinernte in geselliger Runde zum Essen und Trinken zu treffen. Auch beim **›Törggelen‹** wird Speck gereicht. Entweder in feine Scheiben geschnitten oder am Stück. Dazu gibt es Maronen (gebratene Esskastanien) und geräucherte Würste. Die Hauptsache ist aber der ›Nuie‹, der neue Wein, der im Herbst bei den Weinbauern verkostet wird. So manche Adresse bleibt aber bei den Einheimischen ein wohlgehütetes Geheimnis. Eine gute Quelle, um einen empfehlenswerten Hof zu finden, sind die Seiten der Vereinigung des Südtiroler Bauernbundes (www.roterhahn.it/de/baeuerliche-schankbetriebe).

Qualitätsprodukte

Hundertprozentig sicher kann man sich leider nicht sein. Die ›frische Bergmilch‹ auf der Jausenstation kann durchaus aus dem Pappkarton stammen, der mit der Seilbahn heraufgeschafft wurde. Eine Gewähr für Lebensmittel hoher Qualität, die wirklich in Südtirol unter kontrollierten Kriterien hergestellt wurden, bietet die Schutzmarke ›Qualität Südtirol‹, die für Äpfel, Apfelsaft, Gemüse, Beeren, Honig, Milch, Käse, Brot, Apfelstrudel, Speck und Grappa vergeben wird. Unter dem Qualitätssiegel ›Roter Hahn‹ haben sich 48 Südtiroler Bauernhöfe zusammengeschlossen, um ihre guten

Produkte gemeinsam auf den Markt zu bringen.

Käse, Strudel und Espresso

Käse darf bei keinem Essen fehlen. Die wohlschmeckenden Käsesorten der Provinz runden jedes Menü ab. Der **Nachtisch** ist stark von der altösterreichischen Tradition inspiriert. Strudel mit Äpfeln oder Kirschen, in siedendem Öl ausgebackene Krapfen, Kaiserschmarrn, Topfenpalatschinken und die bereits erwähnten süßen Knödel sind nur einige Beispiele für die Palette der Mehlspeisen, für die nach einem Mahl noch Platz im Magen gefunden werden muss. Daher sind ein tiefschwarzer, starker **Espresso** und auch ein **Grappa** oder milder Obstschnaps zur Verdauung höchst willkommen.

Südtiroler Weine

Südtirol ist Weinland, seit mindestens 2500 Jahren. So gehört natürlich ein guter Tropfen zu jedem Essen dazu. Immer häufiger werden einheimische **DOC-Weine** als offene Hausweine ausgeschenkt und nicht mehr die namenlosen Roten oder Weißen, deren Qualität manchmal sehr bescheiden ist. Das Prädikat DOC steht für *Denominazione Originale Controllata*. Diese ›kontrollierte Ursprungsbezeichnung‹ gewährleistet, dass der Wein aus der auf den Etiketten angegebenen Region stammt. In allen Restaurants sind aber auch preiswert DOC-Flaschenweine zu bekommen. Am liebsten werden die **Südtiroler Vernatsch-Weine** getrunken. Ob ›Kalterer See Auslese‹, ›St. Magdalener‹, ›Bozner Leiten‹ oder ›Burggräfler‹, alle diese hell- bis rubinroten Weine sind süffig und haben einen feinen, leichten, dennoch runden Geschmack, der gut zu fast jeder Speise passt. Gern werden in Südtirol auch Teroldego und Marzemino, die ansonsten fast unbekannten Rotweine der Nachbarprovinz Trentino, bestellt, die ohne Probleme mit den Südtiroler Tropfen mithalten können.

Bars, Vinotheken und Konditoreien

Auch in Südtirol hat sich seit langem die italienische **Bar-Kultur** durchgesetzt. In der Bar trifft man sich, um schnell an der Theke einen *espresso* oder *cappuccino*, ein Glas Wein oder Bier zu trinken. An den Tischen, an denen es manchmal teurer ist, nehmen meist nur Zugereiste Platz. Es gibt zwei ungeschriebene Regeln: C*appuccino*, der große Kaffee mit der aufgeschäumten Milch (niemals Schlagsahne!), wird nur am frühen Vormittag getrunken, danach ausschließlich der kleine starke *espresso* oder ein *macchiato*, Espresso mit einem Schuss kalter oder warmer Milch. Die Wein-Regel lautet: Bis mittags dürfen Weißweine getrunken werden, danach kommt nur noch ein Roter ins Glas.

Mehr und mehr eröffnen überall in der Provinz **Vinotheken,** in denen ein guter Wein aus Südtirol, den übrigen Regionen Italiens und dem Ausland glasweise zu moderaten Preisen ausgeschenkt wird. Angeschlossen ist häufig ein Laden, in dem die verkosteten Weine auch flaschenweise verkauft werden.

Neben Wein hat sich in den letzten Jahren auch in Südtirol immer mehr das Bier durchgesetzt. Unangefochtener Marktführer ist die Brauerei Forst, die ihren Sitz in der Nähe von Meran hat. Zumeist wird in den Bars Pils ausgeschenkt, aber auch die anderen Sorten von Forst – Kronen, Sixtus, Heller Bock und Light – sind einen Probeschluck wert. Auch Biere aus Deutschland und Holland sind fast überall zu haben.

Die Bars bieten oft auch die einzige Möglichkeit, außerhalb der üblichen Essenszeiten eine nahrhafte Mahlzeit, wie z. B. ein *panino*, zu bekommen. Das Brötchen mit Wurst oder Käse belegt, kann man sich aber auch – preiswerter – in jedem Lebensmittelladen frisch zubereiten lassen.

In den Städten und großen Ferienorten gibt es auch **Konditoreien** mit einem breiten Angebot an Torten und feinen Süßspeisen, die ganz in der Tradition der habsburgischen Zuckerbäckerei stehen.

Spezialitätenwochen

Viele Gastwirte besinnen sich auf die Traditionen und bieten im Rahmen von Spezialitätenwochen, die meist außerhalb der Hauptreisezeit liegen, Gerichte der einheimischen Küche in hoher Qualität an. **Spargelzeit** ist beispielsweise im April und Mai in Terlan. Auf dem Ritten gibt es in der zweiten Aprilhälfte **Feinschmeckerwochen.** Ende April/Anfang Mai steht in vielen Gasthäusern des Nonsberg das Essen unter dem Zeichen des **Löwenzahns.** Rund 20 Restaurants im gesamten Eisacktal – vom Brenner bis Klausen – beteiligen sich an der **›Eisacktaler Kost‹,** die jedes Jahr im Frühjahr stattfindet. Serviert werden sowohl herzhafte, deftige Bauerngerichte als auch verfeinerte regionale Speisen. Mitte September mundet bei der kulinarischen Wanderung des Schupfenfestes die **traditionelle Bauernkost** an den zahlreichen Ständen auf dem Salten oberhalb von Bozen besonders gut. Auf **Lammgerichte** haben sich die Gastwirte im Ultental in der zweiten Septemberhälfte spezialisiert. Das **›Völser Kuchkastl‹** und der **›Brixener Kuchlkirchtig‹** mit deftigen und feinen **Südtiroler Spezialitäten** finden im Oktober statt. Ganz auf **Kastanien** setzt man während des **›Keschtnriggl‹** Ende Oktober/Anfang November in Tisens, Prissian und Völlan.

Zu Tisch in Südtirol

In den meisten Restaurants und Gasthäusern werden die Essenszeiten streng eingehalten. Zwar sind die Gaststuben oft ganztägig geöffnet (bis max. 24 Uhr), aber eine **warme Küche** wird nur zu festen Zeiten angeboten. Mittags speist man von 12 bis 14 Uhr und abends von 18/18.30 bis 20/21 Uhr. Wo viele italienische Gäste verkehren, verschieben sich die abendlichen Essenszeiten auf 19 bis 22 Uhr. Nur ganz wenige Restaurants bieten durchgehend warme Küche an.

Eine **Reservierung** ist in aller Regel nicht nötig. Nur in Gourmet-Restaurants sollte man vorher einen Tisch bestellen. In den meisten öffentlichen Restaurants wird der Gast nicht ›platziert‹, sondern kann sich selbst einen freien Platz suchen. Anders ist es in Hotelrestaurants, wo viele Hausgäste verkehren. Pensionsgäste bekommen für die Dauer ihres Aufenthalts einen festen Tisch zugewiesen, der mit der Zimmernummer oder einem Namensschild versehen ist.

Mit Ausnahme von Pizzerien und auf Berghütten ist es in Südtiroler Restaurants wie in ganz Italien eher unüblich, nur ein einzelnes Gericht zu bestellen. Zu einem gelungenen Essen gehören wenigstens eine Vorspeise, ein Hauptgericht mit Salat, Nachtisch und zum Abschluss ein *caffè*. Die in Italien sonst übliche Gebühr für *pane e coperto*, Brot und Gedeck, wird in Südtirol selten erhoben.

Aktivurlaub, Sport und Wellness

Mountainbiking

Die Südtiroler Bergwelt ist ein Dorado für Mountainbiker. Die langen harten Anstiege lassen sich oft erleichtern, denn viele Seilbahnen transportieren auch Räder. In einigen Feriengebieten gibt es auch spezielle Shuttle-Busse für Mountainbiker. Auch die Linienbusse nehmen Räder mit, aber der Platz ist sehr begrenzt. Um Konflikte mit Wanderern zu vermeiden, dürfen manche Wanderwege jedoch nicht befahren werden. Örtliche Verkehrsbüros geben Auskunft über Sperrungen und halten Karten und Tourenbeschreibungen bereit. Allgemeine Infos für **MTB-Touren** in Südtirol enthält www.mountainbiker.it. Tourenvorschläge für die grenzüberschreitende Region Oberer Vinschgau, Graubünden, Nordtirol findet man unter www.mountainbikers-paradise.com.

Radfahren

Für ein Gebirgsland eher ungewöhnlich, wurde in Südtirol während der letzten Jahre das Radwegenetz erheblich ausgebaut. Denn die Täler und breiten Ebenen von Etsch, Rienz, Drau und Eisack bieten sich geradezu an, abseits der großen Autostraßen Fernradrouten zu bauen. Die Steigungs- und Gefällstrecken halten sich an Flüssen naturgemäß in Grenzen. Parallel verlaufen Bahnlinien, sodass Teilstrecken auch überbrückt werden können. Das Radwegenetz ist noch nicht ganz komplett, aber Jahr für Jahr werden Lücken geschlossen. So ist z. B. der **Etsch-Radweg** von der österreichischen Grenze am Reschenpass durch den Vinschgau nach Meran bis auf wenige kleine Teilstücke durchgehend befahrbar. Von der Kurstadt führt er ausgebaut weiter über Bozen, und Trento und Rovereto zur südlichen Provinzgrenze des Trentino. Auch die Radroute durch das **Pustertal** ab Brixen über Bruneck und Toblach bis in das österreichische Lienz ist nahezu durchgehend ausgebaut. Die meisten Lücken bestehen noch am Eisacktal-Radweg vom Brenner nach Bozen, aber auch er wird in den nächsten Jahren fertiggestellt. Einen Überblick über den Ausbaustand gibt die Website www.mountainbikeninsuedtirol.com/radwegnetz.php. Räder kann man in allen Städten und größeren Urlaubsorten leihen. Adressen stehen im Reiseteil bei den einzelnen Orten.

Ski und Snowboard

Noch nahezu unbegrenzt ist das winterliche Vergnügen in den Bergen. Allerdings werden die tiefer gelegenen Skigebiete zunehmend schneeunsicherer. Mit dem verstärkten Einsatz von energie- und wasserintensiven Schneekanonen versucht man, dem Klimawandel zu begegnen.

Skipisten aller Schwierigkeitsgrade, Langlaufloipen, Rodelbahnen, Eislaufplätze und geräumte Winterwanderwege sind in fast allen Teilen der Provinz zu finden. In Südtirol gibt es 28 alpine Skireviere, die sich zu Verbundsytemen zusammengeschlossen haben. Das größte ist **Dolomiti Superski** (www.dolomitisuperski.com), das einen Gesamt-Skipass für die Skigebiete Alta Badia, Eisacktal, Gröden/Seiser Alm, Hochpustertal, Karersee, Kronplatz, Obereggen sowie für benachbarte Gebiete im Trentino und Belluno mit insgesamt 1220 km Abfahrtspisten anbietet. Die **Ortler Skiarena** (www.ortlerskiarena.com) ist der Verbund der Skireviere im Westen der Provinz wie Meran 2000, Haider Alm, Schöneben, Pfelders, Schnals, Sulden, Trafoi, Ulten, Reinswald, Rittner Horn und Watles. Darüber hinaus gibt es für jedes einzelne Skigebiet auch lokale Skipässe. Mit den Gletschern im Schnalstal und am Stilfser Joch besitzt Südtirol auch zwei Sommerskigebiete. Zentrum des Langlaufs ist das Antholzer Tal. Gespurte Loipen gibt es aber auch in vielen anderen Tälern.

Der **Lawinenwarndienst** ist telefonisch unter 04 71 41 47 40 sowie unter www.provinz.bz.it/lawinen zu erreichen.

Wandern und Bergsteigen

Seit der vorletzten Jahrhundertwende ist das südliche Tirol Inbegriff der alpinistischen Herausforderung. Ob Fels- und Gletschertouren mit höchsten bergtechnischen Schwierigkeitsgrad, ob mehrtägige Höhenwanderungen von Hütte zu Hütte oder leichte Wanderungen über Jöcher und Almen, kein Wunsch muss unerfüllt bleiben.

Individualisten steht in den Buchhandlungen ein nahezu unüberschaubares Angebot an Wanderführern und Wanderkarten zur Verfügung, die auch das kleinste Südtiroler Tal nicht auslassen. Die gesamte Provinz ist mit einem in aller Regel vorbildlich markierten und ausgeschilderten Wanderwegenetz überzogen, das mehrere tausend Kilometer lang sein dürfte. Zahlreiche Seilbahnen, Sessellifte und Kabinenumlaufbahnen erleichtern die manchmal langen An- und Abstiege. Die beste **Wandersaison** für die hohen Lagen sind die Monate Juli bis September. Davor und danach sind viele Aufstiegshilfen nicht in Betrieb, etliche Berghütten geschlossen, und die Busse verkehren seltener. In den Mittelgebirgsregionen und in den breiten Tälern lassen sich aber bereits ab Mai und bis spät in den Oktober hinein schöne Touren unternehmen.

Mit Profis in die Berge

In Südtirol gibt es über das ganze Land verteilt 14 Alpinschulen und rund 170 ausgebildete und geprüfte Bergführer, die Gipfelbesteigungen und Hochtouren sowie mehrtägige Exkursionen und Skitouren anbieten. Informationen erteilt der **Verband der Südtiroler Berg- und Skiführer,** Weintraubengasse 9, 39100 Bozen, Tel. 04 71 97 63 57, www.bergfuehrer-suedtirol.it. Auch nahezu jedes lokale Tourismusbüro (s. Reiseteil) veranstaltet regelmäßig geführte Wanderungen und leichte Gipfeltouren.

Karten und Wanderführer

Für Wandertouren sind die genauen Tabacco-Wanderkarten im Maßstab 1:25 000 zu empfehlen, die in großen Buchhandlungen am Heimatort bestellt werden können. In Südtirol sind diese Karten zwar billiger, aber nicht immer ist überall das gewünschte Kartenblatt vorrätig. Flächendeckend gibt es auch die Kompass-Karten (überwiegend im Maßstab 1:50 000).

Im Internet-Portal der Provinzverwaltung www.trekking.suedtirol.info sind die markierten Wanderwege und Bergsteige in Südtirol digital erfasst und werden als Tourenvorschläge mit Karten- und Luftbild- sowie 3-D-Darstellung präsentiert.

In klassischer Buchform beschreiben die Bände ›Südtirol‹ und ›Dolomiten‹ aus der Reihe ›DuMont Aktiv‹ je 35 Wandertouren.

Übernachtung auf Berghütten
Oben auf den Höhen kann man in zahlreichen privaten Schutzhütten und in den alpinen Schutzhäusern des **Alpenvereins Südtirol AVS** (www.alpenverein.it) sowie des **Club Alpino Italiano CAI** (www.cai.it) zünftig übernachten. Im ›Lager‹ (Gemeinschaftsunterkunft) zahlen Alpenvereinsmitglieder ca. 10 €, Nichtmitglieder ca. 20 €. Die Preise in einem ›Zimmer‹ belaufen sich auf 14 bzw. 26 €. Die **Alpine Auskunft**, Vintlerdurchgang 16, 39100 Bozen, Tel. 04 71 41 99 99 55, informiert über Schutzhütten, Wege und Wetter.

Wasserspaß

Zum Schwimmen wird man zwar nicht unbedingt extra in das Land der Berge fahren. Aber neben zahlreichen öffentlichen **Frei- und Hallenbädern,** von denen einige in jüngster Zeit zu attraktiven **Spaßbädern** umgestaltet wurden, bieten einige **Badeseen** und Badeweiher erfrischende Abwechslung. Der Kalterer See und die beiden Montiggler Seen sind die wärmsten und beliebtesten. **Segeln** ist auf dem Kalterer See und auf dem Reschensee (hier auch Kite-Segeln) möglich. **Surfmöglichkeiten** bestehen zusätzlich u. a. auf dem Haidersee, dem Pragser Wildsee und dem Dürrensee. Die eiskalten Bergseen und Wildbäche sind sehr fischreich, aber das Angeln ist nur mit Lizenz erlaubt. Informationen erteilen die lokalen Tourismusbüros.

Wellness

In Südtirol hat der Bade- und Kururlaub eine lange Tradition. An erster Stelle ist hier die **Kurstadt Meran** zu nennen (s. S. 226), die bereits im frühen 19. Jh. Treffpunkt der ›besseren Kreise‹ aus ganz Europa war. Dabei ging es weniger um das Kurieren eines spezifischen Übels als um ein ganzheitliches Erlebnis, das Körper und Geist erfrischen sollte.

Trafen sich im habsburgischen Meran der europäische Adel und das wohlbetuchte Bürgertum, erholte sich die einfache Bevölkerung im ›Bauernbadl‹ bei **Heu- und Wasserbädern.** Einige der traditionsreichen Bäder haben überdauert und wurden mit neuzeitlicher Ausstattung und Komfort wiederbelebt. Informationen über die althergebrachte **Badl-Kultur** und einen gesundheitsbewussten Urlaub finden sich auf www.suedtirol.info unter dem Stichwort »Gesundheit & Wellness«. Auf den Seiten sind auch die Adressen der Unterkünfte zu finden, die Heu- und traditionelle Bäder anbieten.

In jüngster Zeit haben zahlreiche Hotels in Südtirol ihre Wellness-Abteilungen erweitert und/oder neugebaut. Wie anderswo auch, sind manche Hoteliers aber nur auf den Wellness-Zug aufgesprungen und vermarkten Einrichtungen, die strengen Kriterien nicht genügen. Gewissheit hat man in den 31 Hotels der Provinz, die sich zur **Belvita-Gruppe** zusammengeschlossen haben und einen hohen Wellness-Standard garantieren (www.belvita.it).

Feste und Veranstaltungen

In beinahe allen Dörfern und Städten Südtirols finden im Jahresablauf die verschiedensten Feste und Events statt. Die Südtiroler Tourismusorganisationen geben Veranstaltungskalender heraus und informieren auch im Internet über lokale Feste, Märkte, Folkloreabende und andere Events.

Religiöse Feste

Wie in allen überwiegend katholischen Ländern werden in Südtirol die kirchlichen Feiertage mit Gottesdiensten und Prozessionen aufwendig gefeiert, ja regelrecht zelebriert. Fast nur noch zu diesen Anlässen sind die traditionellen Trachten der einheimischen Bevölkerung zu sehen. Neben Weihnachten, Ostern und Pfingsten sind Fronleichnam (Mitte Juni) und Mariä Himmelfahrt (Mitte August) die Höhepunkte des christlichen Kalenderjahres. Die kommerziellen Christkindlmärkte in den Städten gibt es dagegen erst seit einigen Jahren.

Archaische Bräuche

In manchen Dörfern haben sich archaische Bräuche erhalten, die auf vorchristliche Mythen und Kulthandlun-

Beim Egetmann-Umzug, einem ausgelassenen Spektakel zur Karnevalszeit

Fest- und Veranstaltungskalender

Januar/Februar

Pustertaler Skimarathon: Volkslanglauf von Toblach nach Sexten in der ersten Januarhälfte
Schneeskulpturen-Wettbewerb: in der zweiten Januarhälfte in Innichen und St. Vigil
Fastnacht: Ende Februar in vielen Orten Südtirols Fastnacht mit venezianischen und deutschen Elementen

März/April/Mai

Locknfescht am Kronplatz (Ende der Skisaison): Mitte April
Bozner Filmtage: Film-Wettbewerb Ende April
Blumenshow (Meranflora): Ende April/Anfang Mai in Meran
Eppaner Burgenritt: Mitte Mai in Eppan, Überetsch

Juni/Juli/August

Herz-Jesu-Feuer: zweiter Sonntag nach Fronleichnam
Jazzfestivals: in der ersten Junihälfte in allen großen Südtiroler Städten
Oswald-von-Wolkenstein-Ritt: im Juni in den Orten des Schlerngebiets
Openair-Konzert der Kastelruther Spatzen: Mitte Juni in Kastelruth
Maratona dles Dolomites: Volksradsport-Event Ende Juni/Anfang Juli im Gadertal
Gustav-Mahler-Musikwochen: im Juli und August in Toblach
Bergfeuer: am zweiten August-Wochenende auf vielen Berggipfeln
Busoni-Klavierwettbewerb: Ende August/Anfang September in Bozen

September/Oktober

Almabtrieb: September/Anfang Oktober mit Festen in vielen Dörfern
Zeltfest der Kastelruther Spatzen: im Oktober in Kastelruth
Stegener Markt: Ende Oktober in Bruneck

November/Dezember

Christkindl-Markt: Advent bis nach Weihnachten in Bozen und in anderen Städten

gen zurückgehen. Im Sarntal wird der uralte, ›heidnische‹ Brauch des **Klöckelns** noch in einer sehr ursprünglicher Form gefeiert. An den ersten drei Donnerstagen im Advent ziehen ›Kuttn‹, Gruppen vermummter Burschen in wilden Gewändern, mit Furcht erregendem Lärm und Getöse von Hof zu Hof. Vor den Haustüren singen sie das Klöckellied, das von Generation zu Generation überliefert wird. Als Dank erhält die *Kuttn* von den Bauersleuten Würste und Speck, heute zumeist auch klingende Münzen.

Lebendige Geschichte vermittelt auch der **Egetmann-Umzug**, der alle ungeraden Jahre zur Fastnachtszeit in Tramin stattfindet. Bei diesem ausgelassenen Spektakel ziehen die Narren auf reich geschmückten Pferde- und Ochsenkarren durch das Dorf. Die Zuschauer werden mit Mehl, Senf, Fischöl und Ruß beworfen und durch allerlei Mummenschanz verschreckt. Immer wieder einmal muss die Obrigkeit eingreifen, um allzu schlimme Auswüchse zu unterbinden.

Auf einen rätischen Feuerkult geht das **Scheibenschlagen** auf dem Tartscher Bühel im Obervinschgau zurück. Am Samstag vor der Fastenzeit werden Holzscheiben an Birkenruten in riesige

Feuer gehalten, bis sie glühen und dann mit Wünschen und den traditionellen Worten »Reim, reim, wem g'heart epper dia Scheib« in die Luft geschleudert.

Bergfeuer

Sobald es am zweiten Sonntag nach Fronleichnam dunkel wird, flackern Tausende von Lichtern über den Tälern. Sie zeichnen die Grate der Berge nach oder formen meterhohe Kreuze und riesige Herzen. Ursprünglich ein Sonnenwendbrauch, verkünden die **Herz-Jesu-Feuer** seit 1796 eine politische Botschaft. Im aussichtslosen ›Freiheitskampf‹ gegen Napoleon und die französischen Truppen (s. S. 57) gelobten die Tiroler Landstände, nunmehr alljährlich den Herz-Jesu-Tag mit einem Hochamt und den Feuern zu feiern.

Einen zeitgemäßen Hintergrund hat eine der weltweit größten Umweltaktionen, die auch in Südtirol jedes Jahr am zweiten Augustwochenende stattfindet. Die Aktion **›Feuer in den Alpen‹** wendet sich in allen Alpenländern mit Höhenfeuern gegen die Zerstörung des alpinen Lebensraums und für die Erhaltung des kulturellen Erbes (www.feuerindenalpen.com).

Ritterspiele

Das Mittelalter versuchen zwei traditionelle Turnierspiele lebendig zu erhalten, die sich in den letzten Jahren zu großen Veranstaltungen entwickelt haben und Tausende von Besuchern anlocken. Im Zeichen des Dichters steht der **Oswald-von-Wolkenstein-Ritt,** der jedes Jahr im Juni in den Dörfern des Schlerngebiets stattfindet. Mannschaften aus je vier Reitern müssen auf den kleinen, aber zähen und wendigen Haflinger-Pferden verschiedene Aufgaben bewältigen (Informationen über die Tourismusbüros des Schlerngebiets und über www.ovw-ritt.com).

Auch **Eppan** hat sein mittelalterliches Reiterspektakel, den **Burgenritt.** Vor der prächtigen Kulisse der Eppaner Burgen, Schlösser und Ansitze sowie an den Montiggler Seen kämpfen im Mai kostümierte Reiter in Turnierspielen um den Sieg. 75 km ist die Strecke lang, die Ross und Reiter an zwei Tagen zu bewältigen haben. Zwischendurch müssen acht Turniere und vier Pflichtdurchgänge absolviert werden. Mit den Pferden und Reitern zieht das Publikum von Turnierplatz zu Turnierplatz, wobei die Zuschauer den kostenfreien Bus-Shuttle-Dienst nutzen können (Informationen beim Tourismusverein Eppan und auf www.burgenritt.com).

Dorf- und Weinfeste

Beinahe jeder Ort in Südtirol feiert während der Sommermonate sein **Dorf- oder Stadtfest** (manchmal auch nur alle zwei Jahre). In den Straßen und Gassen werden Stände aufgebaut, an denen kulinarische Spezialitäten angeboten und die Weine der Region verkostet werden können. Musik, Tanz und Umzüge gehören fast immer dazu. Gäste sind überall willkommen. Insbesondere im **Unterland und Überetsch** werden zahlreiche **Weinfeste** gefeiert. Hier einige Beispiele im Jahresverlauf: Bozner Weinkost (Mai), Blauburgundertage in Neumarkt (Mai), Gewürztraminer Symposium in Tramin (alle zwei Jahre im Juli), Kalterer Weintage (Sept.), Unterlandler Weinkosttage (Okt.), Wine Festival in Meran (Nov.).

Reiseinfos von A bis Z

Ärztliche Versorgung

Krankenversicherte aus EU-Staaten sind auch in Südtirol über die Europäische Krankenversicherungskarte versichert. Wenn man die Behandlungskosten im Fall des Falles auslegen muss, erhält man das Geld gegen Vorlage der Rechnung in aller Regel von der eigenen Krankenkasse zurückerstattet.

Die Adressen von Ärzten und Apotheken, die Nacht- oder Sonntagsdienst haben, sind der Südtiroler Tageszeitung »Dolomiten« zu entnehmen oder im Internet unter folgenden Adressen zu erfahren: www.provinz.bz.it/gesundheitswesen/2302/turnusaerzte/search_d.asp und www.provinz.bz.it/gesundheitswesen/2302/farmacie.

Diplomatische Vertretungen

... für Deutschland:
Honorarkonsul für Südtirol
und Trentino
Dr.-Streiter-Gasse 12
39100 Bozen
Tel. 04 71 97 21 18
Fax 04 71 97 57 79

... für Österreich:
Amtslokal des Generalkonsulats
Silbergasse 6
39100 Bozen
Tel. 04 71 97 03 94

...für die Schweiz:
Generalkonsulat
Via Palestro 2
20121 Mailand
Tel. 0 27 77 91 61
Fax 02 76 01 42 96

Elektrizität

Die Stromspannung beträgt wie in Deutschland 220 Volt. Manchmal passen nur die flachen ›Eurostecker‹.

Feiertage

1. Januar: Neujahr
6. Januar: Dreikönigstag
März/April: Ostersonntag und Ostermontag
25. April: Tag der Befreiung vom Faschismus
1. Mai: Tag der Arbeit
Mai/Juni: Pfingstsonntag und -montag
2. Juni: Nationalfeiertag
15. August: Mariä Himmelfahrt *(Ferragosto)*
1. November: Allerheiligen
8. Dezember: Mariä Empfängnis
25./26. Dezember: Weihnachten

Geld

Südtirol gehört wie das restliche Italien zur Euro-Zone. An Geldautomaten, die in nahezu allen Orten zu finden sind, lässt sich rund um die Uhr mit Kredit- und ec/Maestro-Karten Geld abheben. Viele Hotels, Restaurants und Geschäfte akzeptieren Kreditkarten, EC-Karten allerdings seltener.

Medien

Radio und Fernsehen
Die meisten Hotels haben deutschsprachige ausländische Fernsehsender einprogrammiert. Der Sender Bozen des italienischen Fernsehsenders RAI sendet abends ein deutschsprachiges

Lokalprogramm. Neben RAI Bozen strahlen etliche private Sender deutschsprachige Radioprogramme aus.

Zeitungen und Zeitschriften

Auf dem deutschsprachigen Südtiroler Zeitungsmarkt hat die konservative Tageszeitung ›Dolomiten‹ (www.stol.it/Dolomiten; kostenpflichtige Seiten) nahezu eine Monopolstellung. In bescheidener Konkurrenz steht die ›linke‹ ›Neue Südtiroler Tageszeitung‹. Ebenfalls in Deutsch erscheint das liberale Wochenmagazin ›FF‹ (www.ff-online.com; z. T. kostenpflichtig). Als lokale italienischsprachige Tageszeitung gibt es den ›Alto Adige‹ (http://altoadige.gelocal.it ; zumTeil kostenpflichtig). An Kulturzeitschriften erscheinen die Blätter ›Sturzflüge‹ und ›Kulturelemente‹ (www.kulturelemente.org). Fast überall sind auch Zeitungen und Zeitschriften aus Deutschland, Österreich und der Schweiz erhältlich.

Notruf

Notrufzentrale: 113
Rettungsdienst, Bergrettung: 118
Feuerwehr: 115, **Polizei:** 112
ADAC-Notruf (Mailand): 03 92 10 41
Sperrung von Handys, EC- und Kreditkarten: +49 116 116

Öffnungszeiten

Banken: Mo–Fr 8–12, 15–16 Uhr, in manchen Tourismusorten auch Sa Vormittag.
Post: Zumeist Mo–Fr 8.15–13 Uhr. Nur die zentralen Postämter in den Städten haben zusätzliche Öffnungszeiten am Nachmittag und am Sa Vormittag.
Tourismusbüros: Mo–Fr 8.30/9–12/12.30, 15/16–18 Uhr, in der Hochsaison auch Sa, in einigen Orten auch So.
Geschäfte: Mo–Fr 8/9–12/12.30 und 14/16–19/19.30 Uhr, Sa zumeist nur vormittags. In größeren Orten und Städten setzt sich immer mehr durch, dass Geschäfte auch Samstag nachmittags geöffnet sind, in einigen Hauptferienorten in der Hochsaison teilweise auch Sonntag vormittags.
Restaurants: 12–14, 18/19–21/22 Uhr warme Küche, in der Hochsaison oft ohne Ruhetag.
Museen, Burgen und Kirchen: Oft ist eine Besichtigung nur im Rahmen einer Führung möglich. Da sich die Zeiten oft ändern, ist eine Vergewisserung beim jeweiligen Tourismusverein anzuraten. Wegen der zahlreichen Kunstdiebstähle sind viele Kirchen verschlossen. Ein Schlüssel ist aber zumeist in einem benachbarten Bauernhaus oder im Pfarramt erhältlich. Auch hier bringt die Nachfrage beim Tourismusverein Gewissheit.

Rauchen

Tabakwaren sind offiziell nur in eigens gekennzeichneten Läden (Tabak/*tabacchi*) und über die wenigen Zigarettenautomaten erhältlich.

Gemäß neuen Gesetzen ist das Rauchen seit 2005 in öffentlichen Gebäuden, in Verkehrsmitteln und in allen Gaststätten, in denen Speisen serviert werden, verboten. Das gilt auch für die Berghütten der Alpenvereine. Auf Restaurantterrassen und in separaten Nebenräumen, die manche Bars eingerichtet haben, darf geraucht werden.

Reisekasse und Preise

Auch in Südtirol haben die Preise in den letzen Jahren kräftig angezogen. Die Lebenshaltungskosten in der Provinz unterscheiden sich nicht allzu sehr

Spartipps
Wer flexibel ist, meidet die Hochsaison im Juli/August sowie Weihnachten und Ostern. In der Vor- und Nebensaison sind die **Zimmerpreise** mit bis zu 50 % deutlich niedriger. Buchen Sie eine Halbpension, denn sie kommt wesentlich preisgünstiger als der abendliche Restaurantbesuch.
Sparen lässt sich auch beim **Öffentlichen Nahverkehr** (s. S. 23). ›Mobilcard‹ und ›**Wertkarte**‹ heißen die Stichworte. Fragen Sie in den **Museen** nach einer preisgünstigen Familienkarte. Auch Studenten, Senioren und Menschen mit Handicap bekommen Ermäßigungen.

von denen anderer mitteleuropäischer Länder. Nur noch einzelne Produkte und Dienstleistungen wie etwa Wein und Spirituosen sind preisgünstiger.

Reisen mit Handicap

Rollstuhlfahrer haben es in einem Bergland wie Südtirol schwer. Kabinen-Seilbahnen transportieren zwar auch Rollstühle in die Höhe, aber oben setzen das steile Gelände und holprige Wege der Bewegungsfreiheit enge Grenzen. In den Städten und Ferienorten stoßen Rollstuhlfahrer auf die üblichen Hindernisse: Nicht alle Bürgersteige sind abgesenkt, und noch nicht alle öffentlichen Einrichtungen verfügen über Rampen oder Aufzüge.

In vielen Museen und Ausstellungen erhalten Menschen mit Behinderung eine Preisermäßigung. Speziell ausgestattete Hotels sind in Südtirol eher die Ausnahme. Die Website www.hotel.bz.it informiert über die Zugänglichkeit von Unterkünften für Menschen mit verringerter Mobilität und enthält auch Vorschläge für Wanderungen.

Sicherheit

Die Diebstahlgefahr ist in Südtirol nicht größer als in anderen Regionen Mitteleuropas, eher geringer. Allerdings sollten die üblichen Vorsichtsmaßnahmen (keine Wertgegenstände im Auto lassen) selbstverständlich sein.

Die Gefahren in den Bergen dürfen nicht unterschätzt werden. Ein Kälteeinbruch mit Schnee kommt in höheren Lagen auch im Sommer vor, Regen und Gewitter können Wanderungen auf an sich leichten Wegen in gefährliche Rutschpartien verwandeln. Deshalb sind feste Wanderschuhe , Regenschutz und warme Kleidung im Rucksack auch bei vermeintlich einfachen Touren und gutem Wetter unerlässlich.

Das **aktuelle Bergwetter** ist in der Südtiroler Tageszeitung »Dolomiten«, unter Tel. 04 71 27 05 55 und unter www.provinz.bz.it/wetter/bergwetter.asp zu erfahren.

Sprache

Die Provinz Südtirol ist offiziell zweisprachig, in den beiden ladinischen Tälern (Grödner Tal und Gadertal) sogar dreisprachig. Alle offiziellen Mitteilungen und die meisten Beschilderungen sind daher mehrsprachig. Nach der jüngsten Volkszählung rechnen sich gut 69 % der Bevölkerung der deutschen, knapp 26,5 % der italienischen und gut 4 % der ladinischen Sprachgruppe zu. Dennoch kann man sich nahezu überall auf Deutsch verständigen. In den meisten Landgemeinden und in den Altstadtzentren der Städte wird überwiegend deutsch gesprochen, wohingegen in den Neubauvierteln und in einigen wenigen Gemeinden wie Branzoll, Leifers und Salurn die italienische Sprache überwiegt. Die Ladiner in Gröden und im Gadertal beherrschen neben ihrer Muttersprache auch Deutsch und Italienisch perfekt.

In diesem Reiseführer werden nur bei der ersten Nennung im Text (nicht in den Überschriften) für Städte, Gemeindesitze, große Täler und Pässe die deutschen *und* italienischen Namen angegeben. Die Namen der kleineren Dörfer und Weiler, der Straßen und Plätze, der Nebentäler und Berge, deren italienische Bezeichnungen im allgemeinen Sprachgebrauch nicht üblich sind, werden nur auf Deutsch genannt. Für das Grödner Tal und das Gadertal stehen an erster Stelle zusätzlich die ladinischen Namen. In der Reisekarte sind die Ortsnamen überwiegend zweisprachig.

Souvenirs

Typische Souvenirs wie in anderen Urlaubsregionen gibt es in Südtirol eigentlich nicht, sieht man von den Grödner Holzschnitzereien einmal ab. So kommen als Reisemitbringsel in erster Linie Nahrungs- und Genussmittel in Frage, z. B. Wein, Grappa, Almkäse oder auch ein Stück Südtiroler Speck.

Steuern

Bei Restaurant- und Barbesuchen muss der Kassenzettel (*scontrino*) bzw. die Rechnung (*ricevuta fiscale*) immer mitgenommen und eine Weile aufbewahrt werden, da die Finanzpolizei (*Guardia di Finanza*) zur Vermeidung von Steuerhinterziehungen seitens der Gastwirte die Gäste kontrollieren darf.

Telefonieren

In den Städten stehen die Telecom-Zentralen, ansonsten öffentliche Fernsprecher in Bars oder Telefonzellen zur Verfügung. Die meisten Apparate akzeptieren auch Telefonkarten, die es im Gegenwert von 2,58, 5,25 und 7,75€ in Telefonzentralen, Tabak-/Zeitungsläden (*tabacchi*) und gelegentlich bei Tourismusvereinen und Verkehrsämtern zu kaufengibt.

Die **Vorwahl nach Italien** lautet 00 39. Die Ortsvorwahl ist in Italien fester Bestandteil jeder Telefonnummer und muss bei Anrufen aus dem Ausland, aber auch bei Inlands- und Ortsgesprächen vollständig inklusive der Null mitgewählt werden.

Aus Südtirol wählt man für Deutschland die Landesvorwahl 00 49, für die Schweiz 00 41 und für Österreich 00 43. Die erste Null der sich anschließenden Ortsvorwahlnummer entfällt.

Mobiltelefone haben abseits der Städte und der großen Verkehrsadern in ländlichen Bergregionen oft keinen oder nur schwachen Empfang. Empfehlenswert sind *prepaid*-Karten, um eine bessere Kontrolle der Kosten zu erhalten.

Telefonauskunft: 12.

Trinkgeld

Je teurer das Restaurant, desto eher wird ein Trinkgeld in Höhe von etwa 10 % des Rechnungsbetrages erwartet. In Italien und auch in Südtirol ist es üblich, bei einem längeren Aufenthalt im Hotel mit Halb- oder Vollpension der Bedienung im Speisesaal am Ende des Urlaubs diskret einen Pauschalbetrag als Trinkgeld zu übergeben und auch dem Personal für das Zimmer einen Obolus zu hinterlassen. Auf der Theke mancher Bars steht ein Behälter, in den ein kleines Trinkgeld geworfen wird, oder man reicht zusammen mit dem Kassenzettel dem *barista* eine Münze.

Panorama – Daten, Essays, Hintergründe

Heutransport im Winter mit Haflinger Pferd

Original Haflinger
SÜDTIROL

Steckbrief Südtirol

Daten und Fakten

Hauptstadt: Bozen zählt etwas mehr als 100 000 Einwohner und ist somit die mit Abstand größte Stadt in Südtirol.

Fläche: Insgesamt ist die gebirgige Provinz 7400 km^2 groß. Davon liegen nur rund 14 % unter 1000 m Höhe, 21,5 % zwischen 1000 und 1500 m Höhe, aber ca. 64,5 % über 1500 m Höhe.

Amtssprache: Neben Italienisch ist Deutsch die offizielle Amtssprache. Ladinisch wird als regionale Behörden- und Schulsprache in den rätoromanischen Dolomitentälern der Provinz offiziell anerkannt.

Zeitzone: Wie in Deutschland, Österreich und der Schweiz gilt die Mitteleuropäische Zeit (MEZ). Vom letzten Sonntag im März bis zum letzten Sonntag im Oktober werden die Uhren, wie bei uns, um eine Stunde auf die Mitteleuropäische Sommerzeit (MESZ) vorgestellt.

Vorwahl: Die internationale Vorwahl nach Italien für Telefonate aus dem Ausland lautet 00 39.

Geografie und Natur

Südtirol liegt am Südrand der Zentralalpen, die sich als riesiger Wall zwischen Mitteleuropa und Italien schieben. Die beiden niedrigsten Durchlässe sind der Brenner und der Reschenpass. Vom Brenner führt das Tal des Eisacks nach Süden zum Bozner Becken. Hier vereinigt sich der Fluss mit dem zweitlängsten Strom Italiens, dem Adige, der als Etsch unweit des Reschenpasses entspringt. Hinter Bozen führt das breite Etschtal durch das Unterland und stellt Südtirols offene Verbindung nach Süden dar. Auch nach Osten gibt es einen breiten Durchlass durch die Gebirgsbarrieren, das Pustertal. Über die Flüsse Rienz und Drau ist es mit dem Donauraum verbunden. Nur nach Westen türmen sich die Berge fast unüberwindlich auf. Die schweizerischen Münstertaler Alpen und die mächtige Ortlergruppe übersteigen die 3000-Meter-Marke und lassen nur wenige Schlupflöcher über hohe Pässe zu. Neben den großen Flusstälern und den Hochgebirgen besitzt Südtirol noch ein Zwischenstockwerk, die Zone der Mittelgebirgsterrassen. Vom Talgrund kaum zu erahnen, weiten sich die meisten Seitentäler ab 800 oder 1000 m zu welligen Plateaus mit Wiesen, Feldern und Wäldern, zwischen denen unzählige Dörfer und Höfegruppen eingebettet sind.

Staat und Politik

Südtirol nimmt im politischen Leben Italiens eine Sonderstellung ein. Im italienischen Staatsverband bildet die deutschsprachige Bevölkerung die Minderheit. In Südtirol ist es genau umgekehrt. Hier haben die ›Deutschen‹ die Mehrheit, während die ›Italiener‹ und die rätoromanische Urbevölkerung, die Ladiner, die Minorität darstellen. Nach langen Auseinandersetzungen trat 1972 das ›Autonomiestatut‹ in Kraft, das ein ganzes ›Paket‹ von Maßnahmen zum Schutz der deutschsprachigen Bevölkerung umfasst. Damit wurde ein Minderheitenschutz geschaffen, der weltweit beispielhaft für eine multikulturelle und multiethnische Gesellschaft ist. Die ›Autonome Provinz Südtirol/Alto Adige‹, wie Südtirol seither offiziell heißt, ist mit der benachbarten ›Autonomen Provinz Trentino‹ in einer gemeinsamen Region verbunden. Beiden Provinzen wird aber eine weitgehende Selbstverwaltungsbefugnis zugestanden.

Geschichte und Kultur

Das Land, das heute Südtirol genannt wird, blickt auf eine wechselvolle Vergangenheit zurück. Die Lage als Bindeglied zwischen Mittel- und Südeuropa war stets Chance auf politische und kulturelle Innovationen, bewirkte aber gleichzeitig, dass die Region oft zwischen die Interessen größerer und mächtigerer Nachbarn und Mächte geriet. Römer, Germanen, Slawen, später Österreicher, Franzosen und Bayern, in der jüngsten Vergangenheit Italiener und Deutsche, hinterließen ihre Spuren im Land und beeinflussten die Region stark in Politik, Sprache und Kultur.

Wirtschaft und Tourismus

Südtirol ist eine ›Insel des Wohlstands‹. Im Vergleich zu den meisten anderen Provinzen Italiens geht es der Wirtschaft hier seit Jahrzehnten gut. Die wichtigsten ökonomischen Sektoren der Provinz – Tourismus, Landwirtschaft, der gesamte öffentliche Bereich, Transportwesen – sind dank der engen Anbindung an den deutschen Markt und dank eines umfassenden Protektionismus nahezu konjunkturunabhängig. Die Arbeitslosenrate beträgt gerade einmal 2,6 %. 34 % der Gesamtfläche wird landwirtschaftlich genutzt, 39 % bestehen aus Wald und 27 % sind Brachland sowie unproduktive Flächen in den Hochregionen.

Der Fremdenverkehr ist der wichtigste Arbeitgeber. Nahezu ein Viertel der insgesamt 228 000 Beschäftigten arbeiten direkt oder indirekt für den Tourismus. In Südtirol gibt es die riesige Zahl von 217 000 Gästebetten, in denen gut 5 Mio. Urlauber jedes Jahr rund 26 Mio. Mal übernachten. Nicht ganz die Hälfte der Touristen stammt aus Deutschland.

Bevölkerung

Südtirol hat insgesamt gut 490 000 Einwohner. Während im Stadtgebiet Bozen 1906 Menschen pro km^2 leben, sind dies in der Bezirksgemeinschaft Vinschgau gerade einmal 24 Personen. Der Anteil von ausländischen Staatsbürgern ist mit ca. 5 % sehr gering.

Sprache und Religion

Südtirol ist dreisprachig; 69,38 % der Bewohner gehören der deutschsprachigen Bevölkerungsgruppe, 26,30 % der italienischsprachigen und 4,32 % der ladinischen Sprachgruppe an. Die übergroße Mehrheit (98 %) der Südtiroler gehört der katholischen Kirche an.

Geschichte im Überblick

Von den ersten Siedlern zu den Rätern und Römern

8000–500 v. Chr. Die Herkunft der ersten Siedler ist ungewiss. Neben nomadisierenden Stämmen sind es wohl Illyrer und Ligurer, die von Süden her das Land besiedeln und sich mit den später zuziehenden Kelten und Etruskern vermischen. Von den Römern werden diese in den Alpen siedelnden Völker Raeti, ›Räter‹, genannt.

25 v. Chr. – 550 n. Chr. Das Land wird von den Römern erobert und in das Römische Reich eingegliedert. Es entstehen römische Siedlungen und die Kriegs- und Handelsstraße Via Claudia Augusta über den Alpenhauptkamm. Die rätische Urbevölkerung wird romanisiert und später christianisiert. Es entwickelt sich die Mischkultur des Rätoromanischen.

Völkerwanderung und frühes Mittelalter

550–1000 Durch den Ansturm verschiedener Völker zerfällt das Römische Reich. Auf dem Gebiet des heutigen Südtirols treffen die Langobarden von Süden her auf die Franken im heutigen Vinschgau, während die von Norden vorrückenden Bajuwaren auf die durch das Pustertal eindringenden Slawen stoßen. Erbitterte Kämpfe um die Vorherrschaft mit wechselnden Ausgängen sind die Folge. Die ansässige rätoromanische Bevölkerung wird germanisiert oder zieht sich in unzugängliche Täler zurück. Im 8. Jh. wird das Land Teil des Karolingischen Reiches. Nach dem Tod Karls des Großen kommen Unterland und Überetsch zum Herzogtum Trient, während der restliche Teil des Landes dem Herzogtum Bayern, also dem entstehenden »Heiligen Römischen Reich Deutscher Nation«, zufällt.

Das Land Tirol

1000–1300 Um den Machtanspruch auf die italienischen Territorien zu festigen und die Verbindung über die Alpen zu sichern, errichten die deutschen Kaiser an Eisack und Etsch geistliche Fürstentümer. 1027 erhält der Brixener Bischof das Gebiet an Eisack und Inn als Reichslehen, zu dem 1091 noch das Pustertal hinzukommt. Zum Fürstbistum Trient gehören ab 1027 neben dem Unterland und dem Überetsch auch Bozen und der Vinschgau. Die Bischöfe üben aber aus kirchenrechtlichen Gründen ihre weltliche Macht nicht aus, sondern geben sie in die Hand von Vögten. Diese gründen bald Adelsgeschlechter wie die Grafen von Eppan oder die Grafen von Tirol, die danach trachten, ihre kleinen Herrschaftsgebiete zu vergrößern. In den teilweise blutig geführten Machtkämpfen setzen sich letztendlich die Grafen von Tirol durch.

1282 König Rudolf von Habsburg bestätigt den Anspruch des Tiroler Grafen Meinhard II. auf das ›Land an der Etsch und im Gepirg‹. Somit wird Tirol in den Rang eines souveränen Landes gehoben. Das Pustertal gehört allerdings zur Grafschaft Görz, die ihr politisches Zentrum in Friaul und Istrien hat.

Tirol als Teil der habsburgischen Monarchie

1363 Die letzte Tiroler Regentin, Margarethe Maultasch, übergibt die Regierungsgewalt an Herzog Rudolf IV. von Habsburg. Von nun an ist Tirol Teil des österreichischen Habsburgerreiches.

1500–1516 Das Land gewinnt allmählich seine heutige Gestalt: Mit dem Aussterben des Geschlechts der Görzer Grafen kommt das Pustertal zu Tirol, als Folge des siegreichen Krieges gegen Venedig vergrößert sich das Tiroler Territorium durch weite Teile des heutigen Trentinos.

1525/26 Gegen die zunehmende Unterdrückung durch Kirche und Landesherren erheben sich die Tiroler Bauern unter der Führung von Michael Gaismair (s. S. 57). Nach Anfangserfolgen wird der Aufstand blutig niedergeschlagen.

1600–1700 Die Zentren des politischen und wirtschaftlichen Geschehens in Europa verlagern sich. Tirol ist nicht mehr wichtiges Bindeglied zwischen Nord und Süd, sondern gerät ins politische Abseits. Im Land kann die katholische Kirche uneingeschränkt die Macht ausüben und alles aufklärerische Gedankengut unterdrücken. Der Mythos vom »Heiligen Land Tirol« entsteht.

Südtirol unter Napoleon

1701–1714 Erst der ›Spanische Erbfolgekrieg‹ reißt Tirol in die gesamteuropäischen Auseinandersetzungen zurück. Die mit Frankreich verbündeten Bayern stoßen nach Tirol vor, wo sie von einer Tiroler Bauernarmee geschlagen werden.

1792–1810 Während der ›Koalitionskriege‹ gegen das napoleonische Frankreich und Bayern kämpfen die kaisertreuen Tiroler Schützen auf Seiten der habsburgischen Monarchie. 1805 muss Österreich nach der Niederlage bei Austerlitz Tirol an Bayern abtreten. 1809 kommt es zu einem erneuten Krieg, der für Österreich nach der Schlacht von Wagram wieder in einer Niederlage endet. Unter Andreas Hofer (s. S. 56) kämpfen die Tiroler allein weiter. Nach anfänglichen Siegen werden sie in der vierten Schlacht am Berg Isel vernichtend geschlagen. 1810 wird Hofer in Mantua standrechtlich erschossen. Als Folge der Niederlage wird das Land Tirol zwischen Bayern, Frankreich und Italien aufgeteilt.

1815 Nach Napoleons Niederlage gegen die vereinten europäischen Mächte wird beim Wiener Kongress Tirol wieder Österreich zugesprochen.

Südtirol als Teil Italiens

1915 Das zunächst neutrale Italien erklärt Österreich den Krieg. In den Dolomiten und am Ortler kommt es zu erbitterten Stellungskämpfen (S. 61).

1919/20 Im Friedensvertrag von St. Germain muss Österreich die südlich des Alpenhauptkamms gelegenen Gebiete, das Trentino und das heutige Südtirol an Italien abtreten. Aus den neuen Territorien wird die italienische Provinz Venetia Tridentina gebildet.

1922 Nach der faschistischen Machtübernahme in Italien beginnt die s. zwangsweise Italisierung der deutschsprachigen Bevölkerung (S. 66).

1927 Per Dekret wird die Provinz Bolzano (Bozen) geschaffen, in die die Gemeinden des Unterlandes und des Nonsberges sowie Altrei und Truden aber nicht einbezogen sind. Diese Gemeinden werden zur Provinz Trentino geschlagen.

1939 Hitler und Mussolini einigen sich in der »Berliner Vereinbarung« über die Aussiedlung der Südtiroler. Mit der ›Option‹ entscheidet sich die Mehrheit der Bevölkerung dafür, die Heimat zu verlassen (s. S. 66). Der Zweite Weltkrieg verhindert weitgehend die Abwanderung der Südtiroler.

1943 Nach der Kapitulation der italienischen Streitkräfte besetzen deutsche Truppen Südtirol. Als Teil der ›Operationszone Alpenvorland‹ wird das Land unter deutsche Verwaltung gestellt. Für die in Südtirol lebenden Juden bedeutet die nationalsozialistische Machtübernahme entweder die Notwendigkeit zu sofortiger Flucht oder die Deportation in die Vernichtungslager. Widerstand gegen die Nazis wird nur von wenigen Südtirolern geleistet.

Ringen um Autonomie

1946/48 Der ›Pariser Vertrag‹ bestätigt den Verbleib Südtirols bei Italien. Der deutschsprachigen Bevölkerung wird in einem Autonomiestatut ein Minderheitenschutz zugesichert, der aber nur teilweise verwirklicht wird. Zusammen mit dem Trentino bildet Südtirol innerhalb des italienischen Staatswesens die autonome Region ›Trentino-Tiroler Etschland‹.

1957–72 In Südtirol kommt es unter der Losung ›Los von Trient‹ zu zahlreichen Terroranschlägen von deutschnationalistischen Gruppen. Bei über 300 Sprengstoffanschlägen auf Carabinieri-Kasernen und andere Einrichtungen des italienischen Staates sterben 19 Menschen. In einem zweiten Autonomiestatut wird durch Maßnahmen des so genannten

›Pakets‹ die Selbstverwaltungsbefugnis der nunmehr ›Autonomen Provinz Südtirol‹ gestärkt. Südtirol bildet aber weiterhin mit dem Trentino eine gemeinsame Region.

1992–97 Durch eine ›Streitbeilegungserklärung‹ zwischen Österreich und Italien wird das Autonomiestatut für Südtirol völkerrechtlich verbindlich. Die letzten der im ›Paket‹ vorgesehenen Maßnahmen wie z. B. die garantierte Mehrsprachigkeit werden verwirklicht. Kernstück des Minderheitenschutzes für die deutschsprachige Bevölkerung ist der ›Ethnische Proporz‹. Offiziell gibt es heute in der Provinz drei Sprachgruppen, die gleichberechtigt nebeneinander stehen: die deutsche, die italienische und die ladinische. Alle zehn Jahre müssen sich die Südtiroler und Südtirolerinnen einer Volkszählung stellen und sich einer dieser Sprachgruppen zugehörig erklären. Nach den Ergebnissen dieser Zählung wird in Südtirol vieles geregelt. Beispielsweise werden Arbeitsplätze im öffentlichen Dienst, Kindergartenplätze oder Sozialwohnungen gemäß dem ›ethnischen Proporz‹ quotiert.

Südtirol bis heute

1998 Nach einem langwierigen Gründungsprozess wird im November die mehrsprachige Freie Universität Bozen eröffnet.

2008 Luis Durnwalder wird als Landeshauptmann (Regierungschef) Südtirols erneut wiedergewählt.

2011 Von der Regierung in Rom erhält die Provinz Südtirol das Verfügungs- und Gestaltungsrecht über die Denkmäler aus der faschistischen Ära.

Im neuen Museum für Moderne und Zeitgenössische Kunst in Bozen

Berge aus dem Meer – die Dolomiten

Morgenstimmung auf der Seiser Alm vor der Silhouette der Santner Spitze

Sie lassen jedes Bergsteigerherz höher schlagen: Die Dolomiten. Einst aus Korallen entstanden, erstrecken sich die sagenumwobenen ›Bleichen Berge‹ der Ladiner über die Provinzen Südtirol, Trentino und Belluno.

Es ist kaum fassbar: Die Region, die wir heute als Dolomiten kennen, war einst von Wasser bedeckt. Doch ist das schon sehr lange her: Unvorstellbare 230 Millionen Jahre sind vergangen, seitdem das Tethysmeer über die späteren Berge schwappte. Zu jener Zeit, die die Geologen ›Trias‹ nennen, gediehen hier im warmen Wasser Korallen und andere Organismen prächtig. Gewaltige Riffe und Korallenbänke entstanden. Schicht für Schicht des abgestorbenen Materials und andere Sedimente lagerten sich im Laufe von Millionen Jahren auf dem Meeresboden ab. Aber die Dolomiten gab es noch immer nicht.

Im Schraubstock der Erde

Die Kontinente waren damals noch nicht vorhanden. Die feste Landmasse der Erde bestand ursprünglich aus dem riesigen Ur-Kontinent ›Pangäa‹, der dann in große Platten zerbrach. Vor rund 80 Millionen Jahren driftete die afrikanische Kontinentalplatte nach Norden und schob sich unter die eurasische Platte. Wie in einem Schraubstock wurde der alte Meeresboden mit seinen mächtigen Sedimentschichten zusammengeschoben und zu einem Gebirge aufgetürmt. Ganz langsam: Jahr für Jahr, Millimeter um Millimeter hoben sich die Berge aus dem Wasser. Und endlich waren die Alpen und mit ihnen die Dolomiten entstanden. Gleichzeitig setzte bereits die Abtragung und Verwitterung ein, die in weiteren Millionen von Jahren die kühnen Formen der Dolomiten schufen.

Déodat Gratet de Dolomieu

Es war Ende des 18. Jh., als der französische Mineraloge Déodat Gratet de Dolomieu das Land südlich des Brenners bereiste. Ihm fiel das helle Gestein der Berge auf, das bis dahin noch niemand wissenschaftlich untersucht hatte. Dolomieu schickte Gesteinsproben an seinen Freund Théodore de Saussure in Genf, der ein Mineral aus Magnesia und Kalk analysierte, das etwas schwerer und härter war als der bereits bekannte Kalkstein. Wissenschaftler haben das Recht, neue Entdeckungen zu benennen. Aber sowohl Dolomieu als auch Saussure waren sehr bescheiden und wollten die Entdeckung jeweils nach dem Freund benennen. Saussure setzte sich in diesem Wettstreit durch, sodass das Gestein von nun an ›Dolomit‹ hieß. Es dauerte nicht mehr lange und aus den ›Bleichen Berge‹ wurden die Dolomiten.

Enrosadüra in drei Provinzen

Wer von Norden kommt, glaubt oft, nur Südtirol sei das Land der Dolomiten. Doch nur ein kleiner Teil liegt in der Provinz. Der größere Anteil der Bleichen Berge erhebt sich im benachbarten Trentino und im nördlichsten Teil der Region Veneto, in der Provinz Belluno. So unterschiedlich die einzelnen Bergstöcke der Dolomiten in den drei Provinzen auch geformt sind, eines ist ihnen gemeinsam: das *Enrosadüra*. So nennen die Ladiner das Naturschauspiel, wenn die Wände und Spitzen der Dolomiten in der Abendsonne rot aufleuchten.

›Die Erben der Einsamkeit‹ – Bergbauern in Südtirol

Diesen poetischen Titel hat Aldo Gorfer für sein Buch über die Bergbauern in Südtirol gewählt. Liebevoll und einfühlsam schildert der Trentiner das entbehrungsreiche Leben und die Wünsche und Hoffnungen der Menschen auf den Bergbauernhöfen, die einsam und abgeschieden auf Höhen von oft über 1600 m liegen.

Ohne die Bergbauern sähe Südtirol anders aus. Seit vielen Jahrhunderten haben sie in den Alpen an Hängen und auf Hochflächen die gepflegte Kulturlandschaft so geschaffen, wie wir sie heute vorfinden. Denn die Almregion ist ein künstliches, erst von Menschen geschaffenes Ökosystem, das durch ständige Bearbeitung stabil gehalten werden muss. Ohne die fortwährende menschliche Bewirtschaftung entstünde aus den Almmatten innerhalb kürzester Zeit eine ›Problemzone‹: Die Flächen würden verwildern und das labile Ökosystem bräche zusammen. Anstelle der Wiesen würde sich ein undurchdringliches Gestrüpp ausbreiten, das Wasser würde nicht im Erdreich gespeichert, sondern ungehindert ablaufen, und die fruchtbare Bodenkrume ginge im Wortsinn den (Wild-) Bach hinunter.

Die Heuarbeit auf steilen Almen ist mühsam

Bergbauernwirtschaft unter Druck

Aber die Bergbauernwirtschaft steht im Wandel. Nicht nur in Südtirol. Der Konkurrenzdruck der industriell wirtschaftenden Großbetriebe in den Ebenen und Tälern ist groß. Auf den Berghöfen mit den steilen Wiesen und Äckern, die auf 1600 m und höher liegen, reicht der Ertrag aus der Land- und Viehwirtschaft nicht mehr aus. Die Preise, die am Markt erzielt werden können, sind viel zu niedrig. So subventioniert die Provinzregierung die Höfe kräftig, um die drohende Abwanderung der Bergbauern zu verhindern. Mittlerweile stammt rund ein Drittel ihrer Einnahmen aus Unterstützungszahlungen. Da gibt es Beiträge zur Grünlanderhaltung und Sömmerungsprämien für die Alpbewirtschaftung, Kälberprämien und Zinsverbilligungen, Versicherungsermäßigungen und Steuererleichterungen. Aber dennoch können viele der Bergbauernfamilien nur noch existieren, weil sie ihre Höfe nur im Nebenerwerb führen und täglich zur Arbeit in die Industriebetriebe ins Tal pendeln. Etliche Familien vermieten Gästezimmer oder betreiben Jausenstationen und verdienen sich so ein Zubrot im Fremdenverkehr.

Neue Wertschätzung

Die traditionelle Bergbauernwirtschaft, die lange Zeit auf Selbstversorgung und Autarkie setzte, steht vor dem Ende. Der einzige Weg, der dauerhaft Erfolg verspricht, ist die Aufwertung der bergbäuerlichen Arbeit und der Produkte, die von den Berghöfen stammen. Bauernmärkte in den Städten und der Direktverkauf auf den Höfen sind erste Ansätze für eine Stabilisierung. Nur so kann die Kultur und die Kulturlandschaft in den Bergen bewahrt und weiterentwickelt werden.

Roter Hahn
Unter dem Label ›Roter Hahn‹ vermittelt der Südtiroler Bauernbund (Schlachthofstr. 4/d, 39100 Bozen) ›Urlaub auf dem (Berg-)Bauernhof‹. Auf **www.roterhahn.it** steht eine umfangreiche Online-Suche zur Verfügung (auch als gedruckter Katalog erhältlich). Sehr informativ sind auch die **Broschüren** des Verbandes, wie etwa der ›Bäuerliche Feinschmecker‹ (Beschreibungen und Adressen von Einkehrmöglichkeiten auf Bauernhöfen) und ›Delikatessen vom Bauern‹ (Bauernhöfe mit Direktverkauf).
Wer noch tiefer in die Bergbauernkultur eintauchen möchte, kann als Urlauber ehrenamtlich auf einem Hof mitarbeiten. Informationen beim **Verein Freiwillige Arbeitseinsätze,** c/o Südtiroler Bauernbund, Kanonikus-Michael-Gamper-Str. 5, 39100 Bozen, http://www.bergbauernhilfe.it.
Lesetipp: Aldo Gorfer: Die Erben der Einsamkeit, Verlag Arti Grafiche Saturnia, zu beziehen über Internet-Antiquariate.

Klasse statt Masse – die neue Südtiroler Weinkultur

Der Weinanbau in Südtirol blickt auf eine 2500 Jahre lange Geschichte zurück. In den 1960ern ist der Südtiroler Wein als Billigwein ins Gerede gekommen. Heute setzen die meisten Winzer der Provinz aber wieder auf Qualität.

Fast alle Weingärten des Unterganzner Hofes bei Kardaun in der Nähe von Bozen liegen eingeklemmt zwischen dem Eisack und der Talstraße. Während der vier Jahrhunderte, in denen der Erbhof besteht, ist der Gebirgsfluss Fluch und Segen. Auf dem Schwemmland gedeihen die Reben gut, aber die Fluten reißen den Boden auch immer wieder mit sich fort. Josephus Mayr, der den Unterganzner Hof im Familienbetrieb bewirtschaftet, gehört zu den Winzern, die dem Südtiroler Wein wieder zu einem respektablen Ruf in ganz Europa verholfen haben. Zu lange wurde der Wein aus Südtirol mit billigem Konsumwein gleichgesetzt. Bei Josephus Mayr ist die Liebe und Sorgfalt zu spüren, die er in seine Weine steckt. Er verwendet nur mineralische Dünger und nimmt viel Handarbeit und die spätere Lese in Kauf. Bei Josephus Mayr kommen keine Herbizide an den Stock.

Tradition

Der Weinbau in Südtirol blickt auf eine 2500 Jahre lange Tradition zurück. Zwar ist die Anbaufläche seit Ende des 19 Jh. um die Hälfte geschrumpft, doch steht der Weinbau noch an dritter Stelle der landwirtschaftlichen Produktion. Auf knapp 5000 ha wird jedes Jahr die gewaltige Menge von über 350 000 Hektoliter erzeugt, wobei die Rotweine mit knapp 60 % überwiegen. Der ›klassische‹ Wein in Südtirol ist immer noch der **Rote** mit dem leichten Mandelgeschmack der Vernatsch-Traube. Ob als ›Kalterer See‹, ›Bozner Leiten‹, ›Burggräfler‹ oder ›Sankt Magdalener‹, der **Vernatsch** ist der beliebteste Wein in der Provinz. Der andere traditionelle Südtiroler Rote, der kräftigere, samtige **Lagrein** hat nur einen Anteil von 8 %. Aber viele Winzer stellen auf die kleinbeerigen Rotweinsorten Pinot Nero (Blauburgunder), Merlot und Cabernet um, die höhere Qualität und bessere Absatzchancen versprechen.

Hohes Renommee

Das Renommee, das der Südtiroler Weinbau seit den 1990er-Jahren wiedergewonnen hat, ist aber hauptsächlich den charaktervollen **Weißweinen** zu verdanken. Böden, Klima und die Höhenlagen beiderseits von Etsch und Eisack sind ideal für eine herausragende Qualität. Der traditionsreiche Südtiroler Weißwein, der **Gewürztraminer**, dessen schwelgerisches Bukett allerdings nicht jedermanns Sache ist, aber auch Chardonnay, Pinot Bianco und Pinot Grigio brauchen keinen internationalen Vergleich mehr zu scheuen. Rund 85 % der Südtiroler Weine tragen das **Prädikat DOC** (für *Denominazione Originale Controllata*). Diese ›kontrollierte Ursprungsbezeichnung‹ leistet Gewähr, dass beispielsweise ein Terlaner Weißburgunder im Wesentlichen in Terlan gewachsen sein muss.

›Drei Gläser‹

Alljährlich vergibt der tonangebende italienische Weinführer »I Vini d'Italia« von Gambero Rosso & Slow Food seine begehrten **Auszeichnungen.** Die höchste Kategorie der ›Drei Gläser‹, die 2012 insgesamt 390 Mal vergeben wurden, ging immerhin 25 Mal an Weine von Südtiroler Winzern, z. B. an:

Weißburgunder Passion 2009, Kellerei St. Pauls
Terlaner Weißburgunder Eichhorn 2010, Manincor
Gewürztraminer Kastelaz 2010, Elena Walch, Tramin
Sauvignon 2010, Ignaz Niedrist, Girlan
Sauvignon Selection Flora 2010, Kellerei Girlan
Terlaner Nova Domus 2008, Kellerei Terlan
Eisacktal Riesling Praepositus 2009, Stiftskellerei Neustift
Vinschgau Riesling 2010, Unterortl, Castel Juval
Kalterersee Puntay 2010, Erste + Neue Kellerei, Kaltern
Cabernet Löwengang 2007, Alois Lageder, Margreid

Lesetipps und Internet
Josephus Mayr und andere engagierte Winzer haben sich zur **Vereinigung Freier Weinbauern** zusammengeschlossen, die ihre Weine selbst vermarkten. Fast alle Mitglieder bieten Besichtigungen mit Verkostungen an. Informationen unter **www.fws.it.**
Die offizielle **Homepage** für die Südtiroler Weine mit Weinbaugeschichte, Winzer-Adressen, Veranstaltungshinweisen ist **www.suedtirolerwein.com.**
Als gedruckter **Weinführer** mit Beschreibungen und Bewertungen von 80 Weingütern empfiehlt sich: **Jens Priewe:** Die Weine von Südtirol, Collection Rolf Heyne, München.

Südtiroler Helden – totgeschwiegen oder gefeiert

Martina Gedeck und Tobias Moretti in ›Andreas Hofer – Die Freiheit des Adlers‹

Die Rolle des Tiroler Volkshelden scheint besetzt: Von Andreas Hofer natürlich, der erfolglos gegen Napoleon kämpfte. Mit einer anderen herausragenden Persönlichkeit des Landes tun sich die Südtiroler seit jeher schwer. Michael Gaismair war die treibende Kraft des Bauernaufstandes von 1525/26.

Als »ain arg, pöser, aufruerig aber listiger Mensch« wurde Michael Gaismair von der damaligen Obrigkeit verteufelt. Bis heute wird er von der Geschichtsschreibung fast völlig totgeschwiegen. Nur langsam werden die Ideen des Reformators und Utopisten vorurteilsfreier gewürdigt.

Als Michael Gaismair um das Jahr 1490 als Sohn einer begüterten Bauern- und Bergbaufamilie in Tschöfs bei Sterzing zur Welt kam, stand das Land Tirol wieder einmal vor dem finanziellen Ruin. Die habsburgischen Kriege gegen die Schweiz und Venedig hatten nicht nur weite Landstriche im Vinschgau, Trentino und Belluno verwüstet, sondern führten auch zu immensen finanziellen Belastungen. Um das dringend benötigte Bargeld zu bekommen, verpachteten die Landesfürsten die Tiroler Erz- und Silberbergwerke, zu jener Zeit die bedeutendsten in ganz Europa, an ausländische Kapitalgesellschaften. Die Fugger und andere Geldgeber plünderten die Schätze rigoros aus.

Die Bauern dagegen hatten unter den kirchlichen und weltlichen Grundherren zu leiden, die ihrerseits die eigenen Einkünfte sichern wollten. Sie erhöhten Fronleistungen, Geld- und Naturalabgaben und schränkten das bisherige Gemeineigentum sowie das freie Jagdrecht ein. Hinzu kamen die willkürliche Auslegung des Rechts durch die Grundherren und der Missbrauch geistlicher Ämter, um Reichtümer zu bewahren und anzuhäufen. Auch dem aufstrebenden Tiroler Bürgertum wurden weitgehend die politischen Rechte versagt. Es gärte im Land Tirol.

Aufstand der Bauern

Schließlich verweigerten die Bauern die Abgaben. Die Gerichte reagierten schnell und ließen innerhalb kürzester Zeit 47 der aufständischen Bauern köpfen. Zum auslösenden Moment für die Erhebung der Tiroler Bauern wurde die geplante Hinrichtung des Bauern Peter Passler in Brixen. 5000 Aufständische stürmten die Stadt, Passler wurde befreit, und innerhalb weniger Tage breitete sich der Aufruhr im ganzen Land aus. Zum Anführer ihres Heeres wählten die Bauern Michael Gaismair. Während eines Landtages in Meran formulierten die Rebellen Forderungen, die in ihren sozialutopischen Zielen der damaligen Zeit weit vorauseilten: Abschaffung der Leibeigenschaft, gleiche Steuerpflicht, Verringerung der bäuerlichen Abgaben, Aufhebung der Klöster, Vergesellschaftung der Bergwerke, Wahl von unabhängigen Richtern.

Aber der Landesherr, Ferdinand von Habsburg, schlug zurück. Ein Söldnerheer besiegte zunächst die Trentiner, dann die Südtiroler Bauern. Zahlreiche Anführer des Aufstandes wurden hingerichtet, Hunderten wurden zur Strafe die Augen ausgestochen, die Hände, Nasen oder Ohren abgeschnitten. Viele konnten jedoch ins Venezianische oder in die Schweiz flüchten.

Ende der Utopie

In enger Zusammenarbeit mit dem Züricher Reformator Zwingli versuchte Gaismair, den Aufstand fortzusetzen und eine antihabsburgische Allianz aus Frankreich, Venedig und den protestantischen Städten und Kantonen der Schweiz zu schaffen. Mit einer Art Guerilla-Armee zog er ins Salzburgische, um den dortigen Aufstand zu unterstützen. Nach anfänglichen Erfolgen musste er jedoch der Übermacht weichen. Gaismair und die Reste des Bauernheeres traten in die Dienste der Republik Venedig. Wenn er und seine Bauern für die Stadt kämpfen würden, würde ihnen Venedig dann gegen die Habsburger helfen, versprach man ihm.

Aber bald drehte sich der Wind. Der Frieden zwischen Venedig und Habsburg bedeutete das Ende der utopischen Hoffnungen auf ein Tirol ohne Standesunterschiede und Privilegien. 1527 verließ Gaismair das venezianische Heer, ließ sich mit einer Rente abspeisen und ging ins Exil. Die Habsburger hatten ein Kopfgeld von 1000 Gulden auf ihn ausgesetzt, für die damalige Zeit eine gewaltige Summe. Über 100 Mordversuche sollen fehlgeschlagen sein, heißt es in den Quellen. Aber 1532 hatte einer der gedungenen Mörder Erfolg. Mit 42 Messerstichen streckte er Michael Gaismair in Montegrotto bei Venedig nieder.

Nationalmythos Andreas Hofer

Ein paar Jahrhunderte später, am 1. November 1809, nach der vierten Schlacht am Berg Isel, endete ein anderer tirolischer Traum. Die Tiroler hatten ihren Freiheitskampf endgültig verloren – aber einen Nationalmythos gewonnen: Andreas Hofer, den Sandwirt aus dem Passeier.

Bauer und Gastwirt war Hofer. Als Wein- und Viehhändler kam er durch das ganze Land und sprach neben dem Passeier auch den Trentiner Dialekt. Auf zeitgenössischen Bildern sieht Andre, wie sich Hofer selbst nennt, gemütlich aus: rundes Gesicht mit vollen Wangen, in die Stirn gekämmtes dunkles Haar, das wohl eine beginnende Glatze verdecken soll, und ein Vollbart, der auf die stattliche Brust wallt. Stämmig wirkt der Mann, seine Beine sind ein wenig zu kurz geraten. Die Hosenträger und der breite Gürtel zwängen den Bauchansatz unter die Lodenjoppe. Dem Wein und auch dem Schnaps soll er gern zugesprochen haben. Aber Andreas Hofer war nicht nur der gemütliche Gesell, den alle liebten.

›Freiheit, Gleichheit, Brüderlichkeit‹

Mit der Französischen Revolution beginnt die Geschichte. Napoleon schickt sich an, unter der Losung »Freiheit, Gleichheit, Brüderlichkeit« halb Europa mit Kriegen zu überziehen und die verkrusteten Monarchien des Kontinents zu erschüttern. Frankreichs Bündnispartner ist Bayern. Österreich unterliegt Napoleon 1805 bei Austerlitz und muss Tirol an Bayern abtreten. Die Tiroler empfinden dies jedoch nicht als Befreiung vom habsburgischen Joch, sondern sehen die Bayern als fremde Besatzungsmacht, vor allem, als sogleich die bayerischen Reformen auf die neue Provinz übertragen werden. So werden im erzkatholischen Tirol die Kirchen unter staatliche Kontrolle gestellt, Klöster aufgelöst, Rekruten für die bayerische Armee ausgehoben und der traditionelle Handel mit Italien erschwert. Das Land Tirol wird aufgelöst und als »Südbayern« völlig der bayerischen Verfassung unterstellt. Überall im Lande brechen Unruhen aus. Besonders in »Welschtirol«, dem heutigen Trentino, ist der Protest gegen die fremden Herren groß.

Der erneute Krieg zwischen Österreich und Frankreich im Jahr 1809 ist das Zeichen zum Aufstand in ganz Tirol. Von Trient bis zum Inntal erheben sich die Bauern und ziehen mit ihren Schützenkompanien aus. Der Oberkommandierende des Tiroler Landsturms ist Andreas Hofer. Mehrmals wird das Land durch die Aufständischen befreit und dann wieder von den Bayern und Franzosen zurückerobert. Nach einer verheerenden Niederlage bei Wagram verzichtet Österreich im Frieden von Schönbrunn ein weiteres Mal auf Tirol. Hofer und die Bauernarmee, die den Kampf allein fortgesetzt hatten, werden nach anfänglichen militärischen Erfolgen in der vierten Schlacht am Berg Isel bei Innsbruck vernichtend geschlagen. Obwohl die Tiroler in einigen Tälern noch weiter Widerstand leisten, ist die Niederlage besiegelt. Andreas Hofer flüchtet auf die Pfandler Alm, wird verraten und am 20. Februar 1810 in Mantua hingerichtet.

Der Pariser Vertrag (1810) zerschlägt das Land in drei Teile: Trentino, Unterland und Bozner Becken kommen als ›Dipartimento Alto Adige‹ zum Königreich Italien. Osttirol und das obere Pustertal werden Bestandteil der zu Frankreich gehörenden ›Illyrischen Provinzen‹, der restliche Teil des Landes verbleibt als ›Innkreis‹ bei Bayern. Erst als das napoleonische Frankreich 1814/15 von der Allianz fast aller europäischen Staaten besiegt wird, fällt Tirol an Österreich zurück.

Symbol der Niederlage, aber Freiheitsheld

Obwohl Andreas Hofer eigentlich Symbol einer Niederlage ist, werden sein Leben und seine Gestalt bis heute heroisiert. Und oft genug wurde der Sandwirt in jüngster Vergangenheit politisch missbraucht und vereinnahmt. In Südtirol gilt Hofer bei vielen Einheimischen als der aufrechte Freiheitsheld, der die Heimat gegen Eroberer und Unterdrücker verteidigte. Übersehen wird dabei, dass Hofer sich im Namen von Kaiser und Kirche gegen den aufklärerischen und revolutionären Zeitgeist erhob. Für deutschnationale Kreise ist Hofer der »Vorkämpfer und Verteidiger des Deutschtums«. Vergessen wird, dass der mehrsprachige Sandwirt in seinen Reden und Taten ausdrücklich die ›Walschen‹, die Trentiner Tiroler, miteinbezog und gegen die ›deutschen‹ Bayern kämpfte. In den Dienst genommen wird Hofer auch vom Souvenirhandel und von der Tourismuswirtschaft. Für die Werbung lässt sich der Wirt aus dem Passeier Tal ähnlich gut vermarkten wie Wilhelm Tell für die Schweiz.

Lese- und Sehtipps

Die **Michael-Gaismair-Gesellschaft** in Innsbruck widmet sich ausführlich mit Publikationen und Veranstaltungen dem verkannten Helden Gaismair und anderen, eher verdrängten Tiroler Themen. Informationen unter **www.gaismair-gesellschaft.at.**

Als Theaterstück **»Gaismair«** hat Felix Mitterer das Leben und Wirken des Utopisten auf die Bühne gebracht. Das Stück ist als Buch im Haymon Verlag, Innsbruck, erschienen.

Das sehenswerte **Andreas-Hofer-Museum** im Passeier Tal (S. 242), das die Rolle Hofers differenziert darstellt, hat die Internet-Präsenz **www.museum.passeier.it.**

Das Buch von Siegfried Steinlechner **»Des Hofers neue Kleider«**, Studienverlag Innsbruck, blickt hinter den Mythos des Volkshelden.

Als Geschichtsdrama wurde das Leben des Sandwirts als Fernsehfilm **»Andreas Hofer – Die Freiheit des Adlers«** nach dem Drehbuch von Felix Mitterer vom Regisseur Xaver Schwarzenberger aufwendig inszeniert. In der Titelrolle ist Tobias Moretti zu sehen. Der Film ist als DVD erhältlich.

»Sperrforts sind eine enge Welt, in der der Blick schließlich blind wird für alles, was draußen vor sich geht. Sie formen den Kämpfer auf eine besondere Weise: Er wird verbittert und zäh, gewissermaßen ein Bestandteil des Bauwerkes, in das man ihn gesperrt hat. Die stickige Luft, das gespenstische Flackern schwacher Lampen, das monotone Brummen der Ventilatoren und das Dröhnen krepierender Geschosse zerren an den Nerven der Eingeschlossenen. Da hockt der Tod in jedem Winkel, und sein Atem verfolgt sie im Schlafen und Wachen.«

Der Erste Weltkrieg – Massenschlachten in den Bergen

So drastisch beschreibt der Schauspieler und Bergfilmregisseur Louis Trenker in seiner Autobiografie ›Alles gut gegangen‹ seine Erfahrungen und Erlebnisse an der ›Dolomitenfront‹ während des Ersten Weltkrieges. Als Artillerieoffizier diente Trenker in der österreichischen Panzerfestung Verle auf der Hochfläche der ›Sieben Gemeinden‹ im heutigen Trentino.

Im Frühjahr 1915 erklärte das bislang neutrale Italien der österreichisch-ungarischen Doppelmonarchie und dem Deutschen Reich den Krieg. Der Erste Weltkrieg, der ein Jahr zuvor begonnen hatte, war damit in eine neue Phase eingetreten. Die italienischen *Alpini*, speziell für den Hochgebirgskrieg ausgebildete Soldaten, griffen von Süden her das österreichische Territorium an, das damals noch große Teile Norditaliens umfasste. Nach anfänglichen Erfolgen der italienischen Armee erstarrte die Front rasch zu einem Stellungskrieg im Eis und Fels der Berge. Die Frontlinie zog sich durch das heutige Trentino und durch Südtirol, über die höchsten Gipfel vom Stilfser Joch bis hinein in die Karnischen Alpen. Nach dem zentralen Gebirgsstock wurde die über 300 km lange ›Alpenfront‹ auch ›Dolomitenfront‹ genannt.

Auch an den Drei Zinnen tobte der Dolomitenkrieg, wie Überreste bezeugen

Panzerfestungen

Bereits in Friedenszeiten hatten sowohl die Österreicher als auch die Italiener entlang der Grenze stark befestigte Sperrforts errichtet. Sie ähnelten eher riesigen Bunkeranlagen und waren tief in den Felsboden versenkt. Die Mauern bestanden aus Eisenbeton, der mit Stahlträgern verstärkt war. Die Festungen waren mit großkalibrigen Fernkampfgeschützen in beweglichen, gepanzerten Türmen sowie mit kleineren Kanonen und Maschinengewehren für den Nahkampf ausgerüstet. Eine eigene Wasser-, Strom- und Sanitätsversorgung machte sie nahezu autark. Die Soldaten der Forts mussten in gruftähnlichen Unterkünften und Kasematten hausen, die im Winter kaum zu beheizen waren. Bei feindlichem Beschuss erzitterten die Mauern bis in die tiefsten Tiefen, und giftige Sprenggase zogen durch die verwinkelten Gänge.

Warten auf den sicheren Tod

Der Krieg in den Bergen war ein fürchterliches Schlachten. Wie viele Menschen während der Kämpfe zwischen 1915 und 1918 umkamen, ist nicht bekannt. Es werden Hunderttausende gewesen sein. Jeder Gipfel, jede Felswand, jeder Passübergang wurde erbittert verteidigt. Im Abstand von oft nur wenigen Metern lagen sich italienische und österreichische Soldaten in den Schützengräben und Felskavernen gegenüber. Tag und Nacht, Sommer wie Winter wurde zweieinhalb Jahre lang gekämpft. Mit Artillerie, in Sturmangriffen und im mörderischen Nahkampf mit Bajonetten, Messern und Spaten.

Da weder die Österreicher noch die Italiener oberirdisch weiterkamen, begann man, die Berge und Gletscher auszuhöhlen. Lange Gänge wurden jeweils unter die gegnerischen Stellungen getrieben, mit Sprengstoff gefüllt und schließlich gezündet. Ganze Berge flogen so in die Luft. Die Soldaten kannten ihr Schicksal, denn die Bohrgeräusche des Stollenbaus waren gut zu hören. Sie durften dennoch ihre Stellungen nicht verlassen und mussten im Wissen um den sicheren Tod in ihren Gräben ausharren. Zentnerschwere Minen, die man über steile Felspartien in die Stellungen der Gegner abrollen ließ, rissen gewaltige Mengen an Fels und Steinen mit und bahnten eine Spur des Todes. Auf exponierten Felsen lauerten Scharfschützen, um Nachschubtrupps des Gegners unter Beschuss zu nehmen. Kein Mittel war zu perfide, den Feind zu vernichten.

Die meisten Soldaten starben aber nicht in den Kämpfen, sondern fielen den Hochgebirgswintern zum Opfer. Eisige Orkane und Schneestürme mit Temperaturen bis zu 40 °C unter Null fegten über die Berge und rissen die notdürftigen Unterstände aus Brettern und Zeltplanen aus den Verankerungen. Gewaltige Lawinen begruben und erstickten die Männer. Ganze Kolonnen verirrten sich im Eissturm, starben und wurden erst im Frühjahr nach der Schneeschmelze gefunden. Historiker schätzen, dass an der Front in den Alpen über 60 000 Soldaten allein durch Lawinen umkamen.

Friedensweg
Auf dem Fernwanderweg ›Sentiero della Pace‹ ist es möglich, entlang der früheren Front des Dolomitenkrieges zu wandern und die zahlreichen Überreste des Krieges wie Sperrforts, verfallene Schützengräben, alte Kasematten aufzusuchen. Auf dem Gebiet der Nachbarprovinz Trentino führt der rund 400 km lange Weg vom Tonalepass in 30 Tagesetappen zur Marmolada. **Literatur: Helmut Dumler:** Auf dem Friedensweg in die Dolomiten (2 Bd.), Athesia Spectrum Verlag, Bozen2005/06. Der **Verein ›Dolomitenfreunde‹** (www.dolomitenfreunde.at) setzt unter dem Motto »Wege, die einst Fronten trennten, sollen uns heute verbinden« in ehrenamtlicher Arbeit verfallene Kriegssteige und Stellungen in den Belluneser und Südtiroler Dolomiten sowie in den Karnischen Alpen instand. Mitarbeit ist erwünscht.

Ladinien – das Land, das es nicht gibt

Ein Land ›Ladinien‹ ist auf keiner Karte verzeichnet. Ladinien ist vielmehr ein Teil des rätoromanischen Sprach- und Kulturraums, der sich einst fast über den gesamten Alpenraum erstreckte. Heute leben die Rätoromanen zersplittert in der Schweiz und Italien.

Viel mehr als ein *Bon di,* ›Guten Tag‹, werden Gäste von der ladinischen Sprache nicht zu hören mitbekommen. Denn mit den Touristen parlieren die Ladiner in deren jeweiliger Muttersprache. Aber Ladinisch ist neben Deutsch und Italienisch die dritte offizielle Sprache in Südtirol. Gesprochen wird die rätoromanische Sprache in **Badia,** wie das Gadertal auf Ladinisch heißt, und in **Gherdëina,** dem Grödner Tal. In diesen beiden Talschaften ist das Ladinische lebendige Alltagssprache. Hier sind die Ortsschilder und die öffentlichen Bekanntmachungen dreisprachig und in den Schulen ist Ladinisch neben Deutsch und Italienisch die Unterrichtssprache.

Von den Rätern zu den Rätoromanen

Als sich die Römer kurz vor der Jahrtausendwende den Alpenraum unterwarfen, lebten dort die verschiedenen Völker der Räter. Ihre Nachkommen, die Rätoromanen, zogen sich im Verlauf der Jahrhunderte von den anderen Völkern in die damals noch unzugänglichen Hochtäler zurück. Abseits der

Die einst abgelegenen ladinischen Täler sind heute bedeutende Wintersportzentren

großen Nord-Süd-Verbindungen konnte sich die rätoromanische Kultur und Sprache bis in die Gegenwart in ihren Idiomen bewahren.

Im Gegensatz zum Italienischen zählt das Rätoromanische zu den westromanischen Sprachen. In Lautbildung und Wortschatz ist es mit dem Französischen und Spanischen verwandt. Das Sprachgebiet reichte einst von den Schweizer Alpen über das heutige Südtirol bis in die Ebenen Friauls. Heute ist es zerrissen. Außer im Schweizer Kanton Graubünden und in den Dörfern des Friaul existiert die rätoromanische Sprache und Kultur nur noch in den Dolomitentälern, in Ladinien.

Ladinische Täler

Zu einer Staats- oder Provinzbildung kam es indes nie. Ladinien ist vielmehr ein Kulturraum in den Dolomiten, in dem alle Sagen und Überlieferungen dieses Volkes ihren Ursprung haben. Zentrum ist der mächtige Gebirgsstock der Sella, von der die Täler sternförmig in alle Himmelsrichtungen führen. Nord- und westwärts streben **Badia** und **Gherdëina,** die zu Südtirol gehören. Nach Südwesten führt das **Trentiner Val de Fasha,** das Fassatal. **Fodom** (Buchenstein bzw. Livinallongo auf Italienisch) verläuft nach Südosten in die venetische Provinz Belluno. Nur in Anpezo, dem Talkessel von Cortina d`Ampezzo, ist die ladinische Sprache seit Beginn des 20. Jh. fast verstummt.

Diese Gefahr besteht auch in den anderen Tälern. Mit den sozialen und wirtschaftlichen Umwälzungen sowie dem Tourismus geht der Druck zur Anpassung an die Welt ›draußen‹ einher.

Das Grödner Tal mit der Langkofelgruppe

Ladinien im Internet

Die Internetseiten **www.vejin.com** informieren in drei Sprachen (Ladinisch, Italienisch und Deutsch) ausführlich über die Vergangenheit, Kultur, Sprache und Gegenwart der Ladiner. Mit zahlreichen Publikationen, Bibliotheken und diversen Veranstaltungen fördert das **Ladinische Institut »Micurà de Rü«** (www.micura.it) in St. Martin in Thurn im Gadertal (s. S. 166) und in Wolkenstein (s. S. 149) im Grödner Tal die ladinische Sprache und Kultur. Auch die Museen sind im Netz vertreten: **www.museum ladin.it** ist die Internetpräsenz des **Ladinischen Museums** in St. Martin in Thurn im Gadertal und **www.istladin.net** die des Ladinischen Museums im Trentiner Fassatal (s. S. 157).

Die weitestgehenden gesetzlich verankerten Rechte haben die knapp 20 000 Ladiner in Südtirol. Als ethnische Minderheit haben sie politische Sonderrechte, nur hier steht die ladinische Sprache gleichberechtigt neben Deutsch und Italienisch. Am schlechtesten ist es um die ladinische Kultur im benachbarten Belluno bestellt. Hier haben die Ladiner keinerlei Minderheitenrechte.

Um Ladinien provinzübergreifend lebendig zu erhalten, wird eine gemeinsame Hoch- und Schriftsprache, das **Ladin Dolomitan,** angestrebt. Bislang müssen freilich Zeitungen, Radio- und Fernsehsendungen, regelmäßige Treffen und Kongresse sowie Kulturzentren in den ladinischen Tälern die einzigen Instrumente für die Weiterentwicklung der gemeinsamen Kultur bleiben.

Südtirol unter Hakenkreuz und Liktorenbündel

Die Zeit zwischen den beiden Weltkriegen gehört zu den dunkelsten Kapiteln der Südtiroler Vergangenheit. Die Südtiroler wurden gleichsam zwischen Faschismus und Nationalsozialismus zerrieben. Die Auswirkungen sind bis heute zu spüren.

HINC CETEROS EXCOLUIMUS LINGUA, LEGIBUS, ARTIBUS prangt in erhabenen römischen Lettern vom Siegesdenkmal in Bozen. »Von hier brachten wir den anderen die Sprache, die Gesetze und die Künste«. Der mächtige waagerechte Balken mit der lateinischen Inschrift ruht auf hohen Säulen aus Liktorenbündeln, dem Symbol des italienischen Faschismus. Der Diktator Benito Mussolini selbst hatte Ende der 1920er-Jahre den Bau des Denkmals veranlasst, das bis heute den Sieg Italiens über die österreichische Monarchie im Ersten Weltkrieg verherrlicht.

Italisierung

Jahrhundertelang hatten das heutige Südtirol und das benachbarte »Welschtirol«, das heutige Trentino, zum habsburgischen Reich gehört. Österreich verlor den Ersten Weltkrieg und mit ihm alle Gebiete südlich des Brenners. Nach der Machtübernahme durch die italienischen Faschisten im Jahr 1922 wurde das Land an Eisack und Etsch zwangsweise italisiert. Als Vertreter für diese Politik steht der Trentiner Ettore Tolomei, nach dessen Programm der ausschließliche Gebrauch der italienischen Sprache im öffentlichen Leben durchgesetzt wurde. Der Name ›Tirol‹ bzw. ›Südtirol‹ war bei Strafandrohung verboten, das Italienische wurde als alleinige Amts- und Unterrichtssprache eingeführt. Alle Städte, Dörfer, Täler, Berge erhielten italienische Namen. Zum Teil griff man dabei auf gebräuchliche historische italienische Bezeichnungen zurück, so bei Egna und Vipiteno, wie Neumarkt und Sterzing seit Jahrhunderten auch heißen. Manchmal wurde nur eine italienische Endung an den alten Wortstamm gehängt: Aus Barbian wurde Barbiano. Zum großen Teil sind die neuen Namen jedoch künstliche Schöpfungen Tolomeis. So wurde aus Mühlbach ein Rio di Pusteria und aus Gossensaß ein Colle Isarco.

›Heim ins Reich‹

1933 kamen in Deutschland die Nationalsozialisten an die Macht und schickten sich an, das ›Großdeutsche Reich‹ zu errichten. Österreich wurde 1938 annektiert. Die Zustimmung des faschistischen Italien zur Annexion hatte aber ihren Preis: Die Festlegung der Brennerlinie als Grenze zwischen Deutschland und Italien, die den definitiven Verzicht auf Südtirol beinhaltete. Mit der Umsiedlung der ›volksdeutschen‹ Südtiroler sollte die ›Südtirol-Frage‹ ein für alle Mal gelöst werden.

Die Absichten des italienischen Staates und des Deutschen Reiches waren aber durchaus unterschiedlich. Nach dem Willen der faschistischen Machthaber sollten nur diejenigen das Land verlassen, die massiv für eine Autonomie Südtirols bzw. für den Anschluss an Deutschland eintraten. Die Bauern und Bergbauern hingegen wollte Rom aus wirtschaftlichen Gründen im Land behalten. Dagegen stand die Absicht der deutschen Nationalsozialisten, die mit einer totalen Umsiedlung der Südtiroler Bevölkerung den Bedarf der deutschen Wirtschaft nach Arbeitskräften decken wollten, der im Zuge der Kriegsvorbereitungen immens groß geworden war. Zudem sollten die Südtiroler als ›Manövriermasse‹ dienen, um die zu erobernden Gebiete in Ost- und Südosteuropa zu ›germanisieren‹.

›Option‹

Zwischen Oktober und Dezember 1939 mussten sich alle Südtiroler entscheiden, ob sie die italienische Staatsangehörigkeit behalten und im Land bleiben oder ob sie aus Südtirol aussiedeln wollten. Die Nazi-Propaganda stellte die ›Option‹, wie diese Abstimmung genannt wurde, als Volksentscheid für das Deutschtum dar. Allerdings wurde – gegen den Widerstand Mussolinis – auch die ladinische Bevölkerung und die italienischsprachigen »Welschtiroler« zur Option zugelassen. Die Option stellte jeden Einzelnen vor die Frage, die Heimat zu verlassen und sich für ›Führer, Reich und Vaterland‹ einer ungewissen Zukunft in den noch zu erobernden Gebieten auszuliefern.

Nicht weniger ungewiss war die Zukunft für die ›Dableiber‹. So wurden diejenigen bezeichnet, die in ihrer Heimat bleiben wollten. Gezielt gestreute Gerüchte machten die Runde, die Dableiber würden später nach Sizilien oder gar in die gerade eroberte italienische Kolonie Abessinien umgesiedelt. Wer sich als ›Dableiber‹ deklarierte, wurde gesellschaftlich ausgegrenzt, ja tätlich angegriffen. Vor allem nach der Besetzung Südtirols durch die deutsche Wehrmacht ab 1943 nahmen die Repressionen gegen die Dableiber zu. Die Entscheidung zwischen Bleiben und Gehen zerriss Familien, Dorfgemeinschaften und letztendlich die gesamte Südtiroler Gesellschaft.

Gesicherte Ergebnisse der Option gibt es nicht. Fest steht, dass eine übergroße Mehrheit der Südtiroler für das Deutsche Reich optiert hat. Man geht davon aus, dass sich über 200 000 Menschen zur Aussiedlung entschlossen hatten. Der Verlauf des Zweiten Weltkrieges verhinderte allerdings die Umsetzung der Pläne, sodass nur etwa 75 000 Südtiroler tatsächlich – zumeist nach Österreich – ausgesiedelt wurden, von denen nach dem Krieg etwa 25 000 zurückkehrten. 1948 konnten diejenigen, die für Deutschland optiert hatten, wieder die italienische Staatsangehörigkeit annehmen. Weit mehr als 90 % machten davon Gebrauch. Aber die Option von 1939 steht bis heute in Südtirol für ein dunkles, nachhaltig wirkendes Kapitel der Vergangenheit, dessen Geschichte erst aufgearbeitet wird.

Lesetipp
Rolf Steininger: Südtirol im 20. Jahrhundert, Studien Verlag, Innsbruck 2004. Der Autor gilt als überragender Kenner der jüngeren Südtiroler Geschichte und schafft es, allgemeinverständlich zu schreiben.

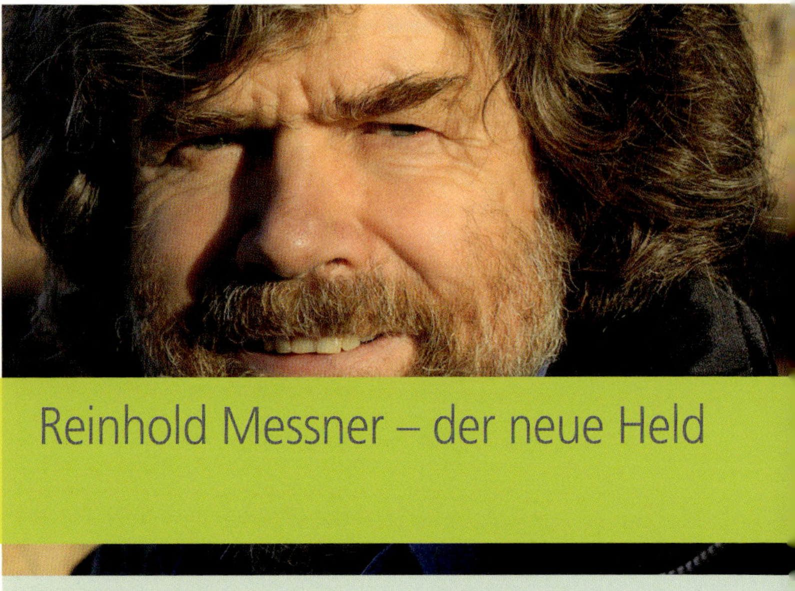

Reinhold Messner – der neue Held

Was hat Reinhold Messner nicht schon alles gemacht! Über 3500 Gipfel hat er bestiegen, darunter alle Achttausender der Welt, den Mount Everest sogar ohne Sauerstoffgerät. Die Antarktis und Grönland hat er durchquert und Südtirol auf der Grenzlinie umrundet. Jetzt im reifen Alter eröffnet er ein Museum nach dem anderen.

Geliebt und angefeindet wird Reinhold Messner. Egomanie, Narzissmus und Renommiersucht werden ihm vorgeworfen. Gleichzeitig werden seine Bücher verschlungen, seine Filme und Vorträge gestürmt, die von den Erlebnissen in den Grenzbereichen der Leistungsfähigkeit handeln. Messners Ansichten und Aktionen im Bereich der Politik und Ökologie sind in Südtirol etlichen Menschen suspekt. Aber Reinhold Messner, der sich selbst als ›großer Zampano‹ und ›Hofnarr‹ bezeichnet, beherrscht die Klaviatur der Medien meisterhaft und kann äußern, wofür andere verteufelt werden. So beklagt er lautstark den touristischen Ausverkauf Südtirols, geißelt die Deutschtümelei und das nationalsozialistische Gedankengut, das in vielen Tälern der Provinz erhalten geblieben sei. Er prangert die Servilität an, die viele Südtiroler so oft in der Vergangenheit gezeigt hätten und weiter zeigen würden. An Andreas Hofer lässt er kaum ein gutes Haar und die ›Freiheitskämpfer‹ der 1960er-Jahre, die das Land mit Bombenanschlägen in die Schlagzeilen brachten, bezeichnet er als das, was sie waren: Terroristen. Messner setzt sich in Veranstaltungen und Publikationen für ein mehrsprachiges Südtirol ein, das weder deutsches noch italienisches Land sei, sondern ein Modell für ein künftiges ›gemeinsames Haus Europa‹ sein könnte.

Ein Abenteurer wird alt

Auch ein Draufgänger wie Reinhold Messner, der 1944 im Villnösstal geboren wurde, kann sich dem Älterwerden nicht entziehen. Realistisch und selbstkritisch hat er sich von den großen Abenteuern und Expeditionen verabschiedet. Stattdessen widmet sich der frühere Extrembergsteiger dem Aufbau seiner Kette von Museen, die publikumswirksam MMM abgekürzt werden: Messner Mountain Museum.

In einem der Museen lebt Messner selbst. **Schloss Juval** ist seine Sommerresidenz. 1984 hat er das fast völlig verfallene Renaissanceschloss, das hoch über dem Eingang ins Schnalstal thront, für knapp 50 000 € gekauft und Raum für Raum restaurieren lassen. Wenig später kam der Oberortlhof hinzu, ein Bauernhof unter dem Burgfelsen, wo Messner und einige seiner Mitarbeiter eine extensive, naturnahe Landwirtschaft betreiben. Die Produkte kommen im Gasthaus ›Schlosswirt Juval‹ auf den Tisch. Zu trinken gibt es gute Eigenbauweine vom Unterortlhof, der ebenfalls Messner gehört.

Heftig umstritten war Messners vorletztes Museumsprojekt. In der restaurierten Ruine der Burg Sigmundskron bei Bozen wurde 2006 das **Alpin-Museum ›Firmian‹** eröffnet. Das historische Gemäuer, das im 12. Jh. zur mächtigsten Burganlage Tirols ausgebaut wurde und das in den 1950er- bis 1990er-Jahren immer mehr verfiel, besitzt für konservative Kreise in Südtirol einen hohen politischen Symbolwert. Unter der Parole ›Los von Trient‹ versammelten sich hier 1957 rund 30 000 Südtiroler, um die vollständige Autonomie der Provinz zu fordern.

Das letzte Messner-Museum wurde 2011 im Schloss Bruneck eröffnet. Die sehenswerte Ausstellung thematisiert die Probleme, Gemeinsamkeiten und Unterschiede von Bergvölkern aus aller Welt. Aufs Altenteil wird sich Reinhold Messner wahrscheinlich auch in den nächsten Jahren nicht zurückziehen.

Internet-Tipps

Auf der offiziellen Homepage **www.reinhold-messner.de** beschreibt Messner die Stationen seines Lebens, erläutert seine Philosophie und seine politischen Ansichten und nennt seine zahlreichen Publikationen.
Auf der Seite **www.messner-mountain-museum.it** kann man einen virtuellen Rundgang durch die fünf Museen unternehmen.
www.unterortl.it ist die Internetpräsenz des Weingutes und **www.schlosswirtjuval.it** die des Restaurants.

Die allererste Wanderung – so weit die Füße tragen

Wandern in Südtirol – das heißt auch, Seele und Beine baumeln lassen

Auch für die beiden Autoren dieses Buches gab es ein allererstes Mal in Südtirol. Auf dem Rückweg einer Reise Mitte der 1970er-Jahre aus dem Süden Italiens machten sie einen Zwischenstopp in Bozen und verliebten sich auf Anhieb in Südtirol und die Dolomiten. Bei Milch und Speck auf der Terrasse einer Jausenstation auf dem Ritten fiel die Entscheidung: Im nächsten Jahr wandern wir von Bozen zum Rosengarten.

Igitt. Das dachte ich über der Deutschen liebste Freizeitbeschäftigung, das Wandern. Langweilig, steile Wege, keuchender Atem, Schweiß in Strömen, drückende Schuhe, kiloschwerer Rucksack, dunkle Wälder, enge Täler. Bei jedem Schritt würde garantiert meine Sehnsucht nach Wasser, Meer, Strand und Sonne die Oberhand gewinnen.

Ja, bis wir eines Tages – nach der Reise aus der flirrenden Hitze Kalabriens – in der angenehmen Frische inmitten der sattgrünen Wiesen des Rittens oberhalb von Bozen saßen. Der Blick schweifte hinüber zum Felsenreich des Rosengartens. Ich war verzaubert von dieser Weite, dieser Schönheit, diesen verlockenden, geheimnisvollen, sagenumwobenen Namen: Latemar, Marmoleda, Vajolet, Laurin. Ich hatte mich in diesen Blick so sehr verliebt, dass ich zuhause Bergschuhe, Rucksack, Regenschutz und Wasserflasche kaufte und bereit war, das Kartenlesen unter kompetenter Anleitung zu lernen. Und auch verliebt in den Meister des Kartenlesens und Wegefindens, ging es ein Jahr später los. Wer wie wir nicht gern zurückgeht oder sich im Kreise dreht, muss vorwärts und immer weiter. Von Bozen zu den Dolomiten. Nicht mit dem Bus, sondern zu Fuß.

Schritte zählen

Ganz früh müssen Wanderer aufbrechen, hatten wir in der einschlägigen Literatur gelesen. So taperten wir noch verschlafen – und etwas verkatert – um 6 Uhr in der Früh durch die harte urbane Realität der Bozner Industriezone zum Wanderweg mit der Nr. 4, der hinauf nach Kohlern führt. *Self-fulfilling prophecy:* Der Steig war so steil, wie ich befürchtet hatte. Fluchen. Schwitzen. Schritte zählen: 1–100, Pause. 1–90, Pause. 1–80, Pause. 1–70, Pause. Endlos. Es wurde Mittag, als wir verschwitzt und ausgedörrt über die letzte steile sonnenüberflutete Wiese vor dem Gasthaus Kohlern keuchten. Oben auf dem Mäuerchen das Aufatmen, der weite Blick und das stille Glück, es geschafft zu haben. Den Cappuccino und den Liter Mineralwasser gab es zur Belohnung.

Der Wegenummer ›4‹ blieben wir treu. Allerdings kommt ab Kohlern noch die Markierung ›E 5‹ hinzu. Sie ist die Abkürzung für den ›Europäischen Fernwanderweg Nummer 5‹. Nach dem Jakobsweg in Spanien ist dieser Distanzweg der beliebteste auf dem Kontinent. Damals kannten ihn erst wenige, heute überqueren auf dieser Route in den Sommermonaten Jahr für Jahr einige tausend Wanderer die Alpen. Die 500 km lange Strecke führt in 28 Tagesetappen vom Bodensee nach Verona. Die Strecke durch Südtirol gehört zu den schönsten.

Proper und sauber

Aber nach Verona wollten wir gar nicht. Unser Tagesziel hieß Deutschnofen. Das Dorf war so proper, sauber, wohlanständig und ›deutsch‹, dass ich vor lauter Südtiroler Mundart am liebsten nur Italienisch gesprochen hätte. Für das Zimmer im »Haus Bergblick« zahlten wir 9600 Lire. So hatten wir es in unser »Dolomiten-Wanderbuch« von Hermann Delago damals eingetragen. Die Schrift ist verblasst, die Erinnerung an diese Pension auch. Aber das Haus gibt es immer noch. Ich habe es gerade im Internet überprüft.

Der nächste Tag sollte kürzer werden. Die erste Etappe steckte uns mit Muskelkater arg in den Knochen. Einige Male kam mein Meister des Kartenlesens und Wegefindens doch ins Grübeln ob des richtigen Weges. Aber noch vor dem Gewitter schafften wir es, am Nachmittag Obereggen zu erreichen. Dieser Wintersportort ist nun nicht gerade das, was sich müde Wanderer unter einem typischen Südtiroler Dorf vorstellen. Zu groß, zu viele Hotels im Tiroler Einheitsstil. Schon damals. Aber wir wollten die Realität kennen lernen und uns nicht nur die Rosinen herauspicken. Im Gasthof Specker fühlten wir uns dann doch wohl.

Elfen und Kühe im Zauberwald

Die Schönheit Südtirols gab es wieder am nächsten Tag. Im Zauberwald zu Füßen des Latemar wartete hinter jedem Farn eine Elfe, und unter jeder Wurzel saß ein Kobold. Mit der Fee an den Felsen kamen wir ganz leicht ins Gespräch. Auch mit den Kühen auf der Bergweide. Allerdings anders als gewünscht. Es war wohl genau die Zeit, wenn der Hütebub mit dem Salz zum Schlecken kommt. Pragmatisch und gierig bedrängten die Rindviecher den Falschen, der sich nun auch als Meister im Zäune-Überspringen erwies.

Am Karerpass wurde es wieder ernst. Touristisch gesehen. Reisebusse, Menschenmassen, Souvenirs, Bars und Hotels. Und wir lernten hinzu. Der Corriere dello Sport ist ein ganz wichtiges unverzichtbares Requisit für männliche italienische Bergwanderer. Aus jedem zweiten Rucksack lugt die rosafarbene Sportzeitung hervor. Heute kommt noch das *telefonino* hinzu, das Handy. Aber das gab es damals noch nicht. Auch bergtechnisch wurde es wieder ernst. Wir wählten die *diritissima* aufwärts. Steil, schwitzen, fluchen, Schritte zählen. Das kannte ich bereits. Die fahlweißen Felsen aus Dolomitgestein aber noch nicht. Je höher wir kamen, desto mehr verschmolzen Nähe und Ferne. Aus klein wurde groß, aus groß wurde klein. Die Blicke in die Tiefe waren kaum auszuhalten. Vor Schönheit nicht, aber auch nicht vor Schroffheit. Respektvoll drückten wir uns auf dem breiten Weg ganz nahe an die Felswand.

Lager für *soci*

Und dann lag sie endlich vor uns, die Rotwandhütte. Ein schmucker weißer Steinbau mit weißblauen Fensterläden und einer großen Terrasse inmitten einer grandiosen Felsszenerie. Zum ersten Mal zückten wir unsere Alpenvereinsausweise der Sektion Berlin. Noch ganz unsicher, ob sie in dieser Schutzhütte des CAI, des Italienischen Alpenvereins, anerkannt würden. Sie wurden. Problemlos bekamen wir zwei Matratzen im ›Lager‹, der Gemeinschaftsunterkunft. 1700 Lire mussten wir als *soci,* als Mitglieder, zahlen. So steht es in unserem ›Delago‹ vermerkt. In allen Hütten können sich Alpenvereinsmitglieder ›Teewasser‹ für wenig Geld bestellen‹, hatten wir gelesen. So waren in den Tiefen unserer Rucksäcke auch vorsorglich fünf Teebeutel verstaut. Aber auf einer italienischen Berghütte Tee trinken? Dies wäre uns wie ein Sakrileg vorgenommen. Der Cappuccino und der Apfelstrudel waren viel leckerer. Die Teebeutel brachten wir unbenutzt nach Berlin zurück und nahmen nie wieder schwarze Krümel nach Italien mit.

La Montanara

Gegen Abend, als die letzten Tagesausflügler in Richtung Tal abzogen, wurde es gemütlich im Gastraum der Rotwandhütte. So zünftig, wie wir uns das vorgestellt hatten. Mit zwei Dachdeckermeistern aus Frankfurt am Main saßen wir am Tisch. Das ›Du‹ ist ab 1000 Metern Höhe selbstverständlich. Die beiden waren erfahrene Bergwanderer. Wir fragten ihnen Löcher in den Bauch. Vor zwei Stunden hatten wir einander nicht gekannt, jetzt leerten wir einträchtig eine Karaffe Wein nach der anderen. Und bald sang die halbe Berghütte wehmütige Lieder. Zum ersten Mal hörten wir La Montanara, das Lied des Trentiner Bergsteigerchors. Ob wir versucht hatten, mitzusingen? Ich kann mich nicht mehr erinnern. Genauso wenig wie an die Nacht im Lager. Wahrscheinlich haben wir alle weinbeseelt geschnarcht.

Die nächsten Tage führten uns über den Passo di Cigolade, an den Vajolett-Türmen vorbei zum Lago di Antermoia. Immer, immer weiter hinein ins Trentino, der Nachbarprovinz Südtirols, bis zur Königin der Dolomiten, der eisigen Marmoleda. Aber das ist eine andere Geschichte.

Die Hütte naht …

Unterwegs in Südtirol

Südliches Flair genießt man auf dem Waltherplatz in Bozen

Das Beste auf einen Blick

Bozen

Highlight!

Altstadt: Die Lauben, der Obstmarkt und vor allem die Gassen zwischen Waltherplatz und Museumstraße sind ein Paradies zum Bummeln und Einkaufen. S. 82

Auf Entdeckungstour

Der Mann in der Kältekammer: ›Ötzi‹, der Mann aus dem Eis, zieht Zigtausende in das Südtiroler Archäologiemuseum 6 – nicht nur an Regentagen. S. 86

Nuova Bolzano: Das Kontrastprogramm zur Altstadt ist die Tour durch die Bozner Neustadt aus der faschistischen Ära. S. 96

Kultur & Sehenswertes

Museion: Ganz in die Neuzeit führt der Rundgang durch das Museum für zeitgenössische Kunst. 5 S. 85

Schloss Runkelstein: Die Burg am Eingang des Sarntales ist eine der schönsten Anlagen Südtirols. Der Besuch lässt sich gut mit einem Spaziergang entlang der **Talfer- und Oswaldpromenade** verbinden. S. 89

Aktiv & Kreativ

Bequem auf die Höhen: Drei Seilbahnen erschließen die Wandergebiete von Ritten, Salten und Kohlerer Berg hoch über der Stadt. S. 90

Bozen per Rad: Der Bozner Talkessel ist völlig flach und von guten Radwegen durchzogen. Leihräder gibt es für wenig Geld. S. 92

Genießen & Atmosphäre

Lecker: Die **Gelateria Avalon** in der Bozner Neustadt zählt zu den besten Eisdielen in ganz Italien. S. 81

Schöne Aussichten: Stimmungsvoll und romantisch ist ein Abendessen mit Rosengarten-Panorama auf den Aussichtsterrassen der Restaurants **Kohlern** oder **Eberle** auf den Höhen über Bozen. S. 92 und 93

Abends & Nachts

Szene: *Man* trifft sich im Viertel zwischen Obstmarkt und Dr.-Streiter-Gasse. S. 99

Kino: Der **Filmclub** zeigt außergewöhnliche Streifen, insbesondere im Rahmen der Bozner Filmtage. S. 99

Lebendige Metropole

Auf den ersten – flüchtigen – Blick scheint Bozen/Bolzano aus zwei Hälften zu bestehen, die in Aufbau und Architektur völlig verschieden sind. Die **Altstadt** mit ihren verwinkelten Gassen und verschachtelten Häusern ist belebtes Zeugnis der langen Geschichte. Jenseits des schmalen Flusses Talfer, im **›Neuen Bozen‹**, als ›Nuova Bolzano‹ in der Zeit des Faschismus gebaut, sind die Straßen breit und gerade, die Gebäude hoch und streng gegliedert. In den Bars und Restaurants hört man fast nur Italienisch, während im Altstadtkern Deutsch allgegenwärtig ist.

Der zweite – genauere – Blick offenbart, dass die Übergänge fließend sind. In den Geschäften unter den Lauben der Altstadt wird die neueste Mode aus Milano und Roma verkauft. An den Klingelbrettern der Häuser in den Neubauvierteln stehen die Namen der Pircher und Hofer neben denen der Bettoni und Rizzi. Bei der Zeitungslektüre greifen die Bozner ebenso zu den ›Dolomiten‹ wie zu dem deutschsprachigen ›Tagblatt der Südtiroler‹, und zum italienischsprachigen ›Alto Adige‹.

Bozen liegt in einem weiten Talbecken, in dem sich die Flüsse Etsch, Eisack und Talfer vereinigen. Im Norden bieten Berge Schutz vor den kalten Winden, im Süden öffnet sich der Talkessel ins breite Etschtal und lässt die mediterrane Luft ungehindert einströmen. Die Klimagunst hat jedoch auch ihren Preis: Im Juli und August kann es in der Stadt unerträglich heiß werden.

In den letzten Jahren hat sich Bozen von einer eher verschlafenen Provinzstadt zur aufstrebenden lebendigen Metropole gewandelt. Mit der Gründung der Universität und Neubauten wie Theater, Messezentrum und ›Museion‹ hat die Stadt endgültig den Sprung in die Moderne geschafft – ohne etwas vom Charme ihrer reichen Vergangenheit einzubüßen.

Infobox

Bozen ► F 5
Großraum Bozen ► Reisekarte Rückseite

Verkehrsamt Bozen
Waltherplatz 8, 39100 Bozen, Tel. 04 71 30 70 00, Fax 04 71 98 01 28.

Internet
www.bolzano-bozen.it: Die offiziellen Seiten des Verkehrsamtes informieren umfassend über Unterkünfte, Veranstaltungen, Gastronomie, Einkauf etc.

Anreise und Weiterkommen
Flughafen: www.abd-airport.it. Der kleine Flughafen außerhalb der Stadt (nur Taxi) ist eher ein politisches Prestigeobjekt. Es gibt nur wenige Linienflüge nach Rom und Olbia sowie einige oft wechselnde Charterflugziele.
Bahnhof: In Bozen halten alle Fernzüge und die Regionalzüge von und nach Meran, Trento, Verona sowie eisacktalaufwärts bis zum Brenner.
Bus: Info-Tel. 840 00 04 71, www.sasabz.it. Bozen besitzt ein dichtes innerstädtisches Busnetz. Der **Busbahnhof** für den Linienbusverkehr in alle wichtigen Orte und Täler der Umgebung befindet sich in der Nähe des Bahnhofs, in der Perathoner Straße.

Einkaufsstraße und Treffpunkt: die Laubengasse

FREY WILLE

Die schönen Arkaden erlauben ausgedehnte Einkaufsbummel bei jedem Wetter

Stadtgeschichte

Auf ihrem Eroberungsfeldzug nach Norden errichteten die Römer um das Jahr 15 v. Chr. im heutigen Bozner Vorort Rentsch ihre Militärstation Pons Drusi. Sie lag an einer zentralen Stelle: Hier teilte sich die römische Heer- und Handelsstraße, die *Via Claudia Augusta* in zwei Stränge. Einer führte über den Reschenpass, der andere über den Brenner in die Provinzen nördlich der Alpen. Nach dem Zerfall des Römischen Reiches drängten germanische Volksstämme nach Italien. In zahlreichen Kämpfen um die Vorherrschaft zwischen Bajuwaren, Franken und Langobarden blieben im Bozner Raum letztendlich die Bajuwaren siegreich, die im späteren Stadtgebiet das *Castellum Bauzanum* anlegten.

Merkantiler Geist

Als Stadtgründer gilt Bischof Ulrich II. aus Trient. Um den wichtigen Nord-Süd-Weg über die Alpen zu sichern, erhielt der Kirchenfürst im Jahr 1027 vom deutschen Kaiser das Etschtal einschließlich des Bozner Talkessels als Lehen. Ulrich ließ die Häuser der Laubengasse errichten und die Siedlung befestigen, die sich rasch zu einer bedeutenden Kaufmannsstadt entwickelte. In den nachfolgenden Jahrhunderten mussten die Trienter Bischöfe ihre Vormachtstellung ständig gegen die Grafengeschlechter von Eppan und Tirol verteidigen. Der Angriff des Tiroler Grafen Meinhard II. im Jahr 1277 auf das bischofstreue Bozen, der in der weitgehenden Zerstörung der Stadt gipfelte, bedeutete das Ende der Trienter Herrschaft über den Bozner Raum. Die Stadt war nun Teil des Landes Tirol.

Handelsstadt Bozen

Die Verwüstungen in Bozen waren schnell beseitigt. Nach dem Ausbau des Weges durch die bislang unzugängliche Eisackschlucht nördlich der Stadt verlief der Transitverkehr nun vornehmlich über den Brenner und Bozen wurde zu einem Hauptumschlagplatz für den Handel zwischen dem italienischen Raum und den deutschen Ländern.

Auch später überwog in Bozen das merkantile Denken, das die Stadt aus den politischen Auseinandersetzungen weitgehend heraushielt. Während des Bauernkrieges im Jahr 1525 kam es zwar auch in Bozen zu Kämpfen, aber das Hauptgeschehen fand in anderen Landesteilen statt. Während der Besetzung der Stadt durch napoleonische Truppen im Jahr 1797 und im nachfolgenden ›Tiroler Freiheitskampf‹ unter Andreas Hofer arrangierten sich die Bozner lieber mit den Verhältnissen, als zu den Waffen zu greifen.

Italisierung und Industrialisierung

Mit der Industrialisierung, dem Bau der Eisenbahnlinien und dem Beginn des alpinen Tourismus erhielt die Stadt einen weiteren Innovationsschub. Im Ersten Weltkrieg blieb Bozen von direkten kriegerischen Auswirkungen verschont, war aber eine bedeutende Station für die österreichischen Truppen. Den wichtigsten Einschnitt in die Stadtgeschichte bildet die Zeit des italienischen Faschismus, der die Bevölkerungsstruktur Bozens völlig veränderte. Aus der Kleinstadt mit 28 000 Einwohnern wurde ein bedeutender Industriestandort und die Hauptstadt der Provinz. Innerhalb weniger Jahre verdoppelte sich die Bevölkerungszahl. Das Wachstum der Stadt unterlag aber in erster Linie dem Kalkül der faschistischen Machthaber, die in Bozen ihre rigorose Italisierungspolitik exemplarisch durchsetzen wollten. Durch die forcierte Zuwanderung von Arbeitern aus anderen Teilen Italiens bekam Bozen eine italienischsprachige Bevölkerungsmehrheit und entwickelte sich zur ›italienischsten Stadt Südtirols‹.

Im Zweiten Weltkrieg war Bozen erneut wichtige Etappenstation. Nach der italienischen Kapitulation besetzten von 1943 bis 1945 deutsche Truppen die Stadt. Luftangriffe der Alliierten zerstörten zahlreiche Gebäude und bedeutende Kunstschätze.

Zentrum Südtirols

Heute ist Bozen eine prosperierende Großstadt mit 100 000 Einwohnern, die zu 72 % der italienischen Sprachgruppe angehören. Insbesondere nach Süden und Südwesten dehnt sich die Stadt unaufhaltsam aus. Unbestritten ist Bozen das politische, wirtschaftliche und kulturelle Zentrum Südtirols. Alle wichtigen Einrichtungen der Provinz haben hier ihren Sitz. Obwohl Bozen viele Besucher anzieht, wird die Stadt nicht vom Tourismus dominiert.

Unser Tipp

Eiskalt und köstlich

In der winzigen **Eisdiele Eccetera** an der Ecke Gerbergasse/Laurinstraße (zwischen Rathaus und Bahnhof) gibt es nur Eis aus der Hand, dafür aber in Dutzenden leckeren Sorten. Es muss ja nicht unbedingt *gomma americana* pink sein. Ganz auf natürliche Produkte ohne jegliche Zusätze setzt die **Gelateria Avalon** in der Freiheitsstraße/Corso Libertà Nr. 44 im ›Neuen Bozen‹ (kurz vor dem Mazziniplatz). Nach Kennermeinung zählt die Eisdiele zu den fünf besten in ganz Italien.

Bozen

Sehenswert
1 Dompfarrkiche
2 Waaghaus
3 Merkantilpalast
4 Dominikanerkloster
5 Museion
6 Südtiroler Archäologiemuseum
7 Stadtmuseum
8 Siegesdenkmal
9 Schloss Maretsch
10 Franziskanerkloster
11 Naturmuseum

Übernachten
1 Laurin
2 Greif
3 Luna
4 Kohlern
5 Kolpinghaus
6 Jugendherberge

Essen & Trinken
1 Weißes Rößl
2 Eberle
3 Vögele
4 Dai Carretai//Zum Kärrner

Einkaufen
1 Lauben
2 Obstmarkt
3 Krämermarkt
4 Vinum

Aktiv & Kreativ
1 Lido

Abends & Nachts
1 Stadttheater
2 Carambolage
3 Filmclub
4 Sonderbar
5 Nadamas
6 Winegarden
7 Disco Okay

Altstadt !

Die Bozner Altstadt mit fast allen Sehenswürdigkeiten ist klein und überschaubar und lässt sich gut zu Fuß erkunden. Ausgangspunkt des Stadtbummels ist der Bahnhof etwas außerhalb, südöstlich der Altstadt. Das Gebäude mit dem hohen Turm und den martialischen Denkmälern ist ein Bau aus der faschistischen Zeit. Doch das zeitlose Panorama von der Bahnsteigterrasse der Bar am Gleis 1 dürfte zu den schönsten Ausblicken gehören, die man von einem Bahnhof haben kann. Je nach Tageszeit und Wetterlage erstrahlen die Felszacken des Rosengarten am Horizont in allen Farben. Die geplante Verlegung des Bahnhofs wird zur Zeit kontrovers diskutiert.

Dompfarrkirche 1

Dom: Mo–Sa 10–12 und 14–17 Uhr
Dommuseum: Mo–Fr 10–12 Uhr

Der Weg führt durch die Bahnhofallee zum **Waltherplatz**. Linker Hand erhebt sich die mächtige **Dompfarrkirche**. Mit seinen 62 m überragt der Turm zwar die gesamte Altstadt, doch für einen ›Dom‹ hat die Kirche eher bescheidene Ausmaße. Auf den Grundmauern einer romanischen Vorgängerkirche wurde er im 13. und 14. Jh. von einer lombardischen Bauhütte errichtet, deren Arbeit deutsche Handwerker vollendeten. Zerstörungen im Zweiten Weltkrieg ließen von der ursprünglich prächtigen Innenausstattung wenig übrig: die gotische Kanzel aus Sandstein, einige Wandfresken und die romanische Marienstatue in der baro-

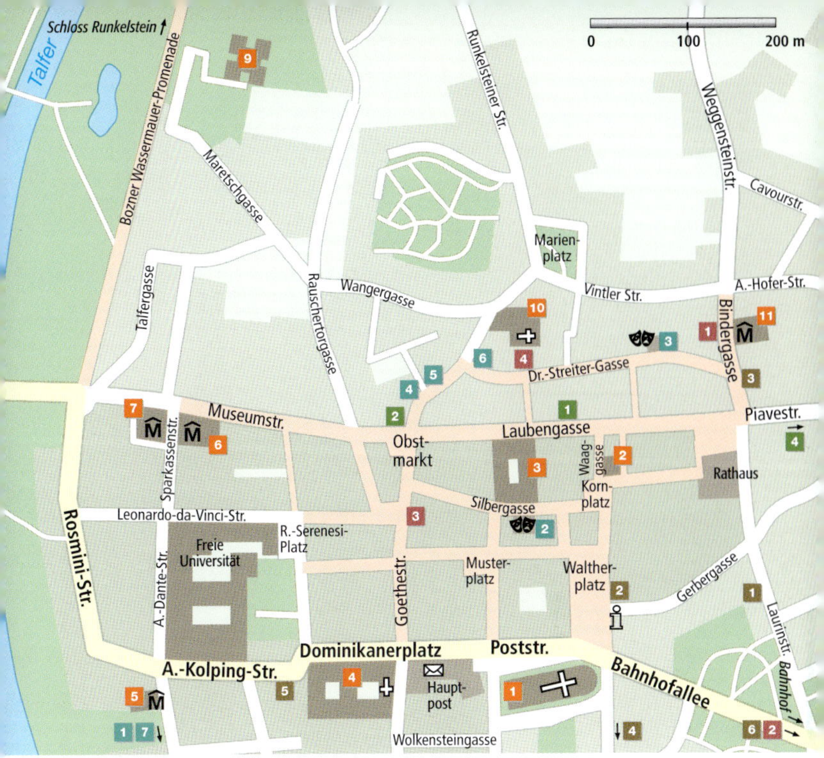

cken Kapelle. Das **Dommuseum** in der alten Propstei (Pfarrplatz 27) zeigt reiche sakrale Silber- und Goldschmiedearbeiten und dokumentiert die Geschichte des Doms.

Waltherplatz

Das Denkmal des Minnesängers Walther von der Vogelweide bildet das Zentrum des Waltherplatzes, eines der lebendigsten Punkte der Stadt. Alpini, die italienischen Gebirgssoldaten mit den federgeschmückten Filzhüten, schlecken gemächlich ihr Eis und betrachten die eigenwilligen Kreationen des Bozner Gartenbauamtes. Auf den vielen Café-Terrassen trifft man sich auf einen *espresso*, und die ›Weinbeißer‹ degustieren in der Edy Bar einen edlen Tropfen.

Waaghaus 2

Durch eine kleine Straße neben dem Stadthotel/Hotel Città an der Nordseite des Platzes erreichen wir den nahen **Kornplatz**, an dem man Grundmauern der alten Stadtbefestigung aufgedeckt hat. Das **Waaghaus**, im Mittelalter das städtische Messamt, gilt mit seiner freskengeschmückten Fassade und den Doppelbogenfenstern als eines der schönsten Altstadthäuser. In naher Zukunft soll es zu einem ›Haus der Kunst‹ umgestaltet werden.

Lauben

Biegt man vom Kornplatz in die enge Waaggasse ein, steht man mitten in den Lauben, die seit mehr als 900 Jahren Haupteinkaufsstraße der Stadt sind. Die einzelnen Häuser mit den

Walther-von-der-Vogelweide-Denkmal am Waltherplatz, dahinter der Dom

schattigen Arkadengängen, die zumeist im 17. Jh. auf den Grundmauern älterer Bauten errichtet wurden, säumen eine schmale, zumeist autofreie Straße.

An den Stirnseiten sind die Gebäude schmal. Mit engen Fluren, verwinkelten Treppen und Lichthöfen ziehen sich die Häuser aber weit in die Tiefe bis zu den Gassen dahinter. In jedem Eingang kann man neue Details entdecken, wie etwa die reiche Innenausstattung der Apotheke »Zur Madonna«.

Merkantilpalast 3

Mo–Sa 10–12.30 Uhr

Der stattliche barocke **Merkantilpalast** aus dem frühen 17. Jh. beherbergt heute ein Museum zur Geschichte Bozens als Messe- und Handelsstadt. Im Haus bietet auch die Genossenschaft der Südtiroler Werkstätten kunsthandwerkliche Produkte aus allen Talschaften an. Wir schlendern durch die Lauben nach links und erreichen den **Obstmarkt**, der sich seit dem Ende des 13. Jh. nachweisen lässt. Nirgendwo sonst in Südtirol ist die Auswahl an Früchten reichhaltiger und schöner arrangiert als hier – und zwar zu jeder Jahreszeit.

Dominikanerkloster 4

Mo–Sa 9.30–17, So 12–18 Uhr

Am Dominikanerplatz steht das 1272 gegründete frühere **Dominikanerkloster**. Nach starken Zerstörungen im Zweiten Weltkrieg wurden die Bauten sorgsam wieder instandgesetzt. Viele der Kunstschätze gingen allerdings verloren, so die meisten Fresken in der wuchtigen, etwas düsteren Klosterkirche. Vom barock gestalteten Chor ist die rechts angebaute **Johanneskapelle** zugänglich. Hier sind die Fresken italienischer Wandermaler aus der Mitte des 14. Jh. gut erhalten. Die Malereien, die wegweisend für die Kunstrichtung der ›Bozner Schule‹ wurden, begeistern durch eine vollendete perspektivische Darstellung und zarte Farbabstufungen. In den schönen, ebenfalls mit Wandmalereien reich dekorierten Kreuzgang des Klosters gelangt man durch den benachbarten Eingang der Musikhochschule.

Museion 5

www.museion.it, Di–So 10–18, Do 10–22 Uhr

An der Freien Universität vorbei gelangen wir durch die Adolph-Kolping-Straße zum **Museum für Moderne Kunst,** kurz **Museion** genannt, in der Dantestraße. Der 2008 eröffnete, überaus gelungene Neubau in lichter, transparenter Kubusform direkt an den Talferwiesen will mit zeitgenössischer Kunst die Verbindung zwischen der Bozner Altstadt und dem ›Neuen Bozen‹ (s. S. 96) schaffen.

Südtiroler Archäologiemuseum 6

www.archaeologiemuseum.it, Di–So 10–18, im Juli, Aug. und Dez. auch Mo

Nicht weit vom Museion entfernt befindet sich das **Archäologiemuseum**, in dem ›Ötzi‹, die Gletscherleiche, zur Schau gestellt wird (s. S. 86).

Stadtmuseum 7

Di–So 10–16, Sa/So 10–18 Uhr

Seit 2011 sind einige Teilbereiche des Stadtmuseums gegenüber wieder provisorisch eröffnet. Das älteste Museum Südtirols zeigt wechselnde thematische Ausstellungen sowie archäologische Funde, Kunst aus dem Mittelalter, Trachten und Volkskunst.

Siegesdenkmal 8

Die Museumstraße führt zur Talferbrücke, die mit ihren Jugendstilornamenten glänzt. Am jenseitigen Ufer beginnt mit dem bombastischen Triumphbogen des **Siegesdenkmals**/Monumento alla Vittoria die Bozner Neustadt, die während der faschistischen Zeit angelegt wurde (s. S. 96).

Schloss Maretsch 9

Die schönen Grünanlagen an den Talferwiesen mit Cafés, Sport-, Spiel- und Bolzplätzen, einem kleinen Zoo und einer Minigolfanlage sind das einzige größere innerstädtische Erholungsgebiet und eine beliebte Flaniermeile der Bozner. Auf Höhe des Freiluftcafés führt eine Steintreppe hinab zum gedrungenen Bau von **Schloss Maretsch**, das unterhalb der Bozner Wassermauerpromenade in einem Weingarten steht. Die fünftürmige Burg wurde im späten 12. Jh. erbaut und erhielt ▷ S. 89

Unter die Lupe genommen

Zwischen April und Oktober veranstaltet das Verkehrsamt unter dem Motto »Unter die Lupe genommen« Stadtrundgänge zu eher ungewöhnlichen Zielen. Die Teilnahme kostet 5 €, eine vorherige Anmeldung beim Verkehrsamt ist notwendig.

Auf Entdeckungstour

›Ötzi‹ – Der Mann in der Kältekammer

Wenn es regnet in Südtirol, was nicht so oft vorkommt, ist die Schlange vor dem Südtiroler Archäologiemuseum 6 schier endlos. Aus der gesamten Region strömen die Gäste nach Bozen, um ›Ötzi‹, die Gletscherleiche, zu besuchen.

Zeit: 2–3 Std. und mehr

Öffnungszeiten: s. S. 85

Eintritt: 9 €, Familienkarte 18 €, www.archaeologiemuseum.it

Donnerstag, der 19. September 1991, war ein strahlender Herbsttag, so richtig zum Bergwandern geeignet. Ein deutsches Ehepaar aus Nürnberg stieg abseits des markierten Weges von der Finailspitze in den Ötztaler Alpen in Richtung Similaun-Hütte ab. Nahe am Hauslabjoch im hintersten Schnalstal sahen sie in einer Felswanne, die mit Schmelzwasser gefüllt war, aus den Eisresten ein braunes, lederartiges Gebilde herausragen. Sie konnten den Kopf und die Schulter eines eingefrorenen Menschen erkennen. Das Ehepaar glaubte, das Opfer eines Skiunglücks vor sich zu haben und eilte hinab zur Similaun-Hütte.

Grausiger Fund in einer Felswanne

Da nicht sicher war, ob der grausige Fund jenseits der österreichischen Grenze lag, alarmierte der Hüttenwirt sowohl die Carabinieri im Schnalstal als auch die österreichische Gendarmerie in Sölden. Die italienischen Behörden winkten ab, sodass am nächsten Tag eine Einsatztruppe aus Österreich die Leiche untersuchte. Neben einem eigenartigen Beil und einem Gefäß aus Birkenrinde fand man mehrere Bretter, die man für die Überreste von Schneeschuhen hielt. Reinhold Messner, der Extrembergsteiger, war zufällig zur selben Zeit auch auf der Similaun-Hütte. Er stieg sofort auf. Ihm war schnell klar, dass der mumifizierte Tote kein Skifahrer war, sondern viel älter sein musste. Die Beine waren mit Lederteilen umwickelt, die Füße steckten in schuhähnlichen Gebilden, aus denen Gras heraushing. Auf dem Rücken der Leiche waren Zeichen zu erkennen, die eingebrannt schienen. Mindestens 500 Jahre, wenn nicht mehr, musste der Mann im Eis gelegen haben, schätzte Messner.

Wissenschaftliche Sensation

Die Leiche wurde in das gerichtsmedizinische Institut nach Innsbruck gebracht. Hier endlich bekamen Fachleute den Toten zu Gesicht und erkannten die wahre Bedeutung des Fundes: Rund 5000 Jahre ist der Mann vom Hauslabjoch alt. Die Nachricht ging wie ein Lauffeuer um die Welt, denn noch nie zuvor waren in den Alpen Überreste eines Menschen aus so früher Zeit entdeckt worden, der noch derart viele Kleidungs- und Ausrüstungsreste trug bzw. bei sich hatte. Und schnell bekam der Tote aus dem Eis einen griffigen Namen: ›Ötzi‹, weil der zunächst vermutete Fundort in den Ötztaler Alpen lag.

Über Nacht kam das Schnalstal in die Weltpresse. Es rauschte mächtig im Blätterwald und die Medien überschlugen sich mit Spekulationen und Vermutungen über Leben und Tod des Mannes aus dem Eis. Und ebenso schnell setzte sich auch die Vermarktungsmaschinerie in Gang: Von der geführten Wanderung zur Fundstelle bis zum Ötzi-Aufkleber, über Fotos und Videos, vom Ötzi-Krimi bis zum Ötzi-Rap für den DJ – für jeden ist etwas dabei.

Zurück nach Südtirol

Genaue Untersuchungen ergaben, dass Ötzis Fundstelle exakt 92,56 m von der Grenze entfernt auf Südtiroler Gebiet lag. Nach heftigen Streitereien zwischen Österreich und Italien durfte Ötzi dann wieder in seine ›Heimat‹ zurückkehren, nach Südtirol. Eigens wurde im ehemaligen Gebäude der Banca d'Italia in Bozen ein neues Archäologiemuseum gebaut, in dem die Gletscherleiche seit 1998 einem staunenden Publikum präsentiert wird. Jahr für Jahr werden neue Besucherrekorde gebrochen. Für die Touristikunternehmen der Provinz hat sich Ötzi als wahrer Glücksfund erwiesen.

›Grab‹ im Kühlschrank

Das ›Grab‹ des Eismanns ist jetzt ein riesiger Kühlschrank im ersten Stock des Museums. Das Kühlsystem wurde speziell für den Gletschermann entwickelt. Die Temperatur in der Kühlzelle beträgt –6 °C bei einer Luftfeuchtigkeit von fast 100 % – wie in einem Gletscher. Durch ein Guckloch kann man einen Blick auf die prominente Leiche werfen. Klein und zerbrechlich wirkt Ötzi. Verloren und verlassen. Die Frage nach Moral und Pietät, ob man einen menschlichen Leichnam der Öffentlichkeit in dieser Form aussetzen darf, muss letztlich jeder für sich selbst beantworten. In klimatisierten Vitrinen sind die sogenannten Beifunde ausgestellt: Die Ausrüstung des Gletschermannes, seine Kleidung und sein Beil. Eine naturgetreue Nachbildung Ötzis ist der Blickfang.

Von der Steinzeit zum Mittelalter

Aber das Museum bietet viel mehr als den Gletschermann. Wissenschaftlich fundiert und gut aufbereitet, wird die Siedlungsgeschichte Südtirols mit originalen Fundstücken und detailgetreuen Modellen von der Steinzeit über die Bronze- und Eisenzeit bis zur römischen Epoche und dem frühen Mittelalter plastisch und anschaulich präsentiert. Shop, Bibliothek sowie spezielle Angebote für Familien mit Kindern machen das behindertengerechte Museum zu einem spannenden Ort, an dem man sich stundenlang aufhalten kann.

Nicht nur Kinder stehen staunend vor dem Modell des Gletschermannes ›Ötzi‹

im 16. Jh. ihr heutiges Aussehen sowie den Freskenschmuck in den Innenräumen. Das Schloss ist Tagungszentrum und daher nicht immer zugänglich.

Franziskanerkloster 10

Mo–Sa 10–12, 14.30–18 Uhr

Im **Franziskanerkloster** ist der prächtige Flügelaltar des Brixener Meisters Hans Klocker aus dem Jahr 1500 und der Kreuzgang zu bewundern. Die nahe **Streitergasse** hat viele reizende Winkel und Ecken. Die Fischbänke und der Delfinbrunnen erinnern an den einstigen lebhaften Fischmarkt. Heute trinken hier an der Freiluftbar die Bozner gern ein Glas Wein.

Naturmuseum 11

www.naturmuseum.it, Di–So 10–18 Uhr

In der **Bindergasse** fallen die zahlreichen Gasthäuser auf, die noch aus der Zeit stammen, als sich der gesamte Brenner-Verkehr durch diese Straße schlängelte. Das frühere Amtshaus Kaiser Maximilians I. (Nr. 1) beherbergt das **Naturmuseum,** das die Landschafts- und Naturgeschichte Südtirols zeigt. Vorbei am **Parkhotel Laurin,** eine der führenden Nobelherbergen aus der Belle Epoque, führt die Laurinstraße zurück zum Bahnhof.

Ausflüge in die Umgebung

Gries ▶ Karte 2 C 2

Bis zum Ersten Weltkrieg war Gries (Stadtbus Nr. 10 A ab Bahnhof oder Waltherplatz, zu Fuß oder per Rad vom Siegesdenkmal durch die Freiheitsstraße/Corso Libertà) ein weltberühmter Kur- und Weinort, der weit vor den Toren der Stadt lag. In den 1920er- und 30er-Jahren wurde auf dem Gebiet der einst selbstständigen Gemeinde das ›Neue Bozen‹ der Faschisten erbaut. Nur am alten Grieser **Marktplatz** ist etwas vom noblen Charme des Weindorfes erhalten geblieben.

Am Marktplatz steht auch das **Kloster Muri,** das Anfang des 15. Jh. in einer alten Burg eingerichtet wurde. Zugänglich ist nur die Stiftskirche mit ihrer reichen barocken Innenausstattung, die vom Tiroler Maler Martin Knoller geschaffen wurde. Bekannt ist das Kloster für seine Eigenbauweine, die in einem kleinen Laden verkostet und gekauft werden können (Kirche und Laden: Mo–Fr 8–12, 14–18 Uhr, www.muri-gries.com).

Der wohl bedeutendste Bozner Kunstschatz befindet sich in der nahen **Grieser Pfarrkirche** (April–Okt. Mo–Fr 10.30–12, 14.30–16 Uhr). Ihr Marienkrönungsaltar des Brunecker Meisters Michael Pacher gilt als Höhepunkt der spätgotischen Schnitzkunst. Nicht weit von der Pfarrkirche beginnt die **Guntschnapromenade,** die durch eine üppige mediterrane Vegetation hinauf zum ehemaligen Hotel Reichsrieglerhof ansteigt.

Schloss Runkelstein

▶ Karte 2 D 2

Die strategisch günstig am Eingang des Sarntales gelegene Burg wurde Anfang des 13. Jh. erbaut (www.runkelstein.info, Stadtbus Nr. 12 ab Bahnhof, Radweg entlang der Talferpromenaden zum Burgfuß, Di–So 10–18 Uhr). Die berühmten Fresken, die das ritterliche Leben darstellen, stammen aus dem 14. Jh. Sie zeigen die höfische Gesellschaft in eleganter Kleidung bei ihren Vergnügungen: Tanz, Jagd, Turnier und allerlei mehr.

Spiel und Tanz im 14. Jh. – Fresken in Schloss Runkelstein

Für den Rückweg Richtung Bozen bietet sich zunächst die aussichtsreiche **Oswaldpromenade** an, die am Schloss beginnt. Nach ein paar schweißtreibenden Kehren verläuft der beliebte Spazierweg dann recht eben oberhalb der Stadt, vorbei am Hotel Eberle nach **St. Magdalena** (369 m). Aus diesem Weindorf am Hang des Ritten stammt der gleichnamige Wein, den die Bozner sehr schätzen. Von der kleinen gotischen Kirche am Dorfrand mit Fresken der frühen ›Bozner Schule‹ schweift der Blick weit über das Eisacktal zu den Dolomiten. Der Weg zurück nach Bozen folgt dem alten, steilen Rittner Weg abwärts, der schließlich in der Nähe der Talstation der Rittner Umlaufbahn endet.

Burg Sigmundskron

▶ Karte 2 B 3

Im Südwesten von Bozen steht auf dem ersten Ausläufer der Mittelgebirgsterrasse des Überetschs die mächtige Burganlage von **Sigmundskron** (Stadtbus Nr. 9, z. B. ab dem Bahnhof oder mit dem Zug bis Bahnhof Sigmundskron, weiter mit dem Citybus Eppan). Nach langen Jahren der Vernachlässigung und des Verfalls beherbergt die riesige Anlage jetzt das Messner **Mountain Museum Firmian** (s. S. 204).

Jenesien ▶ Karte 2 C 1

Bozen hat in seinem Stadtgebiet gleich drei Seilbahnen. Eine davon führt hinauf auf 1087 m Höhe zum Dorf **Jenesien/S. Genesio** (mit dem Stadtbus Nr. 12 ab Bahnhof oder zu Fuß auf den Talferpromenaden zur Talstation). Die Gemeinde Jenesien erstreckt sich weit nach Norden über den breiten Bergrücken des **Salten**. Das weitgehend autofreie Mittelgebirge wird umgangssprachlich ›Tschöggelberg‹ genannt und erlaubt herrliche Wanderungen durch Lärchenwälder und über Hochweiden.

Ritten und Kohlerer Berg ▶ Karte 2 E 1 und D 3

Auch die Hochplateaus des **Ritten** (s. S. 144; Stadtbusse Nr. 1 und Nr. 11 oder zu Fuß vom Bahnhof zur Talstation) und des **Kohlerer Berges** (Talstation Kohlerer Seilbahn, Stadtbus Nr. 11 ab Bahnhof) sind beliebte ›Sommerfrischen‹ und Wanderreviere mit umfassenden Fernblicken.

Terlan ▶ F 5

Das Dorf Terlan (Bahn oder Bus Richtung Meran) vor den Toren Bozens wurde 923 erstmals als ›Torilan‹ urkundlich erwähnt. Bedeutsam für seine Entwicklung war der Silberbergbau im späten Mittelalter sowie die Seidenraupenzucht im 18. und 19. Jh. Nach der Trockenlegung des Etschtals beruht der heutige Reichtum der Gemeinde auf dem umfangreichen Obst- und Weinanbau im Talboden. Im April und Mai ist Terlan ein beliebtes Ausflugsziel der Bozner, die in den ortsansässigen Restaurants die vorzüglichen Spargelgerichte und dazu den weitbekannten Wein, den Terlaner, genießen.

Die **Pfarrkirche**, deren ältesten Teile auf das Jahr 1204 zurückgehen, strahlt im Inneren eine weihevolle Ruhe aus. Die Wandfresken (14. und 15. Jh.) sind meisterhafte Beispiele der ›Bozner Schule‹. Ein Kleinod von besonderer Schönheit ist die Marienkrönungsgruppe aus Sandstein (14. Jh.) im linken Seitenschiff der Kirche.

Überragt wird Terlan gegen Süden vom mächtigen Turm der **Burg Neuhaus**, die auf einem Bergsporn hoch über dem Tal thront. Die frei zugängliche Burg wurde vermutlich auf Veranlassung der Grafen von Tirol um 1220 errichtet. Umgangssprachlich

Unser Tipp

Eine Frau wird verteufelt
Lion Feuchtwanger, der 1923 den Roman über die berühmteste Tirolerin geschrieben hat, nennt sein Buch ›Die hässliche Herzogin‹. Doch das einzige authentische Abbild zeigt eine Frau mit ebenmäßigen schönen Gesichtszügen. Was also hat Margarethe Maultasch getan, dass von ihr ein Zerrbild im öffentlichen Gedächtnis haften geblieben ist? Margarethe wurde in einer Zeit geboren, in der sich in Europa die Nationalstaaten zu formen begannen. Ihr verschwenderischer Vater hatte Tirol heruntergewirtschaftet. Gegen Geld und aus politischem Kalkül wurde die erst zwölfjährige Margarethe mit dem neunjährigen Johann Heinrich von Luxemburg verheiratet. Aber die Ehestifter hatten nicht mit dem Selbstbewusstsein der jungen Herzogin gerechnet. Margarethe setzte den ungeliebten Gatten vor die Tür und vermählte sich mit dem Wittelsbacher Ludwig von Brandenburg. Der Papst belegte das Paar und damit das ganze Land mit dem Kirchenbann. Zudem wurde das Land von Pest, Überschwemmungen und Heuschrecken heimgesucht. Das Volk brauchte einen Sündenbock und fand ihn in der Maultasch, der nun ›hässlichen‹ Herzogin. Bald gab Margarethe resigniert auf, trat von der Regierung zurück und übertrug Tirol den Habsburgern.
Lion Feuchtwanger: Die hässliche Herzogin, Aufbau Verlag, Berlin 2008.

wird die Anlage auch ›Burg Maultasch‹ genannt, denn die letzte Tiroler Regentin, die Fürstin Margarethe Maultasch, hatte hier zeitweise ihren Wohnsitz (s. S. 91).

Trento

Der **EuroCity** benötigt von Bozen gerade einmal eine gute halbe Stunde nach Trento, der rund 60 km südlich gelegenenen Hauptstadt der Provinz Trentino, die zusammen mit Südtirol eine autonome Region bildet. Trient, wie die Stadt auf Deutsch heißt, besitzt eine schöne Altstadt mit guten Einkaufsmöglichkeiten, einen prächtigen, sehenswerten **Dom,** die gewaltige Anlage des **Castello Buonconsiglio**, erbaut als Sitz der Fürstbischöfe, den **Palazzo Pretorio** mit dem Tridentiner Diözesanmuseum sowie zahlreiche herrschaftliche Palazzi. Als Fahrradtour ist der Ausflug nach Trento auf dem **Etschtal-Radweg** gut in zwei Tagen zu schaffen (s. S. 212).

Bozen per Rad

Der Bozner Talkessel ist weit und flach. In den letzten Jahren wurden im Stadtgebiet und in der näheren Umgebung zahlreiche Radwege erbaut, sodass viele der Sehenswürdigkeiten des Umlands auch gut mit dem Drahtesel zu erreichen sind. In der Bahnhofsallee können gegen Pfand und Vorlage des Ausweises einfache Stadträder ausgeliehen werden (offener Stand, Ostern–Okt. Mo–Sa 7.30–18.45 Uhr, 6 Std./1 €). Teurer, aber besser in Schuss sind die Räder des Verkehrsamtes (Waltherplatz 8, Tel. 04 71 30 70 00, Fax 04 71 98 01 28, 5 € pro Tag). Das Verkehrsamt bietet in den Sommermonaten auch geführte Radtouren an.

Übernachten

Im Vergleich zu den Südtiroler Tourismuszentren stehen in der Provinzhauptstadt nicht übermäßig viele Hotels zur Auswahl. Die meisten Urlauber besuchen Bozen im Rahmen eines Tagesausflugs.

Luxuriös – **Laurin 1**: Laurinstr. 4, Tel. 04 71 31 10 00, Fax 04 71 31 11 48, www.laurin.it, ab 75,50 €. Das Luxushotel am Rand der Altstadt mit seinen repräsentativen Jugendstilräumen ist weiterhin das beste Hotel der Stadt. Besonders schön sind die ruhigen Zimmer zum Park. Unter derselben Leitung steht das Schwesterhotel Greif.

Künstlerisch – **Greif 2**: Waltherplatz 7, Tel. 04 71 31 80 00, Fax 04 71 31 81 48, www.greif.it, ab 88 €. Das traditionsreiche Haus am zentralen Waltherplatz überzeugt mit von Künstlern individuell gestalteten Zimmern und modernster technischer Ausstattung.

Traditionell – **Luna 3**: Piavestr. 15, Tel. 04 71 97 56 42, Fax 04 71 97 55 77, www.hotel-luna.it, 74 €. Das verwinkelte, oft erweiterte Hotel blickt auf eine lange Geschichte zurück. An warmen Sommerabenden speist man gediegen auf der schönen Gartenterrasse.

Aussichtsreich – **Kohlern 4**: Kohlern 11, 04 71 32 99 78, Fax 04 71 32 99 66, www.kohlern.com, über Bergstraße und Seilbahn zu erreichen, ab 90 €. Hoch über Bozen liegt der um 1900 erbaute alte Gasthof, der dezent zu einem modernen Hotel umgebaut wurde. Fantastisch der Blick von den Terrassen auf die Stadt.

Freundlich – **Kolpinghaus 5**: Adolph-Kolping-Str. 3, Tel. 04 71 30 84 00, Fax 04 71 97 39 17, www.kolping.it/bz, 47,50 €. Das freundliche Haus des katholischen Kolpingvereins liegt in der Nähe der Altstadt. Es bietet durchweg schlichte und ordentliche Zimmer, die zum ruhigen Innenhof zeigen.

International – **Jugendherberge 6**: Rittnerstr. 23, Tel. 04 71 30 08 65, Fax 04 71 30 08 58, www.jugendherberge.it, 22 € im Vierbettzimmer, 25 € im Einzelzimmer; Jugendherbergsausweis nicht nötig/gültig. Internationales Herbergsflair herrscht im Haus schräg gegenüber des Bahnhofs. Wegen der lauten Umgebung empfiehlt sich ein Zimmer nach hinten.

Essen & Trinken

Althergebracht – **Weißes Rößl 1**: Bindergasse 6, Tel. 04 71 97 32 67, Sa (abends) und So Ruhetag, Hauptgericht ab 8 €. Der Gasthof, in dem gutbürgerliche Südtiroler Küche serviert wird, ist einer der wenigen traditionellen preiswerten Gasthäuser, die es noch in der Stadt gibt.

Weitsichtig – **Eberle 2**: Oswaldpromenade 1, Tel. 04 71 97 61 25, www.eberlebnis.com, So (abends) Ruhetag, Hauptgericht 18 €. Auch angenehmes 4-Sterne-Hotel: ab 73 €. Der Weg auf der steilen Straße hinauf nach St. Magdalena oder über die Oswaldpromenade ist anstrengend, aber der Blick von der herrlichen Restaurantterrasse (unbedingt reservieren!) über Bozen und weit hinüber zum Rosengarten/Latemar lohnt die Mühe. Die Küche ist regional und saisonorientiert. Ausgeschenkt werden auch Eigenbauweine.

Gediegen – **Vögele 3**: Goethestr. 3, Tel. 04 71 97 39 38, www.voegele.it, So Ruhetag, Hauptgericht ab 16 €. Im ehemaligen Wirtshaus ›Roter Adler‹ soll bereits Goethe eingekehrt sein. Heute lässt sich, wer in Bozen dazugehört oder dazu gehören will, hier bei guten Weinen und feiner Küche gerne sehen.

Meist proppevoll – **Dai Carrettai/Zum Kärrner 4**: Dr.-Streiter-Str. 20b, Tel. 04 71 97 05 58 48, Mo–Fr 7–14 und 16.30–21 Uhr, Häppchen 1 €. In der kleinen Osteria des apulischen Wirtes ist zumeist kaum ein freier Platz zu bekommen. Die stets frisch zubereiteten Häppchen an der Theke und den sau- ▷ S. 99

Süß oder deftig?

Ein Stadtbummel strengt auch an. Die **Konditorei Streitberger** in der Musemstr. 15 (westliche Verlängerung der Lauben) serviert den Kleinen Braunen, der freilich auch hier Cappuccino heißt, und die leckeren Torten ganz in der Tradition altösterreichischer Kaffeehäuser. Wer es deftiger mag, stellt sich an einen der **Würstlstände** der Altstadt (s. S. 94).

Walter + Michl's
WÜRSTELSTAND

Lieblingsort

Deftige Delikatesse
Es gibt sie noch, die traditionellen Würstlstände in Bozen. Den Autoren schmeckt die Meraner Hauswurst am besten am Würstlwagen in der Goethestraße Ecke Leonardo da Vinci Straße.

Auf Entdeckungstour

Nuova Bolzano – Bauten aus unrühmlicher Zeit

Wer kennt schon ›Nuova Bolzano‹? In diesem Stadtteil Bozens verbergen sich neben den Monumentalbauten aus der Ära des Faschismus auch architektonische Schätze der italienischen Moderne, des ›razionalismo‹. Eine Tour für alle, die das wenig bekannte, ›andere‹ Bozen jenseits von Lauben, Obstmarkt und ›Ötzi‹ entdecken wollen.

Reisekarte: ▶ Karte 2 C 2

Zeit: Ein halber Tag

Info: Öffnungszeiten sind nicht zu beachten, da die meisten Gebäude von außen besichtigt werden. Die Tour beginnt und endet am Siegesplatz bzw. an der Piazza Vittoria.

Gleißender Marmor

Gleißend weiß, aus makellosem Zandobbio-Marmor, reckt sich das **Monumento alla Vittoria**, das Siegesdenkmal, in den Himmel über Bozen. Der Klotz aus Marmor steht nicht weit von der Talfer am Schnittpunkt zwischen Bozen und Bolzano. Das Gebirgsflüsschen, das vom Sarntal herabströmt, teilt die Südtiroler Provinzhauptstadt in zwei Hälften. Geografisch, politisch und ethnisch. Hüben liegt die mittelalterliche Altstadt mit den Sehenswürdigkeiten, die jeder Urlauber kennt. In diesem Bezirk wird vornehmlich Deutsch gesprochen. Drüben, auf der anderen Seite der Talfer, dehnt sich Nuova Bolzano aus, jenes Stadtviertel, das während der faschistischen Ära zwischen den Weltkriegen erbaut wurde. Deutsch ist hier kaum noch zu hören, in der Città Nuova di Bolzano dominiert das Italienische.

Am 12. Juli 1928 eingeweiht, wurde das Siegesdenkmal zum Ausgangspunkt der Stadterweiterung, mit der die Faschisten Bozen in eine italienisch geprägte Stadt verwandeln wollten. Den Auftrag erhielt Marcello Piacentini. Der Baumeister aus Rom scharte eine Gruppe von jungen Architekten um sich, die an die Umsetzung der ehrgeizigen Pläne gingen. Während im Großdeutschen Reich der Nazis jeder Ansatz von moderner Architektur als »entartet« gebrandmarkt wurde, hatten die Architekten in Italien größere Freiheiten. Gebäude im Stil des ›Imperialen Monumentalismus‹, der mit neoklassizistischen Elementen als adäquater Ausdruck der faschistischen Ideologie gilt, stehen neben Bauten in der Stilrichtung des ›Rationalismus‹, der seine Wurzeln in der modernen Bauhaus-Architektur hat. In vielen Bauwerken vermengen sich beide Stilauffassungen.

Pfeilspitze aus Ziegelsteinen

›Zona militare, limite invalicabile‹ – Militärzone, unpassierbare Grenze – steht zweisprachig auf den gelben Schildern am Comando Truppe Alpini an der **Piazza IV Novembre**. Der pompöse Repräsentationsbau an den Talferwiesen, in dem während des Faschismus das Armeekommando untergebracht war, zählt zu den herausragenden Werken, die der Stararchitekt Piacentini in Italien erbauen ließ. Aus Ziegelsteinen hoch aufgemauert, streben die zwei symmetrischen Gebäudeflügel auseinander. Wie eine Pfeilspitze zielt das massige Eingangsportal der neuzeitlichen Trutzburg auf die Stadt. Heute sind in der Kaserne die Alpini, die italienischen Gebirgstruppen stationiert.

Stereotype Wiederholung

Auch in anderen italienischen Städten versuchten die Faschisten, ihr Regime im Stadtbild zu verewigen, aber nirgendwo so radikal wie in Bozen. Innerhalb kurzer Zeit wurde ein neues Stadtzentrum, das **Quartiere Monumentale,** entlang des **Corso Libertà** hochgezogen. Die Weingärten wichen riesigen Gebäudekomplexen, die Ämter und Wohnungen für höhere Staatsbeamte des Regimes beherbergten. Alle Blöcke wurden streng geometrisch ausgerichtet. Kantige Pfeiler betonen die Höhe, eckige Mauerblenden verbinden die Häuser, Rundbögen sollen an römische Stadttore erinnern. Eine Planung vom Reißbrett, die dem Viertel kein Leben einhauchte. Die Monotonie der stereotypen Wiederholung ist das Kennzeichen des neuen Bozen.

Mussolini hoch zu Ross

Ein paar Straßen weiter am Gerichtsplatz, der Piazza Tribunale, reitet immer noch der Diktator Benito Mussolini. Den rechten Arm in versteinerter

Faschistischer Größenwahn prangt in lateinischen Lettern am Siegesdenkmal

Pose stolz zum Faschistengruß gereckt, dominiert der Duce das gigantische Relief an der Casa Littoria, dem damaligen Sitz der faschistischen Partei. Unbeschadet hat das Sinnbild am Gebäude, in dem heute die Bozner Finanzämter residieren, die Zeiten überdauert.

Architektonisches Kleinod

Das architektonisch bedeutendste Bauwerk aus der faschistischen Ära ist das frühere **GIL** an der Drusus-Brücke über die Talfer. Die Abkürzung steht für Gioventù Italiana del Littorio. In allen Städten hatte die Jugendorganisation des Regimes solche Zentren errichten lassen. In ihnen sollten die Jugendlichen zu ›neuen Menschen‹ des Faschismus erzogen werden.

Nach dem Zweiten Weltkrieg verfiel das Gebäude des GIL. Der Fassadenanstrich in Pompeji-Rot war verblichen, überall bröckelte der Putz, die Türen und Fenster waren mit Betonquadern vermauert. Zersplitterte Flaschen, zerfetzte Kartons, rostige Fahrräder und ausrangierte Reifen machten den Hof und den Arkadengang zur Müllkippe. In das Auditorium des Hauses zog ein Pornokino ein, die übrigen Räume wurden als Kfz-Werkstätte, Lebensmittellager und Tierheim genutzt. Aber die strenge Ästhetik der klaren Formen des Hauses, das an die frühen Bauten von Bruno Taut oder Hans Scharoun erinnert, überzeugte noch immer.

Seit ein paar Jahren geht man in Südtirol mit dem architektonischen Erbe aus der Zeit des Faschismus gelassener um. Die wichtigsten Bauten stehen nun unter Denkmalschutz. Die Abrissbirne bleibt im Magazin. Das frühere GIL wurde sorgsam restauriert und mit einem modernen Bau aus Glas, Beton und Stahl erweitert. Nun ist das Gebäude **Sitz der Europäischen Akademie** (www.eurac.edu), einer wissenschaftlichen Einrichtung für Forschung und Weiterbildung. Das Café ist ein schöner Platz zum Verweilen vor dem Rückweg zum Siegesdenkmal entlang der Grieser-Wassermauer-Promenade an der Talfer.

beren Wein nimmt man sich selbst. Die leckeren *broschette* werden serviert.

Einkaufen

Vielfältig – **Lauben 1**: Von exklusiven Hüten bei ›Rizolli‹ (Nr. 60) über Wanderkarten bei ›Athesia‹ (Nr. 41) bis hin zur neuesten Mode in Loden oder Leder ist in den gepflegten Ladengeschäften unter den Arkaden so gut wie alles zu bekommen.
Fruchtig – **Obstmarkt 2**: Mo–Sa 8–19 Uhr. Nirgendwo in Südtirol ist die Auswahl an Obst und Gemüse reichhaltiger.
Quirlig – **Krämermarkt 3**: Sa 8–14 Uhr. Rings um dem Siegesplatz werden Textilien, Käse, Würste, Speck, Obst und Gemüse verkauft.
Weinselig – **Vinum 4**: Brennerstr. 28, Mo–Do 9–12.30 und 15–19, Fr bis 20 Uhr. Das Fachgeschäft mit über 1800 Qualitätsweinen (Schwerpunkt Südtirol, Italien) befindet sich nahe der Umlaufbahnstation zum Ritten.

Aktiv & Kreativ

Badespaß – **Lido 1**: Trieststraße, Freibad Ende Mai–Anfang Sep. tgl. 9.30–19/20 Uhr. Das große Schwimmbad aus den 1930er-Jahren wurde restauriert und im Stil weitgehend erhalten. Während der Sommerwochen ist es *der* Treffpunkt der Bozner Bevölkerung.

Abends & Nachts

Theater & Kino

Kommunal – **Stadttheater 1**: Verdiplatz 40, Tel. 04 71 30 41 11, www.ntbz.net. Nicht jedem gefällt der moderne Bau des italienischen Stararchitekten Marco Zanuso. Gezeigt werden alle Spielarten der Bühnenkunst.
Frei – **Carambolage 2**: Silbergasse 19, Tel. 04 71 98 17 90, www.carambolage.org. Die Kleinkunstbühne in der Altstadt zeigt ein ambitioniertes Programm aus Theater, Musik und Kabarett.
Engagiert – **Filmclub 3**: Dr.-Streiter-Gasse 8, Tel. 04 71 97 42 95, www.filmclub.it. Programmkino des Kulturvereins, der auch jeden April die ›Bozner Filmtage‹ veranstaltet.

Kneipen

Noch vor wenigen Jahren wurden in Bozen nach 21 Uhr die Bürgersteige hochgeklappt. Heute sind etliche Lokale bis spät in die Nacht offen. Das angesagte **Ausgehviertel** ist – nicht unbedingt zur Freude der Anwohner – das Karree zwischen Obstmarkt und Dr.-Streiter-Gasse mit Lokalen wie beispielsweise der **Sonderbar 4**, dem **Nadamas 5** (auch Restaurant) und dem **Winegarden 6** (Freiluft-Weinbar an den marmornen Fischbänken des früheren Marktes). Beliebt ist auch das **Exil** am Kornplatz. Recht zentral am Rand der Altstadt liegt die **Disco Okay 7** in der Gilmstraße 7 (Do–Sa 22.30–3.30 Uhr).

Termine

Busoni: Ende Aug./Anfang Sept., www.concorsobusoni.it. Einen wichtigen Stellenwert im städtischen Kulturkalender hat der internationale Pianistenwettbewerb.
VolxFesta: Juli. Das Volksfest der etwas anderen Art mit internationaler Musik, Speisen und Getränken findet auf den Talferwiesen statt.
Weihnachtsmarkt: Ende Nov.–Weihnachten. Der Christkindl-Markt auf dem Waltherplatz lockt wahre Besucherscharen, besonders aus den anderen Regionen Italiens, in die Stadt.

Das Beste auf einen Blick

Eisacktal

Highlights!

Kloster Säben: Auf dem felsigen ›Heiligen Berg‹ hoch über Klausen wurde bereits im 4. Jh. das Bistum Sabiona gegründet, das maßgeblich die Geschicke des heutigen Südtirols bestimmt hat. S. 130

Seiser Alm: Zugegeben, ruhig geht es auf der größten Alm Europas schon lange nicht mehr zu. Ob im Winter oder Sommer, die Grenzen der Belastbarkeit sind erreicht. Aber die Anmut der weiten Wiesen vor den majestätischen Gipfeln der Dolomiten ist und bleibt unbegreiflich schön. S. 152

Auf Entdeckungstour

St. Martin am Schneeberg: Das ehemalige Bergbaugelände auf 2300 m Höhe, dessen Anfänge bis ins 13. Jh. zurückreichen, ist mit Knappensiedlung, Stollen und Förderanlagen erhalten geblieben – einer der faszinierendsten Orte in Südtirol, der aber erwandert werden muss. S. 112

Piz Boè: Dieser Dolomitengipfel zählt zu den leichtesten 3000ern der gesamten Region. Mit etwas Kondition, Trittsicherheit und Schwindelfreiheit lässt er sich bei stabilem Wetter gut bezwingen. S. 140

Kultur & Sehenswertes

Kloster Neustift: In dem über 900 Jahre alten Kloster bei Brixen haben einmalige barocke und frühgotische Kunstschätze die Zeit überdauert. S. 124

Trostburg: Die Burganlage des Geschlechts derer von Wolkensteiner am Eingang zum Grödner Tal entspricht allen Vorstellungen von einer Ritterburg aus Kindheitstagen: trutzig und wehrhaft, romantisch und geheimnisvoll. S. 134 und 136

Aktiv & Kreativ

Sellaronda: Das Bergmassiv der Sella lässt sich mit dem Auto, per Linienbus, auf dem Drahtesel, zu Fuß und per Ski umrunden. S. 138

Dolomiten-Wandern: Die Möglichkeiten in den ›bleichen Bergen‹ sind nahezu grenzenlos. Von der leichten Almwanderung bis zur alpinen Hochtour ist alles dabei. Z. B. S. 139, 155, 156

Genießen & Atmosphäre

Ungewöhnlich: So lecker sie auch sind: Jeden Tag Knödel, Schweinebraten und Pasta muss ja nicht unbedingt sein. In der **Kleinen Flamme** in Sterzing wird kreativ die asiatische mit der italienischen Küche verbunden. S. 109

Zünftig: Eine Nacht in den weißbezogenen Betten der **Tschafonhütte** oberhalb von Tiers bei flackerndem Kerzenlicht kann kaum romantischer sein. S. 155

Abends & Nachts

Disco-Fieber: Die Atmosphäre in einer italienischen Groß-Disco hat etwas ganz Besonderes. Wer es testen möchte, ist im **Max** in Brixen genau richtig. S. 123

Dekadenz: Im Brixener Viertel Stufels zeigt die älteste Kleinkunstbühne der Provinz ein engagiertes Programm. S. 123

Tor in den Süden

Seit Jahrtausenden sind der Brenner und das **Wipptal,** wie das oberste Eisacktal genannt wird, die wichtigste Verbindung zwischen Mitteleuropa und Italien. Römische Legionäre, germanische Stämme, lombardische Maler, Kaiser und Könige, Dichter und Denker, napoleonische Heere, Soldaten im Zweiten Weltkrieg und heute Millionen von Urlaubern, alle strebten und streben durch dieses Nadelöhr der Alpen.

Am **Brixner Becken** beginnt dann endgültig der Süden. Die Hänge des sonnigen Talkessels sind mit Weinreben bewachsen, und auf dem Talboden dehnen sich weite Obstplantagen aus. **Brixen,** der alte Bischofssitz und heute die drittgrößte Stadt Südtirols, ist die unangefochtene Kapitale für das gesamte Eisacktal/Valle Isarco.

Hinter dem Brixner Becken verengt sich das Eisacktal erneut. Nicht umsonst trägt die größte Stadt des unteren Talabschnitts den Namen **Klausen** (in Italienisch *chiusa*). Auch heute finden die Verkehrsstränge kaum Platz im engen Talgrund. Die östlichen Seitentäler – ob **Villnöss-, Grödner-, Tierser- oder Eggental** – führen direkt in die großartige Bergwelt der Dolomiten.

Infobox

Tourismusverband Eisacktal

Großer Graben 26 a, 39042 Brixen, Tel. 80 22 32, Fax 80 13 15, www.eisacktal.info. Der touristische Zusammenschluss informiert über nahezu alle Gemeinden des Eisacktals und der angrenzenden Seitentäler. Zusätzlich besitzt fast jeder Ort auch ein lokales Informationsbüro (s. u.).

Internet

www.eisacktal.info: Die offiziellen Seiten des Tourismusverbandes informieren über die einzelnen Orte, über Unterkünfte, Veranstaltungen, Sportmöglichkeiten etc. Die Homepages der einzelnen Ortschaften (s. dort) sind zumeist umfangreicher und informativer.

Anreise und Weiterkommen

Bahn: Durch das Eisacktal führt die internationale Zugverbindung zwischen Mitteleuropa und den italienischen Städten Verona, Venedig, Mailand. Die Eurocity-Züge halten nur in Brenner, Franzensfeste, Brixen und Bozen. Die kleineren Bahnhöfe im Eisacktal werden mit Regionalzügen bedient.

Bus: Parallel zur Bahn verlaufen durch das Eisacktal Buslinien, die auch in den kleinsten Dörfern halten. Von Sterzing, Brixen, Klausen und Bozen sind auch die Seitentäler per Bus zu erreichen.

Gästekarten: »Tourcard«, »Almencard«, »BrixenCard« und »Erlebniscard« heißen die Gästekarten im Eisacktal und in den angrenzenden Tälern, die von den Tourismusbüros gratis oder gegen ein kleines Entgelt angeboten werden. Die Leistungen sind unterschiedlich. Zumeist gewähren sie freie Fahrt im öffentlichen Nahverkehr und in Seilbahnen sowie freien bzw. reduzierten Eintritt in Museen und bei Freizeitangeboten.

Brenner ►G 1

Es ist nicht gerade das erfreulichste Bild, das die autonome Provinz Südtirol beim Grenzübertritt am Brenner/Brennero (1374 m) bietet. Seitdem 1998 die Kontrollen weggefallen sind, hat der Grenzort fast alle seine Einwohner verloren und der Passübergang mit seinen nun überflüssigen Abfertigungsstellen und den leerstehenden Kasernen wirkt noch öder. Selbst das Klima entspricht meist nicht den Erwartungen. Oft hängen graue Wolken über dem zugigen Pass. Der Brenner ist ein Wetterloch mit vielen sommerlichen Kälteeinbrüchen. »Acht Monate Winter und vier Monate kalt«, so sagt man hier. Aber die Siedlung ist auch ein – noch verkanntes – Freiluftmuseum der unterschiedlichsten Architekturstile. Vom gotisch-barocken Kirchlein **St. Valentin** über die vom *razionalismo* der 1930er-Jahre geprägten Zollhäuser und dem überdimensionierten Bahnhof aus der faschistischen Zeit bis hin zur modernen Architektur des neuen Einkaufszentrums reicht das ›Patchwork‹ der Stile.

Unser Tipp

Designer-Schnäppchen am Brenner

An die Zeiten vor dem ungehinderten Grenzübertritt, als der ›Brennermarkt‹ noch ein Schnäppchenparadies war, will das Einkaufszentrum **Designer Outlet Brennero** anknüpfen. Im Neubau hinter der Grenze verkaufen etwa 20 renommierte Firmen – vom Kaffeemaschinenhersteller Bialetti über die Modefirmen Benetton und Esprit bis zum Schuhfabrikanten Bata – ihre Produkte im Fabrikverkauf und versprechen Preisnachlässe von 30–70 % (Mo–So 9–19 Uhr, www.dob-brennero.com).

Gossensaß ►G 2

Nach einer steilen Geländestufe liegt Gossensaß (1098 m) in einem kleinen Talbecken. In früheren Zeiten war der Marktort wichtiger Rastplatz. Den Fuhrwerken wurden hier zusätzliche Zugtiere vorgespannt, um das letzte Steilstück vor dem Brenner zu überwinden. Im 15. und 16. Jh. erlebte das Dorf seine wirtschaftliche Blütezeit, als die rund 1200 ansässigen Bergknappen die reichen Silbergruben im Pflerschtal ausbeuteten. Außer einigen wenigen Knappenhäusern hat sich jedoch aus dieser Zeit nichts erhalten. Mit dem Bau der Brennerbahnstrecke im 19. Jh. entwickelte sich Gossensaß zu einem beliebten Luftkurort. Einer der berühmtesten Gäste war der norwegische Schriftsteller Henrik Ibsen. Der Hauptplatz des Ortes trägt den Namen des Dramatikers, dem im **Rathaus** auch eine kleine Ausstellung gewidmet ist (tgl. 8–12.30 Uhr). Die einstigen Nobelhotels des Ortes wurden jedoch abgerissen, und heute spielt der Tourismus in Gossensaß eine eher untergeordnete Rolle.

Sehenswert sind die gotische **Knappenkapelle St. Barbara** und die im spätbarocken Stil erbaute **Pfarrkirche** (im Sommer jeden So Führungen). Am nördlichen Ortsrand befindet sich ein italienischer Kriegerfriedhof. Um den Anspruch Roms auf Südtirol zu unterstreichen, wurden hier in der faschistischen Ära Gebeine italienischer Soldaten beigesetzt, die aus weit entfernt liegenden Massengräbern stammten.

Infos

Tourismusverein: Ibsenplatz 2, 39040 Gossensaß, Tel. 04 72 63 23 72, Fax 04 72 63 25 80, www.gossensass.org.

Verkehr: Regionalzüge nach Brenner, Sterzing, Brixen, Bozen, Trento und Verona. **Busse** ins Pflerschtal, nach Sterzing und zum Brenner.

Pflerschtal ►F 2

Nach Westen verläuft das ruhige Seitental von **Pflersch.** Man nimmt an, dass in diesem Hochgebirgstal schon in prähistorischen Zeiten nach Erzen geschürft wurde. Schalensteine und Felszeichnungen, die im Talschluss gefunden wurden, sollen dies belegen. Mit seinen Streusiedlungen, alten Höfen und der grandiosen Kulisse des Dreitausenders **Tribulaun** zählt das Tal zu den schönsten des Landes. Beim Weiler **Ladurns** führt ein Sessellift hinauf zur **Ladurnser Alm** (1724 m) und erschließt ein Wandergebiet, das im Winter auch zum Skifahren genutzt wird.

Sterzing ►F 2

Sterzing/Vipiteno ist winzig. Auf den ersten Blick scheint die Stadt (knapp 6000 Einwohner) nur aus einer einzigen Straße zu bestehen. Dennoch ist sie ein bedeutender politischer, wirtschaftlicher und kultureller Mittelpunkt des Wipptals mit allen Einrichtungen, die zu einer ›richtigen‹ Stadt gehören. Und verbissen kämpfen Stadtobere und Bevölkerung darum, dass dies so bleibt.

Aber nur morgens und abends gehört die beschauliche Stadt noch den Einheimischen und den Gästen, die hier übernachten, denn Sterzing ist eines der bevorzugten Ziele des Ausflugstourismus. Punkt 9 Uhr stehen im Sommer die Tische und Stühle der Cafés auf der Straße, und wenig später ergießt sich der Strom der Tagestouristen durch die Alt- und Neustadt. Doch der tägliche Ausflüglerschwarm wird von den Einheimischen mit der freundlich gediegenen Routine mehrhundertjähriger Erfahrung bewältigt.

Stadtgeschichte

Sterzings Vergangenheit ist von seiner günstigen Lage an der Nord-Süd-Route geprägt. Hier stand einst das römische Kastell Vipitenum, das die Kriegs- und Handelsstraße Via Claudia

Augusta sicherte. Außer einem Meilen- und einem Grabstein sowie dem Namen, von dem sich auch die Bezeichnung ›Wipptal‹ für das obere Eisacktal und der italienische Name der Stadt herleiten, ist nichts von der römischen Siedlung erhalten.

Im 12. Jh. entwickelte sich Sterzing zu einer aufstrebenden Stadt, die vom Handel und Durchzugsverkehr profitierte und eine bedeutende Rolle im Machtkampf der Tiroler Grafen gegen die kirchlichen Herrscher in Brixen spielte. Im 15. Jh. war die Stadt bedeutendes Zentrum des Silber- und Bleiabbaus in den angrenzenden Tälern, der den Wohlstand der Sterzinger Bürger weiter mehrte und die Stadt zu einer der wohlhabendsten in Tirol werden ließ. Mit den Bergknappen, die meist von außerhalb der Landesgrenzen kamen, drangen neue Vorstellungen über Religion und Freiheit in das Tal.

Mit dem Niedergang des Bergbaus im 16./17. Jh. ging auch die Hochblüte Sterzings zu Ende. Die Stadt wurde wieder ein ganz normales kleines Ackerbauern- und Handelsstädtchen an der Brennerroute. Der erfolgreiche Angriff der Tiroler Schützen unter Andreas Hofer im Jahr 1809 auf zwei bayrische Kompanien im Sterzinger Talboden gilt als Beginn des Aufstandes gegen die französisch-bayrische Besatzung des Landes. Sterzing war aber auch der Ort, in dem Hofer nach dem Frieden von Schönbrunn seine Abdan-

Sterzing – auch im Advent bezaubernd

Unser Tipp

Der Tote im Fels
In Sterzing und im Wipptal spielt der erste Südtirol-Krimi von Kurt Lanthaler: ›Der Tote im Fels‹ (Haymon Verlag, Innsbruck 2011). Mit der Figur des Tschonnie Tschenett und seinen Verwicklungen mit der Obrigkeit versteht es der Autor meisterhaft, ein Bild Südtirols jenseits aller Klischees zu zeichnen.

kung unterzeichnete – und wenig später dennoch weiterkämpfte (s. S. 58).

Die Eröffnung der Brenner-Eisenbahn (1867) brachte zunächst wirtschaftliche Einbußen für die Stadt, da der Verkehr nun an Sterzing vorbeirollte. Die Einwohner wandten sich stärker der Landwirtschaft zu. Mit der Trockenlegung des Sterzinger Mooses im Süden der Stadt wurden neue Kulturflächen geschaffen. Erst als Anfang des 20. Jh. die ersten Touristen mit dem Auto kamen, profitierte auch Sterzing vom zunehmenden Fremdenverkehr.

Altstadt

Im Norden der Stadt, direkt an der Staatsstraße, liegt der große Parkplatz, der zur Zeit auch Busbahnhof ist (die Verlegung zum Bahnhof ist geplant). Mit wenigen Schritten ist das historische Zentrum erreicht. Es wird von der Hauptstraße durchzogen, durch die jahrhundertelang der gesamte Verkehr strömte. Unübersehbares Zeugnis der langen Vergangenheit als Rast- und Handelsstadt sind die zahlreichen **Gasthäuser,** die so gehäuft in keiner anderen Stadt Südtirols zu finden sind. Heute gehört die Straße dem flanierenden Publikum. Der historische Kern besteht aus der Altstadt und der sich direkt anschließenden Neustadt, die auch schon über 500 Jahre alt ist. Nach der großen Brandkatastrophe von 1443 wurde dieser Teil der Stadt prachtvoller als vorher wieder aufgebaut.

Als erstes Gebäude der Altstadt fällt die ehemalige **Johanneskirche** auf, die heute eine eigenwillige Gaststätte mit kleinem Schankgarten ist und zum Gebäudekomplex des **Hotel Krone** gehört. Dieser ursprünglich landesfürstliche Ansitz zählt zu den ältesten Bauten der Stadt (um 1300). Schon seit dem 15. Jh. ist die ›Krone‹ Gasthaus.

Athesia-Haus

Aus der Reihe der Bürgerhäuser fällt das Athesia-Haus heraus, das eine Buchhandlung beherbergt. Der Neubau nimmt Elemente der historischen Architektur auf und überträgt sie in die Formensprache der Gegenwart. Der mit Aluminium verkleidete Erker etwa korrespondiert mit dem aus der Fassade herausragenden Glockentürmchen der Spitalkirche am Stadtplatz.

Spitalkirche

Mo–Fr 8.30–12 und 14.30–18,
Sa 8.30–12 Uhr

Die helle, freundliche Spitalkirche ist im Inneren über und über mit gotischen Fresken ausgemalt (beginnendes 15. Jh.). Die Malereien stammen von Hans von Bruneck, einem Künstler, der Stilelemente der norditalienischen Kunst mit der aus Burgund und Böhmen verband und so technische Perfektion mit erzählerischer Farbigkeit paarte. Das Kirchengebäude gehört zum einstigen **Sterzinger Bürgerspital,** dessen lange Front den Stadtplatz begrenzt. Heute sind hier das Verkehrsamt und eine Schule untergebracht.

Neustadt

Am Stadtplatz stehen ein weiterer traditionsreicher Gasthof, der Schwarze Adler, und der **Zwölferturm**, der mit seinem auffälligen Treppengiebel das Wahrzeichen der Stadt ist. Hier beginnt die Neustadt. In der nahen Kapuzinergasse wurde im 15. Jh. der **Jöchlsthurn**, ein alter Stadtturm, zum großzügigen Ansitz für die Gewerkenfamilie Jöchl ausgebaut. Später war das Gebäude Bezirksgericht und Gefängnis. Die repräsentativen Räume weisen zum Teil noch die historische Decken- und Wandausstattung auf.

Rathaus

Mo–Do 8.15–12.30, 16–17, Fr 8.15–12.30, Innenhof Mo–Fr 8–18 Uhr

Der stattliche Gebäudekomplex des Rathauses an der Hauptstraße wurde Ende des 15. Jh. erbaut und besitzt in seinem Inneren getäfelte Räume mit aufwändigen Balkendecken im Stil der Spätgotik und der Renaissance. In einem der Innenhöfe stehen der römische Meilenstein, der in der Neustadt gefunden, und eine Kopie des römischen Mithras-Altares, der im Dorf Mauls entdeckt wurde. Das Rathaus ist zwar zu den Amtszeiten für den Publikumsverkehr geöffnet, doch lassen sich die schönen Räume am besten im Rahmen einer Führung besichtigen (Auskünfte über das Verkehrsamt).

Multscher-Museum

Deutschhausstr. 11, April–Okt. Di–Sa 10–13 und 13.30–17 Uhr

Das wuchtige **Deutschhaus** außerhalb der alten Stadtmauern, als Pilgerhospiz und Spital im 13. Jh. gegründet, war lange Zeit Sitz des Deutschen Ritterordens. Heute ist in dem Gebäude das **Multscher-Museum** untergebracht, das die eindrucksvollen Überreste des bedeutendsten Tiroler Altars zeigt. Die wohlhabenden Sterzinger Bürger konnten es sich leisten, Mitte des 15. Jh. den bekanntesten und wohl auch fortschrittlichsten Altarbauer jener Zeit, den Ulmer Künstler **Hans Multscher,** zu beauftragen, einen Altar für ihre Pfarrkirche zu schaffen. 1495 war das 12 m hohe Meisterwerk vollendet. Die spätgotische Stilauffassung Multschers, die der bisherigen sakralen Strenge lebensnahe weltliche Elemente entgegensetzte, beeindruckte die einheimischen zeitgenössischen Künstler, besonders Michael Pacher, tief und verhalf der Spätgotik hier zu ihrem Durchbruch. Andere bedeutende Altäre schuf Multscher in Ulm, Landsberg und Altheim. 1779/80 wurde der Altar gemäß dem barocken Zeitgeschmack entfernt und demontiert. Die Einzelteile wurden in alle Winde zerstreut. Während des Faschismus beispielsweise gelangten dann einige Altarbilder in den Besitz des nationalsozialistischen Reichsmarschalls Göring und kamen erst 1959 nach Sterzing zurück. Die Räume des **Deutschhauses,** in dem auch das **Stadtmuseum** untergebracht ist, enthalten wertvolle Ausstattungen und Gemälde sowie Darstellungen zur Geschichte des Ritterordens. Die kleine **Elisabethkirche** mit ihrer barocken Innenausstattung diente seit jeher als Spitalkirche.

Pfarrkirche

Tgl. 9–19 Uhr

In Sichtweite des Deutschhauses steht die monumentale Pfarrkirche, denn das in zwei Bauabschnitten errichtete gotische Gotteshaus sollte Mittelpunkt des gesamten Pfarrbezirkes werden. Durch die Barockisierung im 18. Jh., vor allem durch die bunten, großflächigen Deckenfresken des Theatermalers Joseph Adam Mölk aus dem Jahr 1753, wurde die Harmonie im Inneren weitgehend zerstört.

Radfahren in Südtirol kann sehr idyllisch sein

Wandern und Radfahren

Die Kabinenumlaufbahn am nördlichen Stadtrand erschließt das schöne Wandergebiet am Rosskopf, das auch einige attraktive *downhill*-Strecken für Mountainbike-Fahrer bietet und im Winter ein kleines Skirevier ist.

Der **Eisacktal-Radweg** als Teil des internationalen Radfernweges München–Verona ist zwar noch nicht komplett ausgebaut, aber der Abschnitt zwischen Brenner, Sterzing und Franzensfeste ist bereits fertig. Für die Strecke sollten rund 3–4 Std. eingeplant werden. Die Tour kann auch verkürzt werden, denn die Regionalzüge im Eisacktal transportieren auch Fahrräder.

Burg Reifenstein ►G 2

In Nähe des ruhigen Dorfes **Elzenbaum** südlich von Sterzing thront die Burg Reifenstein auf einem Felsrücken über dem Sterzinger Moos (Führungen von April–Okt. tgl. außer Sa 10.30, 14 und 15 Uhr, Mitte Juli–Mitte Sept.; zusätzlich 16 Uhr). Die mächtige Anlage mit festen Mauern und Zinnen, deren älteste Teile aus dem 12. Jh. stammen, vermittelt anschaulich die beiden Pole des mittelalterlichen Lebens. Dem Verlies im Bergfried und den kargen Landsknechtkammern steht die herrschaftlich-prächtige spätgotische Innenausstattung gegenüber.

Auf dem Burgfelsen befindet sich auch die kleine weiße **Zeno-Kapelle**, die wahrscheinlich schon vor der Burg erbaut wurde. Schalensteine, die in unmittelbarer Nähe des stets verschlossenen Kirchleins gefunden wurden, lassen eine prähistorische Kultstätte vermuten. Burg und Kapelle bilden gleichsam eine Oase über dem vom Verkehr arg gebeutelten Talboden. Der Blick geht hinüber zur **Burg Spre-**

chenstein (nicht zugänglicher Privatbesitz) auf der anderen Talseite.

Übernachten

Altstadt – **Lilie:** Neustadt 49, Tel. 04 72 76 00 63, Fax 04 72 76 27 49, www.hotellilie.it, 72 € (62 €). Das behagliche Hotel befindet sich in einem der denkmalgeschützten Altstadthäuser, dessen Bausubstanz sorgsam restauriert wurde. Jeder neuzeitliche Komfort ist vorhanden. Sehr beliebt ist die Konditorei/Bistro unten im Erdgeschoss.
Zentral – **Lamm:** Neustadt 16, Tel. 04 72 76 51 27, Fax 04 72 76 68 60, www.hotellamm.it, 59 € (45 €). Nach vorn zur Fußgängerzone präsentiert sich das angenehme Hotel ganz im Stil der Sterzinger Altstadthäuser, nach hinten ist das Haus neuzeitlich ausgebaut.

Essen & Trinken

Persönlich – **Kleine Flamme:** Neustadt 31, Tel./Fax 04 72 76 60 65, So (abends) und Mo Ruhetag, Hauptgerichte ab 19,50 €. Im alten Laubenhaus mit der Innenhofterrasse hat sich Küchenchef Burkhard Bacher mit mediterran-personalisierten Kreationen seinen ersten Michelin-Stern erkocht. Regelmäßig gibt es Themenabende wie zur fernöstlichen Küche oder zu Gewürzen.
Bodenständig – **Pretzhof:** Fraktion Tulfer, 6 km von Sterzing, Tel. 04 72 76 44 55, www.pretzhof.com, außer im Aug. Mo und Di Ruhetag, Hauptgerichte ab 15 €. Gleich am Eingang des Pfitscher Tales liegt der alte Bauernhof (13. Jh.) mit seinen beiden schönen Gaststuben (reservieren!). Serviert werden ausschließlich traditionelle Südtiroler Gerichte aus Produkten des eigenen Hofes, zu dem auch ein kleiner Laden gehört, oder von Höfen der Umgebung.

Abend & Nachts

Sterzing hat ein berühmt-berüchtigtes ›Bermuda-Dreieck‹, das aus den Bars/Pubs Kronenkeller, Melody-Pub und Kapelle besteht.

Infos

Tourismusverein: Stadtplatz 3, 39049 Sterzing, Tel. 04 72 76 53 25, Fax 04 72 76 54 41, www.infosterzing.it. Auskünfte auch für das Pfitscher Seitental und die Dörfer im Sterzinger Moos.

Verkehr: Regionalzüge fahren nach Brenner, Brixen, Bozen, Trento und Verona. Der zentrale Busplatz liegt am nördlichen Parkplatz. Die **Linienbusse** fahren durch das Eisacktal sowie in die Sterzinger Seitentäler (s. S. 111).

Sterzinger Moos ► G 2

Die Verkehrsstränge des Eisacktals führen von Sterzing nach Südosten durch das breite, ebene Sterzinger Moos, einst ein sumpfiges Gebiet. Auf der östlichen Talseite liegt **Trens** (992 m) mit seiner berühmten Wallfahrtskirche. Die spätgotische Kirche wurde 1498 erbaut und 1726/27 um die Gnadenkapelle erweitert, in der sich die in barocke Kleidung gehüllte Holzskulptur (um 1470) der Muttergottes befindet (ganztägig geöffnet).

Am südlichen Ende des Sterzinger Mooses liegt **Mauls** (945 m), in dessen Nähe der **Mithrasstein** gefunden wurde, der sich heute im Bozner Archäologiemuseum befindet (s. S. 85). Das Zentrum des schönen Dorfes schmiegt sich in den Ausgang des Maulser Tales. An der alten Brennerroute und heutigen Staatsstraße steht neben anderen Häusern der behäbige

Gasthof Stafler, der sich bis in das 13. Jh. zurückführen lässt und Zeugnis für die einstige Bedeutung des Ortes an der historischen Transitstrecke ablegt. Die Ruine des **Schlosses Welfenstein**, nördlich des Dorfes, ist der Burgenromantik des 19. Jh. geschuldet. Kurz nach Mauls verengt sich das Eisacktal zur Schlucht der **Sachsenklemme**. Der Name und das Denkmal erinnern an die Niederlage sächsischer Truppen im Tiroler Freiheitskrieg 1809.

Übernachten, Essen

Gediegen – **Stafler:** in Mauls, Tel. 04 72 77 11 36, Fax 0472 77 10 94, www.stafler.com, 3 Wochen im November geschl., 80 € (69 €), Restaurant: Mi Ruhetag, Hauptgericht 19 €. Der alte Gasthof, heute ein Romantik-Hotel, ist seit über 200 Jahren in Besitz der Familie. Lärmempfindliche werden Eisenbahn und Straßenverkehr hören. Der Wellness-Bereich bietet Gelegenheit zur Entspannung; im Restaurant werden regionale und internationale Speisen serviert.

Infos

Tourismusverein Sterzing: s. S. 109.

Sterzinger Seitentäler

Vom weiten Sterzinger Becken führen mehrere Seitentäler in die Bergwelt. Nach Osten strebt das Pfitscher Tal, das in der letzten Zeit einen bescheidenen touristischen Aufschwung erlebt hat. Richtung Westen erstreckt sich die Gemeinde Ratschings, die aus drei ganz unterschiedlichen Tälern besteht.

Pfitscher Tal ► G 2

Im Osten des Sterzinger Beckens mündet das Pfitscher Tal/Valle di Vizze in das Eisacktal. Charakteristisch sind die zahlreichen Weiler und Höfegruppen. Besonders beeindruckend ist der Talschluss, der von den Eisriesen der Zillertaler Alpen beherrscht wird. Im 16. und 17. Jh. wurden im Tal Kupfer und Schwefelkies abgebaut, doch spielte der Bergbau keine so bedeutende Rolle wie in den anderen Sterzinger Seitentälern. Heute sind die meisten Talbewohner im nahe gelegenen Sterzing beschäftigt.

Der Fremdenverkehr spielt nur im Hauptort **Wiesen/Prati** (948 m) eine größere Rolle. Am Eingang des Dorfes steht **Schloss Moos,** das in seiner heutigen Form um 1600 erbaut wurde. Das schöne Gebäude beherbergt ein Altenheim. Das Dorf selbst hat sich in den letzten Jahren stark vergrößert, jetzt findet man hier auch zahlreiche neue Häuser im alpenländischen Stil. Liebevoll restauriert wurde dagegen der Turnerhof mit seinem alten Adelsturm aus dem 13./14. Jh. (nur von außen zu besichtigen).

Anschließend muss die Talstraße eine Steilstufe überwinden und erreicht den Stausee, Überrest eines riesigen Sees, der einst große Teile des Tales bedeckte. Das Tal öffnet sich nun zu einer weiten, nahezu ebenen Wiesenfläche, auf der unzählige Heustadel stehen. Das hübsche Dorf **Kematen** (1441 m) liegt etwas erhöht, während die Hauptstraße unten im Talboden bleibt und den Hauptort des hinteren Tales, **St. Jakob** (1446 m), erreicht. Die Häuser liegen bis zum Talschluss verstreut. Bis zum Weiler **Stein** (1490 m) reicht die ausgebaute Straße. Anschließend führt in weiten Serpentinen eine geschotterte, schwer zu meisternde ehemalige Militärstraße (nur bis zur

4. Kehre motorisiert befahrbar) auf das **Pfitscher Joch** (2248 m) mit schöner Aussicht. In früheren Zeiten war der Pass ein vielbegangener Übergang ins Nordtiroler Zillertal. Auch nach der Grenzziehung nach dem Ersten Weltkrieg behalten die Pfitscher Bauern Weiderechte auf österreichischer Seite.

Infos

Tourismusverein Sterzing: s. S. 109.

Verkehr: Busse von/nach Sterzing durch das Pfitscher Tal bis nach Stein.

Ridnauntal ► F 2

Von Westen her stoßen drei Täler auf das Sterzinger Becken, die zusammen die Gemeinde Ratschings/Racines bilden: das namensgebende Ratschingstal, das Bergbautal Ridnaun sowie das Jaufental. Zentrum dieser Drei-Täler-Gemeinschaft ist das Ridnauntal/Val Ridanna, dem Sterzing im Mittelalter seinen Reichtum verdankte.

Im Ridenautal liegen auch der Gemeindesitz **Stange/Stanghe** (976 m) und der größte Ort der Talschaft, **Mareit** (1039 m), dessen Dorfbild vom **Schloss Wolfsthurn** dominiert wird (April–Mitte Nov. Di–Sa 10–17, So 13–17 Uhr, www.wolfsthurn.it). Der rosafarbene Bau des Schlosses wurde 1730 auf mittelalterlichen Grundmauern errichtet und gilt als schönste barocke Anlage in Südtirol. In den repräsentativen Räumen ist das Südtiroler Jagd- und Fischereimuseum untergebracht.

Hinter Mareit führt die Talstraße kräftig bergauf zum Weiler **Gasse,** in dessen Nähe auf einem Hügel die 1482 geweihte Knappenkapelle **St. Magdalena** steht (Mai–Okt. Mo 16–17, Juli/Aug. auch Fr 10–11 Uhr). Sie birgt den größten Kunstschatz des Tals, den spätgotischen Flügelaltar des Sterzinger Meisters Stöberl. Neben biblischen Szenen zeigt der Altar auch Bergleute bei der Arbeit.

Schneeberg

Von großer bergbaugeschichtlicher Bedeutung sind der Talschluss hinter **Maiern** (1370 m), dem letzten Dörfchen des Ridnauntales, und das angrenzende Gebiet des Schneeberges. In der Erzaufbereitungsanlage und im früheren Arbeiterhaus im Talschluss wurde das **Landesbergbaumuseum** mit Schaustollen eingerichtet (April–Okt. Di–So 9.30–16.30 Uhr). Ein Lehrpfad, der allerdings nur auf einer anstrengenden Tageswanderung zu begehen ist, führt über die Schneebergscharte (2690 m) zur ehemaligen Knappensiedlung St. Martin am Schneeberg (2355 m) und zum früheren Zentrum des Bergbaureviers, das heute ein sehenswertes Freilichtmuseum ist (s. S. 112).

Ratschingstal ► F 2

In Stange mündet das Ratschingstal in das Ridnauntal. Gleich am Taleingang wartet der Ratschingsbach mit einem eindrucksvollen Naturschauspiel auf: In tosenden Kaskaden durchbricht der Wildbach das Marmorgestein der **Gilfenklamm,** die auf einer Steiganlage begehbar ist. Seit dem Ende des 15. Jh. wird der reinweiße Marmor abgebaut.

Jaufental ► F 2/3

Das ruhigste der drei Täler der Großgemeinde Ratschings ist das enge Jaufental, das bei Gasteig beginnt. Hauptort ist das Dörfchen **Mitterthal.** Der **Jaufenpass/Passo del Monte Giovo** (2099 m) im Talschluss ist ▷ S. 115

Auf Entdeckungstour

Bergbau in eisigen Höhen – St. Martin am Schneeberg

Die jahrhundertealten Bergwerksanlagen auf über 2300 m Höhe zählen zu den faszinierendsten Orten in Südtirol. Als Zeugnis früher Bergbaukultur und Industriegeschichte sollen sie zum Weltkulturerbe erklärt werden. Da das Bergwerksgelände nur zu Fuß zu erreichen ist, liegt es nahe, den Besuch mit einer herrlichen alpinen Bergwanderung zu verbinden.

Reisekarte: ▶ E 2

Zeit: 4-5 Stunden reine Gehzeit bis St. Martin am Schneeberg (s. S. 111).
Infos: Start am Bergbaumuseum bei Maiern unten im **Ridnauntal** (Mitte März–Anfang Nov. Di–So 9.30–16.30 Uhr, im Aug. tgl.). Die Tour ist individuell oder im Rahmen einer geführten 10-stündigen Exkursion (Mitte Juni–Okt. Do, Sa und So) möglich. Die Schneeberghütte ist Mitte Juni–Mitte Okt. bewirtschaftet. Von St. Martin am Schneeberg zurück ins Ridnauntal oder Abstieg ins Passeier Tal (2 Std.).

Im Winter ist hier kein Durchkommen. Dann liegt der Schnee meterhoch. Ein eisiger Wind fegt über die baum- und strauchlose Hochebene des Schneeberges zwischen den Südtiroler Tälern Ridnaun und Passeier. Und dennoch gab es in dieser Unwirtlichkeit auf 2355 m ein Dorf mit Kirche, Spital, Schule, Gasthaus und Laden. Im späten Mittelalter lebten in der hochalpinen Einöde von St. Martin am Schneeberg über 1000 Menschen. Wie Jahrhunderte später im kanadischen Klondike, waren die Knappen dem Lockruf des Edelmetalls gefolgt. Das Argentum bonum de Sneberch, das gute Silber vom Schneeberg, wurde bereits im Jahre 1237 in einem Notarsbuch erwähnt.

Montanes Freiluftmuseum

Heute ist St. Martin am Schneeberg ein montanes Freiluftmuseum. Vom hintersten Ende des Ridnauntales führt ein bergkundlicher Lehrpfad durch das Lazzacher Tal und über die Schneeberg-Scharte (2687 m) auf das Schneeberger Hochplateau. Von Mitte Juni bis Oktober ist der Weg zur Knappensiedlung in der Regel begehbar. Unterkunfts- und Einkehrmöglichkeiten gibt es auf halber Wegstrecke in der Poschalm/Moarerberg Alm (2112 m) sowie oben in der ›Herrenkaue‹, dem ehemaligen Verwaltungsgebäude des Bergwerks, der heutigen Schneeberghütte.

Silber für Österreich

Die Blütezeit erlebte der Bergbau in Tirol zwischen dem 14. und 16. Jh., als der Reichtum aus dem Inneren der Berge der wirtschaftliche Grundpfeiler für das Entstehen der damaligen Großmacht Österreich war. Ohne die reichen Silber- und Bleigruben am Schneeberg und in anderen Tiroler Tälern wären die ständig steigenden Ausgaben für die habsburgischen Eroberungskriege, für Prunkbauten und die verschwenderische Hofhaltung nicht finanzierbar gewesen.

Das Leben der Knappen am Schneeberg war hart. Die Bergleute fürchteten die drohenden Lawinen mehr als die Gefahr eines Grubenunglücks. Um im Winter überhaupt sicher in die Erzstollen zu gelangen, gruben die Knappen lange Gänge durch Eis und Schnee. Doch auch unter Tage war das Risiko groß. Wassereinbrüche, Brände, Stollengase, Blei- und Quecksilbervergiftungen ließen die Erzknappen selten alt werden.

Aber die Arbeit in den Stollen war trotz aller Gefahren begehrt. Denn: ›Bergluft macht frei‹. Die Bergarbeiter jener Zeit waren privilegiert. Hatten die Bauern des späten Mittelalters unter der Zinsknechtschaft durch die adligen und kirchlichen Grundherren zu leiden, war die soziale Lage der Knappen der Zeit weit voraus. Die Arbeitszeit in den Tiroler Bergwerken war auf 8 Stunden pro Tag begrenzt. Es galt die 5 1/2-Tagewoche, und die zahlreichen arbeitsfreien Feiertage entsprachen zusammengerechnet dem heutigen Urlaub. Die Knappen hatten Kündigungsschutz und eine soziale Absicherung bei Unfällen und im Alter. Sie waren vom Wehrdienst befreit und unterstanden einer eigenen Gerichtsbarkeit.

Zink statt Silber

Im Laufe der Jahrhunderte erschöpften sich die Silber- und Bleivorkommen am Schneeberg. So wurde der Abbau 1798 eingestellt. Aber nur für kurze Zeit: Keine 100 Jahre später war man in der Lage, ein Erz zu verarbeiten, das vorher ungenutzt auf den Abraumhalden landete: die Zinkblende. 1871 gingen die Gruben am Schneeberg wieder in Betrieb.

Um das Erz von den abgelegenen Stollen zur damals gerade eröffneten Brenner-Eisenbahn nach Sterzing zu transportieren, wurde ein ausgeklügeltes System von Aufzügen und Pferdebahnen geschaffen. Mit einer Streckenlänge von über 27 km war der Bau die größte Übertageförderanlage der Welt. In der Nähe von Maiern entstand gleichzeitig eine Erzaufbereitungsanlage, in der das Gestein zu verhüttungsfähigem Erz konzentriert wurde.

Erz für zwei Kriege

Im Ersten Weltkrieg war die österreichisch-ungarische Monarchie von den Rohstoffmärkten der Welt abgeschnitten. So war das Schneeberger Zink für die Rüstungsindustrie von entscheidender Bedeutung. Österreich und seine Verbündeten verloren indes den Krieg. Südtirol musste 1919 an Italien abgetreten werden. Die italienische Firma, die nun das Schneeberger Bergwerk betrieb, modernisierte die Anlagen und setzte modernste Technik ein.

Letzter Tourenabschnitt mit dem Gelände des Bergbaumusems

Das Erz vom Schneeberg wurde zur wesentlichen Stütze der faschistischen Autarkiepolitik Italiens.

Diese Rolle behielt der Schneeberg auch im Zweiten Weltkrieg, als Südtirol 1943 nach der italienischen Kapitulation von deutschen Truppen besetzt wurde. Das Bergwerk kam unter die kommissarische Verwaltung des deutschen Staatskonzerns »Sachsenerz« und sollte nach Vorstellungen des Reichswirtschaftsministers im Rahmen der »totalen Kriegsführung im größtmöglichen Umfange nutzbar gemacht werden«. Aber auch dieser Krieg ging verloren. Südtirol blieb italienisch. Obwohl am Schneeberg weiter investiert wurde, konnte in den 70er-Jahren kein Gewinn mehr erzielt werden. 1986 stellte die italienische Firma den Erzabbau ein und ließ einen großen Teil der Gerätschaften und Maschinen zurück.

Potemkinscher Stollen

Bevor alles gänzlich verfiel, griff das Südtiroler Landesbergbaumuseum zu, sicherte die Anlagen und richtete ein sehenswertes Museum der Industriekultur ein. Im restaurierten Gebäude der alten Erzaufbereitungsanlage unten im Tal bei Maiern stehen die Maschinen aus den 1920er-Jahren gewienert und geputzt, als könnten sie jederzeit wieder in Betrieb gehen und unter Höllenlärm das Erz vom tauben Gestein trennen. Ein 250 m langer Schau-Stollen wurde in den benachbarten Berg getrieben. Erz ist zwar hier nie abgebaut worden, aber die Führung mit Schutzhelm und Taschenlampe durch die nasskalte potemkinsche Grube, in der originale und originalgetreue Werkzeuge und Gerätschaften den Bergbau aus 750 Jahren dokumentieren, lässt zumindest eine Ahnung von der harten und gefahrvollen Arbeit unter Tage entstehen.

seit prähistorischen Zeiten ein vielbegangener Übergang in das Passeier Tal und weiter zum Meraner Becken. Im Winter sind die Hänge am Pass ein beliebtes Skirevier.

Infos

Tourismusverein Ratschings: 39040 Gasteig, Tel. 04 72 76 06 08, Fax 04 72 76 06 16, www.ratschings.info.

Verkehr: Von und nach Sterzing fahren **Busse** durch das gesamte Ridnauntal bis Maiern sowie nach Mitterthal im Jaufental.

Sarntal ▸ F 4/5

Streng genommen gehört das Sarntal/Val Sarentino geografisch nicht zum Eisacktal, sondern stellt ein eigenes Talsystem dar. Im Norden einst nur über beschwerliche Passwege erreichbar und im Süden durch die ehemals fast unzugängliche Sarner Schlucht vom Bozner Talkessel getrennt, war die Talgemeinde über Jahrhunderte eine geschlossene Gemeinschaft. Erst um 1900 wurde eine für den Wagenverkehr taugliche Verbindung nach Bozen geschaffen. Die Technisierung der Landwirtschaft und die Bildungsmöglichkeiten der Talbevölkerung blieben jedoch noch bis in die 1970er-Jahre hinein hinter denen in anderen Tälern Südtirols zurück.

Durch den Rückgang der Beschäftigungsmöglichkeiten in der Landwirtschaft sind heute die Arbeitsplätze im Sarntal rar. Auch der vorsichtige Ausbau des Fremdenverkehrs konnte die Situation nicht entscheidend verbessern, sodass rund ein Drittel der erwerbstätigen Bevölkerung jeden Tag zur Arbeit nach Bozen pendeln muss.

Penser Joch ▸ F 3

Unmittelbar südlich von Sterzing beginnt die Straße, die kurvenreich die Höhe zum Penser Joch (2215 m), dem historischen Passübergang ins Sarntal, erklimmt. Die aus militärstrategischen Gründen in den Jahren 1936–38 erbaute Route kann nur ca. von April/Mai bis zum Wintereinbruch Anfang November befahren werden. Die Passstraße stellt eine direkte Verbindung mit Bozen her. Sie ist 4 km kürzer als die Eisacktalstraße, erfordert aber eine viel längere Fahrzeit. Vom aussichtsreichen Pass, der guter Ausgangspunkt für Bergtouren in die Sarntaler Alpen ist, führt die Straße bergab durch das **Penser Tal**, wie das Sarntal im nördlichen Abschnitt heißt.

Vorbei an vielen Einzelhöfen und einigen Weilern wird das Dorf **Astfeld** (1021 m) erreicht. Hier verläuft als Seitental das Durnholzer Tal zum kleinen Dorf **Durnholz** (1558 m) am gleichnamigen fischreichen See. Über das Seitental gelangt man auch zum kleinen Skigebiet oberhalb des Dorfes **Reinswald** (1492 m), das im Sommer auch ein schönes Wandergebiet ist.

Sarnthein ▸ F 4

Hauptort der Gemeinde Sarntal ist Sarnthein/Sarentino (961 m). Die Kommune, die das gesamte Tal und die angrenzenden Höhen umfasst, ist die flächenmäßig größte in Südtirol. Sarnthein hat sich in den letzten Jahren stark ausgedehnt, wobei die zahlreichen ›Allerweltshäuser‹ nicht gerade zur Verschönerung des Dorfes beitragen. Zentrum des immer noch traditionsbewussten bäuerlichen Lebens ist der Kirchplatz, an dem die neoromanisch umgebaute **Pfarrkirche** steht. Zu sehen sind eindrucksvolle expressionis-

Lieblingsort

Gelebtes Handwerk im Sarntal

Bis vor wenigen Jahren war das Sarntal nur schwer zu erreichen. Auch deswegen hat sich hier das traditionelle Handwerk gut erhalten. Wenn die beiden Autoren neue **Filzpantoffeln** brauchen, besuchen sie die **Familie Premstaller** auf dem Krösshof in der Nähe des schönen Dörfchens Durnholz, ca. 17 km nordöstlich von Sarntheim (Durnholz 34, 39058 Sarnthein, Tel. 04 71 62 52 07, Fax 04 71 62 52 07). Hier werden die bequemen ›Patschen‹ noch in Handarbeit hergestellt und verkauft.

tische Malereien, die die darunter liegenden barocken Fresken verdecken. Bei weitem älter sind die bedeutenden Wandmalereien der **St. Cypriankirche** am Dorfrand. Der Freskenzyklus vom Ende des 14. Jh. gilt als ein Hauptwerk der ›Bozner Schule‹.

Am südlichen Dorfrand von Sarnthein steht seit dem 13. Jh. der **Rohrer Hof,** einst einer der größten im gesamten Tal (Ende Mai–Ende Sept. Do 14–22, Fr–So 14–18 Uhr, www.rohrerhaus.it). Heute ist der stattliche Hof ein Museum, das den Besuchern anschaulich die bäuerliche Welt vergangener Tage zeigt. Die Vergangenheit ist im Sarntal aber auch bis in die Gegenwart lebendig. Nirgendwo sonst in Südtirol ist die althergebrachte Handwerkskunst so präsent wie hier (s. S. 116).

Kurz hinter dem Dorf verengt sich das Tal zur imposanten Sarner Schlucht. Durch 22 Tunnels führt die kühn trassierte Straße hinab in den Bozner Talkessel.

Übernachten, Essen

Berge & Wasser – **Bad Schörgau:** 2 km südlich von Sarntheim, Tel. 04 71 62 30 48, Fax 04 71 62 24 42, www.badschoergau.com, 91,30 € (85,50 €). Restaurant: ab 19.30 Uhr, Mo/Di Ruhetag, Hauptgericht ab 22 €. Einst ein ›Bauernbadl‹, ist daraus in den letzten Jahren ein gediegenes Hotel mit Badehaus und eigener Quelle entstanden. Im Gourmetrestaurant des Hauses werden neben regionalen Speisen auch köstliche Meeresfischspezialitäten angeboten.

Berge & Pferde – **Auener Hof:** 7,5 km oberhalb von Sarnthein, Tel. und Fax 04 71 62 30 55, www.auenerhof.it, ganzjährig, ab 79 € (ab 69 €). **Restaurant:** So (abends) Ruhetag, Hauptgericht ab 26 €. Das Berghotel liegt auf 1600 m inmitten des Wandergebiets des Salten. Es werden auch geführte **Reittouren** mit Haflinger-Pferden angeboten, die fast alle aus eigener Zucht stammen. Das Restaurant des jungen Küchenchefs Heinrich Schneider zählt zu den besten in ganz Südtirol und wurde in etlichen Gourmet-Führern ausgezeichnet. Aufgetischt werden sowohl regionale als auch mediterrane Spezialitäten.

Rustikal – **Jägerhof:** in Durnholz, Tel. und Fax 04 71 62 52 10, www.jaegerhof.org, HP 44 €. Die freundliche Pension liegt im beschaulichen Bergdorf Durnholz. Gleich nebenan wird im **Pfarrgasthof** (Do Ruhetag) gute Bauernkost zu moderaten Preisen aufgetischt (Hauptgericht ab 9 €).

Aktiv & Kreativ

Wandern – **Hufeisen-Tour:** Eine 7-tägige Bergwanderung durch die gesamten **Sarntaler Alpen** mit Übernachtungen in Berghütten (Informationen beim Tourismusverein erhältlich).

Wandern – **Tageswanderung:** Sehr zu empfehlen ist die Tour (5,5 Std.) von Reinswald (Bus, Kabinenumlaufbahn) über die Heiligkreuz-Hütte zum Durnholzer See (Bus).

Reiten – **Auener Hof:** Schöne Ausritte und Schnuppertouren auf sanften Haflinger-Pferden auch für Tagesgäste bieten vier Reitställe an, z. B. der Auener Hof (s. Übernachten).

Infos

Tourismusverein Sarntal: Kirchplatz 1, 39058 Sarnthein, Tel. 0471 62 30 91, Fax 04 71 62 23 50, www.sarntal.com.

Verkehr: Busse fahren von/nach Bozen durch das Sarntal bis/ab Asten bzw. Durnholz/Reinswald.

Brixen ▶ H 3/4

Brixen/Bressanone ist ›schwarz‹. Seit seiner Gründung als Bischofssitz vor rund 1000 Jahren herrscht in der Stadt ein klerikaler Geist. Das Kirchenviertel, das gleichsam eine Stadt in der Stadt bildet, zeigt deutlich die Machtverhältnisse, die Brixen seit jeher prägten: Der Dombezirk mit der bischöflichen Burg, der vor wenigen Jahrzehnten noch allabendlich versperrt wurde, dominiert mit seinen wuchtigen Dimensionen das Bild der angrenzenden bürgerlichen Altstadt mit ihren verwinkelten Gassen und niedrigen Laubengängen.

Stadtgeschichte

Die Urzelle Brixens ist der heutige Stadtteil **Stufels.** Bereits um 500 v. Chr. gab es an diesem Ort, der etwas oberhalb des damals sumpfigen Talbodens lag, eine befestigte rätische Siedlung. Historiker vermuten hier auch den Standort des Meierhofes Prichsna, der im Jahr 901 mit ausgedehnten Ländereien dem Bischof von Säben geschenkt wurde. Noch im 10. Jh. wurden die Kirchenanlagen errichtet und der **Bischofssitz** von Säben, einem Felsennest oberhalb des heutigen Klausen, in das besser erreichbare Brixen verlegt. Zur gleichen Zeit entstand nach Art eines römischen *Castellum* innerhalb schützender Mauern die planmäßig angelegte Stadt. Im Jahr 1027 übertrug der deutsche Kaiser Konrad II. die Grafschaften an Inn und Eisack dem Brixener Bischof. So wurde Brixen Zentrum eines reichsunmittelbaren geistlichen **Fürstentums,** das den außerordentlich wichtigen ›Krönungsweg‹ nach Rom zu sichern hatte.

Die Fürstbischöfe übten in der Stadt und im Land lange Zeit nahezu die uneingeschränkte Macht aus. Doch der Konflikt mit dem ansässigen Landadel blieb nicht aus. Besonders der bedeutendste Brixener Bischof, der Philosoph und Kirchenpolitiker **Cusanus,** geriet mit dem weltlichen Herrn, Sigmund dem Münzreichen, in Auseinandersetzungen um die politische Vormachtstellung im Land. Nach nur zehnjähriger Regierungszeit musste sich Cusanus geschlagen zurückziehen. 1380 erhielt Brixen ein eingeschränktes **Stadtrecht**, das erst 1604 in vollem Umfang wirksam wurde. Der Zorn über die Unterdrückung der Landbevölkerung entlud sich im Aufstand von 1525/26, als die Bauern die fürstbischöfliche Burg stürmten und plünderten. Die Rebellion wurde blutig niedergeschlagen, und die Stadt blieb bis zum Ende des 18. Jh. unangefochten geistliche Residenz konservativer Prägung.

Die Kriege zwischen Frankreich/Bayern und Österreich bedeuteten das **Ende des Brixener Fürstbistums**. Mit der Säkularisation im Jahr 1803 verlor das Bistum den größten Teil seines Vermögens. Die Stadt büßte die Rolle als geistliches Machtzentrum ein und sank zur unbedeutenden Provinzstadt herab. Der Bau der Bahnlinien durch das Eisack- und Pustertal brachte das Fuhrmannswesen der Stadt zum Erliegen und damit weitere wirtschaftliche Einbußen. Nach der Abtretung Südtirols an Italien geriet Brixen noch mehr ins politische und wirtschaftliche Abseits. Erst nach dem Ende des Zweiten Weltkriegs setzte wieder ein wirtschaftlicher Aufschwung ein.

Heute ist Brixen mit 20 000 Einwohnern die drittgrößte Stadt Südtirols, eine geschäftige Kleinstadt von regionaler Bedeutung, die einige wichtige Industriebetriebe besitzt. Obwohl der Bischofssitz 1964 nach Bozen verlegt wurde, bleibt Brixen mit seinen zahlreichen kirchlichen Ausbildungsstätten

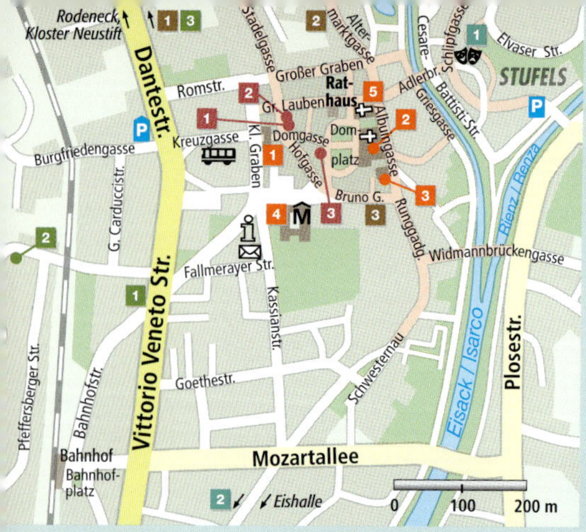

Brixen

Übernachten
1 Elephant
2 Grauer Bär
3 Jugendherberge

Essen & Trinken
1 Traubenwirt
2 Fink
3 Finsterwirt

Einkaufen
1 Franzelli
2 Gebhard
3 De Gust

Abends & Nachts
1 Dekadenz
2 Disco Max

Sehenswert
1 Sonnentor
2 Dom
3 Kapitelhaus
4 Fürstbischöfliche Burg
5 Pfarrkirche St. Michael

und Schulen ein religiöses und geistiges Zentrum des Landes. Seit den 1960er-Jahren gibt es in der Stadt eine Dependence der Universität Padua und seit 1998 eine Zweigstelle der Freien Universität Bozen.

Stadtrundgang

Die Straße Kleiner Graben war im Mittelalter Teil der Befestigungsanlagen der Stadt. Rechter Hand steht das **Sonnentor** 1, hinter dem die Altstadt beginnt, die sich weitgehend ihr mittelalterliches Aussehen bewahrt hat. Weiter geradeaus, an der kleinen **Erhardskirche** (17. Jh.) und am traditionsreichen Gasthof Finsterwirt vorbei, gelangt man zum Domplatz, dem Zentrum der klerikalen Stadt.

Dom 2

Dom und Kreuzgang tgl. 7–18, im Winterhalbjahr 12–15 Uhr geschlossen

Der Domkomplex besteht aus mehreren Kirchen und Kapellen, dem Kreuzgang, dem Kapitelhaus und aus dem Alten Friedhof. Den Blickfang bildet der **Dom** mit seinen beiden mächtigen Kuppeltürmen. Von den ottonischen und romanischen Vorgängerbauten ist so gut wie nichts erhalten. Die Kirche in ihrer heutigen Gestalt ist ein Neubau aus dem 18. Jh., dessen Inneres, ausgemalt von Paul Troger, ein Meisterwerk barocker Kunst darstellt.

Von der klassizistischen Vorhalle des Doms führt ein Gang an der nicht zugänglichen Frauenkirche vorbei zum bedeutendsten Kunstschatz des Dombezirks, dem **Kreuzgang**. 15 der insgesamt 20 Arkaden sind mit Fresken ausgemalt, die in einmaliger Weise die Entwicklung der gotischen Wandmalerei dokumentieren und die Glaubenswelt der damaligen Zeit präsentieren. An den Kreuzgang grenzt die meist versperrte **Johanneskirche**, die seltene romanische und gotische Fresken birgt.

Zum Dombezirk gehört auch das **Kapitelhaus** 3, in dem sich einst die älteste Schule des gesamten Landes, die um das Jahr 1000 eingerichtete Domschule, befand.

Fürstbischöfliche Burg 4

www.hofburg.it, Mitte März–Okt. Di–So 10–17 Uhr; , Anfang Dez.–23. Dez. tgl. 10–17, 26. Dez.–Ende Jan. tgl. 14–17 Uhr, im Winter nur Zugang zur Krippensammlung und zu eventuellen Sonderausstellungen

Der **Domschatz** wird in der gewaltigen Fürstbischöflichen Burg gezeigt, die sich in unmittelbarer Nähe südwestlich des Domplatzes befindet. Die Anlage, die seit dem 13. Jh. Residenz der Brixener Bischöfe war, wurde ab 1595 in mehreren Abschnitten im Stil eines Renaissanceschlosses umgebaut. Seit der Verlegung des Bischofssitzes nach Bozen beherbergt die Hofburg das umfangreiche **Diözesanmuseum,** das in 70 Schauräumen eine reiche Sammlung religiöser Kunst vom Mittelalter bis zur Neuzeit zeigt.

Altstadt

An den Domplatz grenzt auch die bürgerliche Altstadt. Neben dem mächtigen Dom steht die viel kleinere **Pfarrkirche St. Michael** 5 für die Bürger der Stadt. Symbolträchtig wendet der schlichte gotische Bau, der um 1500 erbaut und im 18. Jh. barockisiert wurde, dem Domplatz die Rückseite zu. Der **Weiße Turm** der Kirche gilt mit den beiden Domtürmen als Wahrzeichen Brixens.

Das geschäftige Zentrum der mittelalterlichen Stadt sind die **Großen Lauben.** In jedem der Laubenbögen befand sich einst eine Werkstatt oder ein Laden. Da der Baugrund innerhalb der Stadtmauern kostbar war, sind die Häuser an der Straßenfront schmal, erstrecken sich aber weit in die Tiefe und sind mehrere Stockwerke hoch. Auch heute strahlen die Lauben mit ihren Geschäften, Cafés und Gasthäusern eine gediegene Atmosphäre aus, die von kleinstädtischem Leben erfüllt ist. Das Viertel ist überschaubar, verlaufen kann man sich in den Altstadtgassen nicht.

Stufels

Jenseits des Eisacks, über die Adlerbrücke zu erreichen, liegt der kleine und schmale Stadtteil Stufels, der älteste Teil der Stadt. Am nahen Zusammenfluss von Eisack und Rienz befinden sich die gepflegten **Rapp-Anlagen**, von denen man einen schönen Blick auf das Domviertel hat. An der Rienz liegt auch das **Kurhaus Guggenberg**, das mit seinen Kneippanlagen den bescheidenen Ruf Brixens als Kurstadt verteidigt.

Übernachten

Wie in Bozen gibt es in Brixen nicht sehr viele Hotels im Stadtgebiet. In die Stadt kommen meist Tagesbesucher zum Bummeln und Einkaufen.

Vornehm – **Elephant** 1: Weißlahnstr. 4, Tel. 04 72 83 27 50, Fax 04 72 83 65 79, www.hotelelephant.com, 118 € (88 €). Restaurant: kein Ruhetag, Hauptgericht 25 €. Das traditionsreiche

Eisacktal-Radweg

Der nahezu flache Eisacktal-Radweg steht kurz vor seiner Fertigstellung. In naher Zukunft werden Touren vom Brenner bis nach Bozen möglich sein, die mit der Bahn (Radtransport in Regionalzügen) verkürzt werden können. Zur Zeit kann man südwärts von Brixen bis nach Kollmann radeln. Gen Norden ist die Radroute ab Franzensfeste fertig. Anspruchsvolle Mountainbike-Touren gibt es an der Plose.

Der mit Fresken ausgemalte Kreuzgang des Brixener Doms

Nobelhotel am Rand der Brixner Altstadt blickt auf eine lange Geschichte zurück. Im Jahr 1551 wurde in den Stallungen des damaligen Gasthofs ein Elefant, ein Hochzeitsgeschenk für Erzherzog Maximilian von Österreich und seine Gattin Maria, untergebracht. Der Wirt des Gasthofs erkannte den geschäftsfördernden Wert des Dickhäuters, ließ ein riesiges Fresko an die Außenwand malen und änderte den Namen seiner Herberge in »Elephant«. Seit Jahrzehnten steht die gewaltige ›Elephantenplatte‹ auf der Speisekarte. Und glaubhaft wird versichert, dass auch heute die Unterbringung eines Rüsseltieres keinerlei Probleme bereiten würde. Der Preis wäre allerdings Verhandlungssache.

Freundlich – **Grauer Bär** 2: Altenmarktgasse 27, Tel. 04 72 83 64 72, Fax 04 72 83 61 17, www.grauerbaer.it, 60 €. Das gutbürgerliche Hotel in Altstadtnähe verfügt über eine gemütliche Gaststube mit Gartenterrasse.

International – **Jugendherberge** 3: Brunogasse 2, Tel. 04 72 27 99 99, Fax 04 72 27 99 98, www.jugendherberge.it, ganzjährig, pro Person ab 21,50 €, Jugendherbergsausweis nicht nötig/gültig. Die Herberge in Nähe des Domplatzes hat Mehrbettzimmer mit und ohne eigene Sanitäreinrichtungen.

Essen & Trinken

Lebhaft – **Traubenwirt** 1: Kleine Lauben 9, Tel. 04 72 83 65 52, www.traubenwirt.it, Hauptgericht ab 16 €. In dem alteingesessenen Stadtgasthof im modernen Ambiente wird leichte Küche auf regionaler Basis serviert.

Herzhaftes und Süßes – **Fink** 2: Kleine Lauben 4, Tel. 04 72 83 48 83, Di (abends) und Mi Ruhetag, Hauptge-

richt ab 15 €. Seit über 100 Jahren eine bewährte Adresse; Südtiroler Küche; eigene Konditorei, hausgebackenes Brot.
Gastlich – **Finsterwirt 3**: Domgasse 3, Tel. 04 72 83 53 43, www.finsterwirt.com, So (abends), Mo Ruhetag, Hauptgericht ab 16 €. Mediterran verfeinerte regionale Küche und gute Weine in der Kapitelschenke mit Innenhofgarten.

Einkaufen

Die Brixner Altstadt mit ihren individuellen Geschäften lockt zum Einkaufsbummel. Außerhalb liegen:
Vielfältig – **Franzelli 1**: Bahnhofstr. 4. Das Feinkostgeschäft bietet eine erlesene Auswahl Südtiroler und Trentiner Weine sowie lokale Käsesorten.
Leder – **Gebhard 2**: Feldthurner Str. 14. Hier kann man sich die echte Lederhose nach Maß anfertigen lassen.
Käse – **De Gust 3**: Bsackerau 1, www.degust.com. In der Nachbargemeinde Vahrn – ganz in der Nähe des Hotels Löwenhof – ist in der kleinen Nebenstraße die Verkaufsstätte von Hansi Baumgartner. Hier präsentiert der einzige Käse-Affineur Südtirols seltene sowie veredelte Käsesorten.

Aktiv & Kreativ

Badespaß – **Acquarena:** Altenmarktgasse 28 b, www.acquarena.com, ganzjährig tgl. 9–22 (Hallenbad), Anfang Juni–Anfang Sept. tgl. 9–19 Uhr (Freibad). Großzügiges modernes Erlebnisbad mit Sauna- und Wellness-Bereich, am Rand der Brixner Altstadt gelegen.
Radverleih – **Acquarena:** 7 €/10 Std., Ausweis erforderlich.
Beliebt – **Vahrner See:** Nördlich des Dorfes Vahrn liegt ein kleiner Moorsee, der im Sommer trotz der nahen Autobahn ein beliebter Badesee ist.

Abends & Nachts

Engagiert – **Dekadenz 1**: Obere Schutzengelgasse 3a, Tel. 04 72 83 63 93, www.dekadenz.it. Die älteste Kleinkunstbühne Südtirols zeigt ein ambitioniertes Programm aus Kabarett, Theater und Jazz.
Highlife – **Disco Max 2**: Fischzuchtweg 30, Tel. 04 72 80 21 90, www.clubmax.com, Do, Fr und Sa ab 22 Uhr. Die Disco an der Sportzone/Eishalle ist eine der beliebtesten in Südtirol.

Infos & Termine

Tourismusverein Brixen
Regensburger Allee 9, 39042 Brixen, Tel. 04 72 83 64 01, Fax 04 72 83 60 67, www.brixen.org.

Termine

Altstadtfest: Alle geraden Jahre wird im Sommer in den Gassen der Altstadt das große Bürgerfest mit Musik, Tanz und Essensständen gefeiert.

Eisacktaler Kost: Seit Jahrzehnten servieren die Restaurants in Brixen und im Eisacktal in jedem Frühjahr im Rahmen einer Spezialitätenwoche besondere traditionelle Gerichte aus der Region.

Kuchlkirchtig: Im Oktober werden geführte kulinarische Wanderungen durch das Brixner Mittelgebirge veranstaltet, bei denen unterwegs einheimische Spezialitäten aus Küche und Keller auf die Wanderer warten (42 € pro Person inklusive Speisen und Getränke).

Verkehr

Es halten alle internationalen **Fernzüge** sowie die **Regionalzüge** nach Bozen, Trento, Sterzing, Brenner. Der **Busbahnhof** liegt am Rand der Altstadt (Zugang von der Kreuzgasse): Linienverkehr durch das gesamte Eisacktal und in die angrenzenden Täler. Die meisten Busse halten auch am Bahnhof. Im Stadtgebiet und ins nahe Umland verkehren 3 Citybus-Linien.

Rings um Brixen

Kloster Neustift ▸ H 3

Nördlich von Brixen liegt im **Ortsteil Neustift,** der eine der größten Attraktionen des Brixner Talkessels beherbergt, das **Kloster Neustift/Novacella** (Führungen Mo–Sa 10, 11, 14, 15, 16, Mitte Juli–Mitte Sept. zusätzlich um 12 und 13 Uhr, im Winter nur mit Reser-

Die Bibliothek im Kloster Neustift

vierung, www.kloster-neustift.it). Das Stift war seit seiner Gründung im Jahr 1142 ein Zentrum der Kunst und Kultur, aber auch der Unterdrückung der Bauern durch den Klerus. 1525, während des Bauernaufstandes, wurde das Kloster gestürmt und geplündert, wobei die Bauern vor allem die Zinsbücher vernichteten, in denen ihre Schulden verzeichnet waren. Während der napoleonischen Kriege und der vorübergehenden Auflösung des Klosters (1807–16) wurden zahlreiche Kunstwerke nach Innsbruck und München verschafft. Dennoch bergen Stiftskirche, Gemäldegalerie und Bibliothek noch einmalige Kunstschätze aus der Zeit zwischen Frühgotik und Barock. Bei Restaurationsarbeiten in der Stiftskirche wurde ein Grab aus dem 15. Jh. gefunden. Vermutlich handelt es sich um die sterblichen Überreste des Dichters und Politikers Oswald von Wolkenstein (s. S. 149). Im Klosterausschank lassen sich nach dem Rundgang die exzellenten Weißweine der Stiftskellerei verkosten.

Infos

Tourismusbüro: s. Brixen, S. 124.

Verkehr: Der **Citybus** Nr. 2 verkehrt ca. halbstündlich vom Brixner Bahnhof/Altstadt zum Kloster Neustift.

Lüsener Tal ► H 3/4

Eine erst 1972 ausgebaute Straße führt vom Brixner Becken nordostwärts in das Lüsener Tal/Val di Luson (Bus von/nach Brixen). Noch vor drei Jahrzehnten schwer erreichbar und abgelegen, zeigt das Tal vor allem im Dorf **Lüsen** (971 m) ein properes, unspektakulär schönes Bild. Die Pfarrkirche mit dem Friedhof, die St. Kilian-Kapelle, die einen Flügelaltar aus dem 15. Jh. beherbergt, das Gemeindehaus und die Schule bilden mit den Häusern des Dorfkerns ein Ensemble von bescheidener Stattlichkeit auf dieser Terrasse über der Talschlucht. Von den ehemals 33 Wassermühlen des Tales ist einzig die **Pardeller-Mühle** erhalten geblieben, die als Schau-Mühle im Rahmen einer kulturellen Dorfwanderung mit Voranmeldung beim örtlichen Tourismusverein besichtigt werden kann.

Infos

Tourismusverein Lüsen: Tel. 04 72 41 37 50, Fax 04 72 41 38 38,www.luesen.com.

Verkehr: Werktags (nicht So) ca. alle zwei Stunden **Busse** vom Brixner Bahnhof/Busbahnhof.

Franzensfeste ► G 3

Am nördlichen Rand des Brixner Beckens liegt Franzensfeste/Fortezza (747 m; Bahn und Bus von/nach Brixen). Der Ort, der während des Baus der Brenner-Eisenbahn entstand, ist völlig von den Verkehrsanlagen bestimmt. Südlich davon liegt ein oft trockenfallender Stausee, der das Elektrizitätswerk von Brixen speist. Beherrscht wird die Talenge von der mächtigen **Franzensfeste**, die in habsburgischer Zeit (1833–39) errichtet wurde (Führung im Aug. tgl. außer Mo 15.30, Juli, Sept. Mi und So 15.30, Mitte Mai–Juni So 15.30 Uhr, www.franzensfeste-fortezza.it). Die Anlage war aber bald veraltet, sodass hier nie ein Schuss abgegeben wurde. Gegen Ende des Zweiten Weltkrieges lagerten in der Festung die gesamten Goldreserven der Banca d'Italia, von denen bei Kriegsende die Hälfte verschwunden blieb. Es wird spekuliert, dass der Schatz immer noch in der Anlage verborgen sein könnte. Bis 2002 war die Festung Sperrgebiet und unterstand dem italienischen Heer. Jetzt ist sie im Besitz der Südtiroler Provinzverwaltung. Ein Verein aus dem nahen Dorf bietet Rundgänge an. Im Rahmen der Landesschau 2009 wurde die Anlage umgestaltet.

Infos

Tourismusverein: s. Brixen, S. 124.

Verkehr: Am schnellsten und bequemsten ist Franzensfeste mit dem **Zug** von Brixen zu erreichen.

Brixner Mittelgebirge

Im Osten und Südosten von Brixen erstreckt sich vor dem Gebirgsstock der Plose das Brixner Mittelgebirge. Die sanfte, gestufte Hügellandschaft besteht aus Wiesen, Obstgütern und Weingärten, in die zahlreiche Dörfer und Einzelgehöfte eingebettet liegen. Neben den eher unspektakulären Reizen einer jahrhundertealten Kulturlandschaft lohnen die vielen Dorfkirchen einen Besuch, die alle auf gotische Bauten zurückgehen, aber zum größten Teil barock umgestaltet wurden. Am Rand des netten Dorfes **St. Andrä** (958 m) befindet sich die Talstation (Bus aus Brixen) der Plose-Seilbahn hinauf zur Bergstation Kreuztal auf 2040 m (auch Straße). Die **Plose,** der Hausberg von Brixen, bietet herrliche Aussichten und Wandermöglichkeiten sowie im Winter ein Skigebiet. Hier beginnt auch der **Dolomiten-Höhenweg Nr. 2,** der in etwa 14 Tagesetappen ins Voralpenstädtchen Feltre führt.

Westlich der Stadt, jenseits des Eisack, befindet sich eine weitere Mittelgebirgsstufe, der **Pfeffersberg.** Auch hier laden stille Wanderwege und die Kirchen der kleinen Dörfer zum Besuch ein. Mit der **Tschötscher Heide** besitzt das Mittelgebirge eine sanfte Hochfläche mit ausgedehnten Kastanienhainen, die vom Brixner Talboden nicht zu erahnen ist. Das Gebiet ist eine prähistorische Siedlungsstätte, in der zahlreiche Felsblöcke mit Ritzzeichnungen gefunden wurden.

Feldthurns ▶ G 4

Im Westen wird das schmale Eisacktal von einer Mittelgebirgsterrasse begleitet, auf der inmitten von Kastanienhainen Feldthurns/Velturno (851 m) liegt. Am Rand des Dorfes steht **Schloss Velthurns** (nur Führungen März–Nov. Di–So 10, 11, 14.30, 15.30, Juli/Aug. zusätzlich 16.30 Uhr). Die Anlage, die aus dem Herren- und einem Gesindehaus besteht, war vom 16. Jh. bis zur Säkularisation im Jahr 1803 Sommersitz der Brixener Bischöfe.

Der wohlrestaurierte Hauptbau im Stil der Hochrenaissance besticht durch seine prunkvollen Innenräume. Die Täfelungen und Einlegearbeiten aus den verschiedensten Hölzern an Wänden und Decken stammen von einheimischen Kunsthandwerkern, die Wandmalereien von italienischen Künstlern.

Infos

Tourismusverein Feldthurns: Dorf 9, 39040 Feldthurns, Tel. 04 72 85 52 90, Fax 04 72 85 50 31, www.feldthurns.com.

Verkehr: Werktags **Busse** von/nach Brixen und Klausen.

Villnösstal ▸ G/H 4

Das Villnösstal/Val di Funes, in dem der berühmte Bergsteiger Reinhold Messner (s. S. 68) geboren wurde, blickt auf eine lange Siedlungsgeschichte zurück, die bis zum 15. Jh. von der ladinischen Kultur bestimmt war. Heute erinnern noch Hof- und Flurnamen an die rätoromanische Vergangenheit. Vor einigen Jahren wehrten sich die Talbewohner erfolgreich gegen den Aufbau eines Skizirkus im Talschluss, sodass in Villnöss auch heute noch die landschaftliche Schönheit mit der traditionellen Bergbauernkultur in Einklang steht.

Wie alle Eisack-Seitentäler südlich des Brixener Beckens verengt sich auch das Villnösstal im unteren Abschnitt zu einer engen Schlucht. Nach dieser Steilstufe aber öffnet sich das Tal zu einer Weite und Lichtheit, die vorher nicht zu vermuten war. Im Dörfchen **Teis** auf einem sonnigen Plateau präsentiert der Strahler (Kristallsucher) Paul Fischnaller im **Mineralienmuseum** eine reiche Sammlung alpiner Mineralien und Bergkristalle, wie z. B. die von außen völlig unscheinbaren Teiser Kugeln (Anfang April–Anfang Nov. Di–Fr 10–12 und 14–16, Sa, So 14–17 Uhr, www.mineralienmuseum-teis.it).

St. Peter ▸ H 4

Auch das Hauptdorf St. Peter/s. S Pietro (1150 m) erstreckt sich oberhalb des Talbodens am Hang. Hier sind alle zentralen Einrichtungen wie Post, Bank, Verkehrsamt sowie die große klassizistische Pfarrkirche zu finden. Besuchenswert sind die beiden Filialkirchen, die außerhalb des Ortes stehen und auf schmalen Straßen bzw. Wanderwegen zu erreichen sind. Das ursprünglich romanische Kirchlein **St. Valentin in Pradell** (Juni–Okt. Di, Do 16–18 Uhr) besitzt einen spätgotischen Flügelaltar (um 1500), der zu den Meisterstücken der ›Brixener Schule‹ zählt. Den zweiten bedeutenden Flügelaltar des Tales findet man eine Höhenstufe weiter oben in der aussichtsreich gelegenen kleinen Kirche **St. Jakob am Joch** (Juni–Okt. Do und So 16–17.30 Uhr). Er stammt von 1517 und ebenfalls aus einer Brixener Werkstatt.

In einer ansteigenden Wiesenmulde liegen weit verstreut die Häuser von **St. Magdalena** (1339 m). Das Dorf unterhalb der Ausläufer des Peitlerkofel hat sich in den letzten Jahren zum bescheidenen Tourismuszentrum des Tales entwickelt. Im nahen Weiler **St. Johann** steht auf einer Wiese die reich bemalte **Kapelle St. Johann in Ranui** (Schlüssel im benachbarten Ranuihof) und bildet einen reizvollen Kontrast zu den filigranen Geislerspitzen.

Wandertouren

Von der Ranui-Kirche führt ein Wanderweg hinauf zur **Zanser Alm** (1680 m) im grandiosen Talschluss, der vom überwältigenden Panorama der Dolomiten geprägt ist. Von St. Magdalena verläuft auch eine schmale Straße hinauf zur Alm. In der Saison und an Wochenenden mit schönem Wetter sind der große Parkplatz und die Straße heillos zugeparkt, sodass der öffentliche Bus kaum Platz zum Wenden hat. Die Belastungen durch den automobilen Tourismus sind hier besonders augenfällig, obwohl das Villnösstal noch zu den weniger besuchten Dolomitentälern gehört. Von der Zanser Alm ist leicht der **Adolf-Munkel-Weg** (Mountainbike-Verbot) zu erreichen, der unterhalb der Geislerspitzen verläuft und zu den schönsten Wanderwegen der Dolomiten zählt.

Übernachten, Essen

Aussicht – **Kabis:** in St. Peter, Tel. 04 72 84 01 26, Fax 04 72 84 03 95, www.hotel-kabis.com, Mai–Anfang Nov., 62 € (47 €), Hauptgericht ab 13 €. Das Hotel blickt auf eine über 350 Jahre lange Gasthoftradition zurück. Auf der Terrasse unter Kastanien und mit der weiten Aussicht über das Tal und auf die Geislerspitzen sitzt man ausgesprochen gut.

Infos

Tourismusverein Vilnösstal: St. Peter 11, 39040 Villnösser Tal, Tel. 04 72 84 01 80, Fax 04 72 84 15 15, www.villnoess.com.

Verkehr: Ca. alle 2 Std. fahren Busse von/nach Brixen über Klausen nach St. Peter und St. Magdalena.; 4 x am Tag fahren Busse weiter zur/von der Zanser Alm.

Klausen ► G 4

Der Name sagt alles: Wie in einer Klause, italienisch *chiusa,* einem Engpass, liegt die mit 5000 Einwohnern kleinste der drei Eisacktaler Städte im engen Tal. Schmal und aneinandergedrängt stehen die Bürgerhäuser und Gasthöfe an der einzigen Straße des Städtchens, durch die vormals der gesamte Brennerverkehr führte. Noch nicht einmal der Platz für Bürgersteige ist vorhanden. Heute ist der Verkehr zum großen Teil aus der Altstadt verbannt. Ein großer Parkplatz befindet sich nördlich des Zentrums.

Reizvoller Kontrast: St. Johann in Ranui vor den Geislerspitzen

Stadtgeschichte

Die Bedeutung Klausens ist eng mit dem Bischofssitz verbunden, der sich bis etwa zum Jahr 990 auf dem Säbener Felsen oberhalb der späteren Stadt befand. Über Jahrhunderte hinweg war die befestigte Siedlung ›Clusa‹, die 1027 erstmals urkundlich erwähnt wurde, wichtigste Zollstätte der Brixener Bischöfe an der Südgrenze ihres Territoriums. Ähnlich wie Brixen stand die Stadt lange Zeit fest unter der Vorherrschaft der geistlichen Herren. Die wirtschaftliche **Blütezeit** erlebte Klausen im 14. und 15. Jh. durch den florierenden Erzabbau im nahen Thinnetal und auf der Villanderer Alm, der den Bürgern der Stadt zusätzlich zu den Einkünften aus Verkehr und Handel Reichtum und Wohlstand brachte. Das Berggericht Klausen war eines der bedeutendsten im Land. Erst im 20. Jh. wurde der Bergbau aufgegeben. Noch heute existieren kilometerlange Stollen und die Fundamente einstiger Grubenbauten. Die schwärmerische Verehrung des Minnesängers Walther von der Vogelweide Ende des 19. Jh., dessen Geburtsort man im benachbarten Lajener Ried vermutete, brachte zahlreiche Gelehrte und Künstler nach Klausen. In dieser Zeit entstand der Ruf Klausens als Künstlerstädtchen, von dem die Stadt noch heute zehrt.

Stadtrundgang

Klausen hat ein guterhaltenes mittelalterliches Zentrum, das man von Norden durch das **Säbener Tor** betritt. Die enge Hauptstraße wird gesäumt von schönen Bürgerhäusern aus dem 15. Jh. Dort, wo die Oberstadt in die Unterstadt übergeht, steht die reich ausgestattete spätgotische **Pfarrkirche** aus dem 15. Jh.

Loretoschatz im Stadtmuseum
Ende März–Anfang Nov. Di–Sa 9.30–12 und 15.30–18 Uhr
Im früheren Kapuzinerkloster jenseits des Thinnebaches ist das **Stadtmuseum** untergebracht. Im Erdgeschoss werden sakrale Kunstwerke sowie Arbeiten einheimischer Künstler gezeigt. Im Obergeschoss ist der berühmte **Loretoschatz** ausgestellt. Die Sammlung, die auf eine Schenkung der spanischen Königin Maria Anna an ihren Klausener Beichtvater zurückgeht, besteht aus Bildern und religiösen Gegenständen spanischer und italienischer Meister.

Kloster Säben! ►G 4

Heiligkreuzkirche: tgl. 8–17 Uhr
In der Nähe des Thinneplatzes beginnt der ausgeschilderte Steig zum Säbener Klosterfelsen, der nur zu Fuß zu erreichen ist (ca. 1/2 Std.). Zunächst führt der Weg auf Steintreppen durch die verwinkelten Gässchen und Ecken der Unterstadt und erreicht dann die **Burg Branzoll**, die in der heutigen Form 1894 errichtet wurde und nicht besichtigt werden kann. Der nunmehr breite, gepflasterte Kreuzweg verläuft steil hinauf zum **Kloster Säben**, das rund 200 m über der Stadt steht. Grabungsfunde lassen vermuten, dass sich auf dem Felsen bereits zu rätischer und römischer Zeit ein Heiligtum befand. Im 4. Jh. wurde das Bistum Sabiona gegründet, das bis zur Verlegung nach Brixen seinen Sitz auf dem Säbener Felsen hatte. Danach wurde die Anlage zu einer Festung ausgebaut, die während der Auseinandersetzung zwischen den Brixener Bischöfen und den Grafen von Tirol um die Macht im Land heiß umkämpft war.

Highlight hoch über Klausen: Kloster Säben

1533 brannte die Burg durch Blitzschlag vollständig aus. Seit 1681 besteht hier ein Kloster, das bis heute von Benediktinerinnen geführt wird. Die interessanteste der vier Kirchen, die zum Kloster gehören, ist die **Heiligkreuzkirche**, die auf den Fundamenten einer frühchristlichen Doppelkirche errichtet wurde. Oftmals umgebaut, erhielt die Kirche ihre heutige Gestalt im 17. Jh. Das Innere überrascht mit farbenfrohen Wand- und Deckenmalereien, die 1679 von einem italienischen Künstler geschaffen wurden und der alten Kirche ein fast heiteres Aussehen verleihen. Das Kloster selbst ist Klausurbereich und kann nicht besichtigt werden. Als Rückweg zur Stadt empfiehlt sich der im Innenhof beginnende ausgeschilderte Weg, der bei der Burg Branzoll in den Hinweg mündet.

Unser Tipp

Kunst aus Holz
Auch außerhalb von Gröden gibt es gute Holzschnitzer. Gerhard Ploner hat sein Atelier in Gufidaun oberhalb von Klausen (Haus Sonnegg 32/A, Tel. 04 72 84 40 98, www.kunstwerke.it).

Dürerstein

Einer der berühmtesten Besucher der Stadt war Albrecht Dürer, der auf der Rückreise seiner Italientour 1494/95 Klausen besuchte. Der Meister aus Nürnberg machte einen kleinen Spaziergang den Berg hinauf und zeichnete das Panorama des mittelalterlichen Städtchens. Später verwendete Dürer das Motiv für seinen Kupferstich ›Das große Glück‹. Heute steht an jener Stelle, zu der ein ausgeschilderter **Wanderweg** hinaufführt (ca. 30 Min.), unweit der Autobahn der Dürerstein.

Gufidaun ▶ G 4

Zum Klausener Gemeindegebiet gehört auch das hübsche Dorf (730 m), das sich oberhalb des Eingangs zum Villnösstal erstreckt. Auf dem Kirchhügel steht die **Pfarrkirche** (15. Jh.) mit einigen schönen Fresken. Daneben befindet sich der mächtige, das Dorfbild beherrschende **Ansitz Hohenhaus** (Mitte Juni–Mitte Sept. Mi 18–20 und Fr 9–11, Mitte Sept.–Mitte Juni Mi 18–20 und Fr 14.30–16.30 Uhr). Der Bau geht auf ein romanisches Bauernhaus zurück und wurde im 18. Jh. zu einem herrschaftlichen neobarocken Palais umgestaltet. Im Haus ist ein kleines Archäologiemuseum untergebracht.

Das benachbarte **Krösshaus** zeigt im **Dorfmuseum** das bäuerliche Leben der jüngsten Vergangenheit (Ostern bis Allerheiligen Mo, Do/Fr 11–12 Uhr). Oberhalb des Dorfes (45 Min. zu Fuß) liegt in aussichtsreicher Lage der Ansitz **Fonteklaus** (auch kleine Straße vom Eisacktal herauf). Den vor wenigen Jahren renovierten Bau ließ sich die Familie Jenner, die durch den Erzabbau am Pfunderer Berg zu Reichtum und Adelstitel gekommen war, 1706 errichten. Heute ist das Haus ein Hotel.

Übernachten

Historisch – **Walther von der Vogelweide:** in Klausen, Tel. 04 72 84 73 69, Fax 04 72 84 62 02, www.vogelweide.it, 45 €, Restaurant: Mo Ruhetag, Hauptgerichte ab 12 €. Das gemütliche Hotel in einem der ältesten Häuser der Stadt

steht unter Denkmalschutz. Deshalb wollen die angenehmen Zimmer auch erstiegen werden (kein Lift); nette Gaststuben und große Terrasse mit Eisackblick; einheimische Küche und Pizzen.
Fernblicke – **Ansitz Fonteklaus:** oberhalb von Klausen (3 km), Tel. 04 71 65 56 54, Fax 04 71 65 50 45, www.fonteklaus.it, April–Anfang Nov. geöffnet, 40 € (36 €), Restaurant: Do Ruhetag, Hauptgericht ab 13 €. Zum herrlich gelegenen Gasthof führen eine kleine Straße und ein Wanderweg hinauf. Hotelgäste werden auf Wunsch auch vom Bahnhof abgeholt. Im schönen Garten werden Speisen der Südtiroler und italienischen Küche serviert.

Essen & Trinken

Altes Gemäuer – **Unterwirt:** in Gufidaun, Tel. 04 72 84 40 00, www.unterwirt-gufidaun.com, Mitte Jan.–Mitte Feb. geschl., So und Mo Ruhetag, Hauptgericht ab 22 €; auch einige Zimmer und Appartements: 47 € (App. 55 €). In dem über 600 Jahre alten Gasthof kommen ausgezeichnete traditionelle Südtiroler und italienische Gerichte auf den Tisch.
Süßes – **Zur Traube:** in Klausen, St. Andreas Platz 6, Tel. 04 72 84 53 08, ganzjährig, Mo Ruhetag. Auf der anderen Seite des Eisacks lockt die Konditorei in modernen, sachlichen Räumen mit leckeren Torten aus eigener Herstellung und kleinen Speisen.
Vinothek – **Divino:** in Klausen, Oberstadt 51, ganzjährig, So Ruhetag. In der zeitgemäßen Weinbar in einem historischen Altstadthaus werden hauptsächlich Südtiroler Weine ausgeschenkt (auch Verkauf).
Preisgekrönt – **Eisacktaler Kellerei:** in Klausen, Leitach Nr. 50, Tel. 04 72 84 75 53, www.eisacktalerkellerei.it. Verkauf und Verkostung der sehr trockenen, von ›Weinbeißern‹ sehr geschätzten Weißweine des Tales.

Infos

Tourismusverein Klausen: Marktplatz 1, 39043 Klausen, Tel. 04 72 84 74 24, Fax 04 72 84 72 44, www.klausen.it.

Verkehr: Der Bahnhof liegt etwas außerhalb des Stadtzentrums am anderen Eisackufer; **Regionalzüge** nach Bozen, Trento, Brixen, Sterzing, Brenner. Die **Busse** durch das Eisacktal nach Bozen und Brixen sowie nach Gröden halten am nördlichen und südlichen Stadtanfang an der Brennerstraße; die Busse in die umliegenden Dörfer starten am Busbahnhof in Nähe des Bahnhofs.

Villanders ▸ G 4

Südlich von Klausen wird das Eisacktal immer enger, auf beiden Hangseiten erstrecken sich ausgedehnte Höhenterrassen. Westlich des Eisacks liegt in knapp 900 m Höhe das Gemeindegebiet Villanders/Villandro. Nur im kleinen Ortskern trifft man noch auf den ursprünglichen Dorfcharakter. Den Mittelpunkt bildet der Pfarrbezirk mit der spätgotischen **Stephanskirche** aus dem 15./ 16. Jh., der Friedhofskapelle und dem schönen Friedhof. Einen Besuch wert ist auch der **Ansitz zum Steinbock** mit einem prachtvoll getäfelten Gastraum aus dem 16. Jh. (Restaurant und Hotel). Die anderen Hotels wirken für dieses kleine Dorf überdimensioniert.

Direkt unterhalb des Dorfzentrums befindet sich ein Grabungsfeld, das zu den wichtigsten archäologischen Fundstätten in Südtirol zählt. Siedlungsreste von der Altsteinzeit bis zum frühen Mittelalter konnten geborgen werden.

Pfundererberg
Mai–Okt. Di, Do 10.30 und 14 Uhr, und So 10.30 Uhr, www.bergwerk.it, festes Schuhwerk, Anorak und Taschenlampe notwendig, Anmeldung und Wegebeschreibung beim Verkehrsamt
Oberhalb des Dorfes (ca. 7 km) liegt an der Straße zur Villanderer Alm unweit der ›Zilderer Kehre‹ (Hinweisschild) das historische Silberbergwerk **Pfundererberg**, dem Klausen im Mittelalter Wohlstand und Reichtum verdankte. Der feuchte, 8 °C kühle Elisabeth-Stollen wurde restauriert und kann während einer zweistündigen Führung besichtigt werden.

Infos

Tourismusverein: F.-von-Defregger-Gasse 6, 39040 Villanders, Tel. 04 72 84 31 21, Fax 04 72 84 33 47, www.villanders.tv.
Verkehr: Busse von/nach Klausen.

Lajener Ried ▸ G 4

Die Hochfläche von Lajen östlich des Eisacktals erstreckt sich vom Villnösstal bis zum Grödner Tal. Im beschaulichen Dorf **Albions** (857 m) steht in der Dorfkirche ein beachtenswerter spätgotischer Flügelaltar (um 1525), der der Brixener Holzschnitzerwerkstatt zugeschrieben wird (Besichtigung: Anmeldung beim Tourismusverein Lajen). Die kleine Kirche **St. Katharina** im Lajener Ried hingegen wurde in den 1970er-Jahren vollständig von Kirchenräubern ausgeplündert. Oberhalb des Kirchleins befindet sich der **Vogelweiderhof**, der auf dem Wanderweg 35 zu erreichen ist. Der Hof ist angeblich die Heimat des Dichters Walther von der Vogelweide. Allerdings streiten sich rund 20 Orte in ganz Europa darum, Geburtsort des Minnesängers zu sein. Eine Besichtigung ist nach Voranmeldung bei Familie Mair möglich (Tel. 04 71 65 57 12).

Lajen ▸ G 4

Der Hauptort des Hochplateaus ist Lajen/Laion (1102 m). In früheren Zeiten lag die Bedeutung des alten Dorfes in seiner Lage am historischen Tròy Payán, dem so genannten ›Heidenweg‹, der das Grödner Tal mit dem Eisacktal verband und als Transportweg für Erz aus den Ampezzaner Alpen benutzt wurde. Ein zweiter historischer Weg ist der Poststeig, auf dem bis zum Bau der Grödner Talstraße im Jahr 1856 die Post nach St. Ulrich geschafft wurde. Heute ist der Steig ein Wanderweg, der mit schönen Ausblicken über Tschöfas und St. Peter (1211 m) ins Grödner Tal führt.

Übernachten

Bodenständig – **Zur Krone:** Tel. 04 71 65 56 35, www.lajen.com, ab 27 €, Hauptgericht ab 9,50 €. Der alte Gasthof (seit 1570) befindet sich direkt am Lajener Dorfplatz; serviert wird die bodenständige Südtiroler Küche.

Infos

Tourismusverein: Walther-von-der-Vogelweide-Straße 30B, 39040 Lajen, Tel. 04 71 65 56 33, Fax 04 71 65 55 66, www.lajen.info.
Verkehr: Busse von/nach Brixen, Klausen, Grödner Tal.

Lieblingsort

Traum aus Kindheitstagen

▶ G 5

Die **Trostburg** oberhalb von Waidbruck ist die Lieblingsburg des Autors, denn sie sieht aus wie seine Spielzeugburg aus Kindertagen. Nur ist die ›echte‹ Trostburg viel, viel größer und schöner.
Die ältesten Teile der Anlage wurden im 12. Jh. erbaut. 1370 kam die Burg in Besitz der Grafen von Wolkenstein. Ende des 16. Jh. wurde die Trostburg erweitert und zu einer Renaissanceresidenz mit prachtvollen Räumen und wehrhaften Befestigungen umgebaut. Sie kann nur im Rahmen von Führungen besichtigt werden (s. S. 136).

Waidbruck ▸ G 4

Kurz vor dem engsten Teil des Eisacktals liegt Waidbruck/Ponte Gardena (471 m). Das Dorf war und ist ein Ort des Verkehrs. Fünf historische Wege trafen hier aufeinander. Von Norden kam die alte Brennerroute, die bis zum 14. Jh. die sich anschließende unzugängliche Eisackschlucht mied und als sogenannte ›Kaiserstraße‹ über die Höhen am Ritten nach Bozen geführt wurde. Über das östliche Mittelgebirge von Kastelruth und Seis führte ein weiterer Weg nach Süden. Erst im Jahre 1314 wurde die Eisackschlucht durch den ›Kuntersweg‹ passierbar gemacht. Von Osten her mündete der alte Erzweg, der Tròy Payán, in das Eisacktal. Die Verkehrsströme der Gegenwart laufen zwar an Waidbruck vorbei, ihr Lärm und ihre Abgase aber ziehen den Ort arg in Mitleidenschaft.

Trostburg

www.burgeninstitut.com,
Ende März–Okt. Di–Do 11, 14, 15, Juli/Aug. zusätzlich 10 und 16 Uhr
Überragt wird das Dorf von der Trostburg, die zu den schönsten Burgen Südtirols gehört (s. S. 134). Der Dichter und Gesandte Oswald von Wolkenstein verbrachte hier seine Jugendjahre (s. S. 149). Am Dorfplatz (Parkmöglichkeit) beginnt der alte, gepflasterte Burgweg (Fahrverbot), auf dem die trutzige Burg in 20 Minuten zu erreichen ist. Für den Rückweg nach Waidbruck empfiehlt sich die aussichtsreiche Burgzufahrt.

Infos

Tourismusverein: Barbian, s. S. 144.

Verkehr: Halt aller Eisacktaler Regionalzüge und Linienbusse am Bahnhof.

Grödner Tal ▸ G/H 4/5

Eine Sonderstellung unter den Seitentälern des Eisacktals nimmt das Tal von **Gherdëina** ein, wie das Grödner Tal/Val Gardena auf Ladinisch heißt. Zum einen ist es eines der beiden rätoromanischen Täler in Südtirol (s. S. 63). Zum anderen steht Gröden für den Inbegriff der landschaftlichen Schönheit der Dolomiten, aber auch für die Übererschließung der Wintersportzentren, die aus weltabgeschiedenen Dörfern in intakter Landschaft eine Spielwiese für den internationalen Tourismus gemacht hat.

Seit prähistorischen Zeiten ist das Grödner Tal bewohnt. Durch die Unzugänglichkeit des Tales blieb Gherdëina von der Germanisierung verschont, die in den meisten anderen Landesteilen stattfand. Erst im Mittelalter wurde der Talboden weiträumig gerodet, sodass Ackerbau und Viehzucht im größeren Stil möglich waren, und die Bevölkerungszahl stieg.

Holzschnitzerei

Seit etwa 1600 wird in Gröden die Holzschnitzerei praktiziert, die sich rasch zu einem wichtigen Wirtschaftsfaktor entwickelte und einen bescheidenen Wohlstand ins Tal brachte. Waren es zu Anfang einfache Gebrauchsgegenstände wie Löffel und Schüsseln, die in den langen Wintermonaten hauptsächlich für den eigenen Gebrauch angefertigt wurden, so entwickelte sich die Schnitzerei im 17. und 18. Jh. für viele Talbewohner zum Zweitberuf, der neben der Landwirtschaft zusätzliche Verdienstmöglichkeit bot. Die Heiligenfiguren, Kruzifixe und Hausaltäre aus Zirbenholz fanden außerhalb des Tales reißenden Absatz und erschlossen einen immer größeren Markt. Heute werden viele der Arbeiten in großen Stückzahlen maschinell hergestellt. Die traditionelle Holzschnitzerei in Handarbeit pflegen nur noch wenige Kunsthandwerker.

›Entdeckung‹ der Dolomiten

Mit dem Bau der Grödner Talstraße im Jahr 1856 und der ›Entdeckung‹ der Dolomiten als alpines Abenteuer hielt der Fremdenverkehr Einzug. Während des Ersten Weltkriegs war das Tal bedeutsames Etappengebiet. Auf der von russischen Kriegsgefangenen erbauten Grödner Eisenbahn und über schnell errichtete Straßen und Seilbahnen wurde der Nachschub zur Dolomitenfront geschafft. Von diesen Verkehrserschließungen profitierte nach dem Krieg der Tourismus, der das Grödner Tal auch für den Wintersport entdeckte. Heute ist der Fremdenverkehr der mit Abstand wichtigste Wirtschaftszweig.

St. Ulrich ► H 5

Mit einem verträumten ladinischen Dorf hat **Urtijëi/St. Ulrich/Ortisei** (1236 m), der rund 5000 Einwohner zählende Hauptort des Grödner Tales, nichts mehr zu tun: Hotel- und Pensionsbauten bestimmen das Bild. Eine fast städtisch anmutende Zersiedlung hat das alte Dorf und die nähere Umgebung überformt. Ein Fahrverbot im Ortskern und eine Umfahrungsstraße können die Verkehrsprobleme nur wenig mildern. In der Ortsmitte kontrastiert die prunkvolle spätbarocke **Pfarrkirche** mit dem nüchternen Zweckbau des Kongresshauses, in dem eine umfangreiche Musterschau des Grödner Kunsthandwerks präsentiert wird.

St. Ulrich ist Mittelpunkt eines Seilbahnnetzes mit enormen Kapazitäten. In jede Richtung wird die herrliche Bergwelt erschlossen. Tausende von Wanderern und Skifahrern werden auf die Seiser Alm, auf die Seceda und auf die Raschötz hinauf befördert.

Unser Tipp

Kunst versus Kitsch

Manches, das in den Schaufenstern als ›Grödner Holzschnitzerei‹ ausgestellt wird, wurde in Fernost gefertigt. Über Geschmack soll man ja bekanntlich nicht streiten, aber etliche Holzfiguren haben die Grenze zum Kitsch deutlich überschritten. Qualitativ hochwertige Arbeiten findet man z. B. bei **Herbert und Rudi Prinoth** (Reziastr. 255), die sich gern im Laden und in der Werkstatt über die Schulter schauen lassen, sowie bei **Otto Kostner** (am oberen Ortsrand, Cucastr. 65, Tel. 04 71 79 71 53; vorher anrufen).

Museum de Gherdëina

Reziastraße 83, Juli/Aug. Mo–Sa 10–12, 14–18, So 16–19, Juni, Sept./Okt. Mo–Fr 10–12, 14–18, Weihnachten–Ostern Di–Fr 10–12, 14–18 Uhr

In der **Cësa di Ladins**, dem ladinischen Kulturzentrum, befindet sich das besuchenswerte **Museum de Gherdëina**. Es werden archäologische und natur-

Von den Orten des Grödnertals erreicht man per Lift schnell das Skigebiet Seiser Alm

kundliche Sammlungen, Werke einheimischer Künstler, Grödner Holzspielzeug sowie Erinnerungsstücke an Luis Trenker gezeigt. Der Regisseur, Schauspieler und Erzähler ist auf dem Friedhof von St. Ulrich begraben.

St. Jakob ► H 5

Wesentlich ruhiger und beschaulicher geht es im kleinen Bergdorf **St. Jakob** auf 1566 m Höhe zu, das auf Ladinisch Sacun heißt. Die schön gelegene kleine Kirche, die als älteste des Tales gilt, ist in 15 Min. zu Fuß zu erreichen. Die gotischen Wandmalereien an der Außenwand und im Presbyterium sind einmalig im Grödner Tal (geöffnet Mitte Juli–Mitte Sept. Mi und Fr 10.30–12, 15.30–17 Uhr, Mo/Di und Do nur vormittags).

St. Christina ► H 5

Der zweite Grödner Ort, St. Christina/S. Crestina (1428 m), hat sich am ehesten ein klein wenig von der einstigen Ursprünglichkeit bewahren können, aber er ist ebenso ein quirliges Tourismuszentrum. Südlich des Ortes liegt das **Castel Gardena**. Die im Stil der Renaissance errichtete Anlage der Grafen von Wolkenstein verdankt ihren deutschen Namen ›Fischburg‹ der Fischzucht, die in Schlossnähe betrieben wurde. Die Burg befindet sich in Privatbesitz und kann nur von außen besichtigt werden. Auch von St. Christina führen Lifte hinauf in die umliegenden Berge (Monte Pana, Col Raiser, Ciampinoi) und ermöglichen ausgedehnte Wanderungen und Skiabfahrten.

Wolkenstein ► H 5

Fast mit St. Christina zusammengewachsen ist der dritte Ferienort Grödens, Sëlva/Wolkenstein (1563 m). Der Ort hat die touristische Entwicklung des Tals am umfangreichsten mitgemacht. Vom einstigen Dorf, das aus wenigen Häusern bestand, blieb so gut wie nichts erhalten, den 2300 Einwohnern steht die dreifache Zahl an Gästebetten gegenüber. Am Eingang des schönen Langentales, das reizvolle Wandermöglichkeiten bietet, thront an der Felswand der Steviola die Ruine der **Burg Wolkenstein** (13. Jh.). Die Anlage war einst die Stammburg des Geschlechts der Wolkensteiner (s. S. 149). Hinauf führt nur ein schwieriger Steig. Einfacher ist der Spaziergang zur nahen Kapelle **St. Silvester**. Die kunstvollen, über 300 Jahre alten Fresken wurden wahrscheinlich von den Wolkensteinern gestiftet.

Zusammen mit der nahe gelegenen Hotelsiedlung **Plan** (1589 m) ist Wolkenstein ein modernes Wintersportzentrum. Die Pisten an Langkofel, Sellajoch und Grödner Joch sind durch Seilbahnen und Straßen leicht und schnell zu erreichen. Im Sommer ist die grandiose Hochgebirgslandschaft ein Wandergebiet ersten Ranges.

Bergtouren

Auf den Höhen beiderseits des Grödner Tales gibt es unzählige Tourenmöglichkeiten. Von der leichten Almwanderung bis zur anspruchsvollen Hochtour ist alles dabei. Eine leichte Wanderung ist z. B. der **Raschötzer Höhenweg** (von St. Ulrich Standseilbahn) mit Blick auf die Geisler-Gruppe bis zur Brogleshütte (1,5 Std.) und zurück. Bei weitem anstrengender ist die **Langkofel-Umrundung** vom Sellajoch (Bus) aus, für die gut 6 Std. veranschlagt werden müssen.

Übernachten

Feudal – **Adler:** in St. Ulrich, Tel. 04 71 77 50 00, Fax 04 71 77 55 55, www.adler-resorts.com, HP ab 240 € (HP 139 €). Das Hotel im Zentrum von St. Ulrich ist die absolute Topadresse im Tal; luxuriöser Wellness-Bereich.

Familiär – **Posta:** in St. Christina, Tel. 04 71 79 20 78, Fax 04 71 79 36 07, www.familyhotelposta.com, HP ab 151 € (89 €). Einer der ältesten Gasthöfe im Ort; schöne, ruhige Zimmer mit Langkofelblick zum Garten; spezielle Angebote für Kinder.

Ruhig – **Panider Sattel:** Tel. 04 71 70 00 09, Fax 04 71 70 00 39, www.panidersattel.com, Nov. geschl., ab 95 € (62 €). Das Hotel liegt abseits des Trubels am Übergang vom Grödner Tal nach Kastelruth und Seis; besonders schön sind die ›Panoramazimmer‹ mit ihrem Blick über das Grödner Tal.

Essen & Trinken

Pizzen – **Erica:** in St. Ulrich, Purgerstr. 5, Tel. 04 71 79 63 48, Mai–Okt. und Ende Nov.–Ostern geöffnet, Mi Ruhetag, Pizzen ab 6 €. Das helle, freundliche Restaurant liegt ein wenig versteckt schräg gegenüber dem Kongresszentrum; Serviert werden Pastagerichte und Pizzen; Terrasse.

Lebhaft – **Corso:** in St. Ulrich, Reziastr. 74, 04 71 79 62 69. Beliebter Treffpunkt im Ortszentrum, wo es das gute Glas Wein und eine große Auswahl an Grappe sowie kleine Speisen gibt.

Aktiv & Kreativ

Mountainbike-Touren – **Dolomiti Adventures:** in Wolkenstein, Meisulesstr. 242, www.dolomiti-adventures.com. Das Unternehmen bietet geführte Touren, Kurse und Radverleih, aber auch andere alpine Sportarten an.

Gleitschirm-Flüge – **Fly 2:** in St. Ulrich, Tel. 033 55 71 65 00, www.fly2.info. Etwas Mut gehört schon dazu, sich den erfahrenen Piloten des St. Ulricher Vereins »Fly 2« anzuvertrauen. Aber das Erlebnis, über der Bergwelt der Dolomiten zu schweben, ist unvergesslich schön. An der Seceda und ▷ S. 143

Auf Entdeckungstour

Piz Boè – Ein ›leichter‹ Dreitausender

Hohe Gipfel üben eine magische Anziehungskraft aus, aber ab etwa 2500 m Höhe werden die bergsteigerischen Herausforderungen für die meisten zu groß. Eine Ausnahme ist der Piz Boè, mit 3152 m der höchste Gipfel der Sella-Gruppe. Der pyramidenförmige Berg gilt als der leichteste Dreitausender der Dolomiten.

Reisekarte: ► J 5

Zeit: 4–4.5 Stunden hin und zurück
Info: Die bergsteigerisch einfache Tour verlangt absolute Trittsicherheit und Schwindelfreiheit. Nur bei sicheren Wetterverhältnissen unternehmen.
Start und Ziel ist die Seilbahn-Bergstation am Sas Pordoi, Seilbahn vom Passo Pordoi zum Sas Pordoi Mitte Mai–Mitte Okt. tgl. 9–17 Uhr; die Auffahrt dauert 5 Min.

Das wuchtige **Sella-Massiv** ist das steinerne Herz Ladiniens. An diesem mächtigen Felsquader stoßen die vier rätoromanischen Täler der Dolomiten zusammen. Der **Passo Pordoi** ist einer der Pässe, der diese Täler verbindet. Seit vielen Jahrhunderten ist er ein wichtiger Übergang zwischen Fassa und Fodom. 1904, als beide Talschaften noch zur habsburgischen Monarchie gehörten, wurde über den Pass die kühn trassierte Straße gebaut, die Teilstück der »Großen Dolomitenstraße« von Bozen nach Cortina d'Ampezzo ist. Der Erste Weltkrieg drohte, und die Straße sollte zur Nachschubversorgung dienen. Mit einer Scheitelhöhe von 2239 m war der Passo Pordoi nach dem Stilfser Joch der zweithöchste Straßenübergang in Österreich. Im Ersten Weltkrieg lag der Pass dann auch wirklich im direkten Frontbereich. Heute verläuft über den Passo Pordoi, an dem stets reges Ausflugstreiben herrscht, die Grenze zwischen den Provinzen Trentino und Belluno.

Gefahren der Berge

Bequem und schnell schwebt die Seilbahn vom Passo Pordoi hinauf zur Bergstation am Sas Pordoi. 700 Höhenmeter eines harten Anstiegs lassen sich so ersparen. Bereits jetzt ist die Gipfelschau von der Terrasse des Bergrestaurants überwältigend. Alle berühmten **Dolomiten-Gipfel** – von der Marmolèda über Pala, Civetta, Monte Pelmo bis hin zum Rosengarten – sind bei schönem Wetter zu sehen. Stabiles Wetter ist auch für die Besteigung des Piz Boè unbedingt nötig. Auch wenn es sich um einen ›leichten‹ Dreitausender handelt, die Gefahren der Berge dürfen auf keinen Fall unterschätzt werden. Selbst im Hochsommer kann das Wetter schnell umschlagen. Aus vermeintlich leichten Wegen und Steigen werden bei Schnee, Hagel, Regen und Gewitter gefährliche Rutschpartien. Auch gute Bergschuhe sowie Regenschutz und wärmende Bekleidung im Rucksack sind unerlässlich.

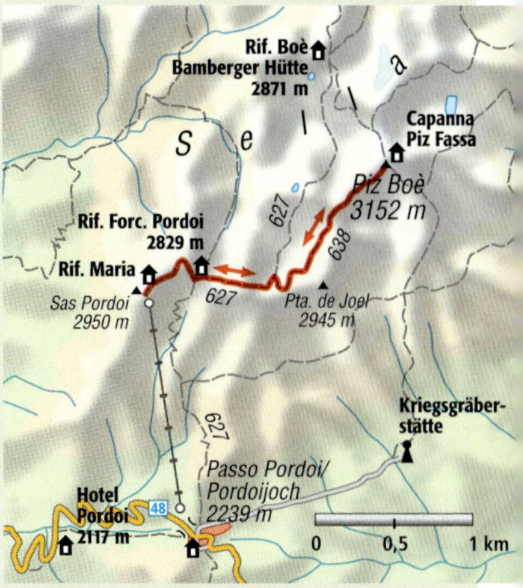

Der Gipfelanstieg beginnt mit einem Abstieg hinunter zur Pordoischarte, an der das kleine **Rifugio Forcella Pordoi** steht. Von Anfang Juli bis Ende September ist das private Schutzhaus bewirtschaftet. Jetzt beginnt der eigentliche Aufstieg. Auf dem Steig mit der Nr. 627 geht es über das nahezu ebene Hochplateau der Sella zu einer Wegegabelung. Ab hier ist die Nr. 638 maßgeblich. Über mehrere Felsstufen führt der Steig nach oben. Der untere Teil des Piz Boè besteht aus sogenanntem Hauptdolomit, dem nach oben helle, eng gefaltete Jurakalke folgen.

Über den Südwestgrat zum Gipfel

Es wird immer steiler. An etlichen felsigen Passagen kommen die Hände zum Einsatz. Manchmal muss an engen Stellen gewartet werden, denn

Lohn der Tour auf den Piz Boè: ein fantastischer Rundblick auf die Dolomiten

viele wollen hinauf. Im Frühsommer können auch Altschneereste den Aufstieg erschweren. Auch die Höhe ist nicht zu unterschätzen. Zwar ist der Piz Boè nicht der Mount Everest, aber bereits auf 3000 m ist der Sauerstoffgehalt der Luft spürbar geringer. Mehr oder weniger tief atmend, erreichen wir den Gipfel.

Es werden Jäger und Hirten gewesen sein, die als Erste den Piz Boè bestiegen haben. In den Annalen der Erstbesteigungen ist aber der Wiener Paul Grohmann verzeichnet, der am 30. Juli 1864 die Spitze erreichte. Seit 1969 steht hier oben neben einer Relaisstation die privat geführte Capanna Fassa. Die kleine Hütte ist das zweithöchste bewirtschaftete *rifugio* in den Dolomiten und von Anfang Juli bis Ende September offen. An schönen Tagen sind alle Felsblöcke rings um die Schutzhütte dicht besetzt. Der Blick reicht weit über alle Gipfel und Grate der Dolomiten bis zu Brenta, Adamello, Presanella und Ortler und weiter zu den Ötztaler, Stubaier, Zillertaler und Karnischen Alpen.

Der Klettersteig, der nordwärts direkt zum Rifugio Boè hinunter führt, ist sehr schwierig und sollte nur wirklich bergerfahrenen Alpinisten vorbehalten bleiben. So wählen wir auch für den Abstieg die Strecke über den Südwestgrat zurück zur Seilbahn-Bergstation am Sas Pordoi.

auf der Seiser Alm werden diese Tandem-Flüge u. a. angeboten.

Infos & Termine

Tourismusverband Gröden
Dursanstr. 80c, 39047 St. Christina, Tel. 04 71 77 77 77, Fax 04 71 79 22 35, www.valgardena.it, Informationsbüros in allen Grödner Orten.

Termine
Musik FestiVal Gardena: Mitte Juli–Aug, www.valgardenamusika.com. In allen drei Grödner Orten finden jedes Jahr im Sommer Konzerte klassischer Musik auf hohem Niveau mit Orchestern aus ganz Europa statt.
Trachtenumzug: Quasi ganz Gröden ist in Tracht, wenn Anfang August abwechselnd in einem der drei Dörfer der große Festzug durch die Straßen zieht.

Verkehr
Durch das gesamte Grödner Tal verkehrt eine **Buslinie**, die alle Orte verbindet; außerdem Busse nach Bozen, Seis, Brixen, Corvara, Sella- und Pordoijoch. Die **›Valgardena Card‹** berechtigt, alle im Sommer geöffneten Seilbahnen des Tals zu nutzen und schließt auch die freie Fahrt aller Linienbusse des Tales mit ein. Den Mobiltätspass gibt es für 3 Tage (61 €) oder für 6 Tage (78 €). In die Valgardena Card ist die Mobilcard Südtirol integriert (s. S. 23).

Barbian ► G 4

Oberhalb von Waidbruck liegt unten im Eisacktal auf einer Höhenterrasse Barbian/Barbiano (830 m). Wahrzeichen des Dorfes ist der **schiefe Turm** der neoromanischen Pfarrkirche, dessen Neigungswinkel es mit dem Turm in Pisa aufnehmen kann. Im Dorfzentrum, kurz hinter der Raiffeisenbank, beginnt der gut ausgeschilderte Waldsteig, der hinauf nach Bad Dreikirchen (1120 m) führt.

Saubach

Mit **St. Ingenuin und Albuin** besitzt der kleine Ort südlich von Barbian (791 m) eine gotische Kirche, die von der Barockisierung verschont blieb. Prunkstück sind die drei Flügelaltäre, die um 1500 entstanden sind (Schlüssel im benachbarten Gasser-Hof).

Bad Dreikirchen ► G 4

Der Weiler, der nur aus den namensgebenden drei kleinen Kirchen, zwei Gasthäusern und einer Hand voll Häusern für die Sommerfrische besteht, ist einer der letzten Orte in Südtirol, deren Bewohner sich bewusst der motorisierten Erschließung verweigern. Die schmale, holprige Zufahrtsstraße, die beim Oberpalwitter-Hof nördlich von Barbian anfängt, darf nur von Anliegern befahren werden, Feriengäste werden in Barbian abgeholt. Einzigartig in Südtirol sind die drei schlichten ineinandergeschachtelten Kirchen mit den Schindeldächern. Die älteste ist noch romanischen Ursprungs, die beiden anderen stammen aus dem 15. Jh. Die Schlüssel sind im Gasthof Meßnerhof erhältlich. Historiker vermuten, dass Dreikirchen mit seinen leicht radioaktiven Quellen bereits in vorgeschichtlichr Zeit ein Quellheiligtum war.

Unmittelbar neben den Kirchen steht der **Gasthof Bad Dreikirchen**, dessen Grundmauern über 600 Jahre alt sind. Im 19. Jh. war das Gasthaus ein beliebtes ›Bauernbadl‹, dessen Wasser bei Erkrankungen der Atemwege helfen sollte. An der Schwelle zum 20. Jh. entwickelte sich Dreikirchen zu einer vielbesuchten ›Sommerfrische‹ städtischer Urlauber. Noch heute strahlt das Haus den Charme jener Zeit aus.

Wandern und Architektur

Die nähere Umgebung Dreikirchens weist noch weitere baugeschichtliche Besonderheiten auf. Auf dem Wanderweg 4 gelangt man bergaufwärts zunächst zum **Settari-Haus** (Haus Nr. 112), einer futuristisch wirkenden Villa, die in den Jahren 1922 bis 1923 erbaut wurde.

Weiter bergauf erreicht der Weg dann das **Hotel Briol** (1300 m), das 1928 nach Plänen des umstrittenen Malers Hubert Lanzinger in klaren, einfachen Formen errichtet wurde. Hier wird die Abkehr von neuzeitlichen Errungenschaften noch konsequenter betrieben. In dem schönen Haus, das in völliger Bergeinsamkeit liegt und ebenfalls nur zu Fuß zu erreichen ist, gibt es weder Fernsehen noch Radio.

Übernachten

Historisch – **Bad Dreikirchen:** in Bad Dreikirchen, Tel. 04 71 65 00 55, Fax, 04 71 65 00 44, www.baddreikirchen.it, Mai–Okt.; HP ab 59 €, Hauptgericht 12 €. Berühmte Gäste wie Sigmund Freud und Christian Morgenstern logierten bereits hier. Das Restaurant überzeugt mit italienischer und Wiener Küche.

Pur und schlicht – **Briol:** in Briol/Bad Dreikirchen, Tel./Fax 04 71 65 01 25, www.briol.it, Ende April–Mitte Okt.; HP ab 85 €. Minimalismus und charmante Schlichtheit sind Programm des Hauses.

Infos

Tourismusverein: 39040 Barbian, Tel. 04 71 65 44 11, Fax 04 71 65 42 60, www.barbian.it.

Verkehr: Werktags (Mo–Sa) 3 x tgl. **Busse** von/nach Klausen über Waidbruck nach/von Barbian und Saubach.

Ritten ▶ F/G 5

Der Ritten/Renon, der sich zwischen Eisack- und Sarntal erhebt, ist ein hügeliges Hochplateau mit ruhigen Dörfern und Bauernhöfen zwischen Wiesen und Lärchenwäldern. Seit Jahrhunderten ist er sommerliches Rückzugsgebiet der Bozner. Wenn im Juli und August die Hitze in der Stadt flirrt, ziehen sich die, die es sich leisten können, in ihre Villen und Häuser auf den kühleren Höhen des Ritten zurück. Der Begriff ›Sommerfrische‹ soll hier entstanden sein. Bis 1965 war der Ritten Inbegriff eines autofreien Paradieses. Nur die 1906/07 gebaute Zahnradbahn (heute Umlaufbahn) und steile Bergwege führten hinauf. Mit dem Bau der Straße vom Bozner Vorort Rentsch hinauf nach Klobenstein hat der moderne Tourismus auf dem Ritten Einzug gehalten.

Die schmale, für Pkw passabel zu befahrende Straße von Saubach aus stellt gleichsam den Hintereingang zum Ritten dar. Sie verläuft auf der historischen Trasse der ›Kaiserstraße‹, auf der im Mittelalter unter Umgehung der unzugänglichen Eisackschlucht deutsche Könige und Kaiser zur Krönung nach Rom zogen. Vermutlich wurde dieser Weg schon viel früher von den Rätern und Römern benutzt. Die kleine Straße führt nahe an der **Kirche St. Verena** (im 13. Jh. erstmals erwähnt) vorbei, die auf einem der schönsten Aussichtsplätze des Ritten steht.

Erdpyramiden ► G 5

Hinter **Maria Saal** (1185 m) stehen die berühmten Erdpyramiden, bis zu 30 m hohe, spitz zulaufende Türme aus Erde, die jeweils von einem Deckstein gekrönt sind. Sie entstehen dort, wo harte Granit- und Porphyrbrocken in den lockeren eiszeitlichen Moränenlehm eingelagert sind. Während das weiche Material außen herum mit der Zeit vom Regen weggeschwemmt wird, bleibt unterhalb der Steine der Lehm als hoher Pfeiler erhalten. Erst wenn der Deckstein herunterfällt, kann das Wasser ungehindert angreifen und die Erdpyramide zerstören. Währenddessen wachsen in unmittelbarer Nähe ständig neue Pfeiler aus dem Lehm.

Der nächste Ort an der Kaiserstraße ist **Lengmoos** (1164 m), wo auf dem Hof des barocken Gebäudekomplexes der Deutschordenskommende, einem Bau aus dem 17. Jh. mit reich ausgestatteten Räumen, im Sommer die **Rittner Freilichttheaterspiele** stattfinden.

Klobenstein ► G 5

Das große Dorf Klobenstein/Collabo (1156 m) ist Sitz der Gemeinde Ritten. In **Pemmern** (1530 m) befindet sich die Talstation der Umlaufbahn, der Fußmüden den größten Teil des Anstiegs auf das **Rittner Horn** (2260 m) erspart. Der Ausblick vom Bozner Hausberg reicht von der Brenta über das Ortlermassiv und die Dolomiten bis zum Zentralalpenkamm. Im Winter sind die Hänge ein beliebtes, wenn auch nicht gerade schneesicheres Skirevier. Hoch über dem Sarntal liegt der Ort **Wangen** (1085 m). Das schöne Dorf war bis 1817 selbstständiger Gerichtssitz und bis 1925 eine eigenständige Gemeinde. Etwas abseits des Dorfkerns steht auf einem Hügel mit weitem Blick ins Land die **Kirche St. Peter**, deren Grundmauern auf das 13. Jh. zurückgehen.

Oberbozen ► F 5

Eine kleine Nebenstraße führt von Klobenstein nach Oberbozen (1221 m). Viel schöner ist es jedoch, in Klobenstein die historischen Waggons der alten **Rittner Bahn** zu besteigen und gemütlich in 16 Minuten zu dem traditionellen Sommerfrischeort zu fahren. Von Oberbozen kann man dann vorbei an den stattlichen Villen der Bozner Bürger in einer Viertelstunde zur Kirche **Maria Himmelfahrt** spazieren. Der Innenraum prunkt mit seiner reichen spätbarocken Ausstattung. Auch der zweite bedeutende Kirchenbau, **St. Georg und St. Jakob,** ist leicht von Oberbozen zu erreichen. Hier lohnen die spätromanischen Fresken den Besuch (Kirchenschlüssel beim Verkehrsamt Oberbozen). Rasch schwebt man dann mit der neuen Umlaufbahn hinab nach Bozen (ganzjährig in Betrieb).

Übernachten, Essen

Familiengerecht – **Holzner:** in Oberbozen, Tel. 04 71 34 52 31, Fax 04 71 34 55 93, www.parkhotel-holzner.com, Mitte April–Anfang Nov., ab 137 € (106 €). Das prächtige Jugendstil-Hotel ist das beste Haus auf dem Ritten. Spezielle Familienangebote.

Abseits – **Tann:** Tel. 04 71 35 62 64, Fax 04 71 35 27 80, www.tann.it, Mitte Nov.–Anfang Dez. geschl., ab 89 € (76 €); Restaurant: Di Ruhetag, Hauptgericht ab 12 €. Der beliebte, zum Hotel vergrößerte Gasthof liegt in einsamer Lage zwischen Klobenstein und Pemmern; von der Restaurant-Terrasse (unbedingt reservieren) hat man einen herrlichen Blick auf den Schlern.

Lieblingsort

Jausenstation auf dem Ritten

▶ F/G 5

So manch eine Wanderung endet früher als geplant. Die Verlockung, einzukehren, ist einfach zu groß. An allen Südtiroler Wanderwegen gibt es in mehr oder weniger regelmäßigen Abständen Berggasthöfe, Jausenstationen, Buschenschänke und Berghütten.

Im Herbst, zur Zeit des Törggelen, besuchen die Autoren den schönen **Rielinger Hof** am Ritten südlich von Klobenstein immer wieder besonders gern (www.rielinger.it).

Ansitz – **Gutshof Kematen:** in Kematen Tel. 04 71 35 63 56, Fax 04 71 35 63 63, www.kematen.it, Mitte April–Mitte Nov. und Mitte Dez.–Mitte Jan., ab 67 € (60 €), Restaurant: Mo Ruhetag, Hauptgericht ab 10 €. Komfortables Hotel in einem über 700 Jahre alten Gutshof oberhalb von Klobenstein. Das Restaurant bietet regionale Küche und Süßspeisen aus eigener Konditorei.

Infos

Tourismusverein: 39054 Klobenstein, Tel. 04 71 35 61 00, Fax 04 71 35 67 99, www.ritten.com, Zweigbüro in Oberbozen, Tel. 04 71 34 52 45. **Skigebiet:** www.rittnerhorn.com.

Verkehr: Die über 100 Jahre alte **Rittner-Bahn** verbindet ganzjährig täglich und im Stundentakt die Orte Oberbozen (Anschluss an die Umlaufbahn von/nach Bozen) und Klobenstein; eingesetzt werden historische, ursprünglich Stuttgarter Waggons und Straßenbahnwagen. Ab Lengstein und Klobenstein fahren **Busse** nach Bozen und Wangen, ab Klobenstein nach Pemmern.

Schlerngebiet ► G/H 5

Jenseits des Eisacktals erhebt sich vor dem mächtigen Gebirgsstock des **Schlern/Altipiano dello Sciliar** und der Weite der **Seiser Alm** ein weiteres ausgedehntes Mittelgebirge. Das Schlerngebiet mit seinen sanften Hügeln, weitläufigen Wiesen und tiefen Wäldern erstreckt sich vom Grödner Tal im Norden bis zum Tierser Tal im Süden. Eingebettet liegen darin einige Weiler, ein paar Dörfer, die sich allesamt zu beliebten Ferienorten entwickelt haben.

Riesengaudi der Volksmusik

Ihrer Heimat treu verbunden, veranstaltet die Musikgruppe **Kastelruther Spatzen** alljährlich beim Tiroler Hof etwas oberhalb von Kastelruth Mitte Juni ein Openair-Konzert und im Oktober ein Zeltfest. Die Plätze für die Riesengaudi sind sehr gefragt, sodass eine frühzeitige Reservierung angeraten ist. Kartenbestellungen nur schriftlich über Music Promotion in Kastelruth, Dolomitenstraße 1, Fax 04 71 71 01 03.

Kastelruth ► G 5

Der Ursprung des stattlichen Dorfes Kastelruth/Castelrotto (1060 m) liegt in einer langobardischen oder römischen Burg, die sich auf dem Waldhügel in der Nähe des heutigen Dorfzentrums befand. Um 1200 wurde dann an derselben Stelle die Burg Kastelruth errichtet, die allerdings bald zerstört wurde. In den verbliebenen wuchtigen Bergfried wurden die beiden Kofelkapellen eingebaut, zu denen vom Dorf ein Kreuzweg hinaufführt. Ein Sessellift verkehrt hinauf nach **Marinzen** (1486 m) unterhalb der Puflatschalpe und erschließt ein schönes Wandergebiet.

Berühmt geworden ist das propere Dorf durch eine Musikgruppe, die den volkstümlichen Schlager pflegt, den Kastelruther Spatzen.

Völs ► G 5

Der burgartig geschlossene Dorfkern von Völs/Fiè (880 m) liegt abseits der Durchgangsstraße auf einem Hügel. Pfarrbezirk, Dorfplatz und die verwinkelten Gassen bilden eine harmonische

Einheit. Die **Pfarrkirche** steht auf karolingischen und romanischen Vorgängerbauten. 1515 begonnen, verbindet der im 18. Jh. barockisierte Bau spätgotische Stilelemente mit denen der Renaissance. Zu den herausragenden Kunstschätzen der Kirche gehören ein romanisches Kruzifix und ein spätgotischer Flügelaltar, der in einen Altar der Neogotik integriert wurde. Die benachbarte **Michaelskapelle,** die im Untergeschoss Fresken aus dem Mittelalter aufweist, ist heute **Pfarrmuseum** (Führungen Juni–Okt. Do 10.30 Uhr).

Auf Wanderwegen und einer kleinen Straße ist der **Völser Weiher** zu erreichen. Der große, einst zur Karpfenzucht angelegte, warme Moorsee ist im Sommer eine beliebte Badestelle.

Schloss Prösels

www.schloss-proesels.it, Führungen Mai–Okt. So–Fr 11, 14, 15, im Sommer zusätzlich 10, 16, 17 Uhr,

Im Süden von Völs steht Schloss Prösels. Die mächtige Burg, die auf eine Anlage des 12. Jh. zurückgeht, wurde um 1500 im Renaissancestil umgebaut und blieb bis 1800 im Besitz derer von Völs-Colonna. Anschließend verfiel die Anlage und wurde erst vor wenigen Jahren wieder instandgesetzt. Heute ist das Schloss, in dem eine umfangreiche Waffensammlung gezeigt wird, würdiger Veranstaltungsort für Konzerte und Ausstellungen.

Seis ▸ G 5

Das Dorf Seis/Siusi (1004 m) unterhalb des Schlerns, das einst nur aus wenigen Bauernhäusern bestand, hat sich zu einem großen Ferienort entwickelt. Auch viele Bozner haben hier einen Zweitwohnsitz, um sich während der heißen Sommermonate in die Frische der Berge zurückzuziehen.

Ruine Hauenstein

Etwas weiter vom Dorf entfernt steht unterhalb der Santner Spitze die Ruine Hauenstein (45 Min. zu Fuß auf den Wanderwegen 8 und 3). Eine Marmortafel erinnert an **Oswald von Wolkenstein,** der auf dieser Burg lange Jahre gelebt hat und der gern als der ›letzte Ritter‹ und als ›Minnesänger‹ bezeichnet wird. Oswald kämpfte im ausgehenden Mittelalter auf der Seite der Tiroler Adelsgeschlechter gegen den habsburgischen Landesfürsten Friedrich II., der den Feudaladel entmachten und das Land zentral verwalten, also modernisieren wollte. Als ›Minnesänger‹ aber zählte Oswald andererseits durchaus zu den Vertretern eben dieser ›Moderne‹. In seinen Liedern und Gedichten löste er sich von der formelhaften, überhöhten Sprache des mittelalterlichen Minnegesangs, der das Bild des Menschen völlig idealisiert und verklärt. Oswald dagegen lässt als einer der ersten in seinen Versen persönliche Empfindungen und Gedanken zu.

Unser Tipp

Gaumenfreuden

Der **›Kuchlkastl‹** ist der Speiseschrank, in dem einst die Küchenvorräte aufbewahrt wurden. Heute steht der Begriff für eine gastronomische Veranstaltung, die seit über drei Jahrzehnten von den Völser Gastwirten veranstaltet wird. Das lukullische Event, bei dem die beteiligten Restaurants verfeinerte bodenständige Speisen servieren, hat provinzweit einen guten Ruf (www.voelserkuchlkastl.com).

Lieblingsort

Farbenspiel der Berge ►H 5
Prachtvolle Bergblicke hat es Hunderte. Aber an einen Ausblick erinnern sich die Autoren immer wieder besonders gern. Dort ging ihnen bei einer ihrer ersten Wanderungen das Herz auf. Es ist der Blick von der Seiser Alm (s. S. 152) auf die Sella- und die Langkofelgruppe im stets wechselnden Farbenspiel von Sonne und Wolken.

Seiser Alm! ▶ H 5

Mit über 50 km² zählt die Seiser Alm zu den größten Hochalmen in Europa. Bis zum Hoteldorf Compatsch (1844 m) am westlichen Rand der Alm, dessen Bauten niemals einen Architekturwettbewerb gewinnen würden, führt eine Straße hinauf. Seitdem die neue Umlaufbahn südlich des Dorfes Seis hinauf nach Compatsch eröffnet wurde, ist die Zufahrt mit dem Auto streng reglementiert. Die herrliche Hochfläche vor den Dolomitenzacken des Schlern, der Rosengarten- und Langkofelgruppe lockt im Sommer mit einem ausgedehnten Wanderwegenetz und im Winter mit gespurten Loipen und leichten Skiabfahrten. Über eine Million Besucher kommen jedes Jahr hinauf. Ein kleinerer Teil der Seiser Alm sowie der Gebirgsstock des Schlern, der mit seiner massiven Blockgestalt eines der Wahrzeichen Südtirols ist, wurden 1974 gegen den anfänglichen Widerstand der umliegenden Gemeinden unter Schutz gestellt und bilden seitdem den Naturpark Schlern, der von einem gut markierten Wanderwegenetz durchzogen ist.

Zufahrtsstraße zur Seiser Alm
Die Straße ist zwischen 9 und 17 Uhr gesperrt, vor 9 Uhr dürfen maximal 250 Fahrzeuge hinauffahren; Gäste der Hotels auf der Seiser Alm haben mit Sondererlaubnis freie Zufahrt; da die Regelung noch nicht endgültig ist, empfiehlt sich die Erkundigung beim Verkehrsamt.
Umlaufbahn: Großer Parkplatz an der Talstation, kostenfreier Shuttle-Bus aus allen Dörfern, www.seiseralmbahn.it.

Wandertouren

Das **Schlerngebiet** und die **Seiser Alm** zählen zu den schönsten Wandergebieten in Südtirol. Bereits früh im Jahr lassen sich Touren auf der Mittelgebirgsterrasse unternehmen, wie z. B. die Wanderung von Seis über die Ruine Hauenstein und den Völser Weiher nach Völs (3 Std.). Eine leichte **Sommertour** führt von Compatsch über die Puflatschalpe (Sessellift) zu den Hexenbänken und über Arnikahütte und A.V.S.-Hütte zurück zur Seiser Alm (2,5 Std.). Anspruchsvoller ist (Sessellift von Compatsch bis Gasthaus Panorama) die **Besteigung des Schlern** auf dem Touristensteig und der Weiterweg über die Schlern-Hochfläche zur Rosszahnscharte und wieder hinab zur Seiser Alm (7,5 Std.).

Übernachten

Kunstvoll – **Turm:** in Völs, Tel. 04 71 72 50 14, www.hotelturm.it, ab 129 € (ab 90 €). Zu Recht wird das Haus im Dorfzentrum von Völs zu den ›Traumhotels‹ gezählt; historische Räume mit erlesener Kunst und eine feine Küche (Hauptspeisen ab 23 €, Do Ruhetag) sorgen für Wohlbehagen.
Mittendrin – **Goldenes Rössl:** in Kastelruth, Tel. 04 71 70 63 37, Fax 04 71 70 71 72, www.cavallino.it, 77 € (52 €). Ländlich-elegantes Hotel mit über 600-jähriger Tradition im Dorfzentrum.
Einsam – **Zallinger:** auf der Seiser Alm, Tel. 04 71 72 79 47, Fax 04 71 72 92 00, www.zallinger.com, Juni–Okt. und Weihnachten–Anfang April, HP 84 € (ab 58 €). Gemütlicher Berggasthof am hintersten Eck der Seiser Alm, direkt unterhalb des Plattkofels; im Sommer Zufahrt auf Schottersträßchen, im Winter Abholservice per Schneekatze.
Zentral und ruhig – **Schwarzer Adler:** in Seis, Tel. 04 71 70 61 46, Fax 04 71 70

63 35, www.hotelschwarzeradler.it, Mai–Okt. und Weihnachten–März geöffnet, ab 73 € (41 €). Das behagliche Hotel liegt ruhig im Ortszentrum von Seis abseits der Durchgangsstraße.
Gesund – **Heubad:** in Völs, Tel. 04 71 72 50 20, Fax 04 71 72 54, www.heubad.info, ab 90 € (74 €). Hotel mit liebevoll-netter Ausstattung; das Bad im Heu, das Generationen von Bergbauern schätzten, bringt wohlige Entspannung nach einer Wanderung.

Essen & Trinken

Gediegen – **Zum Turm:** in Kastelruth, Tel. 04 71 70 63 49,www.zumturm.com, Nov. und April geschl., Mi Ruhetag, Hauptgericht ab 13 €; auch 3-Sterne-Hotel: HP ab 74 € (48 €). Das Gasthaus hinter dem Rathaus-Durchgang von Kastelruth besticht mit jahrhundertelang geübter Gastlichkeit im ansprechenden Ambiente. Im Restaurant wird Südtiroler Küche serviert.
Pizzen – **Tschafon:** in Völs, Tel. 04 71 72 50 24, www.tschafon.com, Di Ruhetag, Hauptgericht ab 12 €, Pizzen (nur abends) ab 6 €; günstige Pensionszimmer: ab 30 €. Nettes Gasthaus an der Durchgangsstraße. Gartenterrasse.

Einkaufen

Unter einem Dach – **Silbernagl:** Das angenehm ruhige Kaufhaus mitten in Kastelruth bietet im Parterre Lebensmittel und im 1. Stock eine reiche Auswahl an Weinen und Spirituosen an.
Fleisch und Wurst – **Pramstrahler:** Die Metzgerei der Familie am Dorfplatz von Völs bürgt seit drei Generationen für Qualität.
Erntefrisch – **Bauernmarkt:** Jeden Freitag vormittag (Anfang Juni–Ende Okt.) auf dem Marktplatz von Kastelruth.

Aktiv & Kreativ

Mountainbike-Verleih – **Sporthaus Trocker:** in Kastelruth, Oswald-von-Wolkensteinstr. 1. Die Seiser Alm bietet sowohl einfache Genusstouren als auch anspruchsvolle *downhills.*

Infos

Tourismusverband Seiseralm: Dorfstr. 15, 39050 Völs, Tel. 0471 70 96 00, www.seiseralm.it; die verschiedenen Orte des Schlerngebiets haben sich zu dieser zentralen Informationsstelle zusammengeschlossen, lokale Informationsbüros gibt es zusätzlich in Kastelruth, Seis und Völs sowie auf der Seiser Alm in Compatsch.

Verkehr: Die Dörfer des Schlerngebiets sind durch die **Buslinie** Bozen–Gröden verbunden.

Tierser Tal ▶ G 5

Ganz im Gegensatz zum Schlerngebiet und zum Grödner Tal gehört das Tal von Tiers/Val di Tires noch zu den beschaulichen Dolomitentälern. Das Gemeindegebiet beginnt bei der kleinen Kirche **St. Katharina** (15. Jh.) in der Nähe der Panoramastraße, die vom Eisacktal heraufführt. Die gut erhaltenen Außenfresken werden der ›Bozner Schule‹ zugeschrieben und sind der bedeutendste Kunstschatz des Tales.

Rosengarten ▶ G/H 6

Das schöne Dorf **Tiers/Tires** (1028 m) liegt auf einer sonnigen Terrasse in Sichtweite der Spitzen und Grate, die jedes Bergsteigerherz höher schlagen lassen: Vajolettürme, Rosengarten-

Oswald-von-Wolkenstein-Ritt
Mit dem Minnesänger und Politiker haben die mittelalterlichen Turnierspiele, die jedes Jahr im Juni im Schlerngebiet stattfinden, nicht allzu viel zu tun. Der berühmte Wolkensteiner ist nur Namenspatron. Aber die Wettkämpfe auf Haflinger-Pferden sind ein sehenswertes Spektakel, das tausende Besucher anzieht und seit 1983 ein wichtiges lokales Ereignis ist (www.ovw-ritt.com). Diesem Vorbild eifert der etwas beschaulichere ›Eppaner Burgenritt‹ nach (s. S. 207).

spitze, Laurinswand. Mit dem Felsenreich des Rosengartens ist eine ladinische Sage verbunden. Dem Zwergenkönig Laurin gehörte einst ein prächtiger Rosengarten. Aus Liebeskummer verfluchte er die Rosen. Bei Tag und bei Nacht sollen sie zu Stein werden. Aber an die Dämmerung hatte Laurin nicht gedacht. Seitdem leuchtet der verwunschene Garten zwischen Tag und Nacht rot auf. Enrosadüra nennen die Ladiner dieses grandiose Naturschauspiel.

St. Zyprian

Noch näher an der Dolomitenkulisse befindet sich der Weiler St. Zyprian, dessen gleichnamige Kapelle vor den Zacken des Rosengartens zigtausendmal abgelichtet wurde. Am Kirchlein zweigt die Zufahrtsstraße nach Weisslahnbad mit seinem traditionsreichen Badegasthof ab.

Tschamintal

Von Weisslahnbad ist auch das noch sehr ursprüngliche Tschamintal zu erreichen, durch das ein Wanderweg in das Herz der Dolomiten, den Rosengarten, führt. Am Beginn des Tals steht die alte **Stegermühle** aus dem 16. Jh., die letzte von einst 23 wasserbetriebenen Sägemühlen im Tal (Mitte Juni–Mitte Sept. Di–Sa 9.30–12.30, 14–18 Uhr, Juli/Aug. auch So; Mi um 11, 13 und 16.30 Uhr wird die Säge in Betrieb gesetzt). Das Gebäude wurde samt Wohntrakt mit Stube, Küche und Schlafraum liebevoll restauriert und beherbergt heute das Info-Zentrum für den Naturpark Schlern. Eine weitere Info-Stelle des Naturparks befindet sich am Völser Weiher.

Von St. Zyprian führt die Rosengartenstraße in Serpentinen durch ausgedehnte Wälder hinauf zum **Nigerpass/**

Passo Nigra (1688 m), um dann parallel zur herrlichen Rosengartengruppe kurz unterhalb des Karerpasses in die Große Dolomitenstraße zu münden.

Wandertouren

Die **Dolomiten** und der **Naturpark Schlern** liegen vor der Tierser Haustür. Von Tiers ist z. B. auf dem Wanderweg Nr. 4 in 2,5 Std. (Hinweg) die **Völseggspitze** (1834 m) zu ersteigen, die einen weiten Blick über den Bozner Talkessel erlaubt. Auf dem Bergsteig **Hirzlweg** (Bus von Tiers bis Frommer Alm, dann Gondelumlaufbahn hinauf zur Rosengartenhütte) wandert man in gut 1,5 Std. mit atemberaubenden Blicken unterhalb der **Rosengarten-Gruppe** zur Paolina-Hütte (Seilbahn hinab zum Feriendorf Karerpass; Bus mit Umsteigen am Karerpass nach Tiers).

Übernachten

Sportlich – **Cyprianerhof:** in Tiers, Tel. 04 71 64 21 43, Fax 04 71 64 21 41, www.cyprianerhof.com, April–Mitte Nov. und 26. Dez.–Mitte März, ab 109 € (ab 78 €), Hauptgericht ab 17 €. Das komfortable Hotel zu Füßen des Rosengartens bietet während der Saison täglich Wanderungen, Klettertouren und andere sportliche Aktivitäten an. Mit gehobener einheimisch-italienischer Küche.

Gesundes Hotel – **Weisslahnbad:** Tel. 04 71 64 21 26, Fax 04 71 64 20 33, www.weisslahnbad.com, Mai–Anfang Nov. und Weihnachten–Anfang März geöffnet, 58 € (53 €). Traditionsreiches Badegasthaus am Beginn des Tschamintals mit eigener Quelle sowie modernen Bade-/Wellness-Einrichtungen.

Bergig – **Tschafonhütte:** Tel. 04 71 64 20 58, Ende April–Anfang Nov. ab 30 €, Hauptgericht ab 10 €. Die Hütte auf 1737 m Höhe unterhalb der **Völseggspitze** ist ein beliebtes Ausflugsziel (2 Std. zu Fuß von Tiers). Gute Südtiroler Hausmannskost mit Gemüse und frischen Salaten. Abends wird es hier ganz ruhig, und in den sechs Zimmern stehen Waschschüsseln und Kerzen für die Gäste bereit.

Essen & Trinken

Rustikal – **Tschamin Schwaige:** Tel. 04 71 64 20 10, www.tschaminschwaige.com, Mai–Mitte Okt. geöffnet, Mo Ruhetag, Hauptgericht ab 8 €. Das freundliche Gasthaus mit seiner schönen Terrasse steht am **Beginn des Tschamintals;** bodenständige Speisen, köstliche hausgemachte Kuchen und Säfte.

Aktiv & Kreativ

Gemütlich radeln – **Market Pircher:** in Tiers, St. Georg Str. 25, Tel. 04 71 64 22 49. Wer keine anstrengenden Mountainbike-Touren mag, mietet sich einfach ein **Elektrofahrrad** der Marke »Alpine Flyer«.

Ohne Auto mobil

Tiers und die Nachbargemeinden Karneid, Deutschnofen und Welschnofen sind Mitglied der Vereinigung **›Perlen der Alpen‹**, zu der sich gut 20 Gemeinden des Alpenraumes zusammengeschlossen haben. Die Orte setzen sich für einen nachhaltigen Tourismus mit ›umweltgerechter Mobilität‹ ein und bieten ermäßigte Fahrpreise bei Bussen und Seilbahnen, kostenlose Wander- und Skibusse, Ruftaxis und Elektro-Fahrräder.

Infos

Tourismusverein: 39050 Tiers, Tel. 04 71 64 21 27, Fax 04 71 64 20 05, www.tiers-rosengarten.com.
Verkehr: Busse von/nach Bozen und Karerpass. Feriengäste der Gemeinde erhalten beim Verkehrsamt für 35 € die »Guest Card«, die an 3 Tagen die freie Seilbahn-Benutzung in der Umgebung und die 7-Tage-Mobilcard beinhaltet (s. S. 23).

Eggental ▶ F/G 6

Ins Südtiroler Gebiet führt als letztes der Seitentäler des Eisacks das Eggental hinunter. Der **Karerpass/Passo di Costalunga** (1758 m) zwischen Rosengarten im Norden und Latemar im Süden liegt auf der Grenze zwischen den Provinzen Südtirol und Trentino. Der Pass ist idealer Ausgangspunkt für Wanderungen in den Dolomiten und im Winter das Zentrum des Skigebietes Rosengarten-Latemar. Über den Pass mit seiner kleinen Hotelsiedlung verläuft die **Große Dolomitenstraße**, die von Bozen heraufkommt und in das Trentiner Val di Fassa hinabführt, um dann über das Pordoijoch und den Falzaregopass Cortina d'Ampezzo zu erreichen. Die 1860–1909 erbaute Straße, zählt zu den schönsten Routen der Alpen und ist ganzjährig zu befahren.

Karersee ▶ G 6

Kurz unterhalb des Karerpasses dehnt sich eine Feriensiedlung aus, in deren Mittelpunkt das ehemalige **Grandhotel Karersee** steht. Das riesige Gebäude gehört zu den Nobelhotels der ›Belle Epoque‹, die um 1900 an zahlreichen Orten erbaut wurden und nach einer kurzen Blütezeit nicht mehr den Bedürfnissen des sich wandelnden Tourismus entsprachen. Heute sind viele dieser Hotels Spekulations- und Abschreibungsobjekte.

Der einst einsame, sagenumwobene See (1514 m) nahe der Karerpassstraße, in dem sich die Türme des **Latemar** spiegeln, hat sich zu einem touristischen Rummelplatz entwickelt. Nur ganz früh am Morgen oder spät am Nachmittag ist noch der Zauber zu spüren, der den smaragdgrünen See zu einem der schönsten der Dolomiten macht.

Welschnofen ▶ G 6

Der Hauptort des Eggentals Welschnofen/Nova Levante (1182 m) ist, wie der Namenszusatz ›welsch‹ verrät, eine ladinische Gründung, die vermutlich im 12. Jh. erfolgte. Die rätoromanische Kultur und Sprache hielt sich im oberen Eggental bis in das 17. Jh. hinein. Heute ist Welschnofen ein schnell wachsender Ferienort, der der Umweltvereinigung »Perlen der Alpen« (s. S. 155) angehört. Für 12 € gibt es eine Mobilcard für die nähere Umgebung, mit der die öffentlichen Busse innerhalb von 7 Tagen frei benutzt werden können.

Wandertouren

Rosengarten und Latemar im Herzen der Dolomiten sind ein riesiges provinzübergreifendes Wandergebiet mit unzähligen Tourenmöglichkeiten aller Schwierigkeitsgrade. Sehr beliebt ist der **Hirzlweg** (S. 155), der als Tour bis ins Trentiner Fassatal oder als Rundtour über den Grasleitenpass zum Tierser Tal (s. S. 153) fortgesetzt werden kann. Zu Füßen des Latemar verläuft eine schöne Wanderung vom Karerpass auf den Wegen Nr. 17, 18, 20 und 11 hinab zum Karersee (ca. 3 Std.).

Fassatal ►H 6

Ob mit dem Auto oder mit dem Linienbus: Über den Karerpass ist das ladinischsprachige Dolomiten-Tal in der Nachbarprovinz Trentino leicht zu erreichen. Wie die meisten Südtiroler Bergtäler war auch das Fassatal/Val di Fassa einst eine bitterarme Gegend, in der nur unter großen Mühen Getreide und Gemüse angebaut werden konnten. Oft musste die Bevölkerung hungern. Erst mit dem Fremdenverkehr, der um 1900 begann, zog allmählich bescheidener Wohlstand in das Tal. Heute sind die Orte des Tals beliebte Sommerfrischen mit unzähligen Wandermöglichkeiten in den Dolomiten. Während der kalten Jahreszeit bilden die umliegenden Berge das größte Wintersportgebiet des Trentino.

Hauptort des Tales ist das quirlige **Canazei.** Einen Besuch wert ist auch das **Museo Ladino de Fascia** in **Vigo di Fassa,** das Zeugnisse der rätoromanisch-ladinischen Kultur präsentiert (Mitte Juni–Mitte Sept. und in der Weihnachtszeit tgl. 10–12.30 und 15–19, übrige Monate Di–Sa 15–19 Uhr, www.istladin.net).

Übernachten

Reiten – **Posthotel Weißes Rössl:** in Welschnofen, Tel. 04 71 61 31 13, Fax 04 71 61 33 90, www.postcavallino.com, Juni–Okt. und Dez.–März, HP ab 140 € (95 €). Komfortables Haus mit Hallenbad und Pool, liegt etwas außerhalb von Welschnofen an der Straße zum Karersee. Mit eigenem Reitstall (Kurse und Ausritte).

Ruhig – **Berghaus Rosengarten:** Tel./Fax 04 71 61 31 23, www.berghaus-rosengarten.com, Mitte Mai–Mitte Okt. und Weihnachten–Ostern, HP ab 62 € (ab 49 €). Die freundliche Pension liegt am oberen Ortsrand von Welschnofen und hat einen wunderschönen Blick auf Rosengarten und Latemar.

Essen & Trinken

Grill-Eldorado – **Marion:** Wirtsweg 4, Tel. 04 71 61 30 59, Di Ruhetag, Hauptgericht ab 14 €. Das unauffällige Restaurant in einer Nebengasse von Welschnofen ist Spezialist für Gegrilltes, ob Steaks vom Schwein, Rind und Strauß oder frische Bachforellen. Für Vegetarier gibt es auch Pasta und Salate.

Aktiv & Kreativ

Mountainbikes und E-Bikes – Mountainbikes werden im Ort von diversen Unternehmen angeboten (Info beim Verkehrsamt). Elektrofahrräder gibt es bei Sport Karezza am Karersee, Tel. 04 71 61 25 30.

Mountainbike-Touren – **Krauti's Bike Academy:** 04 71 61 30 46, www.krauti.it.

Panorama – **Golfclub:** Karerseestr. 171, Tel. 04 71 61 22 00, www.carezzagolf.com. Der über 100 Jahre alte Golfclub Karersee veranstaltet auf seinem 9-Loch-Platz vor der grandiosen Dolomitenkulisse regelmäßig Golf-Schnupperkurse (5 Lektionen à 30 Min.) für 140 €.

Infos

Tourismusverein Eggental: 39056 Welschnofen, Tel. 04 71 61 31 26, Fax 04 71 61 33 60, www.welschnofen.com.

Verkehr: Buslinie Bozen–Welschnofen–Karersee–Karerpass–Vigo di Fassa–Canazei.

Das Beste auf einen Blick

Pustertal

Highlights!

Drei Zinnen: Es gibt kaum ein anderes Motiv in den Dolomiten, das so oft fotografiert wurde. Die grandiosen Felstürme sind ein, wenn nicht gar *das* Wahrzeichen Südtirols. S. 197

Bruneck: Die kleine ›Metropole‹ des Pustertals strahlt einen bezaubernden kleinstädtischen Charme aus. Das Flanieren und Einkaufen in der Stadtgasse macht großen Spaß. S. 175

Auf Entdeckungstour

Rätoromanische Weiler: Im Gadertal hat sich in einigen Bergdörfern die alte rätoromanische Siedlungsform der ›Viles‹, der ladinischen Weiler, gut erhalten. Besonders schöne Beispiele sind im Tal von Wengen und in Enneberg zu finden. S. 170

Kultur & Sehenswertes

Burg Taufers: Jahrhundertelang dem Verfall preisgegeben, wurde die Anlage mit ihren repräsentativen Räumen und Sälen in den 1950er-Jahren wieder aufgebaut. Sie zählt heute zu den schönsten Burgen in Südtirol. S. 183

Stiftskirche Innichen: Die dreischiffige Basilika gehört zu den bedeutendsten romanischen Sakralbauten im Alpenraum. S. 194

Aktiv & Kreativ

Biathlon: Wer den Kombinationssport aus Skilanglauf und Schießen einmal ausprobieren möchte, kann an einem der Schnupperkurse im Biathlonstadion von Antholz teilnehmen. S. 188

Cortina d'Ampezzo: Von Toblach sind es auf der alten Bahntrasse nur 32 km bis Cortina in der Nachbarprovinz Trentino. Leihräder kann man unterwegs oder in Cortina abgeben und mit dem Bus zurückfahren. S. 193

Genießen & Atmosphäre

Schlosshotel Sonnenburg: Die burgähnliche Anlage wurde um 1020 als Nonnenkloster gegründet. Der ehemalige Wohntrakt ist jetzt sorgsam restauriert und eine edle Herberge. S. 165

Gourmettempel: Darf es an einem Abend etwas Exklusives sein? Dann ist man im oberen Gadertal richtig, denn hier gibt es die größte Dichte gehobener Restaurants in ganz Südtirol. S. 174

Abends & Nachts

Puka Naka: Die Ausgehmöglichkeiten für Nachteulen im Pustertal sind rar. Die Lounge und der Club Puka Naka in Bruneck haben immerhin am Wochenende bis 1 Uhr (!) nachts geöffnet. S. 182

Das grünste Tal der Provinz

Als einziges der großen Talsysteme in Südtirol strebt das Pustertal/Val Pusteria gen Osten. Am nördlichen Rand des Brixner Beckens beginnt es, tief hat sich hier die Rienz in den Fels gegraben. Begleitet wird das untere Tal von einer sonnigen, nordseitigen Mittelgebirgsterrasse. Bei St. Lorenzen weitet sich das Unterpustertal zu einem Becken mit der Talmetropole Bruneck. Als wichtige Seitentäler führen das ladinische Gadertal nach Süden auf die Dolomiten und das Tauferer Ahrntal gen Norden auf den Alpenhauptkamm zu. Der eher unscheinbare Sattel am Toblacher Feld ist der Scheitelpunkt des Pustertales. Obwohl das Tal nun nach Innichen sanft abfällt, wird dieser Talabschnitt Hochpustertal genannt, denn die beiden Seitentäler von Prags und Sexten führen hoch hinauf in die Bergwelt der Dolomiten. Auf Südtiroler Seite endet das Pustertal an der Staatsgrenze in Winnebach, um aber auf der österreichischen Seite unter demselben Namen noch bis Lienz, der Hauptstadt von Osttirol, zu führen.

Mühlbach ▸H 3

Der erste größere Ort im Pustertal ist das freundliche und lebendige Mühlbach/Rio di Pusteria (775 m). Die knapp 1000 Einwohner zählende Ortschaft hat seit 1269 die Marktrechte und war im Mittelalter ein wichtiger Stapel- und Rastplatz an der Pustertaler Fernstraße. Am schönen Dorfplatz, der abseits der Durchfahrtsstraße liegt, stehen die Bürgerhäuser eng beieinander und vermitteln eine fast kleinstädtische Atmosphäre. Die **Pfarrkirche St. Helena**, die durch einen schlichten,

Infobox

Tourismusverbände

Das Pustertal besitzt keine zentrale Auskunftsstelle. Informationen erteilen kleinere Tourismusverbände und die lokalen Tourismusbüros.

Anreise und Weiterkommen

Bahn: Durch das Pustertal führt bis über die Grenze nach Österreich hinaus eine Bahnlinie, die in Franzensfeste von der Brenner-Strecke abzweigt.

Bus: Parallel zur Bahnlinie verläuft durch das gesamte Haupttal eine Buslinie. Ausgangspunkte für die Busse in die Seitentäler sind Bruneck, Toblach und Innichen.

Auf dem Jakobsweg

Überall in Europa wurden in den letzten Jahren die mittelalterlichen Jakobswege wiederentdeckt, so auch in Südtirol. Der Südtiroler Abschnitt startet in Winnebach an der Grenze von Osttirol und führt durch das Pustertal bis zum Kloster Neustift und dann weiter über den Brenner bis Innsbruck. Im Gegensatz zu den spanischen Pilgerwegen gibt es keine speziellen Pilgerherbergen. Etliche Hotels und Restaurants entlang des Weges gewähren aber gegen Vorlage des offiziellen Pilgerausweises Vergünstigungen. Weitere Infos unter www.jakobsweg.it.

harmonisch angefügten Neubau erweitert wurde, besitzt bedeutende Fresken von Friedrich Pacher aus der Zeit um 1500.

Spinges ► H 3

Von Mühlbach aus führt ein etwa einstündiger Spaziergang (auch Straße) vorbei am schönen **Ansitz Strasshof** und an zahlreichen Bunkern aus der Mussolini-Zeit entlang in das stille Bauerndorf Spinges (1101 m). Das Dorf, das sich viel von seiner bäuerlichen Alltagswelt bewahrt hat, war 1797 Schauplatz erbitterter Kämpfe zwischen napoleonischen und österreichischen Truppen. Zur Heldin hochstilisiert wurde Katharina Lanz, das ›Mädchen von Spinges‹, die sich mit einer Heugabel den Franzosen entgegenstellte. Die kleine Kirche und die Kapelle auf dem Friedhof mit zahlreichen Ablasstafeln stehen ganz im Zeichen ihrer Zeit.

Jochtal und Gitschberg

Zur Gemeinde Mühlbach zählen auch das Skigebiet Jochtal oberhalb des Dorfes **Vals** (1354 m) und das Skirevier Gitschberg, das sich oberhalb des Dorfes **Meransen** (1414 m) erstreckt. Beide Orte bestanden noch vor drei Jahrzehnten nur aus Bauernhöfen. Heute bestimmen zahlreiche Hotels und Pensionen im alpenländischen Einheitsstil den Dorfcharakter. Besonders Meransen, zu dem neben der Straßenverbindung von Mühlbach eine ganzjährig betriebene Seilbahn hinaufführt, hat sich zu einem auch im Sommer vielbesuchten Ferienort entwickelt.

Rodeneck ► H 3

Südlich von Mühlbach, an einem sonnigen Hang über dem Talboden, liegt Rodeneck/Rodegno mit der **Burg Rodenegg**, die auf einem Felssporn über

Spinges ist die Heimat von Katharina Lanz, der ›Heldin‹ im Kampf gegen die Franzosen

der Rienz steht (Führungen Mai–Mitte Okt. So–Fr 11 und 15 Uhr). Die um 1140 erbaute Anlage wurde im 16. Jh. vom Geschlecht der Wolkensteiner zu einem befestigten Renaissance-Schloss ausgebaut. Einen einmaligen Kunstschatz bilden die erst 1973 freigelegten Fresken mit Motiven der Iwein-Sage. Die eindrucksvollen Malereien (Ende des 12. Jh.), die das höfische Leben und den Kampf des Ritters Iwein aus der Tafelrunde des König Artus gegen König Askalon darstellen, sind die frühesten in Europa bekannten Fresken der Romanik.

Mühlbacher Klause ► H 3

Kurz hinter Mühlbach verengt sich das Pustertal zur Mühlbacher Klause, die eine alte historische Grenze darstellt: Zur Römerzeit trennte sie die Provinzen Raetia und Noricum, später das Fürstentum Brixen und das zur Grafschaft Görz gehörende Pustertal. Eine befestigte Zollstätte stand hier seit dem 13. Jh. Im Jahr 1809 kämpften die Pustertaler Bauern an der Mühlbacher Klause weiter gegen die französischen Truppen, obwohl der Krieg längst verloren war und Österreich das Land Tirol bereits an die bayerischen und französischen Sieger abgetreten hatte. Der stark beschädigte Bau wurde vorbildlich saniert (Juni–Okt. Do 9–12 und 14–18 Uhr).

Vintl ► H 3

Das Straßendorf Vintl/Vandoies (756 m) ist der nächste Ort im Pusterer Talboden. Im Gebäude des einst größten Arbeitgeber des Dorfes, einer Hosenfabrik, hat die Bozner Kaufmannsfamilie Oberrauch-Zitt ein **Loden-Museum** mit angeschlossenem Geschäft eingerichtet (Mo–Sa 9–17.30, Juli, Aug. bis 18.30 Uhr). Die wichtigsten Stationen der Herstellung des im Alpenraum beliebten Stoffes werden anschaulich dargestellt.

In **Obervintl**, direkt an der Staatsstraße, steht der stattliche **Ansitz Töpsl**. In der ersten Hälfte des 16. Jh. erbaut, besitzt der restaurierte Bau schöne Gewölbe, Wandmalereien und Holztäfelungen aus der Renaissance. Auch der benachbarte **Ansitz Baumgarten** (13 Jh.) erstrahlt im alten Glanz.

Vintl ist ein guter Ausgangspunkt für Wanderungen im noch sehr einsamen **Pfunderer Tal** mit seinen hoch gelegenen Bergbauernhöfen.

Essen & Trinken

Wanderziel – **Edelrauthütte:** Tel. 04 74 65 32 30, www.edelrauthuette.it, Mitte Juni–Mitte Okt. Deftige, wohlschmeckende Kost wird in der über 100 Jahre alten Berghütte serviert, die vom Weiler Dun im Pfunderer Tal in gut 3,5 Std. erreicht wird. Für die Übernachtung stehen »Lager« in den urigen Zimmern zur Verfügung.

Infos

Tourismusverein Gitschberg-Jochtal: Katharina-Lanz-Straße 90, 39037 Mühl-bach, Tel. 04 72 88 60 48, Fax 04 72 84 98 49, www.gitschberg-jochtal.com. Weitere lokale Informationsbüros befinden sich in Meransen, Vals, Vintl und Rodeneck.

Verkehr: Bahnhöfe gibt es in Mühlbach und Vintl mit Regionalzügen von/nach Brixen, Bruneck, Innichen. **Busse** fahren durch das gesamte Pustertal sowie von/nach Brixen, Rodeneck, das Jochtal und das Pfun-derer Tal.

Pustertaler Sonnenstraße

Im Norden wird das Pustertal von einer Höhenterrasse begleitet, über die die ›Pustertaler Sonnenstraße‹ verläuft und auf der mehrere Dörfer liegen.

Terenten ▶ H 3

Das Dorf Terenten/Terento (1210 m) bestand früher nur aus wenigen Häusern um die Pfarrkirche. Seit dem Bau der Straße hat es sich vergrößert und zu einem Fremdenverkehrsort entwickelt. Bis vor nicht allzu langer Zeit wurde auf dem Plateau Roggen angebaut, wovon noch die alten, fachgerecht restaurierten Mühlen und Kornkästen zeugen. Ein Wanderweg führt hinauf zu den **Mühlen** (45 Min.), die während des Mahlens besichtigt werden können (Mitte Mai–Mitte Okt. Mo 10–14 Uhr).

Sehenswert sind die Kirche **St. Margareth** im Weiler **Margen,** in der ein schöner Flügelaltar aus dem 16. Jh. steht (Schlüssel im Haus am Fuß des Kirchhügels), die kleine romanische Kirche **St. Zeno** südlich von Terenten und die **Erdpyramiden** im Terententai. In einer etwa einstündigen Wanderung ist der **Hexenstein** im Winnebachtal zu erreichen. Es ist ein gewaltiger, etwa 3000 Jahre alter Kultstein, der rund 60 von Menschenhand geschaffene Vertiefungen aufweist, aber nach der Christianisierung des Tales in sechs Teile zerschlagen wurde.

Noch vor dem Weiler **Hofern** (1100 m) lugt aus dem Wald der Turm der kleinen gotischen Kirche **St. Martin** hervor, die einen vergoldeten Flügelaltar (um 1520) der Pacher-Schule besitzt (Schlüssel im Hof unterhalb des Kirchhügels). Hinter Hofern führt die Sonnenstraße am **Schloss Schöneck** vorbei, dem vermutlichen Geburtsort des Dichters und Politikers Oswald von Wolkenstein (s. S. 150). Das Schloss ist Privatbesitz und kann nicht besichtigt werden.

Pfalzen ▶ J 3

Das zweite große Dorf auf der Höhenterrasse (1022 m) ist Pfalzen/Falzes. Nicht weit vom Ort, neben einem alten Bauernhof, steht inmitten von Äckern und Wiesen die spätgotische **St. Valentin-Kirche**, in der 1980 ein Freskenzyklus der Zehn Gebote aufgedeckt wurde, der Friedrich Pacher zugerechnet wird (Besichtigung: Informationen beim Tourismusverein).

Essen & Trinken

Genussvoll – **Tanzer:** Tel. 04 74 56 53 66, www.tanzer.it, Di und Mi (mittags) Ruhetag, nach Ostern bis Anfang Mai und Nov. geschlossen, Hauptgericht ab 17 €. Hotel: 70 € (45 €). Das Haus an der Kirche des Weilers Issing bei Pfalzen zeichnet sich durch eine gehobene regionale Küche aus; auch angenehmes 3-Sterne-Hotel.

Ausgezeichnet – **Schöneck:** Tel. 04 74 56 55 50, www.schoeneck.it, Ruhetag Mo und Di, ganzjährig geöffnet. Das zweite Feinschmecker-Restaurant auf dem sonnigen Hochplateau liegt in der Nähe des Schlosses Schöneck und wurde von den Gastro-Kritikern schon mehrfach ausgezeichnet. Hauptgericht ab 20 €.

Einkaufen

Gesund – **Bergila:** in Pfalzen, Tel. 04 74 56 53 73, www.bergila.it, 8–12 und 13–18 Uhr, Führungen Mai–Okt. In der Nähe des Issinger Weihers befinden sich der Kräutergarten und die alte Latschenölbrennerei der Familie Niederkofler. Nach überlieferten Verfahren werden hier hochwertige Produkte ausschließlich manuell hergestellt. Verkauft werden ätherische Öle sowie Kräuterprodukte wie Schnäpse, Tees und Salben. Auch Führungen durch den Garten und die Brennerei sind möglich.

Infos

Tourismusverein Terenten: St.-Georgs-Str. 1, 9030 Terenten, Tel. 04 72 54 61 40, Fax 04 72 54 63 40, www.terenten.com. **Tourismusverein Pfalzen:** 39030 Pfalzen, Tel. 04 74 52 81 59, Fax 04 74 52 84 13, www.pfalzen.info.

Verkehr: Busse fahren werktags (nicht So) im Stundentakt von/nach Bruneck über Pfalzen nach Terenten.

Kiens ▶ J 3

Die Gemeinde Kiens/Chienes umfasst die Ortschaften Ehrenburg, St. Sigmund, Hofen und Kiens. Etwas abseits der Pustertaler Talstraße liegt das Dörfchen **St. Sigmund** (786 m). In der Kirche steht ein prächtiger gotischer Flügelaltar aus der Zeit um 1430. Die Außenfresken zeigen einen riesigen farbenfrohen Christophorus und eine Pietà in detailreicher Landschaft. Die Kirche ist zumeist offen.

Vom Hauptdorf **Kiens** (835 m) direkt an der Pusterer Staatsstraße ist leicht der Weiler **Ehrenburg** (806 m) zu erreichen. Hier lohnen zwei bedeutende barocke Bauten den Besuch, die ein bemerkenswertes Ensemble bilden. Das **Schloss Ehrenburg** hat einen schönen Arkadenhof und eine reiche Innenausstattung (Führungen im April, Mai und Okt. Mi um 15 Uhr, Juni und Sept. Mo–Sa 11 und 15, Juli und Aug.

Ansitz im Weiler Sonnenburg

zusätzlich 12 und 16 Uhr und auch am So). Die **Pfarrkirche** steht ganz in der Nähe auf einem Hügel und zählt mit ihren Wandmalereien zu den schönsten barocken Kirchen in Südtirol.

Kloster Sonnenburg

Bevor das untere Pustertal im weiten Brunecker Becken aufgeht, erhebt sich mitten im Talboden eine felsige Kuppe, die seit vorgeschichtlicher Zeit besiedelt und befestigt ist. Seit etwa 1020 steht hier das burgartige **Nonnenkloster**, das im 15. Jahrhundert maßgeblich an der Tiroler Geschichte beteiligt war (Führungen tgl. 10–18 Uhr). Dem strengen Fürstbischof von Brixen, Nikolaus Cusanus, missfiel das angeblich lockere Klosterleben unter der Äbtissin Verena von Stuben. Diese wandte sich mit der Bitte um Beistand an den Tiroler Herzog Sigmund.

So eskalierte der Konflikt zu einer Auseinandersetzung zwischen kirchlicher und weltlicher Autorität. Es kam zu Bannsprüchen, Exkommunizierung der Äbtissin und zu Kämpfen, die in der Besetzung Brunecks und der Gefangennahme des Fürstbischofs Cusanus auf der Burg Bruneck ihren Höhepunkt fanden und letztendlich dazu führten, dass der Brixener Kirchenfürst sein Amt niederlegte.

Nach der Auflösung des Klosters im Jahr 1785 verfiel die mächtige Anlage zur Ruine. 1975 wurde der frühere Wohntrakt der Äbtissin in ein sorgsam restauriertes **Schlosshotel** umgewandelt. Größte Attraktion der früheren Klosteranlage ist die in den 1970er-Jahren wiederentdeckte **Krypta** der ehemaligen Stiftskirche, die Freskenreste aus dem 12. Jh. aufweist. In einem ebenfalls freigelegten Nebenraum werden Grabungsfunde gezeigt.

Sonnenburg ► J 3

Der beschauliche Weiler (862 m) besticht mit seinen sehr alten Gehöften, dem Ansitz Glurnhör und dem ehemaligen Johannisspital. Das Gebäude mit der angebauten Kirche dürfte im 12. Jh. als Pilgerhospiz entstanden sein. Die kleine Kirche wird von einem monumentalen romanischen Kruzifix beherrscht, das auf das Jahr 1180 datiert wird, aber dem barocken Geschmack angepasst wurde (Schlüssel zur Kirche im Wohnhaus).

Übernachten

Historisch – **Schlosshotel Sonnenburg:** Tel. 04 74 47 99 99, Fax 04 74 47 40 49, www.sonnenburg.com, Mai–Okt. und 26. Dez.–Ostern geöffnet, ab 130 € (ab 105 €). Die Gemäuer des früheren Klosters wurden sorgsam restauriert. Das Ergebnis ist ein erstklassiges Hotel mit angenehm-freundlicher Atmosphäre.

Infos

Tourismusverein: Kiener Dorfweg 4b, 39030 Kiens, Tel. 04 74 56 52 45, Fax 04 74 56 56 11, www.kiens.com.

Verkehr: Buslinie durch das gesamte Pustertal.

St. Lorenzen ► J 3

Der erste Ort im weiten Brunecker Becken ist St. Lorenzen/S. Lorenzo di Sebato (810 m). Bereits in prähistorischen Zeiten waren die umliegenden Hügel besiedelt. Nach der Eroberung des Pustertales durch die Römer entstand an dieser strategisch wichtigen Stelle die befestigte Römersiedlung

Sebatum, von der einige Grundmauern erhalten blieben. Das neue spannende Museum Mansio Sebatum zeigt Fundstücke aus dieser Epoche (J. Renzler Str. 9, ganzjährig Mo–Fr 9–12 und 15–18, Sa 9–12, So 14–18 Uhr, www.mansio-sebatum.it).

Als Missionsstation spielte St. Lorenzen bei der Christianisierung des Pustertals eine entscheidende Rolle. Nach der Gründung von Bruneck im Jahr 1251 durch den Brixener Bischof entwickelte sich zwischen den beiden Orten eine Konkurrenz, wobei St. Lorenzen als Sitz des Pustertaler Landgerichts die weltliche Macht repräsentierte.

Die Hutterer

Der Bauernaufstand von 1525/26 wie auch die Bewegung der Wiedertäufer fanden in St. Lorenzen, dem Geburtsort von **Jakob Hutter,** großen Rückhalt (www.jakobhutter.de). Er und seine Anhänger forderten eine radikale Neuordnung der kirchlichen und gesellschaftlichen Verhältnisse. Hunderte wurden dafür mit Folter und Hinrichtung bestraft. Etwa 6000 Hutterer, wie sie sich nach ihrem Anführer bald nannten, flohen in das tolerantere Mähren und gründeten dort die erste »Bruderschaft«, in der sie streng nach der Bibel, ohne Privatbesitz, lebten. Hutter selbst, der nach Tirol zurückkehrte, um seine Lehre zu predigen, wurde in Klausen festgenommen und 1536 in Innsbruck verbrannt, ohne seiner Überzeugung abzuschwören. Heute leben rund 35 000 Hutterer in den USA und in Kanada – weiterhin nach den Prinzipien der urchristlichen Gütergemeinschaft.

Pfarrkirche

Den Konkurrenzkampf der beiden benachbarten Orte hat im 19. Jh. Bruneck für sich entschieden. Trotz oder gerade wegen der Ansiedlung einiger Industriebetriebe entwickelt sich St. Lorenzen heute immer stärker zu einem Vorort der Pustertaler Metropole. Dennoch lohnt der Besuch des properen Marktortes. Das Zentrum mit den stattlichen Häusern aus dem 16. und 18. Jh., die von der früheren Bedeutung zeugen, wirkt fast städtisch.

Die **Pfarrkirche** am Hauptplatz zeigt mit der sogenannten »Traubenmadonna« den letzten am Ort verbliebenen Rest eines großen Flügelaltars, der von Michael Pacher 1462 geschaffen wurde. Ernst, aber offenbar mit Genuss verspeist das auf dem Schoss seiner Mutter sitzende Jesuskind eine Weintraube. In der zur Pfarrkirche gehörenden **Egererkapelle** können die sehr realistisch gestalteten lebensgroßen Figuren der Christus-Passion (frühes 18. Jh.) Besuchern einen Schauder über den Rücken jagen. Die verblassten Fresken an der Ostwand der Kapelle werden der Pacher-Schule zugeschrieben.

Infos

Tourismusverein: 39030 St. Lorenzen, Tel. 04 74 47 40 92, Fax 04 74 47 41 06, www.st-lorenzen.com.
Verkehr: Busse fahren durch das gesamte Pustertal sowie ins Gadertal.

Gadertal ► J 3

Von St. Lorenzen im Brunecker Becken zieht sich das tief in die Felsen eingeschnittene Gadertal/Badia/Val Badia nach Süden. Beim Gasthof Palfrad wird die Sprach- und Kulturgrenze nach **Ladinien** überschritten. Kurz danach öffnet sich das Tal, das auf Ladinisch Badia heißt und eines der zwei rätoromanischen Täler in Südtirol ist (s. S. 63).

Die Namen wechseln allerdings immer wieder, denn beim Gadertal handelt es sich um ein Talsystem mit mehreren Verästelungen, die jeweils eigene Namen haben. Darüber hinaus tauchen die Bezeichnungen in drei verschiedenen Sprachen auf: Ladinisch, Deutsch und Italienisch.

St. Vigil ► J 4

Beim Dörfchen **Longega/Zwischenwasser** (1015 m) teilt sich das Tal zum ersten Mal. Nach Südosten zweigt das Enneberger Tal/Val di Marebbe mit dem Hauptort **Al Plan/St. Vigil/S. Vigilio** (1195 m) ab. Das einst kleine Bergdorf hat sich zu einem wichtigen Tourismuszentrum entwickelt. Der Fremdenverkehr setzte schon vor gut 100 Jahren mit dem Ausbau der Talstraße ein, als die Urlauber noch mit der Postkutsche in die Sommerfrische fuhren. Seit der nahe gelegene **Kronplatz** (2273 m) auch von St. Vigil aus mit Liften erschlossen ist, kommen die meisten Touristen im Winter. Trotz der vielen Hotels hat sich der Ort eine dörflich-gediegene Atmosphäre bewahrt. Die bemerkenswerte **Pfarrkirche** wurde 1782 von Künstlern aus drei verschiedenen Regionen im einheitlichen Rokokostil geschaffen.

Pfarre Enneberg ► J 3/4

Das kleine Dorf La Pli de Mareo/Pfarre Enneberg/Pieve di Marebbe hoch am Hang (1281 m) steht mit seinen alten Ansitzen und Häusern sowie der barocken Pfarrkirche in einem strengen Gegensatz zum touristisch voll erschlossenen Hauptort. Ein Baustopp, der allerdings nicht in allen Belangen eingehalten wurde, hat sich positiv auf das Dorfbild ausgewirkt.

Naturpark Fanes-Sennes-Prags ► J/K 4/5

Von St. Vigil führt das Rautal bis zum Talschluss von **Pederù** auf 1540 m Höhe (im Sommer mautpflichtige Straße). Das Berggasthaus ist ein guter Ausgangspunkt für Wanderungen im großartigen Naturpark Fanes-Sennes-Prags. Das mit über 25 000 ha größte Schutzgebiet in Südtirol umfasst unter anderem die Pragser Dolomiten, die Kreuzkofel-Gruppe, den Dürrenstein, die Plätzwiese und die ausgedehnten Hochebenen von Sennes, Fosses und Fanes. Das Gebiet ist für die einzigartige Vielfalt seiner Pflanzen- und Tierwelt bekannt. Das **Naturparkhaus** am Eingang des Rautales informiert ausführlich mit einer Ausstellung über die Besonderheiten des Schutzgebiets (Naturparkhaus: Mai–Okt., Dez.–März Di–Sa 9.30–12.30, 16–19 Uhr, Juli/Aug. auch So, jeden Fr um 16 Uhr Kindernachmittag).

St. Martin in Thurn ► J 4

Das Tal von Longiarü, wie das Campilltal auf Ladinisch heißt, führt als weiteres Gadertaler Seitental hinauf nach St. Martin de Tor/St. Martin in Thurn/S. Martino in Badia (1134 m). Das Dorf ist Sitz des ladinischen **Kulturinstituts ›Micura de Rü‹** mit einer Bibliothek und Ausstellungsräumen (Mo–Fr 8–12, Mo–Do auch 15–17 Uhr, www.micura.it).

Ein paar Straßenkehren weiter höher steht außerhalb des Dorfes das **Schloss Thurn** (12. Jh.), das im Mittelalter Gerichtssitz für das mittlere Gadertal war. Heute beherbergt es das sehenswerte **Ladinische Museum**, das mit Videofilmen, Objekten, Texten und Fotos die rätoromanische Kultur und

Sprache präsentiert (Mitte März– Okt. Di–Sa 10–18, So 14–18, im Winter Mi–Fr 14–18 Uhr, www.museumladin.it).

Bad Valdander

An der Straße nach Untermoi befindet sich eines der wenigen **›Bauernbadl‹**, das die Zeiten überdauert hat. Das einfache Gasthaus besitzt ein altes (seit 1820) und neues Badehaus, das aus einer kalkhaltigen Quelle einer Tropfsteinhöhle gespeist wird.

Wengen ▶ J 4

Das ruhige Dorf La Val/Wengen/La Valle liegt hoch (1353 m) über dem Gadertaler Haupttal und ist ein guter Startplatz für eine Wanderung zu den **Viles,** den ladinischen Weilern. Während im übrigen – deutschsprachigen – Südtirol außerhalb der Dörfer Einzelhöfe vorherrschen, hat sich im Gadertal die ursprüngliche rätoromanische Siedlungsform erhalten (s. S. 170). Besonders schöne Viles in der Wengener Umgebung sind die Weiler Cians, Ciampei und Runch.

Alta Badia ▶ J 4

Das breite obere **Gadertal**, auf Ladinisch Alta Badia, auf Deutsch Hochabteital, ist touristisch sehr stark erschlossen. Seit den 1970er-Jahren hat der Fremdenverkehr in den beiden Gemeinden Badia/Abtei und Corvara/Kurfar einen rasanten, oft unkontrollierten Aufschwung erlebt.

Heute ist das obere Gadertal ein berühmtes Wintersportgebiet mit über 50 Aufstiegsanlagen und mehr als 120 Pistenkilometern. Aber auch im Sommer ist Alta Badia mit seiner grandiosen Dolomitenumrahmung ein beliebtes Ferienziel.

St. Leonhard

Eine Höhenstufe über dem Talboden breitet sich an sanften Hängen S. Linart/St. Leonhard/S. Leonardo (1371 m) aus. Sehenswert ist die **Dorfkirche** mit ihrer reichen Innenausstattung im Rokokostil. Zu Ehren des Heiligen Leonhard, dem Schutzpatron der Pferde, gibt es jedes Jahr am Erntedanksonntag einen großen Umzug mit Pferden und geschmückten Wagen aus den fünf ladinischen Tälern sowie ein Volksfest.

Oies

Die Gemeinde St. Leonhard besitzt zwei bedeutende Wallfahrtsstätten. Im nahen Weiler **Oies** steht das Geburtshaus des Missionars Josef Freinademetz. Ab 1879 lebte der Gadertaler, der aus sehr einfachen Verhältnissen stammte, als Missionar in China. Erst nach und nach konnte er dort Verständnis und Zuneigung zur Bevölkerung entwickeln. Heute gilt der Missionar, der im Jahr 2003 heilig gesprochen wurde, in seiner gelebten Toleranz als Vorbild zur Überwindung der ethnischen Spannungen zwischen deutsch- und italienischsprachigen Südtirolern.

Heiligkreuz

Hoch oben am Fuß der steilen Felswände der Kreuzkofelgruppe steht auf 2043 m Höhe die Wallfahrtskirche **Heiligkreuz**, die seit dem 15 Jh. besteht

Alta Badia Mountainpass

Der ›Mountainpass‹ für das obere Gadertal gewährt Gästen die unbegrenzte Nutzung der im Sommer geöffneten Lifte und der öffentlichen Busse der Region; Preisbeispiel: 62 € für 5 Tage Gültigkeit innerhalb einer Woche. Der Pass ist bei den Seilbahnstationen, den Tourismusbüros und in den Unterkünften erhältlich.

Überwältigend: beim Tandemflug mit dem Gleitschirm die Bergwelt aus der Vogelperspektive erleben

(Sessellift ab St. Leonard). Das angeschlossene Pilgerhospiz wurde 1718 erbaut. Heute ist es ein beliebtes Gasthaus mit traditioneller ladinischer Küche. Von den Bänken vor der Tür hat man fantastische Ausblicke auf die Bergwelt.

St. Kassian ► J 5

Die Ortschaft **La Ila/Stern/La Villa** (1463 m), einst ein armes Bauerndorf, heute eine Hotelsiedlung, liegt unten am Talboden. Hier gabelt sich das Gadertal erneut. Nach Südosten führt ein Tal nach **S. Ciascian/St. Kassian/S. Cassiano** (1537 m). Auch dieses Dorf hat sich zu einem Fremdenverkehrsort mit zahlreichen Hotels und Pensionen entwickelt. Einen Besuch wert ist das **Museum Ladin Ursus ladinicus**, das eine Fossiliensammlung, ladinische Gebrauchsgegenstände und eine Nachbildung des Eiszeitbären zeigt, der in der Fanes-Gruppe gefunden wurde. Höhepunkt ist die Nachbildung der Conturineshöhle, in der der Bär gefunden wurde (Ostern–Okt. Di–Sa 10–18, So 14–18, im Juli/Aug. auch Mo 10–18 und Mi 20.30–22.30 Uhr, 26. Dez.–Ostern Mi–Sa 15–19 Uhr).

Corvara ► J 5

Der andere Talzweig verläuft von Stern nach Südwesten und erreicht Corvara (1580 m), das zusammen mit dem benachbarten Calfosch/Colfuschg/Colfosco (1654 m) das touristische Zentrum von Alta Badia bildet. Mit knapp 500 Übernachtungen pro Einwohner liegt die Gemeinde unange- ▷ S. 173

Auf Entdeckungstour

Viles – Rätoromanische Weiler im Gadertal

Eine Tour der Gegensätze: Vor der hochalpinen Landschaft unterhalb der Steilabstürze der Kreuzkofelgruppe, in der viele ladinische Sagen spielen, liegt das liebliche Tal von Wengen, und darin anmutig eingebettet die uralten Viles, die rätoromanischen Weiler.

Reisekarte: ► J 3

Info: Die Tour beginnt an der Bergstation des Pedraces-Heiligkreuz-Sessellifts (Juni–Sept. tgl. 8.30–17.30 Uhr, Fahrzeit ca. 15 Min). Zeit: 4 Stunden. Endpunkt ist Pederoa. Rückkehr nach Pedraces per Bus.

Der Sessellift von Pedraces unten im Gadertal erspart rund 500 Höhenmeter. Von der Bergstation geht es auf dem **Kreuzweg** steil hinauf. Seit Jahrhunderten sind die Pilger hier zur **Wallfahrtskirche Heiligkreuz** hinaufgewandert. Ein Graf aus dem Pustertal soll vor tausend Jahren in der Bergeinsamkeit als Eremit Buße getan haben. Mit der Ruhe ist es allerdings heute vorbei. Neben der kleinen Kirche steht das 1718 erbaute Pilgerhospiz, jetzt ein Gasthaus, dessen Tische und Bänke an schönen Tagen alle besetzt sind. Der herrliche Blick geht hinüber zu Marmolèda sowie zur Puez- und Sellagruppe.

Im Reich der Fabelwesen

Der Wanderweg Nr. 16 führt durch den **Naturpark Fanes-Sennes-Prags** unterhalb der lotrechten Steilabstürze des **Kreuzkofels** entlang. Nach einem Geröllkar lohnt ein kurzer Abstecher zur **Schneegrotte** am Wandfuß der Zehnerspitzen. Die ladinischen Sagen erzählen, dass in solchen Höhlen einst freundliche menschenähnliche Wesen, die *Salvans* und *Ganes*, lebten. Das ganze Gegenteil war nach der Überlieferung der furchterregende *Orco*, der im sagenumwobenen Bergwald *Bosch d'Armentara* gehaust haben soll, durch den der Weg Nr. 16 talwärts führt. Der Orco galt als Teufel, der nachts späte Wanderer von hinten ansprang.

Natur- und Kulturlandschaft im Einklang

Nach etwa zwei Stunden ist das obere **Wengener Tal** erreicht. Der Blick schweift über die liebliche Landschaft, die in ihrem anmutigen Einklang aus Natur und menschlichem Wirken zu den schönsten Plätzen in Südtirol gehört. Zwischen den sorgsam gepflegten Wiesen an den Sonnenhängen liegen eingebettet die **Viles,** wie die kleinen Weiler auf Ladinisch genannt werden. In der Ferne erkennt man zwei Kirchtürme: oben San Berbora und etwas tiefer den von der Wengener Pfarrkirche. Im weiteren Verlauf ist die Route mit den Ziffern 13/15 markiert. Eine Stunde später sind wir im Weiler **Tolpei** und gleich darauf im benachbarten Dörflein **Dlijia Vedla**, das auch Alt-Wengen genannt wird. Von hier ging einst die Besiedelung des Tales aus. Von der ehemaligen Pfarrkirche ist nur der gotische Turm erhalten geblieben. Es lohnt sehr, sich die Häuser des Weilers genauer anzuschauen.

Zeugen aus der Vergangenheit

Während im deutschsprachigen Südtirol die Einzelhöfe vorherrschen, hat sich in Ladinien, wie hier im Wengener Tal, die alte rätoromanische Siedlungsform bis heute erhalten. Die Häuser

Viles-Tour im Gadertal

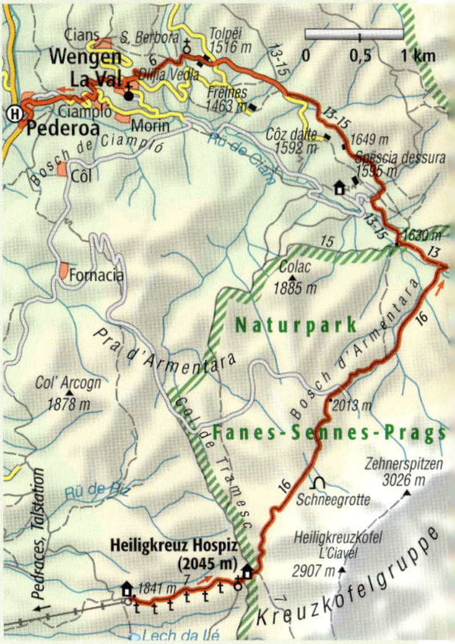

1300 m hoch auf einer Sonnenterasse liegt Wengen – auf Ladinisch La Val

drängen sich eng aneinander. Von außen wirken die Viles wie kleine, unzugängliche Festungen. Innen spielt sich auf Wegen, Durchgängen, kleinen Gässchen und Plätzen das gemeinschaftliche Leben um Brunnen und Backofen ab. Charakteristisch ist die Form vieler Häuser: Über das aus Stein gemauerte Untergeschoss erhebt sich ein Holzaufbau, der weit vorsteht und von einem Söller umgeben ist. Neben dem Wohnhaus steht ein weiteres Gebäude, das als Stall und Stadel dient. Die Mauern, Gesimse und Balkone dieser Paarhöfe sind oft außerordentlich reich mit Ornamenten, Schnitzereien und Fresken geschmückt. Aber die Atmosphäre ist wie in den meisten Viles sehr familiär und abgeschieden. Als Fremder fühlt man sich hier schnell als Eindringling.

Die kleine Kirche **San Berbora** wurde im 15. Jh. außerhalb des Weilers **Dlijia Vedla** auf einem Vorsprung errichtet, der sich kühn über dem Tal erhebt. So konnten überall die Glocken gehört werden. Das Kreuzigungsfresko an der Nordmauer wird der berühmten Malschule um Michael Pacher aus Bruneck zugerechnet. Durch einen Wald führt der Weg abwärts nach **Wengen,** dem heutigen Hauptort des Tales. Der Gasthof Pider lockt zur Einkehr. Da vom Dorf kein Bus verkehrt, geht es dann noch hinunter ins Gadertal nach Pederoa zur Bushaltestelle.

fochten an erster Stelle unter allen Südtiroler Kommunen. Das weitläufige **Corvara**, dessen amtlicher deutscher Name Kurfar sich nie durchsetzen konnte, duckt sich in einer Talmulde vor der Felsenburg der Sella. Ein Netz von Liften und Seilbahnen führt in alle Richtungen in die überwältigende Bergwelt. Mit rund 91 % ist in Corvara der Anteil der ladinischsprachigen Bevölkerungsgruppe besonders hoch.

Wandertouren

Die Tourenmöglichkeiten im Naturpark Fanes-Sennes-Prags, in der Kreuzkofel-Gruppe, am Peitlerkofel und in der Sellagruppe sind fast unendlich und während eines einzigen Aufenthalts nicht zu bewältigen. **Geführte naturkundliche Wanderungen** werden im Naturpark von April bis Anfang November angeboten (Auskünfte und Anmeldung bei den lokalen Verkehrsämtern und im Naturparkhaus). Ein Highlight ist die **Sellaronda,** die 5- bis 8-stündige Umrundung des Gebirgsstocks zu Fuß (Teilstrecken per Seilbahn).

Rad-Events

Im Gadertal finden jedes Jahr zwei Veranstaltungen für ambitionierte Hobby-Radler statt. Der anspruchsvolle **›Maratona dles Dolomites‹**, der Radmarathon der Dolomiten (Ende Juni/Anfang Juli), ist mit über 8000 Teilnehmern eines der größten Rad-Events in den Alpen (www.maratona.it).

Ende Juni sind die Pässe an der Sella für den motorisierten Verkehr gesperrt und können nur im Rahmen des Volksradltages **›Sellaronda Bike Day‹** von Radfahrern befahren werden (www.sellarondabikeday.com).

Freilichtmuseum

Das **Museo della Grande Guerra sul Piccolo Lagazuoi** oberhalb des Passo di Falzarego an der Grenze zur Nachbarprovinz Belluno (16 km von Stern/La Villa, auch Bus) befindet sich an einem der am stärksten im Ersten Weltkrieg umkämpften Gipfel der Dolomiten. Die alten rekonstruierten Stollen und Steige sind teilweise mühsam zu begehen und erfordern Bergerfahrung. Der Museumskomplex wird im Rahmen eines EU-Projekts weiter ausgebaut. Den mühevollen Anstieg kann man sich mit der Seilbahn-Auffahrt erleichtern (Anfang Mai–Okt. tgl. 9–17 Uhr).

Burg Andraz ► J/K 5

5 km nach dem Passo di Falzarego führt eine kleine Teer-/Schotterstraße direkt zur früheren Burg aus dem 12. Jh. (als Castello ausgeschildert), die in strategisch wichtiger Lage auf einem Felssporn thront. Die imposante Ruine wurde kunstvoll mit Stahl-/Glaselementen restauriert. Da die Bauarbeiten noch andauern, ist die Anlage nur teilweise zugänglich.

Übernachten

Luxuriös – **La Perla:** in Corvara, Tel. 04 71 83 10 00, Fax 04 71 83 65 68, www.hotel-laperla.it, Ende Juni–Sept. und Dez.–Anfang April, ab 175 € (110 €). Die Familie Costa führt das Hotel etwas oberhalb des Ortszentrums seit 1956. Einen ausgezeichneten Ruf in Feinschmeckerkreisen hat das zum Haus gehörende Restaurant »Stüa de Michil« (ein Michelin-Stern). Der Seniorchef besitzt eine umfangreiche Motorradsammlung, die Gäste sich anschauen können.

Hell – **La Majun:** in La Villa, 04 71 84 70 30, Fax 04 71 84 70 74, www.lamajun.it, Anfang April–Mitte Mai geschlossen, ab 92 € (72 €). Das geschmackvoll hell und licht gestaltete Hotel wird von der herzlichen Familie Renna-Mellauner geführt.
Oben – **Pider:** in Wengen, 04 71 84 31 29, Fax 04 71 84 32 81, www.pider.info, Mai–Nov. und Dez.–Ostern, HP ab 58 € (45 €). Eine ruhige Alternative zu den Unterkünften des Talbodens ist der Gasthof im hochgelegenen Dorfzentrum von Wengen; spezielle Mountainbike-Angebote.
Am Berg – **Saalerwirt:** in Maria Saalen, Tel. 04 74 40 31 47, Fax 04 74 40 33 02, www.hotel-saalerwirt.net, Mai–Anfang Nov. und 22. Dez.–Ostern, 56 € (40 €). Restaurant: Di Ruhetag. Der gemütliche Gasthof im Wallfahrtsort Maria Saalen befindet sich hoch über dem Eingang zum Gadertal (4 km von St. Lorenzen entfernt); das Restaurant bietet regionale und italienische Küche an.

Essen & Trinken

Ladinisch – **Ostaria da Plazores:** in St. Vigil, Tel. 04 74 50 61 68, Mitte Mai–Sept. und Dez.–Ostern, Mo Ruhetag, Hauptgericht ab 14 €. In dem alten gotischen Bauernhaus (13. Jh.) oberhalb des Dorfzentrums von St. Vigil wird täglich ein Menü serviert, das auf den ladinischen Bauernkalender abgestimmt ist.
Fein – **Stria:** in Colfosco, Tel. 04 71 83 66 20, ganzjährig geöffnet, in der Nebensaison So (abends) und Mo Ruhetag, Hauptgericht ab 18 €. Im Restaurant neben der Kirche wird die feine internationale Küche mit ladinischen Wurzeln gepflegt.
Pizzen – **Ritterkeller:** in St. Vigil, Tel. 04 74 50 14 18, Mitte Juli–Mitte Okt.

Unser Tipp

Gourmet-Tal

Das obere Gadertal, Alta Badia, weist eine Dichte an hoch dekorierten Feinschmecker-Restaurants auf, wie sie sonst nicht in Südtirol zu finden sind. Wer sich einmal etwas Besonderes gönnen möchte, ist hier genau richtig:
St. Hubertus: Tel. 04 71 84 95 00, Fax 04 71 84 93 77, www.rosaalpina.it, Ende Juni–Ende Sept. und Anfang Dez.–Anfang April abends geöffnet, Di Ruhetag, 6-Gänge Degustationsmenü 135 € (ohne Wein). Im kleinen, exklusiven Restaurant St. Hubertus des Hotels Rosa Alpina (2 Michelin-Sterne) in St. Kassian werden leichte traditionelle Speisen auf höchstem Niveau serviert.
La Siriola: Tel. 04 71 84 94 45, Fax 04 71 84 93 69, www.siriolagroup.it, Mitte Juni–Sept. und Dez.–Ostern geöffnet, Mo Ruhetag, Degustationsmenü 92 € (ohne Wein), 140 € (mit Wein). Das erstklassige Restaurant im Hotel Ciasa Salares in Armentarola bei St. Kassian wird von zahlreichen Gastro-Kritikern in den höchsten Tönen gelobt. Die Küche pflegt den feinen regional-kreativen Stil.
Stüa de Michil: Das dritte hoch dekorierte Restaurant befindet sich im Hotel Perla (s. Übernachten).

und Anfang Dez.–Ostern geöffnet, in der Nebensaison Do Ruhetag, Pizza ab 5 €. Im alten Ansitz oberhalb von St. Vigil an der Straße zum Furkelpass werden preiswerte gute Pizzen serviert.
Einfach – **Oies:** in Oies, Tel. 04 71 83 96 71, Mai–Juni geschlossen, in der Nebensaison Mo Ruhetag, Hauptgericht ab 8 €. Einfache, aber wohlschmeckende Gerichte werden im Dorf-gasthof serviert (auf schmaler Straße von St. Leonhard zu erreichen); von der Terrasse blickt man weit über das Tal.

Aktiv & Kreativ

Gleitschirmflüge – **CVL-Alta Badia:** La Villa, Tel. und Fax 04 71 84 75 92, www.cvl-altabadia.com. Tandem-Gleitschirmflüge und Schnupperkurse über dem Gadertal (April–Nov.).

Einkaufen

Spezialität – **Call:** In der Metzgerei im Ortszentrum von St. Vigil werden u. a. Gamswürste als Spezialität angeboten.
Alles frisch – **Bauernmarkt:** Ende Juli–Anfang Sept. 16–19 Uhr. Jeden Fr bieten die Bauern aus der Umgebung am Pavillon in St. Vigil ihre Produkte an.
Handwerk – **Nagler:** Die **Kunstweberei,** die seit fünf Generationen in Familienbesitz ist, befindet sich mit Produktionsstätte und Geschäft in der Handwerkerzone von Pederoa unten am Gadertaler Talboden; u. a. werden Tisch- und Tagesdecken angeboten (www.tessituranagler.com).

Infos

Tourismusverband Crontour: 39030 Bruneck, Michael-Pacher-Str. 11a, Tel. 04 74 55 54 47, Fax 04 74 53 00 18, www.kronplatz.com. Für Informationen für die Gemeinden St. Vigil und St. Martin, die zusätzlich auch örtliche Informationsbüros haben.
Tourismusverband Alta Badia: Col Alt Str. 36, 39033 Corvara, Tel. 04 71 83 61 76, Fax 04 71 83 65 40, www.altabadia.org. Für Informationen aller anderen Gadertaler Gemeinden. Darüber hinaus gibt es lokale Informationsbüros in allen Dörfern.

Verkehr: Durch das gesamte Gadertal führt eine **Buslinie** von/nach Bruneck sowie ins Grödner- und Fassatal, zum Pordoi- und Würzjoch und zum Passo di Falzarego (Belluno).

Bruneck ! ► J 3

Im Pustertal ist Bruneck/Brunico ohne jede Konkurrenz, ist doch die lebendige und weltoffene Kleinstadt (8500 Einwohner) der einzige Ort der Talschaft, der Stadtrechte besitzt. Ungehindert breitet sich die viertgrößte Stadt Südtirols im weiten Talbecken aus.

Um das Jahr 1250 ließ der Brixener Bischof Bruno die stark befestigte Stadt und Burg errichten, um ein Gegengewicht zur weltlichen Macht der Tiroler Fürsten im nahen St. Lorenzen zu schaffen. Doch erst im 15. Jh. konnte Bruneck den benachbarten Ort überflügeln. Nun entwickelte Bruneck sich zu einer aufstrebenden bürgerlichen Stadt, zumal der bedeutende Lorenzi-Markt hierher verlegt wurde. Auch die Lage am Fernhandelsweg zwischen Venedig und Süddeutschland sowie der Bergbau im nahen Ahrntal trugen zum Aufschwung bei.

Während des Krieges zwischen Österreich und Frankreich/Bayern wurde das von den Franzosen besetzte Bruneck noch nach dem Friedensschluss von Schönbrunn (1809) heftig umkämpft. Doch die Pustertaler Bauern konnten die Stadt nicht einnehmen, weil die Bürger die französische Besatzung unterstützten. Ende des 19. Jh. profitierte auch Bruneck vom Ausbau des Eisenbahnnetzes. Während des Ersten Weltkriegs war die Stadt wichtiger Kommandostützpunkt und Lazarettstandort für die »Dolomitenfront« (s. S. 61). Nach dem Zweiten Weltkrieg setzte mit der Ansiedlung von Handwerks- und Industriebetrieben erneut ein wirtschaftlicher Aufschwung ein, der mit einem starken Bevölkerungsanstieg verbunden war.

Stadtrundgang

Die breite Straße ›Graben‹ war einst Teil der Stadtbefestigung, deren Verlauf noch heute gut erkennbar ist. Erhalten blieben die zahlreichen Stadttore und an vielen Stellen Teile der Stadtmauer, in die Fenster für die Stadthäuser dahinter geschlagen wurden. Der einstige Stadtgraben ist längst zugeschüttet. Heute ist die breite, baumbestandene Promenade mit den vielen Terrassencafés die Flaniermeile der Stadt. Die **Ursulinenkirche** 1 (15. Jh.) befindet sich wie alle Kirchen Brunecks außerhalb der Stadtmauern. Da die Stadt bis zum Jahr 1610 keine eigene Pfarrei besaß, sondern zum Sprengel von St. Lorenzen gehörte, wurden auch keine Gotteshäuser erbaut.

Die historische Stadtgasse

Durch das **Ursulinentor** 2 mit Fresken des Meisters Hans von Bruneck gelangt man in den historischen Kern der Stadt. Die **Stadtgasse**, die leicht gebogen durch die gesamte Altstadt führt, ist die Vorzeigestraße Brunecks. Sie wird von prächtigen Bürgerhäusern gesäumt, die in ihrer Grundsubstanz aus dem späten Mittelalter stammen. Gediegene Geschäfte sowie traditionsreiche Gasthäuser und quirlige Bars laden zum Bummeln und Verweilen ein.

Rainkirche

Parallel zur Stadtgasse verläuft die etwas düstere Hintergasse, über die in Vergangenheit und Gegenwart die Geschäftshäuser versorgt wurden und werden. Am Fuß des Burgbergs führt die **Raingasse** an alten Gemäuern entlang zur Rainkirche 3, im 14. Jh. als allererste Kirche der Stadt vom Brunecker Niklas Stuck errichtet. Ihr auffälliger Doppelzwiebelturm ist eines der Wahrzeichen der Stadt.

Schloss Bruneck 4

Mai–Okt. und Dez.–März, tgl. außer Di 10–18 Uhr

Von der Rainkirche kann man zum **Schloss Bruneck** hinaufsteigen. Die Bischofsburg wurde um 1250 erbaut. 2011 wurde in den Räumlichkeiten das fünfte **›Messner Mountain Museum Ripa‹** des berühmten Bergsteigers eröffnet. Die Ausstellung soll die Probleme, Gemeinsamkeiten und Unterschiede der Bergvölker aus aller Welt verdeutlichen. Es ist Ziel, dass Menschen aus den Bergregionen Asiens und Amerikas auf die einheimische Südtiroler Bevölkerung treffen, um sich im Gespräch und in Aktionen produktiv auszutauschen.

Ragener Tor und Ragenhaus

Egal, welche der drei Gassen der Altstadt wir wählen, wir stoßen stets auf das freskengeschmückte **Ragener Tor** 5, hinter dem das engere Stadtgebiet bereits wieder zu Ende ist. Unmittelbar hinter dem Durchgang beginnt **Oberragen**, die heutige Oberstadt. Hier lebten im Mittelalter städtische Beamte,

Über der Stadt thront Schloss Bruneck aus dem 13. Jahrhundert

Handwerker und Bauern. Hinter dem repräsentativen **Ansitz Sternbach** 6 (17. Jh.; privat) und der Mariensäule steht die **Pfarrkirche** 7. Der künstlerische Wert des im Stil der Neoromanik umgestalteten Baus ist umstritten. Ein gutes Beispiel für die Kunst der Pacher-Schule ist das große Kruzifix im Gotteshaus.

In der Nähe der Pfarrirche befinden sich weitere Ansitze, von denen das **Ragenhaus** 8 in der Paul-von-Sternbach-Straße das wohl schönste Gebäude ist. Das bereits im Jahre 1206 als bischöflicher Maierhof erwähnte und 1670 im Stil der Renaissance umgebaute Haus dient heute als wichtigste Kulturstätte der Stadt. Unter anderem ist hier die Städtische Musikschule untergebracht.

Stadtmuseum 9

Di–Fr 15–18, Sa/So 10–12, Juli Di–So 10–12, 15–18 Uhr, Aug. tgl., www.stadtmuseum-bruneck.it

Auf der anderen Seite der Rienz liegt **Außerragen**, der zweite alte Stadtteil vor den Toren Brunecks. Noch im 19. Jh. war hier das Handwerkerviertel der Stadt. Im Hof der Bruder-Willram-Straße 1 ist in den ehemaligen Ställen der Postkutschen das **Stadtmuseum** untergebracht, das neben moderner Grafik auch Schnitzwerke und Gemälde von Michael Pacher zeigt.

Rienzpromenade

Entlang der Rienz bieten sich in beiden Richtungen schöne Promenadenwege an. Westwärts ist schnell **Stegen** erreicht. Die alte Brückensiedlung ist

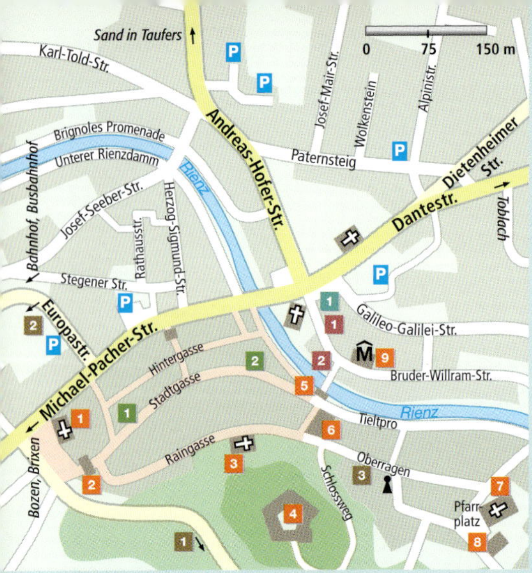

Bruneck

4 Schloss Bruneck
5 Ragener Tor
6 Ansitz Sternbach
7 Pfarrkirche
8 Ragenhaus
9 Stadtmuseum

Übernachten
1 Schönblick
2 Blitzburg
3 Krone

Essen & Trinken
1 Weißes Lamm
2 Bernardi

Einkaufen
1 Schondorf
2 Horvat

Sehenswert
1 Ursulinenkirche
2 Ursulinentor
3 Rainkirche

Abends & Nachts
1 Puka Naka

wahrscheinlich römischen Ursprungs. Nach Osten führt eine schöne Wanderung in einer Stunde durch die Rienzschlucht zur **Lamprechtsburg** (13. Jh., privat). Das Ensemble aus Burg, Burghof, Kapelle und einigen Bauernhäusern liegt idyllisch auf einer Anhöhe über dem Fluss. Die kleine Kirche besitzt ein bemerkenswertes Kruzifix der heiligen Kummernus, der Heiligen der Liebenden. Das Bildnis ist so anrührend, dass man ihm gern etwas anvertrauen möchte.

Ausflüge

Südtiroler Volkskundemuseum

Nur wenig nördlich von Bruneck liegen die Dörfer **Dietenheim** und **Aufhofen**, in denen zahlreiche Ansitze zu bewundern sind. Einer der Dietenheimer Edelsitze, das Herrenhaus Mair am Hof, ist Mittelpunkt des **Südtiroler Volkskundemuseums** (April–Okt. Di–Sa 10–17 (Juli/Aug. bis 18), So 14–18 Uhr, www.volkskundemuseum.it). Auf dem großen Freigelände wurden originale Bauernhäuser, Scheunen, Kornkästen und andere landwirtschaftliche Bauwerke aus dem ganzen Land wieder aufgebaut und vermitteln das Bild einer bäuerlichen Welt, wie sie oft noch vor wenigen Jahrzehnten in Südtirol anzutreffen war.

Reischach und Kronplatz ▶ J 3

Im Süden Brunecks liegt auf einer Mittelgebirgsterrasse der Ferienort **Reischach** (935 m). Von hier führt eine der Umlaufbahnen auf den **Kronplatz** (2275 m), einer der am besten erschlossenen Skiberge der Alpen und immer noch einigermaßen schneesicher. An Spitzentagen drängeln sich bis 18 000 Skifahrer auf den Pisten. Obwohl der Berg mit unzähligen Aufstiegshilfen völlig ›verdrahtet‹ ist und die Erosionsschäden unübersehbar sind, bleibt auch im Sommer die fantastische Aussicht auf den Alpenhauptkamm und die nahen Dolomiten.

Pustertaler Fahrradweg

Bruneck liegt am Radweg durch das Pustertal, der ostwärts über Toblach und Innichen bis nach Lienz in Österreich führt. Nach Westen wird das Eisacktal erreicht. Die Radroute ist gut zu befahren, aber nicht völlig flach. Teilstrecken können aber leicht mit dem Zug überbrückt werden. Leihräder gibt es in vielen Gemeinden entlang der Strecke jeweils am Bahnhof bei **Südtirol Rad,** so auch in Bruneck, wie auch bei der **Rad Boutique Steger,** Ahrntaler Str. 28 im Ortsteil St. Georgen, Tel. 04 74 55 04 42. Streckenhinweise, Fahrpläne, Preislisten und eine Radreservierungsmöglichkeit ist online bei www.pusterbike.com zu finden.

Übernachten

Am Skiberg – **Schönblick** 1: Tel. 04 74 54 17 77, Fax 04 74 54 17 45, www.schoenblick.it, Mitte Mai–Okt. und Anfang Dez.–Mitte April geöffnet, HP ab 90 € (70 €). Das gediegene Hotel liegt in Reischach, dem Aussichtsbalkon der Stadt. Das Haus hat unterschiedliche Zimmer im Neu- und Altbau und einen großen Wellnessbereich.

Zentral – **Blitzburg** 2: Europastr. 10, Tel. 04 74 55 57 23, Fax 04 74 55 57 52, www.blitzburg.it, 60 € (50 €), Mo Ruhetag im Restaurant, Hauptgericht ab 12 €. Das angenehme Hotel befindet sich zwischen Bahnhof und Altstadt von Bruneck. Im Sommer sitzt man schön im schattigen Gastgarten des Restaurants; angeboten werden Südtiroler Spezialitäten.

Altstadt – **Krone** 3: Tel. 04 74 41 11 08, Fax 04 74 55 34 25, www.hotelkrone.info, 61 € (48 €), Restaurant: Do Ruhetag, Hauptgericht ab 10 €. Das verwinkelte Haus liegt ruhig in der Oberstadt des Altstadtviertels von Bruneck. Im Restaurant wird bodenständige Südtiroler Küche serviert.

Essen & Trinken

Altehrwürdig – **Weißes Lamm** 1: Stuckstr. 5, Tel. 04 74 41 13 50, Ende Juni geschlossen, So Ruhetag, Hauptgericht ab 12 €. Das traditionsreiche Gasthaus befindet sich im 1. Stock eines alten Bürgerhauses im Zentrum der Stadt.

Neuzeitig – **Bernardi** 2: Stuckstr. 6, Tel. 04 74 41 11 76, Mo–Sa 8–24 Uhr, kleine Speisen ab 4,50 €. In der Enotheque mit modernem Ambiente werden gute Weine ausgeschenkt; von der kleinen Terrasse an der Rienz blickt man auf die Altstadthäuser.

Unser Tipp

Ein Markt für alle Fälle

Die historischen Quellen sind nicht ganz eindeutig, aber mindestens seit 1398 gibt es den Markt in Stegen, der somit der älteste in ganz Tirol ist. Im heutigen Brunecker Vorort Stegen bieten jedes Jahr Ende Oktober über 300 Wanderhändler für drei Tage alles an, was verkäuflich ist: Lederjacken, Sensen, Kochtöpfe, Waldhonig, Würstel, Köschtn (gebratene Kastanien), Zuckerwatte und vieles mehr.

Lieblingsort

Wo der Kunde noch König ist
Auch in den Südtiroler Städten verschwinden die gut sortierten Lebensmittelgeschäfte, in denen freundliches, sachkundiges Personal hinter dem Tresen das Publikum berät. Der **Lebensmittelladen Horvat** 2 in Bruneck setzt bis heute auf die Tradition und macht den Einkauf zum Erlebnis (s. S. 182).

HORVAT

Einkaufen

Die **Stadtgasse** ist ein kleines Einkaufsparadies, in dem man fast alles bekommt. Gasthäuser und Bars laden zum Verweilen und Schauen ein.
Süffig – Im Laden von **Schondorf** 1 (Nr. 55a) gibt es eine große Auswahl an Südtiroler und anderen italienischen Weinen.
Nostalgisch – **Horvat** 2: Im herrlich altmodischen Lebensmittelgeschäft (Nr. 5a) werden Öl, Obstbrände, Marmeladen und Trockenfrüchte noch von Hand abgewogen und verkauft (s. S.180).

Abends & Nachts

In – **Puka Naka Lounge & Club** 1: Kapuzinerplatz 1, www.pukanaka.net, Fr und Sa 22–4, Lounge zusätzlich Mi und Do 22–3 Uhr. Wenn alle braven Bürger schlafen, trifft sich hier abends Brunecks Jugend. Und regelmäßig bekommen die Inhaber Ärger mit den Behörden.

Infos

Tourismusverein: Rathausplatz 7, 39031 Bruneck, Tel. 04 74 55 57 22, Fax 04 74 55 55 44, www. bruneck.com.

Verkehr: Der **Bahnhof** liegt am Rand der Stadt an der Europastraße (zum Zentrum zu Fuß 20 Min.). **Züge** verkehren von/nach Bozen, Brixen, Brenner, Innsbruck, Toblach, Innichen, Lienz. Der **Busbahnhof** befindet sich zwischen Bahnhof und Altstadt. **Busse** fahren durch das gesamte Pustertal sowie von/nach Dietenheim/St. Georgen, Reischach, Pfalzen/Terenten, Tauferer Ahrntal, Gadertal und Antholzer Tal. Die Stadt besitzt drei Citybus-Linien.

Tauferer Ahrntal ►J 2/3

Im Norden Brunecks beginnt das größte Pusterer Seitental. Es handelt sich um ein Talsystem, das sich in zwei Teile gliedert, die im Charakter völlig unterschiedlich sind: Das breite, ausladende **Tauferer Tal/Val di Tures** führt vom Brunecker Becken bis zur weiten Ebene des Tauferer Bodens. Anschließend verengt sich das Tal für eine Strecke, um dann als **Ahrntal** das nördlichste Tal Südtirols zu bilden.

Tauferer Tal

Gais

Die um 1200 erbaute **Pfarrkirche** des Ortes (836 m) war einst eine romanische Basilika. Die ursprüngliche Innenausstattung fiel leider der Barockisierung zum Opfer. Die gotische **Friedhofskapelle** (um 1500) zeigt dagegen originale Fresken der Erbauungszeit. Etwas außerhalb des Dorfes steht das 1752 erbaute barocke **Pflegerhaus** und das Anfang des 20. Jh. auf Resten einer alten Burg errichtete **Schloss Neuhaus**, das ein Hotel beherbergt. Das Dorfzentrum und das Schloss sind durch den **›Kulturweg‹** verbunden. Kunstobjekte und Informationstafeln erinnern an so berühmte Bewohner und Besucher des Dorfes wie den Minnesänger Oswald von Wolkenstein und den amerikanischen Dichter Ezra Pound.

Uttenheim und Lanebach

Von dem alten Dorf Uttenheim (837 m) führt eine leichte Wanderung hinauf zu den Ruinen der **Burg Uttenheim.** In der Burgkapelle wurden romanische, byzantinisch geprägte Fresken aufgedeckt. Hoch oberhalb der Ruine liegen in extremer Lage die **Bergbau-**

ernhöfe von Lanebach. Noch vor wenigen Jahren waren viele der Berghöfe, die so typisch für das Tauferer Tal sind, nur auf schwierigsten Pfaden erreichbar. Heute führen zu den meisten Höfen kleine Straßen hinauf.

Aktiv & Kreativ

Wilde und zahme Wasser – **River Tours Südtirol**, 39030 Gais, Tel. 04 74 67 84 22, www.suedtirol-river-tours.com. Das Team aus erfahrenen Sportlern veranstaltet **Rafting-Touren** auch auf der Ahr sowie leichte Touren für Familien mit Kindern in den Ahr-Auen (2,5 Std./29 €/ Person). Die Ausrüstung wird gestellt.

Tauferer Boden

Bei **Mühlen** (862 m) öffnet sich das Tauferer Tal zu einer weiten, von steil aufragenden Bergen umgebenen Ebene, dem Tauferer Boden. In früheren Zeiten wurde die flache, fruchtbare Talweitung oft überschwemmt und vermurt. Im Weiler **Taufers** (858 m) steht die **Pfarrkirche** des Talbeckens. Der Bau (16. Jh.) aus massiven Granitquadern zählt zu den schönsten gotischen Kirchen des Landes. Im ehemaligen Kornkasten des benachbarten Mesnerhofes ist ein **Pfarrmuseum** untergebracht, in dem diebstahlgefährdete Skulpturen anderer Kirchen gezeigt werden (Juni–Mitte Okt. Mi–Sa 16–18 sowie So 10–12 Uhr; Führungen durch den gesamten Pfarrbezirk nach Absprache (04 74 67 85 43).

Sand in Taufers

Der größte Ort des gesamten Talsystems, italienisch Campo di Tures (865 m), wirkt fast städtisch. Seitdem das Skirevier am Speikboden errichtet wurde, hat sich das Dorf zu einem vielbesuchten Tourismuszentrum entwickelt. Hauptattraktion ist die **Burg Taufers**, die den Eingang zum Ahrntal ›abriegelt‹.

Burg Taufers

Führungen Mitte Juli–Aug 10–16.30 Uhr ca. jede halbe Stunde, Mitte Mai–Mitte Juli sowie Sept., Okt. 10, 11, 14, 15.15 und 16.30 Uhr, im Winter Di, Fr, So 15 Uhr, www.burgeninstitut.com

Jedes Jahr besuchen Zehntausende die mächtige Anlage, die einst Stammsitz der Herren von Taufers war. Nach dem Aussterben dieses Geschlechts (1340) wechselte die Burg unzählige Male den Besitzer. Die Räumlichkeiten wurden geplündert, und die gesamte Anlage verfiel allmählich. Erst in den 1950er-Jahren wurde die Burg wieder aufgebaut und restauriert, sodass die 64 Säle und Räume, von denen 24 kostbare Vertäfelungen und Kassettendecken haben, wieder in ihrer alten Pracht erstrahlen. Ein Teil des ursprünglichen Mobiliars konnte zurückgekauft werden. Besonders beeindruckend sind der Bibliothekssaal mit einem großen Kachelofen und der Rittersaal mit den Porträts der Adelsgeschlechter.

Reintal und Naturpark Rieserferner-Ahrn ▶ K 1/2

Viel weniger Besucher verirren sich in das **Reintal/Valle di Riva,** das zur Gemeinde Sand in Taufers gehört und mitten im **Naturpark Rieserferner-Ahrn** liegt. Das Schutzgebiet, das rund 31 500 ha umfasst, bildet zusammen mit dem Nationalpark Hohe Tauern und der Ruhezone Zillertaler Alpen in Österreich eines der größten zusammenhängenden Landschaftsschutzgebiete der Alpen.

Das kleine Bergdorf **Rein** (1595 m) ist ein idealer Startpunkt für Wanderungen und Hochtouren in einer ein-

Spritziges Abenteuer: eine Rafting-Tour auf der Ahr

samen Bergwelt mit tosenden Wasserfällen, hoch gelegenen Bergbauernhöfen und eisbedeckten Dreitausendern. Das **Naturparkhaus,** das vielfältig informiert, steht allerdings am Rathausplatz in Sand in Taufers (Mai–Okt. und Mitte Dez.–Mitte März Di–Sa 9.30–12.30, 16–19 Uhr, Juli und Aug. auch So).

Wandertouren

Ob individuell oder mit einem Wanderführer: Die Möglichkeiten im **Naturpark Rieserferner-Ahrn** sind nahezu unbegrenzt. Geführte naturkundliche Touren finden von April bis Anfang November statt. Informationen und Anmeldung bei den Verkehrsämtern des Tales und in den Naturparkhäusern.

Hans Kammerlander, in Ahornach bei Sand in Taufers geboren und der nach Reinhold Messner berühmteste Bergsteiger Südtirols veranstaltet regelmäßig Touren, die er selbst begleitet (Informationen über den Tourismusverein Sand in Taufers und über die Homepage www.kammerlander.com).

Radvergnügen

Von Bruneck führt ein nahezu ebener asphaltierter Radweg bis nach Sand in Taufers (ca. 18 km), der auch gut für eine Radtour mit Kindern geeignet ist. Räder können in Bruneck (s. S. 178) und auch bei **Ahrntal Bike** in **Sand in Taufers** am Naturbadeteich gemietet werden.

Übernachten

Klein und fein – **Alte Mühle:** Tel. 04 74 67 80 77, Fax 04 74 67 95 68, www.altemuehle.it, Nov. geschl., HP ab 100 € (84 €). Das Restaurant ist in der Woche nur abends geöffnet, Hauptgericht 18 €. Das romantische Hotel mit nur 29 Zimmern befindet sich in einer früheren Kornmühle. Restaurant mit feiner italienischer und regionaler Küche.

Essen & Trinken

Bodenständig – **Zum Turm:** in Sand in Taufers, Tel. 04 74 67 81 43, So abend und Mo geschl. Der Besitzer des früheren Gourmet-Restaurants »Leuchtturm« bietet nun wieder eine bodenständige, wohlschmeckende Südtiroler Küche an.

Artgerecht und biologisch – **Drumlerhof:** in Sand in Taufers, Tel. 04 74 67 80 68, Fax 04 74 67 91 16, www.drumlerhof.com, kein Ruhetag, Hauptgericht ab 15 €. Auch komfortables Hotel: ab 105 € (85 €). Im angenehmen Restaurant der Familie Innerhofer-Fauster kommt ausschließlich Fleisch aus artgerechter Tierhaltung sowie Obst und Gemüse aus biologischem Anbau auf den Tisch.

Infos

Tourismusverein Gais-Uttenheim: 39030 Gais, Ulrich von Taufers 5, Tel. 04 74 50 42 20, www.gais-uttenheim.com.

Tourismusverein Sand in Taufers: 39032 Sand in Taufers, Tel. 04 74 67 80 76, Fax 04 74 67 89 22, www.taufers.com.

Ahrntal ► J 2

Hinter der schluchtartigen Enge, die von der Burg Taufers beherrscht wird, wechselt das Tal den Namen. Das **Ahrntal** am Südrand der Zillertaler Alpen war über Jahrhunderte völlig abgeschieden. Das raue Klima ließ nur mäßige landwirtschaftliche Erträge zu. Auch der Kupferbergbau im hintersten Talabschnitt, der ab dem 15. Jh. betrieben wurde, konnte die Armut der Talbewohner kaum mildern. Als der Bergbau Ende des 19. Jh. wegen der mächtigen ausländischen Konkurrenz aufgegeben wurde, brachten das Klöppelhandwerk und die Holzschnitzkunst den arbeitslosen Bergarbeiterfamilien ein bescheidenes Auskommen. Das Ahrntal gehört zu den weniger besuchten Landschaften Südtirols.

St. Johann

Bei **Luttach** (970 m) öffnet sich das Ahrntal, wendet sich scharf nach Nordosten und gewinnt nun rasch an Höhe. Im Dörfchen **St. Johann** (1018 m) ist die schöne **St. Johann-Kirche** zu besichtigen, die durch ihren einheitlichen barocken Freskenschmuck besticht. Im **Mineralienmuseum** werden Bergkristalle wie Amethyste, Smaragde und Sphene aus den Hohen Tauern präsentiert (April–Okt. tgl. 9.30–12, 15–18.30, Nov.–März tgl. 15–18 Uhr, www.mineralienmuseum.com).

Steinhaus

Das Dorf Steinhaus/Cadipietra besitzt mit dem **Ansitz Gassegg,** dem **Rathaus** und dem **Erzstadel** stattliche Gebäude, die von der früheren Bedeutung als Umschlagplatz für das Kupfererz aus dem Talschluss zeugen. Auffällig ist der vierstöckige ehemalige **Kornkasten,** der um 1700 erbaut wurde und bis 1893 ›Pfennwertemagazin‹ für die Knappen des Tales war. Die Bergarbeiter erhielten ihren Lohn nämlich in sogenannten Pfennwerten ausgezahlt, Getreide, Salz, Käse und Schmalz, die im Kornkasten gelagert wurden. Heute ist das Gebäude Teil des Südtiroler Bergbaumuseums (s. u.), in dem die einzigartige bergbaukundliche Sammlung des Grafen Enzenberg, Enkel des letzten Ahrntaler Montanunternehmers, gezeigt wird. Mehrere PC's erschließen auch virtuell die spannende Geschichte des Bergbaus (April–Okt. Di–So 9.30–16.30, Do bis 22, Weihnachten–April Di/Mi 9–12 und 15–18 Do 15–22, Sa 15–18 und So 14–18 Uhr, www.bergbaumuseum.it).

Kasern

Je weiter man nun in das Talinnere vordringt, desto bescheidener und bäuerlicher werden die Dörfer. Vorbei an den kleinen Orten **St. Jakob** (1194 m) und **St. Peter** (1364 m) führt die Ahrner Straße immer höher. Nach einer Enge windet sie sich schließlich hinauf nach **Prettau** (1475 m), dem Hauptdorf des oberen Talabschnitts, und dann weiter nach Kasern (1582 m), dem früheren Zentrum des Kupferabbaus.

Das ehemalige Bergwerk ist jetzt **Südtiroler Bergbaumuseum.** Der St. Ignaz-Stollen, 1000 m tief im Berg, kann im Rahmen von Führungen per elektrischer Grubenbahn und zu Fuß besichtigt werden. Auch die Produktion des Prettauer Kupfers, das wegen seiner besonderen Dehnbarkeit sehr gefragt war, wird vorgeführt. In einem der Stollen ist eine Asthma-Therapiestation eingerichtet, da die pollenfreie und nahezu staubfreie Luft Hilfe bei Atemwegserkrankungen verspricht. Mit der Grubenbahn geht es zu festen Zeiten 1100 m in die Tiefe. Empfohlen wird jeweils ein Aufenthalt von zwei Stunden in der sauberen Atmosphäre über einen Zeitraum von 10 bis 20 Tagen. Wer lieber an der Oberfläche bleibt, begeht den ausgeschilderten bergbaukundlichen Lehrpfad, der mit Tafeln die harte und gefahrvolle Arbeit der Knappen erläutert (April–Okt. Di–So 9.30–16.30 Uhr, www.bergbaumuseum.it; Einfahrzeiten Therapiestation: April–Okt. Di–Sa 9–11.20 und 14.40–17, Juli/Aug. zusätzlich 17.40–20 Uhr).

Vom Dorf führt ein Kirchweg, dessen Kreuzwegstationen unter Anleitung der Ahrner Holzschnitzschule von Jugendlichen angefertigt wurden, zur wohlrestaurierten Wallfahrts- und Knappenkirche **Heilig Geist** (15. Jh.) auf 1619 m Höhe. Die Skulpturen in der stets geöffneten Kirche, die mit Wandmalereien der Hochgotik geschmückt ist, sind Nachbildungen von Figuren eines spätgotischen Flügelaltars. Die Originale sind in der Prettauer Pfarrkirche untergebracht.

Ahrner Talschluss

Der Ahrner Talschluss war einst Ausgangspunkt für vielbenutzte Alpenübergänge, die auch zum Schmuggeln und als Fluchtwege benutzt wurden. Über das Hundskehljoch (2559 m), den Krimmler Tauern (2633 m) und die Birnlücke (2667 m) gelangt man zu Fuß auf relativ einfachen, aber langen Wegen hinüber nach Österreich ins Zillertal und in den Pinzgau.

Übernachten, Essen

Traditionell – **Kasern:** in Kasern, Tel. 04 74 65 41 85, Fax 04 74 65 41 90, www.kasern.it, Nov.–26. Dez. geschl., HP ab 64 € (ab 53 €). Das Hotel im Talschluss am Ende der Straße in Kasern blickt auf eine 500 Jahre alte Tradition als früheres Hospiz und Gasthof zurück. Im Restaurant werden Südtiroler und italienische Speisen aufgetischt.

Entspannend – **Linderhof:** in Steinhaus, Tel. 0474 65 21 90, Fax 04 74 65 24 14, www.linderhof.it, ganzjährig, 3/4-Pension (zusätzliches Buffet am Nachmittag) pro Person ab 144 € (101 €). Das gepflegte Haus überzeugt mit einem großen Wellness-Angebot und guter Küche; die Familie Steger führt auch das benachbarte Hotel Alpenschlössl.

Aktiv & Kreativ

Hoch zu Ross – **Herbert's Reitstall:** in Luttach, Moar zu Pirk 31, Tel. 33 55 38 90 99, Fax 04 74 67 15 05, www.pferdetrekking.it. Der Hof bietet **Ponyreiten** für Kinder und Ausritte sowie von

Mai bis Oktober mehrtägige **Pferde-Trekking-Touren** durch den Naturpark Rieserferner-Ahrn mit Übernachtungen in Almhütten an.

Infos

Tourismusverband Tauferer Ahrntal: 39030 Steinhaus, Tel. 04 74 65 20 81, Fax 04 74 65 20 82, www.tauferer.ahrntal.com. Bis auf Gais sind alle Dörfer des Tauferer Ahrntals zentral über diese Adresse zu erreichen. Lokale Informationsbüros gibt es zusätzlich in Sand in Taufers, Luttach, Steinhaus, St. Johann und Prettau.

Infozentrum Naturpark Rieserferner-Ahrn: In Kasern steht das zweite Informationszentrum des Naturparks, das sowohl über die Natur als auch über die Kultur des Ahrntals informiert (Juni–Anfang Okt. Mo–Sa 10–17, Mitte Juli–Mitte Sept. tgl. 9–18 Uhr).

Verkehr: Busse fahren von/nach Bruneck durch das gesamte Tal bis Kasern und (seltener) in die Seitentäler bis Lappach, Rein, Ahornnach und Weissenbach.

Antholzer Tal ▶ K 3

Auch das Antholzer Tal/Val di Anterselva, das von Olang nach Nordosten strebt, gliedert sich in zwei Abschnitte. Während das breite untere Tal noch stark vom offenen Olanger Becken geprägt ist, trägt der schmale, von steilen Bergflanken gesäumte obere Talabschnitt hochalpine Züge. Charakteristisch für das Tal sind die zahlreichen verstreut liegenden Höfe am Talboden und an den Hängen. Das Antholzer Tal bildet die Ostgrenze des Naturparks Rieserferner, der vielfältige Wandermöglichkeiten bietet. International ist das Tal durch die Biathlon-Weltcups und Weltmeisterschaften bekannt geworden, die hier oft stattfinden.

Rasen ▶ K 3

Das erste Dorf des Antholzer Tales ist **Niederrasen** (1030 m). In der Nähe des Ortes befindet sich ein großes Urnengräberfeld aus der Hallstattzeit (8.–6. Jh. v. Chr.), eine der bedeutendsten archäologischen Fundstätten in Südtirol. Gegenüber von **Oberrasen** (1040 m) steht der **Ansitz Heufler** (16. Jh.), heute ein Hotel, dessen prachtvoll getäfelten Renaissanceräume mit Anmeldung (Tel. 04 74 49 85 82) besichtigt werden können. Ein Wanderweg führt von diesem hinauf zur Ruine der **Burg Neurasen** (um 1200 erbaut) und weiter zu den Erdpyramiden in der Nähe des Weilers Platten.

Die Antholzer Talstraße durchquert das frühere Hochmoor **Rasner Mösern** mit seiner seltenen Fauna und Flora, das leider bis auf einige klägliche Reste trockengelegt und erst danach als »geschütztes Biotop« ausgewiesen wurde.

Antholz ▶ K 2/3

Hinter **Bad Salomonsbrunn**, dessen radioaktives Wasser Linderung bei Frauenleiden verspricht, verengt sich das Tal. Im nahen Dorf **Antholz-Niedertal/Anterselval** (1127 m) steht die **Kirche St. Walburg** mit einem Christophorusfresko an der Außenwand, das der Pacher-Schule zugerechnet wird. Das Dorf **Mitterthal** (1241 m) bildet das kleine Zentrum des hinteren Tales. Über **Obertal** (1418 m) erreicht die nun schmalere und steilere Talstraße den schön gelegenen **Antholzer See**

(1641 m) und das **Biathlonstadion** mit den Schießständen. Der blaugrüne, fischreiche See wird von der gewaltigen Gebirgskulisse der Rieserfernergruppe mit den Dreitausendern Wildgall und Hochgall umrahmt.

Vom See verläuft die schmale, kurvenreiche Passstraße (zeitlich wechselnder Einbahnstraßenverkehr!) hinauf zum **Staller Sattel** (2052 m) und dann hinab ins österreichische Defereggental. Die Bergstraße kann während der Sommermonate ab Mitte Juni bis Mitte Oktober von 7–21 Uhr befahren werden.

Aktiv & Kreativ

Biathlon und Langlauf – **Langlaufskischule:** 39030 Antholz-Obertal, Tel. und Fax 04 74 49 24 46, www.langlauf-antholz.it; Mai–Okt. jeden Fr 16 Uhr ›Probeschießen‹ für Gäste im Biathlonstadion. Das Antholzer Tal hat sich zum Zentrum des Biathlon- und Langlaufsports für Profis und Amateure entwickelt. 60 km präparierte Loipen durchziehen das Tal, und mit dem Biathlon-Stadion besitzt Antholz eine international anerkannte Sportstätte. Biathlon-Unterricht erteilt die Langlaufskischule.

Wandern – **Geführte Touren:** In Kooperation mit den Verkehrsvereinen aus dem Antholzer Tal und dem Ahrntal bietet die Verwaltung des Naturparks Rieserferner-Ahrn geführte naturkundliche Tageswanderungen an (Juni–Mitte Okt.). Auskunft und Programme: über die Verkehrsvereine.

Infos

Tourismusverein Rasen: 39030 Rasen, Tel. 04 74 49 62 69, Fax 04 74 49 80 99, www.rasen.it.

Tourismusverein Antholz: 39030 Antholz-Mittertal, Tel. 04 74 49 21 16, Fax 04 74 49 23 70, www.antholz.com.

Verkehr: Busse von/nach Bruneck fahren durch das gesamte Tal bis zum Antholzer See.

Welsberg ▶ K 3

Der recht geschlossen wirkende Ort **Welsberg/Monguelfo** im Pusterer Haupttal (1085 m) geht auf eine römische Siedlung zurück. Mit seinen großen Häusern und einigen Verwaltungsämtern hat Welsberg eine Mittelpunktsfunktion für diesen Teil des Pustertales. In der **Pfarrkirche St. Margareth** befinden sich drei Altarbilder des in Welsberg geborenen Barockmalers Paul Troger, der nach seinen Lehr- und Wanderjahren in Italien besonders im Donauraum tätig war. An der Kirche steht ein Bildstock, dessen von Michael Pacher stammende Malereien bei einer Flutkatastrophe im Jahr 1882 leider weitgehend zerstört wurden.

Im Norden über dem Ort thront das **Schloss Welsperg** (12. Jh.), das umfassend restauriert wurde und den würdigen Rahmen für kulturelle Veranstaltungen bildet (Juli–Mitte Sept. Mo–Fr 10–13, 16–18, So 16–19, zweite Sept.-Hälfte Mo–Fr 15–17 Uhr, www.schlosswelsperg.com).

Taisten

Oberhalb von Welsberg, am Eingang des Gsieser Tals, liegt das ruhige Bauerndorf **Taisten** (1203 m), das einen prachtvollen Blick auf die Pragser Dolomiten bietet. Die beiden Gotteshäuser, die ursprünglich romanische **St. Georgkirche** und die barocke **Pfarrkirche** sowie der gotische Bildstock am Dorfeingang vermitteln einen Überblick über das Kunstschaffen verschiedener Epochen, wie er auf so engem Raum in Südtirol selten anzutreffen ist. Neben so bedeutenden Künstlern wie Leonhard von Brixen, Michael Pacher, Franz Singer und Franz Anton Zeiller ist auch der im Dorf geborene Maler Simon von Taisten mit Wandmalereien vertreten. Der Ortspfarrer persönlich erklärt im Rahmen einer Führung die sakrale Kunst (jeden Mi im Sommer 9.30–11 Uhr, Anmeldung am Vortag in den örtlichen Tourismusbüros).

Infos

Tourismusverein Welsberg: 39035 Welsberg, Tel. 04 74 94 41 18, Fax 04 74 94 45 99, www.welsberg.com.

Verkehr: Regionalzüge und **Busse** fahren durch das gesamte Pustertal sowie werktags (nicht So) hinauf nach Taisten und ins Gsieser Tal.

Gsieser Tal ▸ L 3

Das unspektakuläre Tal, das von Welsberg nach Nordosten verläuft, wird von der Land- und Forstwirtschaft geprägt. Der Tourismus hat nur eine geringe Bedeutung. Über dem sanft ansteigenden Wiesental erstreckt sich ein breiter Waldgürtel, der noch weiter oben von ausgedehnten Hochalmen abgelöst wird. Die kleinen Dörfer und die weit verstreut liegenden Höfe unterstreichen die Anmut des Tales. Oft sind noch ›Harpfen‹ zu sehen. Diese hohen Gerüste aus Holz, die zum Trocknen von Gerste benutzt werden, sind slawischen Ursprungs und waren früher im oberen Pustertal weit verbreitet.

Das Dorf **St. Martin** (1319 m) ist der Geburtsort des Kapuzinerpaters Joachim Haspinger, der im ›Tiroler Freiheitskrieg‹ eine eher unrühmliche Rolle spielte und Andreas Hofer nach dem Friedensschluss von Schönbrunn zu weiteren – aussichtslosen – Kämpfen überredete. Von **St. Magdalena** (1398 m) aus kann man hinauf zum Gsieser Törl (2205 m) wandern, einem einst vielbegangenen Übergang in das Osttiroler Defereggental (4 Std. hin und zurück).

Infos

Tourismusverein Gsieser Tal: 39030 St. Martin in Gsies, Tel. 04 74 97 84 36, Fax 04 74 97 82 26, www.welsberg.com.

Verkehr: Werktags (nicht So) fahren **Busse** ca. stdl. von/nach Welsberg durch das Gsieser Tal bis/vom Talschluss.

Pragser Tal ▸ K 4

Pragser Wildsee

Kurz hinter Welsberg zweigt das Pragser Tal ab und gabelt sich bereits nach wenigen Kilometern. Nach Südwesten

Unser Tipp

Köstlicher Käse
Gleich zu Beginn des Pragser Tales zweigt hinter dem Bauhof rechts das Sträßchen zum **Lechnerhof** von Bauer Patzleiner ab, der in Feinschmeckerkreisen sehr geschätzte Rohmilchkäse aus Ziegen- und Kuhmilch herstellt und verkauft. Auch einige Appartements werden vermietet (Tel. 04 74 74 86 52, www.pragserkaese.com, Laden tgl. außer So, Appartement: 30 € (23 €).

Herrlich gelegen und ein beliebtes Ausflugsziel: der Pragser Wildsee

verläuft das Innerpragser Tal/Valle di Braies, an dessen Ende der **Pragser Wildsee** (1494 m) liegt. Die Felswände der umliegenden Berge scheinen direkt in das Wasser des Sees hineinzustürzen, der mit dem Karersee um die Auszeichnung wetteifert, der schönste der Dolomiten zu sein. Doch Schönheit hat auch ihren Preis: Im Sommer sind die Ufer mit Ausflüglern heillos überfüllt. Aber wie so oft führen nur wenig weiter stille, steile Wege in die grandiose Bergwelt des **Naturparks Fanes-Sennes-Prags**. Wer es weniger anstrengend mag, leiht am Hotel Pragser Wildsee ein Ruderboot aus.

Das **Hotel Pragser Wildsee** war 1945 letzter Gefangenenort von 139 prominenten KZ-Häftlingen, darunter der ehemalige österreichische Bundeskanzler Kurt von Schuschnigg. Die Nazis erhofften sich, die Gefangenen bei Verhandlungen mit den Alliierten als Faustpfand einsetzen zu können. Die heutige Inhaberin des Hotels, Caroline Heiss, hat die Zeugnisse dieser Gefangenschaft in einem Zeitgeschichtsarchiv zusammengetragen.

Altprags und Plätzwiese

Der andere Zweig des Pragser Tales, das **Altpragser Tal**, führt nach Süden. Etwas abseits der Talstraße liegt **Bad Altprags** (1380 m). Das traditionsreiche Badehotel steht heute verlassen am Hang. Die Zukunft des Rheuma-Heilbades, in dem seit dem 15. Jh. der Badebetrieb belegt ist, ist ungewiss. Den Talschluss bildet ein glorioses Crescendo aus Felsgraten und Bergspitzen und zieht wie der Pragser Wildsee unzählige Besucher an. Bis zum Gasthof Brückele (Parkplatz) ist die Talstraße frei befahrbar.

Von dort verkehrt im Sommer ein Bus hinauf zur **Plätzwiese.** Der weite, blumenübersäte Bergrücken ist idealer Ausgangspunkt für einen Spaziergang zur **Dürrensteinhütte** (40 Min.), wo die Ruine eines österreichischen Sperrforts aus dem Ersten Weltkrieg steht, und für anspruchsvolle Bergtouren im **Naturpark Fanes-Sennes-Prags.** Von April bis Anfang November veranstaltet die Parkverwaltung geführte naturkundliche Wanderungen (Termine und Anmeldung beim Tourismusbüro).

Übernachten

Traumhaft – **Hohe Gaisl:** Plätzwiese, Tel. 04 74 74 86 06, Fax 04 74 74 86 37, www.hohegaisl.com, Anfang Juni–Mitte Okt. und Anfang Dez.–Ostern, HP ab 83 € (78 €). Hotel in exzellenter Lage hoch oben auf der Plätzwiese; Gäste erhalten eine Sondergenehmigung für das Befahren der Bergstraße.

Infos

Tourismusverein Pragser Tal: 39030 Prags, Außerprags 78 (im Hauptdorf Säge an der Straßengabelung), Tel. 04 74 74 86 60, Fax 04 74 74 92 42, www.pragsertal.info.

Verkehr: Von/nach Toblach sowie im Tal verkehren **Busse** bis zum Pragser Wildsee und zur Plätzwiese. Mitte Juli–Mitte Sept. besteht eine **Verkehrsbeschränkung** ab Gasthof Brückele auf der schmalen Bergstraße zur Plätzwiese: Bis 10 Uhr dürfen maximal 100 Privatautos gegen Maut hinauffahren. Die Rückfahrt hinab ist jederzeit möglich. Bequemer ist auf jeden Fall der Pendelbus, der ab Brückele verkehrt.

Niederdorf ▶ K 3

Kurz vor dem Toblacher Feld erreicht man den recht großen Ort Niederdorf (1157 m), der schon in römischen Zeiten eine wichtige Rast- und Zollstation an der Handels- und Kriegsstraße durch das Pustertal war. Für den beginnenden alpinen Fremdenverkehr des 19. Jh. spielte die im Dorf ansässige legendäre Emerentia Hausbacher eine tragende Rolle. Zusammen mit ihrem Mann gründete ›Frau Emma‹, wie sie von allen genannt wurde, international bekannte Hotels in Meran, am Pragser Wildsee und im Vinschgau. Den Gasthof ›Emma‹ gibt es in Niederdorf noch heute.

Fremdenverkehrsmuseum
Juli–Sep. sowie in den Weihnachtsferien Di–So 16–19, Mitte Jan.–Feb. sowie Mai/Juni Fr und So 16–19, Sa 9–12 und 16–19 Uhr
Das **Haus Wassermann** an der Staatsstraße, ein herrschaftlicher Ansitz, beherbergt heute das **Fremdenverkehrsmuseum Hochpustertal**, das alte Karten, Hüttenbücher und vergilbte Gästeverzeichnisse aus den Anfängen des Tourismus zeigt.

Toblach ▶ L 3

Am **Toblacher Feld** ist mit 1220 m der höchste Punkt des Pusterer Talbodens erreicht. Der Scheitelpunkt ist ein eher unscheinbarer Sattel, den die meisten Autofahrer gar nicht bemerken werden. Trotzdem ist er eine wichtige geografische Grenze und bedeutende Wasserscheide: Die Wasser der Rienz fließen nach Westen und erreichen über Eisack und Etsch das Mittelmeer. Im Osten des Toblacher Feldes entspringt die Drau, deren Wasser über die Donau in das Schwarze Meer strömen.

Im Norden und Süden des Sattels erstreckt sich **Toblach/Dobbiaco**. Der Ort blickt auf eine über einhundertjährige Fremdenverkehrstradition zurück. Für den Adel und das Großbürgertum war Toblach um 1900 der Inbegriff für eine standesgemäße Erholung. Auch heute noch ist das große Dorf ein bedeutendes Tourismuszentrum. Die günstige Lage am Rand der Dolomiten und die alljährlichen Musikwochen zu Ehren von Gustav Mahler, der in Toblach zwischen 1908 und 1910 seine letzten großen Kompositionen schuf, unterstreichen den Ruf.

Alt-Toblach

Nördlich der Pusterer Talstraße liegt Alt-Toblach (1240 m). Nur im Ortskern hat sich noch etwas von der Atmosphäre des früheren Dorfes erhalten. Die **Pfarrkirche** ist ein riesiger Bau mit schönen spätbarocken Deckenfresken des Malers Franz Anton Zeiller und Altären von Johann Perger. Hier beginnt ein Kreuzweg mit fünf Kapellen (frühes 16. Jh.), vermutlich der älteste in Tirol. Der zinnen- und erkergeschmückte **Ansitz Herbstenburg** (um 1500) in Nähe der Kirche kann nur von außen besichtigt werden. Von den zahlreichen kleinen Kirchen in der Umgebung von Alt-Toblach ist **St. Silvester** auf der Alpe kunsthistorisch die bedeutendste. Die Wallfahrtskirche im hintersten Silvestertal steht einsam auf 1800 m. Ihre Fresken (Mitte des 15. Jh.) werden der Brixener Schule zugeschrieben.

Neu-Toblach

Südlich des Toblacher Sattels liegt am Bahnhof die Hotelsiedlung Neu-Toblach (1209 m). Als Zeugnis der glanzvollen touristischen Vergangenheit wurde das im 19. Jh. erbaute **Grandhotel** restauriert. Die riesige Nobelherberge, in der zahlreiche gekrönte Häupter ihre Ferien verbrachten, beherbergt jetzt ein **Kultur- und Tagungszentrum** (www.grandhotel-toblach.com), in dem alljährlich im Juli und August die Gustav-Mahler-Musikwochen stattfinden (www.gustav-mahler.it). Ferner sind in dem prachtvollen Gebäude das **Naturparkhaus** für die Sextener Dolomiten und eine Jugendherberge untergebracht (Naturparkhaus: Mai–Okt. und Weihnachten–Ende März Di–Sa 9.30–12.30, 14.30–18, im Juli/Aug. auch So sowie Do 18–22 Uhr).

Im nahen **Altschuderbach** wird im **Komponierhäuschen,** dem Feriendomizil von Gustav Mahler, mit einer kleinen Ausstellung an das Werk des Musikers erinnert (Okt.–Mai Fr–Mi 10–16, Juni–Sept. tgl. 9–17 Uhr).

Höhlensteintal ▶ L 4

Von Neu-Toblach führt das Höhlensteintal/Valle di Landro vorbei am **Toblacher See** und am **Dürrensee** mitten hinein in die wilde Bergwelt der Dolomiten. Durch das Tal führte einst auch die Schmalspurbahn nach Cortina d'Ampezzo, auf deren 1962 stillgelegter Trasse ein schöner Radweg angelegt wurde (s. S. 193).

In **Schluderbach** (1437 m), kurz vor der Provinzgrenze zum Belluno, gabelt sich die Straße. Auf der einen Seite kann man nach Cortina d'Ampezzo, die sehenswerte Olympiastadt von 1956, hinunterfahren, auf der anderen nach Misurina. Dort beginnt die mautpflichtige **Drei-Zinnen-Straße,** die gleichsam von hinten zu den wohl bekanntesten Dolomitengipfeln hinaufführt und Fußmüden den langen, aber herrlichen Anstieg durch den **Naturpark Sextener Dolomiten** ›erspart‹.

Wanderungen

Toblach bzw. Niederdorf sind Ausgangspunkte des anspruchsvollen und anstrengenden **Dolomiten-Höhenweges Nr. 3,** der in 8–10 Tagesetappen nach Longarone im Piavetal in der Nachbarprovinz Belluno führt. Der **Naturpark Drei Zinnen,** der frühere Naturpark Sextener Dolomiten, mit unzähligen leichten wie anspruchsvollen Tourenmöglichkeiten ist schnell von Toblach zu erreichen.

Cortina d'Ampezzo ► L 4

Die heimliche Hauptstadt der Dolomiten (6900 Einwohner) in der Nachbarprovinz Belluno breitet sich im weiten Talbecken des Bergflusses Boite aus. Innerhalb weniger Jahrzehnte hat sich das frühere Dorf der Holzarbeiter und Hirten zu einem der mondänsten Ferienorte Italiens entwickelt. Weltweit wurde Cortina durch die olympischen Winterspiele von 1956 bekannt. Auf dem Corso Italia, der Fußgängerzone im Zentrum, flaniert sommers wie winters ein internationales Publikum.

Der Radweg von Toblach auf der Trasse der ehemaligen Bahnstrecke durch das Höhlensteintal über den Passo di Cimabanche nach Cortina d'Ampezzo (www.cortina.dolomiti.org), ist 32 km lang. Es müssen zwar nur je 300 Höhenmeter bergauf und bergab bewältigt werden, für die gesamte Strecke nach Cortina sollte aber trotzdem ein ganzer Tag eingeplant werden. Wer bei Rentabike am Bahnhof Toblach (www.rentabike.it) ein Rad ausleiht, kann es unterwegs in Cimabanche oder Cortina abgeben und mit dem Bus zurückfahren.

Übernachten

Ansprechend – **Santer:** in Neu-Toblach, Tel. 04 74 97 21 42, Fax 04 74 97 27 97, www.hotel-santer.com, Nov. geschlossen, HP ab 96 € (81 €). Das schöne, komfortable Hotel mit gutem Wellness-Bereich am südlichen Ortsrand von Neu-Toblach ist das beste Haus am Platz.

Freundlich – **Café Sport Garni:** in Alt-Toblach, Tel./Fax 04 74 97 21 79, 38 € (35 €). Die einfache Frühstückspension der freundlichen Familie Unterhuber-Filippi liegt mitten im alten Dorfkern von Toblach.

Seeblick – **Baur am See:** in Toblachersee, Tel. 04 74 97 21 06, www.hotelbaur.com, Juni–Sept. und Weihnachten–März, HP ab 70 € (55 €). Das unter Denkmalschutz stehende Hotel liegt direkt am Toblacher See (3 km vom Dorfzentrum). Besonders schön sind die Zimmer, die zum See hinausgehen.

Essen & Trinken

Fein – **Winkelkeller:** in Alt-Toblach, Graf-Künigl-Str. 8, Tel. 04 74 97 20 22, Mi Ruhetag, Hauptgericht ab 12 €. Das Restaurant in einem alten Bauernhaus am Ortsrand pflegt die verfeinerte einheimische Küche.

Romantisch – **Seeschupfe:** am Toblacher See, Tel. 04 74 97 22 94, Mo Ruhetag, Hauptgericht ab 10 €. Abends kann es sehr romantisch werden in diesem rustikalen Restaurant am See, mit großer Terrasse und Südtiroler Küche.

Kunst – **Artcafé:** Graf-Künigl-Str. 4, Tel. 047 49 72 00 90, in der Nebensaison So Ruhetag. Das Café im Haus des Toblacher Postamtes ist nicht nur ein netter Treffpunkt, hier finden auch wechselnde (Verkaufs-)Ausstellungen von Gemälden und Grafiken statt.

Alles Käse – **Schaukäserei Drei Zinnen:** in Toblach, Pustertaler Str. 3c, Tel. 04 74 97 21 45, www.schaukaesereidreizinnen.com, ganzjährig Di–Sa 8–18, So 10–17 Uhr. In den Räumen der **Sennerei Toblach** wird Besuchern die Herkunft und Verarbeitung der Milch zu Käse demonstriert. Die ausgezeichneten Käsesorten und die Milch können auch verkostet und gekauft werden.

Infos

Tourismusverein Toblach: Dolomitenstr. 3, 39034 Toblach, Tel. 04 74 97 21 32, www.toblach.info.

Verkehr: Regionalzüge fahren durch das gesamte Pustertal bis nach Lienz in Osttirol. Parallel dazu verkehren auch **Busse** durch das Pustertal sowie von/nach Prags, Cortina d'Ampezzo und zur Auronzo-Hütte bzw. Drei Zinnen.

Innichen ▶ L 3

Das Zentrum im oberen Pustertal ist Innichen/Candido (1173 m). Der Ort, der bereits in vorgeschichtlicher und römischer Zeit besiedelt war, und das Kloster spielten eine entscheidende, wenn auch nicht gerade rühmliche Rolle bei der Besiedlung des Tales. Das Pustertal war die einzige Region im späteren Tirol, in der die germanischen Bajuwaren bei ihrer Kolonisation auf slawische Völker trafen, die von Osten her in das Pustertal vordrangen. An der Wende vom 6. zum 7. Jh. kam es zu erbitterten Kämpfen. Um ihr Territorium zu sichern, zerstörten die letztendlich siegreichen Bajuwaren im oberen Pustertal alle Siedlungen, holzten die Wälder ab und schufen eine Ödlandzone. In dieser ›Todeszone‹ wurde im Jahr 783 das Kloster Innichen gegründet, das wesentlichen Anteil an der nun einsetzenden Germanisierung und Christianisierung des Pustertales hatte. Die ansässige rätoromanische Bevölkerung wurde völlig assimiliert oder in die Seitentäler gedrängt. Anders als die übrigen Südtiroler Täler gehörten Innichen und das Pustertal später lange Zeit nicht zur Grafschaft Tirol, sondern zur Grafschaft Görz, die ihr politisches Zentrum im Friaul und in Istrien hatte.

Heute ist Innichen der lebendige und geschäftige Mittelpunkt des oberen Talabschnitts. Mit den Skirevieren unterhalb von Haunold und Helm ist Innichen auch ein wichtiger Wintersportort, der besonders italienische Urlauber anzieht. Vom Glanz des einstigen vornehmen Wildbad Innichen (1340 m) am Eingang des Sextener Tales sind nur die Trinkbrunnen geblieben, an denen fünf verschiedene Heilwässer ›verkostet‹ werden können.

Stiftskirche und Stiftsmuseum

Kirche tgl. 8–18 Uhr, Museum Juni–Mitte Okt. Do–Sa 17–19, So 10–12, Mitte Juli–Ende Aug. Di–Sa 10–12 und Di 16–18 Uhr

Um den Marktplatz, den **Pflegplatz**, drängen sich die stattlichen Bürgerhäuser. Hier steht auch die **Stiftskirche**. Der ›Dom‹, wie sie genannt wird, gehört zu den bedeutendsten romanischen Sakralbauten des gesamten Alpenraumes. Die dreischiffige Basilika, im 13. Jh. auf einer Vorgängerkirche erbaut, wirkt in ihrer Größe und Klarheit zugleich erhaben und bescheiden. Das Innere mit der mächtigen Kreuzigungsgruppe, den prachtvollen spätromanischen Kuppelfresken und der dunklen Krypta ist eine Oase der Besinnung.

An der nördlichen Friedhofsmauer steht das **Kapitelhaus**, in dem im **Stiftsmuseum** Handschriften, Bilder und Skulpturen gezeigt werden.

Weitere Kirchen

Auch die **Pfarrkirche** (tgl. 8–18 Uhr) befindet sich in unmittelbarer Nachbarschaft zum Dom. Von der romanischen Ursprungskirche blieb nur der Rundturm erhalten. Das heutige Langhaus ist ein reich ausgestatteter Barockbau aus dem 18. Jh. Ein klein wenig weiter entfernt, am westlichen Rand des Ortszentrums, liegen die **Altöttinger- und Grabeskirche** (17. Jh.). Diese ineinander verschachtelten, zwergenhaften Kirchen wurden von einem ansässigen Gastwirt nach einer Pilgerfahrt nach Jerusalem gestiftet. Die Öffnungszeiten sind unregelmäßig, aber das Ver-

Schöne Kulisse für Konzerte: die barocke Pfarrkirche von Innichen

kehrsamt kann über die aktuellen Zeiten Auskunft geben.

Dolomythos

Mo–Sa 9–12 und 15–19 Uhr, Mitte Juli–Mitte Sept. und Weihnachtsfeiertage auch So, www.dolomythos.com

Nicht nur an Regentagen lohnt ein Besuch im Museum **Dolomythos** in der Villa Wachtler (P.-P.-Rainer-Str. 11). Das Museum versucht mit Schaustücken, Dioramen, Filmen und einer ›Schatzsuche‹ auch Kindern den Natur- und Kulturraum der Dolomiten nahe zu bringen.

Lienz

Der Regionalzug braucht von Innichen keine 45 Minuten bis in die Bezirkshauptstadt des österreichischen Osttirol. Die Stadt im weiten Talbecken der Drau vermittelt mit den Ausgrabungen des römischen Aguntum und dem Schloss Bruck der Görzer Grafen ein eindrucksvolles Bild von 2000 Jahren Geschichte (www.stadt-lienz.at).

Übernachten

Nostalgisch – **Sole Paradiso:** Tel. 04 74 91 31 20, www.sole-paradiso.com, Ende Mai–Mitte Okt. und Anfang Dez.–Anfang April geöffnet, HP ab 128 € (73 €). Traditionsreiches Hotel etwas außerhalb von Innichen in einem schönen Gartengelände, das durch eine Stil-Melange von Jugendstil bis Gegenwart besticht.

Mitten im Ort – **Grauer Bär:** Tel. 04 74 91 31 15, www.orsohotel.it, Mitte Juni–Sept. und Dez.–Ende März geöffnet, HP ab 125 € (70 €). Seit neun Generationen ist das schöne Altstadthotel im Besitz der Familie Ladinser. Einst der allererste Gasthof in Innichen, strahlt das Haus heute eine gelungene Verbindung aus Historie und neuzeitlichem Komfort aus.

Essen & Trinken

Jugendstilcharme – **Theatercafé Zentral:** Peter Paul Rainer Str. 17, Tel. 04 74 91 32 58, www.hotelzentral.it, warme Küche durchgehend 12–24 Uhr, Hauptgericht ab 15 €. Das Restaurant/Pizzeria im Hotel Zentral in der Fußgängerzone hat sich noch Elemente der ursprünglichen Einrichtung aus der Zeit des Jugendstils bewahrt, die der Wiener Architekt Clemens Holzmeister geschaffen hat. Serviert werden Südtiroler und italienische Gerichte sowie wohlschmeckende Pizzen.
Kleine Speisen – **Uhrmacher's:** Tel. 04 74 91 31 58, Färberstr. 1, Mi Ruhetag, kleine Speisen ab 3,50 €. Kalte Platten, gute Weine und diverse Grappe werden in der rustikalen Weinstube und im daneben liegenden Laden.

Aktiv & Kreativ

Heilende Wasser – **Wildbad Innichen:** Ein leichter Spaziergang führt in knapp einer Std. zum früheren Bauernbadl, das heute eine Ruine ist, dessen fünf Heilwasserquellen aber noch immer vor Ort verkostet werden können.
Für Regenwetter – **Acquafun:** M.-H.-Huber-Str., www.acquafun.com. Das Hallen-Spaßbad am Zentrumsrand lockt sowohl an regnerischen und als auch an sonnigen Tagen.
Im Sommer rodeln – **Rodelbahn:** Juni–Anfang Juli und Sept. tgl. 9–12.30 und 13.30–17.15, Anfang Juli–Mitte Sept. sowie an Wochenenden durchgehend, www.s-dolomiten.com/alta-pusteria/sommer/fun-bob.html. Hier geht es auch ohne Schnee. Die rasante Einschienen-Rodelbahn auf kleinen Stelzen an der Bergstation des Haunold-Sessellifts ist 1,7 km lang und überwindet gut 300 Höhenmeter bergab.

Infos

Tourismusverein Innichen: Pflegplatz 1, 39038 Innichen, Tel. 04 74 91 31 49, Fax 04 74 91 36 77, www.innichen.it.
Verkehr: Regionalzüge fahren durch das gesamte Pustertal sowie von/nach Lienz in Osttirol (Österreich). **Busse** bedienen die Talorte und fahren ins Sextental bis zum Kreuzbergpass.

Sextental ▸ L/M 3/4

Den gewaltigen Schlussakkord des Pustertals bildet das Sextental/Val di Sesto, das als letztes Seitental von Innichen aus nach Südwesten hinein in die Dolomiten führt. Schon in früheren Jahrhunderten war Sexten kein abgeschiedenes Tal. Die florierende Hutmacherei, die Steinmetzkunst sowie ein ausgedehnter Handel schufen ein weltzugewandtes Klima. Auch die Vorteile des beginnenden Fremdenverkehrs im 19. Jh. hatten die Bewohner des Tals schnell erkannt. Die weitum bekannte Bergführer-Dynastie Innerkofler brachte dann die ersten Touristen auf die nahen Dolomitengipfel. Das Tal entwickelte sich rasch zu einer beliebten Sommerfrische. Doch im Ersten Weltkrieg lag Sexten unmittelbar an der ›Dolomitenfront‹ und hatte deshalb stark unter den Kriegseinwirkungen zu leiden. Wie in vielen Orten in Südtirol setzte auch in Sexten in den 1960er- und 70er-Jahren ein Tourismus- und Bauboom ein. Heute gehört die Gemeinde, die 1900 Einwohner zählt, zu den ›Top Ten‹ unter den Südtiroler Ferienorten.

Sexten ▶ L 4

In einer weiten Wiesenmulde liegt das Dorf Sexten/Sesto (1316 m). Im Ersten Weltkrieg wurden fast alle Häuser des Ortes zerstört. Zum Wiederaufbau rief man bedeutende Architekten und Künstler. So schuf einer der bekanntesten Südtiroler Maler des 20. Jh., der Einheimische Rudolf Stolz, die Deckengemälde der neu aufgebauten **Pfarrkirche** und den von den Schrecken des Krieges geprägten Freskenzyklus ›Totentanz‹ in der benachbarten **Friedhofskapelle**. Das kleine **Museum** im Dorfzentrum zeigt in zwei Räumen rund 160 Werke des namhaften Malers (Mitte Juli–Aug. Di, Do 16–18, So 10–12, Mitte Juni–Mitte Juli sowie Sept. und Weihnachten–Ostern Mi, Fr 16–18, So 10–12 Uhr).

Naturpark Drei Zinnen ▶ L 4

Die größte Attraktion des Tales ist dieser 1981 eingerichtete, äußerst beeindruckende Naturpark mit seinen bizarren Türmen und Nadeln. Das Schutzgebiet ist fast 12 ha groß und reicht vom Pustertal bis zur benachbarten Provinz Belluno. Das Felsenreich der ›Bleichen Berge‹, das durch das Innerfeldtal und Fischleintal leicht zu erreichen ist, ist frei von Straßen und Aufstiegshilfen. Ein ausgedehntes Wanderwegenetz und zahlreiche Berghütten machen das Schutzgebiet zu einem grandiosen, aber auch vielbesuchten Wanderparadies, dessen Highlight die weltberühmten **Drei Zinnen** sind.

Drei Zinnen ! ▶ L 4

Die anstrengende, aber **grandiose Rundwanderung** vom Sextener Dolomitenhof (Busendstation) über die Zsigmondy-Comici-Hütte und Büllelejochhütte zur **Drei-Zinnen-Hütte** und zurück durch das Altensteintal dauert rund 8 Stunden. Einfacher und kürzer ist die vielbegangene Umrundung des gesamten **Drei-Zinnen-Massivs** vom Rifugio Auronzo aus (mautpflichtige Straße vom Lago di Misurina und Bus von Sexten mit Umsteigen in Toblach). Der Rundweg über das Rifugio Lavaredo, den Paternsattel und das Zinnenplateau dauert etwa 3,5 Stunden. Weitere **Tourenvorschläge** finden sich auf den Internetseiten des Verkehrsamtes als Download.

Übernachten

Stilsicher – **Hotel Drei Zinnen:** in Moos, St. Josef Straße 28, Tel. 04 74 71 35 00, Fax 04 74 71 00 92, www.hotel-dreizinnen.com, Mitte Juni–Sept. und Mitte Dez.–März geöffnet, ab 130 € (78 €). Das außen und innen stilgerecht restaurierte Haus im Dörfchen Moos ist ein Juwel der Hotelarchitektur der 1930er-Jahre.

Außerhalb – **Kreuzbergpass:** Am gleichnamigen Pass (8 km), Tel. 04 74 71 03 28, Fax 04 74 71 03 83, www.passomontecroce.com, Ende Mai–Mitte Okt. und Anfang Dez.–Ostern geöffnet, HP ab 107 € (73 €). Direkt an der Grenze zum Belluno, am gleichnamigen Pass, steht das große Hotel, das eine geschmackvolle Mischung aus Alt und Neu ist. Im Restaurant Zwergenreich werden verfeinerte lokale Speisen serviert. Das Hotel besitzt eine eigene Driving Range.

In Sexten – **Strobl:** Tel. 04 74 71 03 71, Fax 04 74 71 00 57, www.hotel-strobl.

com, Mitte Juni–Anfang Okt. und Anfang Dez.–März geöffnet, HP ab 83 € (45 €). Das angenehme Hotel steht abseits der Hauptstraße etwas oberhalb des Sextener Zentrums. Im Haus stehen auch Appartements zur Verfügung.

Essen & Trinken

Bergpanorama – **Talschlusshütte:** Tel. 04 74 71 06 06, www.talschlusshuette.com, Juni–Okt. und Weihnachten bis Ostern geöffnet, in der Nebensaison Do Ruhetag, Hauptgericht ab 11 €. Die Berghütte ist nur zu Fuß (30 Min. ab Bushaltestelle Dolomitenhof) oder per Kutsche zu erreichen. Von der Terrasse blickt man auf das fantastische Panorama der Sextener ›Sonnenuhr‹ aus den Gipfeln von Elfer, Zwölfer und Einser. Für Kinder gibt es einen Streichelzoo und einen Spielplatz. Serviert werden deftige Südtiroler Speisen, und unter dem Dach hat es ein paar zünftige Betten für die Berghüttenromantik.

Beliebt – **Grüne Laterne:** in Waldheim, Tel. 04 74 71 01 40, www.gruenelaterne.it, Anfang Juni–Anfang Okt. und Mitte Dez.–Ostern geöffnet, in der Nebensaison Mi Ruhetag, Hauptgericht ab 11 €. Das abseits im ruhigen Ortsteil Waldheim gelegene, überaus beliebte Restaurant verkauft in der Rosticceria auch warme und kalte Speisen zum Mitnehmen. Zum Übernachten stehen einige Zimmer und Appartements zur Verfügung.

Einkaufen

Milch und Käse – **Käsereigenossenschaft:** in Sexten, Schießstandweg 6. Jenseits des Baches, der Sexten-Dorf durchfließt, befindet sich der kleine Laden der Käsereigenossenschaft, in dem ausgezeichnete Ziegen- und Bergkäse sowie wohlschmeckende Milch verkauft werden.

Aktiv & Kreativ

Drei Zinnen, drei Strecken – **Mountainbiking:** Unzählige Touren – allerdings sind einige Wanderwege für Fahrräder gesperrt. In Richtung Drei Zinnen sind nur die folgenden Strecken möglich: Rifugio Auronzo–Rifugio Lavaredo–Büllelejoch und Rifugio Auronzo–Rifugio Lavaredo–Paternsattel–Drei-Zinnen-Hütte.

Klettern – **Hallenwand:** im Ortsteil Waldheim, mit 16,5 m höchste Hallen-Kletterwand Italiens. Schnupperkurse für Kinder (6–12 Jahre) jeden Fr im Juli/Aug. (Anmeldung im Tourismusverein). Nebenan befindet sich ein Freibad und eine Minigolf-Anlage und im Winter ein Eislaufplatz. (Kletterhalle: ganzjährig tgl. 9–23 Uhr, Schwimmbad: je nach Wetterlage Mitte Juni–Mitte Sept., www.sportsexten.com).

Infos

Tourismusverein Sextental: An der Talstation der Helm-Seilbahn, 39030 Sexten, Tel. 04 74 71 03 10, Fax 04 74 71 03 18, www.sexten.it.

Verkehr: Busse fahren von/nach Innichen, Toblach und im Tal von/nach Moos, Dolomitenhof und zum Kreuzbergpass. Eine Besonderheit ist die **Linienkutsche,** die Ende Juni–Sept. zwischen Dolomitenhof und Talschlusshütte pendelt. Die »Drei Zinnen Card« schließt auch die **Seilbahnen** der Umgebung mit ein.

Grandios: die Drei Zinnen im Naturpark Sextener Dolomiten

Das Beste auf einen Blick

Überetsch und Unterland

Highlights!

Castelfeder: Der sonnenverbrannte Berg mit den Ruinenfeldern hoch über der Etsch ist einer der geheimnisvollsten in Südtirol. Bereits in prähistorischen Zeiten besiedelten Menschen den mystischen Platz. Und die Wissenschaft tut sich bis heute schwer, alle Rätsel zu entschlüsseln. S. 218

Bletterbachschlucht: Der Canyon unterhalb des Weißhorns ist 8 km lang und bis zu 400 m tief. Die geologischen Schichten blieben nahezu unversehrt und ›erzählen‹ von 15 000 Jahren Erdgeschichte. Der ›Geo-Weg‹ führt als Rundkurs durch die Schlucht: ein großartiges Erlebnis! S. 221

Auf Entdeckungstour

Bergmuseum Firmian: In alten Gemäuern und mit neuen Formen präsentiert Reinhold Messner in der Burg Sigmundskron ein einzigartiges **Museum** zum Verständnis **›Mensch–Berg‹**. S. 204

Radtour an der Etsch: Nach Trento, Hauptstadt der Nachbarprovinz Trentino, führen von Bozen und dem Unterland die Autobahn, die Staatstraße und die Bahn. Und ein gut ausgebauter Radweg – abseits des motorisierten Verkehrs –, der ein idealer Einstieg für Radtouren in Südtirol ist. S. 212

Kultur & Sehenswertes

Hocheppan: Einst konkurrierten die Grafen von Eppan mit denen aus Dorf Tirol um die Macht im Land. Und verloren. Die **Ruine** ihrer Stammburg Hocheppan ist ein beeindruckendes Zeugnis mittelalterlicher Wehrtechnik. S. 203

St. Jacob in Kastelaz: Die romanischen **Wandmalereien** in der unscheinbaren Kirche oberhalb von Tramin sind einzigartig in Europa. S. 211

Aktiv & Kreativ

Kalterer See: Wer den Trubel unter südlicher Sonne mag, ist am **Lido** des Kalterer Sees, dem wärmsten Badesee der Alpen, bereits am Ziel. S. 209

Fern wandern: Der beliebte Europäische Fernwanderweg Nr. 5 vom Bodensee nach Verona führt auf seinen **südlichen Etappen** durch Südtirol. In Bozen kann man sich ›einklinken‹ und über den Regglberg ins Trentino wandern. S. 215.

Genießen & Atmosphäre

Aehrental: Das schöne Schlosshotel in Kaltern gehört zu den luxuriösesten der edlen Herbergen in Schlössern, Burgen und Ansitzen im Überetsch. S. 209

Johnson & Dipoli: Die Weinauswahl des kleinen Restaurants mit Bar und Vinothek kann sich sehen lassen. Nach dem Bummel durch **Neumarkt** ist der schattige Ort unter den Lauben der richtige Ort zum Entspannen. S. 216

Abends & Nachts

Noah Pub: Kaltern ist während der Saison fest in deutscher Urlauberhand. Während fast überall folkloristisch angehauchte Musik aufgelegt wird, trifft ›man‹ sich bei allen Spielarten der Pop-Musik in der **Musik-Kneipe** gegenüber der Ersten & Neuen-Kellerei. S. 210

Weinland und Obstgarten

›Über-Etsch‹– der Name ist wörtlich zu nehmen. Südlich von Bozen erhebt sich über der Talsohle der Etsch eine gestufte Mittelgebirgsterrasse, das **Überetsch/Oltradige**. Die beiden Gemeinden auf dem sonnigen Höhenzug – **Eppan und Kaltern** – sind besonders für deutsche Gäste der Inbegriff für Südtirol geworden. Eine Stufe tiefer fließt die Etsch in einem breiten Tal von der Provinzhauptstadt Bozen nach Süden durch das Unterland zur Provinzgrenze an der Salurner Klause. Einst eine versumpfte Ebene, ist der Talboden nach der Regulierung der Etsch heute eine reiche Kulturlandschaft mit Obstplantagen und Weingärten. Rund 65 % der Südtiroler Weinproduktion stammen von hier. Im Osten und Westen wird das Tal von waldreichen Mittelgebirgszügen begleitet, die ostwärts von den Dolomiten gekrönt werden.

Wenn Südtirol außerhalb der Städte zweisprachig ist, dann im **Unterland/Bassa Artesina.** Der Anteil der italienischsprachigen Bevölkerung ist hier höher als in anderen Landesteilen. Eine Sprach- und Kulturgrenze zum benachbarten Trentino, die konservative Stimmen so gern hätten, gab es hier nie.

Infobox

Tourismusverband Südtirols Süden

39057 Eppan, Ortsteil Frangart, Pillhofstr. 1, Tel. 0471 63 34 88, Fax 04 71 63 33 67. Mit einer einzigen Ausnahme (Deutschnofen) haben sich alle Gemeinden des Überetsch und Unterlandes zu diesem Tourismusverband zusammengeschlossen, der zentral alle nötigen Infos erteilt und versendet. Zusätzlich besitzt jeder Hauptort auch ein lokales Info-Büro (s.u.).

Internet

www.suedtirols-sueden.info. Die offiziellen Seiten des Tourismusverbandes informieren über die einzelnen Orte, über Unterkünfte, Veranstaltungen, Sportmöglichkeiten etc. Die Homepages der einzelnen Ortschaften (siehe dort) sind zumeist umfangreicher und informativer.

Anreise und Weiterkommen

Bahn: Durch das Unterland verläuft die direkte internationale Zugverbindung zwischen Mitteleuropa und den oberitalienischen Städten Verona, Venedig, Mailand. Die Eurocity-Züge halten aber nur in Bozen. Für den lokalen Verkehr dienen Regionalzüge, die in Leifers, Branzoll, Auer, Neumarkt, Margreid und Salurn stoppen.

Bus: Alle Hauptorte und größeren Dörfer der Region sind gut mit Linienbussen zu erreichen, die zumeist in Bozen starten und enden.

Mobilcard: Auch im Überetsch und im Unterland hat die landesweite Südtiroler Netzkarte für den öffentlichen Nahverkehr Gültigkeit (siehe S. 23). Neben allen Bussen und Zügen der Region ist sogar die Standseilbahn von Kaltern hinauf zum Mendelpass mit eingeschlossen.

Überetsch

Eppan ▸ F 6

Der Gemeindename Eppan/Appiano führt in die Irre, denn einen Ort mit dieser Bezeichnung gibt es nicht. Im Mittelalter war Eppan der umgangssprachliche Name für das Dorf St. Pauls. Aber heute setzt sich die Bezeichnung mehr und mehr für **St. Michael,** den Hauptort der Gemeinde, durch. Die Geschichte von Eppan ist untrennbar mit dem gleichnamigen Grafengeschlecht verbunden, das im späten Mittelalter mit den Grafen von Tirol um die Vorherrschaft in der Region kämpfte und schlussendlich verlor.

Den heutigen Wohlstand verdankt Eppan in erster Linie dem günstigen Klima und den fruchtbaren Böden des Schwemmlandes der Etsch, die in vorgeschichtlichen Zeiten hier ihr Flussbett hatte. Das Land ist eine einzige Kulturlandschaft aus Weinhängen und Obstplantagen. Auch die Nähe des Absatzmarktes Bozen trägt mit der Ansiedlung von Handwerks- und kleineren Industriebetrieben zum Reichtum bei. Darüber hinaus ist Eppan eines der beliebtesten Fremdenverkehrsgebiete in Südtirol.

St. Pauls ▸ F 5

Das reiche Weindorf St. Pauls/S. Paolo (389 m) erweckt mit seiner schmalen Hauptstraße, den engen Gassen und den behäbigen Häusern einen fast verschlossenen Eindruck. Zeugnis für die Wohlhabenheit der Weinbauern ist die große gotische **Pfarrkirche**, mit deren Bau 1484 begonnen und der erst 1533 vollendet wurde. Der 86 m hohe Zwiebelturm im barocken Stil ist einer der höchsten in Südtirol und weithin sichtbar.

Burgenwanderung

St. Pauls ist ein guter Ausgangspunkt für eine rund zweistündige Burgenwanderung. Erste Station ist **Schloss Korb**, das erstmals 1236 erwähnt wurde und heute ein komfortables Hotel ist. Vor dem Eingang steht ein Festungswerk der Moderne: ein überwachsener Bunker aus der faschistischen Ära. Ein Fußweg führt hinauf zur **Burg Boymont**. Die um 1230 erbaute Anlage brannte im 15. Jh. ab. Da die Burg nie wieder aufgebaut wurde, blieb in den mächtigen Ruinen die romanische Architektur unverfälscht erhalten. Zwischen Ostern und Herbst ist in der Burg, von der man einen prachtvollen Ausblick hat, eine Jausenstation eingerichtet (kein Ruhetag).

Über einen gesicherten Pfad wandert man weiter zur **Burg Hocheppan** (Ostern–Anfang Nov., tgl. außer Mi 10–18, Mitte Sept.–Anfang Nov. tgl., Führungen 10.30–17.30 Uhr, www.hocheppan.com). Die Burg, die wahrscheinlich Anfang des 12. Jh. errichtet wurde, war die Antwort der Grafen von Eppan auf die Stammburg der konkurrierenden Grafen von Tirol oberhalb von Meran. Nach dem Aussterben des Eppaner Grafengeschlechts verfiel Hocheppan. Aber bis in die Gegenwart blieb eine eindrucksvolle Burganlage erhalten. In der fast vollständig mit romanischen Fresken geschmückten Burgkapelle hat Hocheppan einen Kunstschatz ersten Ranges. Unter den byzantinisch beeinflussten Wandmalereien ist das Bild einer Frau, die gerade einen Knödel verspeist, das kurioseste und bekannteste. Knödelgerichte gehören so auch zum Angebot der Burgschenke, in der auch die vorzüglichen Weine des heutigen Burgherren, des Grafen von Enzenberg, vom Weingut »Manincor« ausgeschenkt werden.

Auf Entdeckungstour

Bergmuseum Firmian – Freier Geist in alten Mauern

›Firmian‹ heißt das Museum von Reinhold Messner, das auf Schloss Sigmundskron bei Bozen eröffnet wurde. Im Mittelpunkt der Ausstellung steht die Auseinandersetzung mit den Bergen und der Bergwelt, die allen Besuchern viel Raum für Assoziationen lässt.

Reisekarte: ▶ F 5

Zeit: 2–3 Stunden

Info: Der Besuch von Burg Sigmundskron bietet sich von den Eppaner Orten oder auch von Bozen an.
Das Museum ist geöffnet Anfang März–Ende Nov. Fr–Mi 10–18 Uhr, www.messner-mountain-museum.it.
Eintritt: 8 €, ermäßigt 6 €, Familienkarte 18 €

Reinhold Messner ist ein umweltbewusster Mensch. Der Abenteurer, Bergsteiger und engagierte Südtiroler setzt auf eine ökologisch korrekte **Anfahrt** mit öffentlichen Verkehrsmitteln: Von Bozen ist rasch der Bahnhof Sigmundskron zu erreichen, der sich unterhalb der Burganlage befindet. Hier besteht Anschluss an den ›Citybus Eppan‹, der die Eppaner Orte mit dem Museum verbindet.

Größte Festung in Tirol

Aus einer Wallburg auf dem allerersten Ausläufer der Mittelgebirgsterrasse des Überetsch ließen im 12. Jh. die Trienter Bischöfe als nördlichsten Stützpunkt ihrer Macht die stark befestigte Burg erbauen. Erweiterungen im 15. und 16. Jh. machten Sigmundskron zur größten Festung in Tirol. In den nachfolgenden Jahrhunderten verfiel die Burg allerdings. Nach den langen Jahren der Vernachlässigung und des Verfalls bekam Reinhold Messner vom Land Südtirol für 30 Jahre die Konzession, in den alten Gemäuern sein Bergmuseum einzurichten. Es trägt den Namen »Firmian« nach der frühesten Bezeichnung für die Burg. Der Schwerpunkt der Ausstellung liegt auf der Geschichte des Bergsteigens in aller Welt und auf der Darstellung der Berge in der Kunst.

Alt und Neu

Bewusst hat der Reinhold Messner den Ruinencharakter bewahren lassen. An neuzeitlichen Materialien hat der beauftragte Architekt Werner Tscholl ausschließlich Stahl, Eisen und Glas verbaut. Minimalismus und äußerste Zurückhaltung waren oberste Maxime bei der Rekonstruktion. Alle Eingriffe können jederzeit rückgängig gemacht werden.

Mythos contra Realität

Zu festen Zeiten gibt es auf dem Burghof eine Einführung in Deutsch und Italienisch. Anschließend streift jeder Besucher allein durch die Anlage mit ihren vielen Treppen, Brücken und Räumen. Mit Ausnahme der historischen Ausstellung im »Weißen Turm«, die von Land Südtirol konzipiert ist, verschließt sich im übrigen Museumsbereich die Messnersche Präsentation einer allgemeingültigen Interpretation eines Bergmuseums. Messner gibt vielmehr Anstöße philosophischer Art und lässt Raum für eigene Assoziationen. Der Lärm der nahen Autobahn und die zersiedelten Randgebiete von Bozen setzen einen realen Kontrapunkt zum ›Mythos Berg‹, der in der Ausstellung beschworen und hinterfragt wird. Die Imagination der Bergwelt kontrastiert auch zu den ganz realen Ausblicken auf die Dolomiten und die Texelgruppe, die sich jenseits des Bozner Talkessels erheben. Die trutzig-festen Mauern der Burg werden ständig mit luftigen Übergängen und Durchbrüchen aufgehoben, die freie Blicke in die Tiefe erlauben. Abgeschiedene Räume, die zur Meditation animieren, stehen den vielen Besuchern gegenüber, die – manchmal lärmend – durch die Anlage wandern.

Kontrast und Widersprüche

Firmian lebt von diesen Kontrasten und Widersprüchen. Manch ein Besucher mag vielleicht wünschen, er würde stärker an die Hand genommen und durch die Ausstellung geleitet. Aber die freien Assoziationsmöglichkeiten machen aus Schloss Sigmundskron ein Gesamtkunstwerk aus den alten Gemäuern und der philosophisch-künstlerischen Auseinandersetzung mit den Bergen und der Bergwelt.

St. Michael
Der Hauptort der Gemeinde Eppan, St. Michael/S. Michele (411 m), besticht durch seine behäbigen Bürgerhäuser und zahlreichen Ansitze in der näheren Umgebung. Die meisten dieser Edelsitze, die im verspielten ›Überetscher Stil‹, einer Mischung aus Gotik und Renaissance, erbaut sind, befinden sich in Privatbesitz oder sind Hotels und können daher nicht oder nur eingeschränkt von innen besichtigt werden. Einzig das **Schloss Moos-Schulthaus,** das eine Geländestufe höher westlich des Ortskerns liegt, ist zugänglich (nur Führungen Ostern–Anfang Nov. Di–Sa 10, 11, 16, 17 Uhr). Der verschachtelte Bau mit seinen schön hergerichteten Räumen und bemerkenswerten Wandmalereien beherbergt das sehenswerte Museum für mittelalterliche Wohnkultur.

Wanderungen

Vom Schloss St. Michael ist leicht die **Gleifkapelle** (18. Jh.) zu erreichen, die auf einer nackten Felsplatte mit Gletscherschliffen steht und einen weiten Blick über die Weinrebenlandschaft bietet. Eine zweite kurze Wanderung führt vom Schloss auf dem Wanderweg 15 nach Süden zu den **Eislöchern,** die sich in einer kleinen, auch in den heißesten Sommern kühlen Senke befinden. Durch ein Röhrensystem im Berghang strömt warme Luft von oben nach unten, kühlt sich ab und tritt als kalter Luftstrom in die Mulde aus.

Wegen der doch sehr niedrigen Lage des Gemeindegebietes empfehlen sich die erwähnte Burgenwanderung (s. S. 205) und auch die Tour zu den Eislöchern besonders im Frühling und Herbst. Im heißen Sommer sind Wanderungen oben auf dem Mendelstock geeigneter.

Übernachten

Auf dem Weingut – **Stroblhof:** oberhalb St. Michael, Tel. 04 71 66 22 50, Fax 04 71 66 36 44, www.stroblhof.it, Ende März–Anfang Nov. geöffnet, 93 € (83 €). Das Hotel auf einem Weinhof aus dem 16. Jh. wurde stil- und geschmackvoll restauriert. Mit Wellness-Abteilung, Badeteich, Gartenterrasse und Weinverkauf.
Im Ort – **Sternegg:** in St. Michael, Tel. 04 71 66 21 66, Fax 04 71 66 25 25, Mitte Dez.–Anfang März geschlossen, 38 €. Der freundliche Gasthof mit schönem Garten und Pizzeria liegt im Zentrum von St. Michael.

Essen & Trinken

Mediterran und regional – **Zur Rose:** in St. Michael, 04 71 66 22 49, www.zur-rose.com, So und Mo (mittags) Ruhetag, Hauptgericht ab 25 €. Das Feinschmeckerrestaurant in einem 500 Jahre alten Gasthof im Zentrum von St. Michael wurde mehrfach ausgezeichnet und ist sehr beliebt (abends unbedingt reservieren).
Mit Aussicht – **Marklhof:** Tel. 04 71 66 24 07, So (abends) und Mo Ruhetag, Hauptgericht ab 15 €. Das Restaurant in den Girlaner Weinbergen, das leicht vom Dörfchen Girlan zu erreichen ist, bietet eine vorzügliche lokale und italienische Küche. Von der Terrasse geht der Blick weit über das Land.

Abends & Nachts

Für Nachtschwärmer – **Baila:** Bozner Str. 10, Tel. 04 71 66 50 39, www.discopub-baila.it, Do–Sa 22–3 Uhr. *Die* Disco-Adresse für Eppan liegt etwas außerhalb von St. Michael an der Straße in Richtung Bozen.

Aktiv & Kreativ

Radfahren – **GPS-Touren:** Als einer der ersten Tourismusvereine Südtirols stellt der von Eppan auf seiner Homepage (unter ›Sportangebot‹) GPS-Touren zum kostenlosen Download bereit.
Radfahren – **Südtirol Rad** am alten Bahnhof in St. Michael verleiht Räder (20 €/Tag, auch E-Bikes). Eine schöne, leichte Tour lässt sich auf dem **Überetscher Radweg** unternehmen, der auf der Trasse der 1971 eingestellten Bahnlinie abwärts nach Bozen bzw. moderat bergaufwärts nach Kaltern führt.
Badespaß – Südöstlich von St. Michael liegen in einem Wald die beiden **Montiggler Seen,** beliebte und stark besuchte Badeseen. Im Sommer pendelt ein Citybus zwischen den Eppaner Fraktionen und den Seen.

Infos & Termine

Tourismusverein Eppan

St. Michael, Rathausplatz 1, 39057 Eppan, Tel. 04 71 66 22 06, Fax 04 71 66 35 46, www.eppan.com.

Termine

Eppaner Burgenritt: www.burgenritt.com, kein Eintritt, kostenfreier Bus-Shuttledienst. Jedes Jahr an Pfingsten findet das mittelalterliche Reittournier zwischen den Burgen des Überetsch statt. An zwei Tagen müssen Ross und Reiter 12 Turniere und Prüfungen absolvieren.
Paulser Dorffest: www.dorffest.it. Mit Ständen, Musik und Tanz feiert das Weindorf in geraden Jahren Anfang Sept. sein traditionelles Straßenfest.
Wein-Kultur-Wochen: Ende Juli bis Anfang August stehen in St. Pauls Weinverkostungen, Fachvorträge, Konzerte und Ausstellungen auf dem Programm; Höhepunkt ist die 100 m lange ›Gastliche Tafel‹ mit kulinarischen Köstlichkeiten in den Gassen des Dorfes.
Martinimarkt: An über 160 Marktständen werden am 11. Nov., dem Namenstag des Kirchenpatrons, in **Girlan** Waren aller Art angeboten und verkauft. Wie es sich für ein Weindorf gehört, kommt auch der Rebensaft nicht zu kurz. Exakt zum Markttag wird der **Martiniwein,** ein fruchtiger Weißburgunder, abgefüllt und ausgeschenkt.

Verkehr

Linienbusse fahren von/nach Bozen, Kaltern, Tramin, Auer und Neumarkt. Außerdem verkehren im Gemeindegebiet zwei **Citybuslinien**, die alle Fraktionen miteinander verbinden.

Kaltern ▶ E/F 6

Der Name der Marktgemeinde Kaltern/Caldaro (426 m) und des nahe gelegenen Kalterer Sees stehen für den Südtiroler Weinanbau. Durch eine verfehlte Anbaupolitik in den 50er- und 60er-Jahren des vergangenen Jahrhunderts, die viel zu sehr auf Billigwein setzte, hatte der Ruf sehr gelitten. Heute werden in der Region wieder hochwertige Weine produziert, hauptsächlich aus der Vernatsch-Traube, die den Vergleich mit anderen Lagen nicht zu scheuen brauchen. Der zweite wichtige Wirtschaftszweig ist der **Tourismus,** auf den sich der Ort voll eingestellt hat. Im Sommer schieben sich wahre Urlauberströme durch die engen Gassen des schönen Ortes, der kurz und bündig ›Dorf‹ genannt wird und der durch zahlreiche Häuser im venezianisch geprägten ›Überetscher Stil‹ mit Doppelbogenfenstern, Erkern, Türmchen und Loggien besticht. Zentrum des lebhaften, fast kleinstädtischen Treibens ist der **Marktplatz,** der wie die Hauptstraße von stattlichen

Weinfelder am Kalterer See

Häusern aus dem 16. und 17. Jh. gesäumt wird. Hier befindet sich auch die von außen schlichte klassizistische **Pfarrkirche** (18. Jh.) mit dem freistehenden gotischen Turm. Der Innenraum ist mit Deckenfresken und einem spätbarocken Hochaltar reich ausgestattet.

Südtiroler Weinmuseum

Mitte März–Mitte Nov. Di–Sa 10–17, So 10–12 Uhr, www.weinmuseum.it

Ganz in der Nähe des Marktplatzes ist im landesfürstlichen Pfleghaus das Südtiroler Weinmuseum untergebracht, das alte Arbeitsgeräte, Fässer, Urkunden und Gemälde zeigt. Im Garten erläutert ein kleiner Weinlehrpfad die verschiedenen Rebsorten und Pergelformen. Mit Voranmeldung (Tel. 04 71 96 31 68) kann man einer Weinprobe in den tiefen Kellerräumen teilnehmen.

Mitterndorf und St. Nikolaus ▶ D 5

Wer dem Trubel Kalterns entfliehen möchte, besucht die nahe liegenden Dörfer, die mit dem Marktort zusammengewachsen sind. Die kleinen Orte haben noch weitgehend ihren bäuerlichen Charakter bewahrt. Auch ihre Kirchen sind sehenswert. In **Mitterndorf** (477 m) steht die restaurierte gotische **St. Katharina-Kirche** (15./16. Jh.) mit Wandbildern der ›Bozner Schule‹

(Schlüssel im Pfarrhaus). In der **St. Nikolaus-Kirche** im schönen Dorf **St. Nikolaus** (569 m) sind Ornamentmalereien zu sehen, die von einem Sohn des berühmten Holzschnitzers Tilman Riemenschneider stammen. Auch die Kirche in St. Anton (523 m) ist mit Fresken reich geschmückt.

Mendelpass ► E 6

Vom Kalterer Ortsteil St. Anton verläuft die atemberaubende Trasse der vor über 100 Jahren erbauten Standseilbahn mit einer maximalen Steigung von 64 % hinauf zum **Mendelpass/ Passo di Mendola** (1363 m), zu dem sich auch in vielen Kehren die Mendelpassstraße hinaufwindet. Der flache Sattel mit der kleinen Hotelsiedlung bildet die Provinzgrenze zwischen Südtirol und dem Trentino. In der Zeit um 1900 war der Mendelkamm ein Zentrum des ›Belle-Epoque‹-Tourismus mit Nobelhotels in den eleganten Formen des Jugendstils. Der Erste Weltkrieg brachte den Ruin für die Luxusherbergen, die abgerissen oder zu Spekulationsobjekten wurden. Vom Mendelpass führen eine kurze Stichstraße und ein Wanderweg zum Gipfel des **Penegal** (1737 m; Hotel), der einen umfassenden Ausblick bietet.

Altenburg ► E/F 6

Der Weiler (615 m) liegt unten an den Abstürzen des Monte Roen. Die **Dorfkirche** trägt an der Außenfassade ein Fresko der bärtigen Kummernus, der Heiligen der Liebenden. Ein ausgeschilderter Weg führt zu den Ruinen von **St. Peter**. Wahrscheinlich im 4. oder 6. Jh. inmitten einer vorgeschichtlichen Wallburg errichtet, ist die einst dreischiffige Basilika eine der ältesten Kirchen in Südtirol. Neben der Ruine befindet sich eine fast menschengroße Steinwanne. Die Spekulationen über die Bedeutung reichen von einer Stätte für Menschenopfer über ein Grab bis zu einem frühchristlichen Taufbecken.

Kalterer See ► F 6

Das größte natürliche Gewässer in Südtirol (231 m) gilt als der wärmste Badesee der Alpen. Im Sommer ist er mit Schwimmern, Surfern und Seglern heillos überfüllt. Freie zugängliche Badestellen gibt es am See kaum. Allerdings besteht die Möglichkeit, in den **Lido**, dem großzügig gestaltetem Freibad (Mai–Okt. tgl. 9–19 Uhr), oder zu den Badestellen beim Hotel Seegarten und am Campingplatz Gretl am See auszuweichen. Die schöne Auenlandschaft im Süden des Sees ist unter Schutz gestellt und darf nur auf den Wanderwegen betreten werden.

Vom Ostufer führt ein Waldweg hinauf zur **Leuchtenburg** (575 m; 12. Jh.), die sich am südlichen Rand des Mitterberges befindet. Dieser Mittelgebirgszug trennt das Überetsch vom Unterland. In der Ruine Leuchtenburg haben sich Fresken aus dem 15. Jh. erhalten.

Übernachten

Herrschaftlich – **Aehrental:** in Kaltern-Dorf, Tel. 04 71 96 22 22, Fax 04 71 96 59 41, www.schlosshotel.it, Mitte März–Mitte Nov. geöffnet, ab 110 € (87 €). Das geschmackvoll renovierte und restaurierte Schlosshotel der Familie Morandell in einem Herrenhaus aus dem 17. Jh. steht am Rande der Altstadt von Kaltern-Dorf. Gästen steht ein Privatstrand am Kalterer See zur Verfügung.

Klösterlich – **Zentrum Tau:** in Kaltern, Rottenburger Platz 3, Tel. 04 71 96 41 78, Fax 04 71 96 69 00, www.zentrum-tau.it, HP 35 €. Das Kloster der Franziskaner liegt mitten in Kaltern-Dorf, ist aber dennoch ruhig und abgeschieden. Hier kann und darf zu Gast sein, wer auf die Teilnahme an Meditation, Gebet und Gottesdiensten wert legt.

Essen & Trinken

Bodenständig – **Kalterer Hof:** in Kaltern-Dorf, Goldgasse 23, Tel. 04 71 96 43 43, Di Ruhetag, Hauptgericht ab 12 €. Traditionelle Südtiroler und italienische Küche wird hier im Zentrum von Kaltern-Dorf angeboten.
Fürstlich – **Castel Ringberg:** in St. Josef am See, Tel. 04 71 96 00 10, www.castel-ringberg.com, Di Ruhetag, Hauptgericht ab 21 €. Das Restaurant mit einem prachtvollen Blick auf den Kalterer See befindet sich in einem ehemaligen Jagdschloss des Grafen von Tirol. Die Küche ist mediterran geprägt.

Aktiv & Kreativ

Wandern – **Weinwanderweg:** In einer großen Schleife verläuft der Weinwanderweg durch die Kalterer Weinberge (Übersichtskarte beim örtlichen Tourismusverein). **Bergtouren** führen am und auf dem Mendelstock zu den Aussichtsgipfeln Penegal, Gantkofel und Monte Roen. Von April–Sept. bietet der Tourismusverein (mit Voranmeldung) jede Woche am Di eine geführte Wanderung an.
Radfahren – **Überetscher Radweg:** Kaltern ist Ausgangspunkt des Überetscher Weges hinab nach Bozen auf der Trasse der früheren Überetscher Bahn. Räder kann man bei **Sarner Bike** in der Goldgasse 12c in Kaltern-Dorf mieten (www.sarnerbike.it).
Weinproben – **Kellereien:** In einem Weindorf steht selbstverständlich auch eine Weinverkostung auf der Liste der Aktivitäten. Alle hier ansässigen Kellereien bieten Besichtigungen, Weinproben und Direktverkauf an. Wer noch mehr über den hiesigen Wein erfahren will, kann an der Fachweinprobe (Di 16.30 Uhr) oder am Ausflug durch die Kalterer Weinberge mit Kellerführung und Weinprobe (Mi 16.30 Uhr) teilnehmen, die vom Tourismusverein organisiert werden.

Abends & Nachts

Musik – **Noah Pub:** in Kaltern-Dorf, Bahnhofstr. 10 (gegenüber der Ersten & Neuen-Kellerei), www.noahpub.it, ganzjährig 18–1 Uhr, Mo Ruhetag. Chefin Maria führt das Musik-Lokal, in dem man sich jenseits jeglicher Südtirol-Folklore trifft.

Infos & Termine

Tourismusverein
39052 Kaltern, Tel. 04 71 96 31 69, Fax 04 71 96 34 69, www.kaltern.com.

Termine
Fast jedes Wochenende im Sommer wird in Kaltern ausgiebig gefeiert. Jeweils rings um den Marktplatz finden u. a. das **Marktfest** (Ende Juli/Anfang Aug.), das **Weinfest** (Mitte Aug.) und die **Kalterer Weintage** (Anfang Sept.) statt.

Verkehr
Busse fahren von und nach Bozen, Eppan, Tramin, Auer und Neumarkt. Die **Standseilbahn** führt von St. Anton (Busanschluss) hinauf zur Mendel.

Unterland

Tramin ▶ E/F 6

Der Name des Weindorfs Tramin/ Termeno (276 m) ist in aller Welt wohlbekannt. Denn der Ort, der auf eine jahrhundertealte Weinbautradition zurückblickt, gab einem außergewöhnlichem Wein, dem »Gewürztraminer«, seinen Namen. Mit den massiven Weinbauernhöfen und zahlreichen Edelsitzen wirkt das Dorfbild sehr geschlossen und harmonisch.

Dorfmuseum

April–Okt. Di und Fr 10–12, Mi zusätzlich 16–18 Uhr, Führungen Mi um 10 und 11 Uhr

Im liebevoll gestalteten Museum am Rathausplatz tut sich eine fast vergessene Welt auf. Hier werden Gegenstände aus dem alltäglichen bäuerlichen Leben vergangener Jahrhunderte gezeigt. Hinzu kommt eine Sammlung von Gewürztraminern aus aller Welt.

St. Jacob in Kastelaz

Mitte März–Anfang Nov. tgl. 10–18, Führung Fr um 11 Uhr (Voranmeldung im Touristenbüro nötig)

Drei bemerkenswerte Kirchen besitzt Tramin. Die kunsthistorisch wichtigste ist St. Jacob in Kastelaz auf einem Hügel oberhalb des Ortes. Die kleine Kirche enthält im Inneren den bedeutendsten Kunstschatz des Unterlandes. Der romanische **Freskenzyklus** (13. Jh.) mit der Darstellung von Tiermenschen und anderen Fabelwesen ist einmalig in Europa. Die Wandmalereien der gotischen Epoche stammen aus dem 15. Jh.

Pfarrkiche und St. Valentin

Die **Pfarrkirche** im Dorfkern fällt durch den sehr hohen, schön gearbeiteten Turm auf. Von der gotischen Vorgängerkirche ist nur der Chor erhalten, der neben anderen Wandmalereien auf Angst einflößenden Fresken den Märtyrertod der heiligen Julitta und ihres Sohnes zeigt. **St. Valentin** am südlichen Dorfrand ist eine kleine romanische Kirche mit spätgotischem Turm. Der Innenraum ist vollständig mit Fresken ausgeschmückt, die der ›Bozner Schule‹ zugeordnet werden (Schlüssel erhältlich bei Familie Sinner, Weinstr. 4, letztes Haus vor dem Friedhof).

Übernachten

Nicht nur für Mountainbiker – **Traminer Hof:** Weinstr. 43, Tel. 04 71 86 03 84, Fax 04 71 86 08 44, www.traminerhof.it, Ende März–Mitte Nov., ab 64 € (59 €). Angenehmes Mittelklassehotel, das sich besonders um Mountainbiker und andere Radbegeisterte kümmert. Jede Woche werden fünf Touren verschiedener Schwierigkeitsgrade angeboten. Für Gäste stehen auch Räder bereit.

Infos & Termine

Tourismusverein

39040 Tramin, Tel. 04 71 86 01 31, Fax 04 71 86 08 20, www.tramin.com.

Termine

Rund um den Wein: Veranstaltungen in Tramin stehen natürlich ganz im Zeichen des Weines, speziell des Gewürztraminers. Das **Traminer Weingassl** im Okt. ist weinseliger Nachmittag und Abend, an dem auf der für den Autoverkehr gesperrten Dorfstraße Spitzenweine verkostet werden. Regelmäßig, jedoch nicht alle Jahre, misst sich der berühmte Wein des Dorfes im Frühsommer im Rahmen eines großen **Gewürztraminer-Symposions** mit der internationalen Konkurrenz. ▷ S. 214

Auf Entdeckungstour

Immer an der Etsch entlang

Die gut ausgebauten Radwege entlang der Flüsse Eisack, Etsch und Rienz/Drau laden zu kurzen oder ausgedehnten Radtouren ein. Zum Einstieg eignet sich die völlig flache Strecke von Bozen oder den Orten des Unterlandes nach Trento in der Nachbarprovinz Trentino.

Zeit: Ohne Übernachtung einen Tag, mit Zwischenstopp zwei Tage.

Info: Am besten im späten Frühjahr oder im Herbst. **Toureinstieg** an einem der Orte des Unterlandes (oder in Bozen, von dort bis Trento ca. 60 km). Um Zeit für Besichtigungen zu haben, besser eine Übernachtung einplanen. **Rad-Verleih** u. a. in Bozen und Leifers. **Ziel** ist Trento, Rückfahrt erfolgt per Bahn (Fahrzeit zu den Startorten im Unterland weniger als eine Stunde). Fast alle Regionalzüge haben ein Fahrradabteil.

Wer in Bozen startet, beginnt an der Loreto-Brücke südlich der Altstadt. Der ausgeschilderte Radweg verläuft zunächst entlang des Eisacks stadtauswärts durch Grünanlagen. Später geht es dann an der Etsch entlang. Überwucherte Industriebrachen, lärmige Autobahnzubringer und ausufernde Gewerbebetriebe begleiten uns zunächst. Eine unordentliche Landschaft. Die Grenze zwischen Stadt und Land ist unbestimmt. Das Etschtal ist keine unberührte Naturlandschaft mehr, sondern ein bedeutender Wirtschaftsräumen in den Alpen. Der größte Teil des Transitverkehrs von Mitteleuropa nach Italien rollt durch das Tal. Doch zum Glück ist es breit, und es gibt den vorzüglich ausgebauten Radweg.

Zweitlängster Strom Italiens

Die Etsch, italienisch *l'Adige,* entspringt am Reschenpass an der Grenze zwischen Österreich und Italien. In früheren Zeiten trat die Etsch regelmäßig über die Ufer. Die zeitgenössischen Chroniken berichten von so gewaltigen Überschwemmungen, dass Boote nötig waren, um von einem Talhang zum anderen zu gelangen. Mit dem Bau der Eisenbahn im letzten Jahrhundert wurde die Etsch reguliert und gebändigt. In mühsamer Arbeit wurden Deiche aufgeschüttet, Gräben und Kanäle gezogen, um das Land zu entwässern. Gleichzeitig entstanden die riesigen Obstplantagen, die sich jetzt über das ganze Land erstrecken.

Vorbildlicher Radwegebau ...

In den letzten Jahren sind in allen großen Tälern der Provinz gut angelegte Radwege abseits des motorisierten Verkehrs gebaut worden. Auch an der Etsch. Die Radroute ist überwiegend asphaltiert und mit Rastplätzen ausgestattet. Völlig flach und ohne Steigungen, ist sie auch für Familien mit Kindern geeignet. Die parallel verlaufende Bahnlinie macht es möglich, die Tour auch vorzeitig abzubrechen. Lohnende Abstecher sind Neumarkt, St. Florian und Salurn, die nicht weit vom Radweg entfernt liegen.

... auch im Trentino

An der Salurner Klause wird die Grenze zur Nachbarprovinz Trentino überschritten. Auch hier ist die Radroute bestens angelegt. Ökologisch korrekt besteht der Belag aus wasserdurchlässigem Bitumen. Gefährlichere Stellen werden durch Holzzäune und Leitplanken gesichert. Alle paar Kilometer weitet sich die Piste zu einer Parkbucht mit Sitzbänken und Radständern, ab und an sogar mit WC und Wasserstelle.

Auf einigen Abschnitten rückt die A22 nach Modena ganz nah an den Radweg heran. Das leise Surren der Fahrradreifen wird dann vom Lärm der Autobahn übertönt. Mal links, mal rechts des Flusses, führt die *Pista ciclabile della Valle dell'Adige*, der Etschtal-Radweg durch die Piana Rotaliana. Der weite Talkessel am Eingang des Valle di Non ist das Obst- und Weinbauzentrum des Trentino. Ein Abstecher in die Weinorte Mezzocorona und Mezzolombardo bietet sich an. Je näher Trento, die Hauptstadt der Provinz, rückt, desto voller wird es auf dem Radweg. Scharen von Sportlern sind unterwegs.

Trento

Unbehelligt vom städtischen Verkehr, folgt die Route in Trento zunächst der Uferpromenade des Adige. Am Ponte San Lorenzo geht es nach links in die sehenswerte Altstadt und zum Bahnhof. Wer Lust auf noch mehr Kilometer verspürt: Der ausgebaute Radweg führt weiter über Rovereto und Borghetto ins Veneto.

Egetmann-Umzug: Lebendige Geschichte vermittelt der Egetmann-Umzug, der alle ungeraden Jahre zur Fastnachtszeit in **Tramin** stattfindet. Bei diesem ausgelassenen Spektakel ziehen die Narren auf reich geschmückten Pferde- und Ochsenkarren durch das Dorf. Die Zuschauer werden mit Mehl, Senf, Fischöl und Ruß beworfen und durch allerlei Mummenschanz verschreckt. Immer wieder einmal muss die Obrigkeit eingreifen, um allzu schlimme Auswüchse zu unterbinden.

Verkehr

Busse von/nach Bozen, Kaltern, Eppan, Auer, Neumarkt, Kurtatsch, Salurn.

Kurtatsch ► E 7

Auch Kurtatsch/Cortaccia (333 m), das etwas erhöht über dem Etschtal liegt, ist ein Weindorf mit rund 700 Einwohnern. Die **Pfarrkirche** besitzt einen hohen romanischen Turm. Das Gotteshaus selbst wurde gotisiert und im 19. Jh. neogotisch erweitert. Wie in den anderen Weindörfern gibt es in Kurtatsch mehrere Ansitze im Überetscher Stil.

Museum Zeitreise Mensch

Führung: April–Sept. Fr um 10 Uhr; Voranmeldung (Tel. 04 71 88 02 67) auch zu anderen Zeiten, Botengasse 2, www.museumzeitreisemensch.it

Im Bauernhof **Hof am Orth** aus dem 15. Jh. ist ein privates Museum untergebracht, das den menschlichen Werdegang über prähistorische Funde, Arbeitsgeräte und Einrichtungsgegenstände zeigt.

Essen & Trinken

Jahreszeitlich – **Zur Rose:** in Kurtatsch, Tel. 04 71 88 01 16, Juli geschl., So und Mo Ruhetag, Hauptgericht ab 22 €. In der alten Poststation von Kurtatsch wird explizit und exquisit im Einklang der Jahreszeiten gekocht.

Info

Tourismusverein: 39040 Kurtatsch, Tel. 04 71 88 01 00, Fax 04 71 88 04 51, www.suedtiroler-unterland.it.

Verkehr: Busse fahren von/nach Tramin, Neumarkt, Auer, Salurn.

Fennberg ► E 7

In Kurtatsch beginnt eine kleine Höhenstraße, die auf das weite Wiesenplateau des Fennberges führt. Die Höhenterrasse mit den friedlich-stillen Weilern **Ober- und Unterfennberg** (1163 bzw. 1047 m) und dem kleinen See ist eine beliebte Sommerfrische der hitzegeplagten Bewohner des Unterlandes. Die Weinlagen des **Gutes Hofstatt** dürften die höchstgelegenen in Europa sein. Am **Fennhals** stehen als naturkundliche Besonderheit einige gewaltige Sequoia-Zedern.

Margreid ► E 7

Das letzte der Weindörfer an der westlichen Hangseite des Unterlandes ist Margreid/Magre (226 m). Das schöne Dorf liegt leicht erhöht auf einem Schotterkegel und schmiegt sich an die steil aufragenden Wände des Fennberges. Auch hier fallen die vielen Edelsitze und Weinbauerngehöfte auf. Die Gebäude mit ihren schmucken Portalen, Erkern, Torbögen und schmiedeeisernen Gittern stehen eng beieinander und verleihen dem Dorf seinen besonderen Charakter.

Salurn ► E 7

Jenseits der Etsch, auf der östlichen Talseite, liegt kurz vor der Provinzgrenze Salurn/Salorno (226 m), der südlichste Ort Südtirols. Wahrscheinlich befanden sich an der Engstelle der **Salurner Klause** bereits eine rätische Siedlung und ein römisches Kastell. Nach dem Zerfall des Römischen Reiches übernahmen von Süden und Osten her die Langobarden das ehemalige römische Verwaltungsgebiet im Etschtal. Von Norden her versuchten Franken und später Bajuwaren ihr Herrschaftsgebiet nach Süden auszudehnen. Im Jahr 590 kam es bei Salurn zu einer Entscheidungsschlacht, die den Vorstoß der germanischen Völker nach Süden stoppte und so letztendlich die heutige Südgrenze der Provinz Südtirol festlegte.

Der historische Handelsweg führte über den flachen Sauch-Sattel und durch das Trentiner Cembratal nach Süden, da der Talboden der Etsch oft überschwemmt und unpassierbar war. Noch heute existiert diese Verbindung als Wanderweg. Alte Pflasterungen und steinerne Bogenbrücken künden noch von der einstigen Bedeutung. Einer der berühmtesten Wanderer war Albrecht Dürer (s. S. 216). Die Transitwege der Gegenwart, die Südtirol mit den oberitalienischen Metropolen verbinden, verlaufen allerdings alle im Etschtal durch die Salurner Klause.

Salurn wirkt mit seinen hohen, mehrstöckigen **Ansitzen** und **Patrizierhäusern,** die vorwiegend im Renaissancestil errichtet sind, herrschaftlich und nahezu städtisch. Mit seinen gut 3000 Einwohnern, die mehrheitlich (62 %) italienischsprachig sind, strahlt der Ort eine ganz eigene ruhige Atmosphäre aus, die fast ungetrübt vom Tourismus ist.

Haderburg

April–Mitte Okt. Mi–So 11–18 Uhr, www.haderburgschenke.com

Über Salurn thront auf einem Felssporn die Ruine der **Haderburg,** zu der als Wanderweg der steile »Weg der Visionen« hinaufführt. Die wehrhafte Anlage (wahrscheinlich im 11. Jh. erbaut) war im 16. Jh. geistiges Zentrum der Wiedertäufer und Lutheraner. Sie wurde in den letzten Jahren umfassend restauriert. Im Hof lädt die Burgschenke zur Einkehr ein. Während der Sommermonate finden in der Burganlage oft musikalische Veranstaltungen statt.

Gfrill

Ebenfalls hoch über Salurn liegt **Gfrill** (1328 m). Das kleine Bergdorf ist eine beliebte Sommerfrische, die einen weiten Ausblick über das Etschtal bietet. Gfrill ist auch Station des **Europäischen Fernwanderweges E 5**, der hier das Südtiroler Gebiet verlässt und entlang des Grenzkammes zum Cembratal führt.

Infos

Tourismusverein: 39040 Salurn, Tel. 04 71 88 42 79, Fax 04 71 88 50 66.

Verkehr: Regionalzüge fahren von/nach Auer, Bozen, Brixen, Trento und Verona, Busse vom/ins Überetsch, Auer, Neumarkt, Trento.

Neumarkt ► F 7

Der italienische Name ›Egna‹ für Neumarkt (217 m) leitet sich von der römischen Militär- und Straßenstation *Endidae* ab, die sich vermutlich an dieser Stelle befand. Ein Hochwasser zerstörte die Siedlung, die dann im Jahr 1189 als ›Neuer Markt‹ wieder gegründet wurde.

Unser Tipp

Stilvoll unter Lauben

Das Edel-Restaurant **Johnson & Dipoli** mit der angeschlossenen Bar ist winzig. Draußen unter den schattigen Lauben stehen keine 10 Tische. Nach dem Ortsbummel ist das genau der richtige Platz für einen Espresso. Oder darf es ein frühes Glas Wein sein? Die Wahl aus den rund 300 verschiedenen Etiketten einheimischer und internationaler Weine dürfte schwerfallen. Vertrauen Sie dem Kellner, der Ihnen einen guten Tropfen aus dem Tagesangebot bringen wird. Drinnen im kleinen Nebenraum, in dem sich das eigentliche Restaurant befindet, gibt es auch nicht viel Platz. Eine Reservierung ist deshalb ratsam. Jeden Tag wird ein feines Menu zusammengestellt, das regionale und italienische Einflüsse aufs Angenehmste vereint (Neumarkt, Andreas-Hofer-Str. 3, Tel. 04 71 82 03 23, kein Ruhetag, Hauptgericht ab 22 €, Menü ab 40 €).

Mit zahlreichen Privilegien ausgestattet, wurde der Marktflecken bald ein wichtiger Handels- und Warenumschlagplatz am historischen Nord-Süd-Fernweg. Noch heute ist Neumarkt der Hauptort des Unterlandes.

Kern des lebendigen Ortes, der abseits der Staatsstraße liegt, ist die mittelalterliche **Laubengasse** und die **Andreas-Hofer-Straße**. Als einzige Ansiedlung in Südtirol, die nicht die Stadtrechte besitzt, kann Neumarkt **Laubenhäuser** aufweisen. Die Gebäude stammen in ihrer Grundsubstanz aus dem 15.–17. Jh. Das Zentrum wurde behutsam saniert und restauriert. Dennoch wirkt es nicht museal oder herausgeputzt. Im Gegenteil: In den Laubenhäusern wird gelebt und gearbeitet.

Museum für Alltagskultur

April–Okt. Di–Fr 16–18, So 10–12 Uhr

Zeugnis von der einstigen wirtschaftlichen Bedeutung des Ortes gibt das **Ballhaus** am südlichen Ende der Andreas-Hofer-Straße. Mit einem Tanzetablissement hat das Gebäude jedoch nichts zu tun. Handelswaren lagerten hier, die zu Ballen gewickelt waren. Im Meister-Konrad-Durchgang Nr. 2, ebenfalls ein mittelalterliches Wirtschaftshaus, ist das **Museum für Alltagskultur** untergebracht. Die liebevoll gestaltete Ausstellung zeigt Gebrauchsgegenstände von 1815 bis 1950, die eine Neumarkterin von Dachböden, Speichern und aus dem Sperrmüll zusammengetragen hat. In der nächsten Zeit wird in unmittelbarer Nachbarschaft ein neues Museum entstehen.

Burg Caldiff

In der Nähe des Weilers **Manzon** (368 m), der sich östlich von Neumarkt auf einer kleinen Hochfläche befindet, erhebt sich über der Schlucht des Trudener Baches die Ruine der **Burg Caldiff** (12. Jh.), in der sich einige Fragmente gotischer Wandmalereien erhalten haben. Im Vorort **Vill** (226 m) ein wenig nördlich von Neumarkt steht die gotische Kirche **Unsere Liebe Frau** (15./16. Jh.), die 1767 durch ein Hochwasser verwüstet wurde. Anschließend diente der Bau als Holzlager, Abstellraum und Lazarett, wobei er allmählich verfiel. Erst in den 1950er-Jahren wurde die schöne Kirche stilrein restauriert.

St. Florian-Kirche und Klösterle

Zwischen Neumarkt und Salurn versteckt sich etwa 2 km vor dem Dorf **Laag** (211 m) rechts der Staatsstraße hinter einer Mauer die kleine **St. Florian-Kirche**. Der schöne romanische Bau, der zumeist verschlossen ist, wurde wahrscheinlich im frühen 12. Jh. errichtet. In der Nähe, an der Einfahrt zum Elektrizitätswerk, steht links der Straße am Berghang die Halbruine des **Klösterle**. Die Anlage, die wahrscheinlich zur selben Zeit wie die Kirche erbaut wurde, war ein Hospiz für Pilger und Kreuzfahrer. Die Herberge wurde bereits 1317 wieder aufgelassen, da das Pilgerwesen schnell zur Bettelei verkam. Beide Gebäude sind zur Zeit nur von außen zu besichtigen, da sie in ein Museum umgewandelt werden sollen. Das Elektrizitätswerk ist Endpunkt eines 10 km langen Stollens, der Wasser von einem Stausee im Cembratal zur Stromgewinnung herableitet.

Dürerweg-Tour

Als Albrecht Dürer im fernen Jahr 1494 nach Venedig reiste, war das Etschtal wieder einmal überschwemmt. So musste der Künstler aus Nürnberg über die Höhen ausweichen. Auf den Spuren dieser Reise führt der markierte ›Dürerweg‹ vom Klösterle in St. Florian zu den Erdpyramiden bei Segonzano im Trentino. Mit 8,5 Std. reiner Gehzeit ist die Tour als Tageswanderung zu lang, sodass sich eine Übernachtung im Rifugio Sauch oder Rifugio Lago Santo anbietet (www.duererweg.it).

Übernachten

Unter den Lauben – **Andreas Hofer:** Tel. 04 71 81 26 53, Fax 04 71 81 29 53, www.hotelandreashofer.com, ganzjährig, 50 €. Das grundsolide Hotel befindet sich im Altstadtkern von Neumarkt.

Am ›Dürerweg‹ – **Grünwald:** in Buchholz, Tel. 04 71 88 90 92, Fax 04 71 88 91 69, www.gruenwald.it, ganzjährig geöffnet, 35 €. Das kleine freundliche Hotel liegt direkt am ›Dürerweg‹ hoch über dem Etschtal. Im Restaurant (Di Ruhetag) werden Südtiroler Hausmannskost und Pizzen angeboten.

Infos

Tourismusverein Neumarkt: Laubengasse 28, 39044 Neumarkt, Tel. 04 71 81 23 73, Fax 04 71 82 06 07.

Verkehr: Regionalzüge fahren von/nach Auer, Bozen, Brixen, Salurn, Trento, Verona. Busse gibt es vom/zum Überetsch, Salurn, Auer, Bozen, Maria Weißenstein, Truden, Altrei.

Auer ► F 6

Erst mit der Trockenlegung der Etschsümpfe im 19. Jh. konnte sich **Auer/Ora** (250 m) vergrößern. Bis zum Ende des Zweiten Weltkriegs war der Ort ein reines Bauerndorf mit ausgedehnten Obst- und Weinkulturen. Heute sind in Auer, das sich immer stärker zum Verkehrsknotenpunkt des Unterlandes entwickelt, außerhalb des Ortskerns auch einige Industriebetriebe angesiedelt.

Auer ist ein verwinkeltes Dorf, in dem die Weinbauernhöfe scheinbar planlos errichtet wurden. Am südlichen Ortsanfang, weit vor dem Dorfzentrum, steht die spätgotische **Pfarrkirche St. Peter,** die einen romanischen Turm und im Inneren einen schönen barocken Hochaltar besitzt. Neben dem Hauptplatz an der Staatsstraße, auf der der Verkehr durch das Dorf donnert, ist der etwas abseits gelegene Kirchplatz das Zentrum. Hier befindet sich die schlichte **Marienkirche,** die Hauptkirche des Ortes. Sie wurde im 17. Jh. erbaut, um eine sichere Alternative zur hochwassergefährdeten Pfarrkirche zu

Gibt den Experten noch immer Rätsel auf: das antike Ruinenfeld von Castelfeder

haben. Ganz in der Nähe lohnen zwei Edelsitze einen Blick: Der **Ansitz Auer** mit seiner Renaissancefassade und der **Ansitz Baumgarten** waren einst dörfliche Burgen, deren Grundmauern aus dem 12. Jh. stammen.

Castelfeder ! ▶ F 6/7

Auf einem felsigen Hügel in Nähe der Straße ins Fleimstal befindet sich die größte Sehenswürdigkeit des Dorfes, das Ruinenfeld von **Castelfeder**. Der sonnenverbrannte Berg mit kleineren und größeren Kuppen und Tälchen ist der vielleicht rätselhafteste Platz in Südtirol. Vorgeschichtliche Siedlungsplätze, spätantike Befestigungen und vormittelalterliche Wallanlagen sowie der Rest einer romanischen Kapelle sind hier zu finden. Mit Deutungsversuchen tun sich die Historiker schwer. Räter, Römer und Langobarden werden als Erbauer vermutet.

Infos

Feriendestination Castelfeder: 39040 Auer, Hauptplatz 5, Tel. 04 71 81 02 31, Fax 04 71 81 11 38, www.castelfeder.info. Ein Informationsbüro gibt es auch in Montan.

Verkehr: Regionalzüge fahren von/nach Bozen, Brixen, Neumarkt, Salurn, Trento, Verona, **Busse** vom/zum Überetsch von/nach Salurn, Neumarkt, Bozen, Montan, Truden, Maria Weißenstein sowie Cavalese und Predazzo im Trentiner Val di Fiemme.

Montan ▶ F 7

Das breite Etschtal wird auf seiner östlichen Seite von einem ausgedehnten, durch Seitentäler stark gegliederten Höhenzug begleitet. Auf einer fruchtbaren Hangterrasse liegt das Weindorf Montan/Montagna (498 m). Überragt wird der Ort vom **Schloss Enn**. Die im 12. Jh. erbaute Burg war Sitz der Grafen von Enn, die wie die Eppaner mit den Tiroler Grafen um die politische Macht konkurrierten. Die hochherrschaftliche Anlage ist Privatbesitz und kann nur während des im August stattfindenden Schlosskonzerts besucht werden.

Auf dem Friedhof des Ortes ist **Ettore Tolomei** begraben, der maßgeblich für die rigorose Italisierungspolitik im Faschismus verantwortlich war (s. S. 66) und der im Weiler Glen seine letzten Lebensjahre verbrachte. Das Grab war mehrfach Ziel von Sprengstoffanschlägen deutsch-nationalistischer Gruppen.

Pinzon

In der Fraktion Pinzon (421 m), die sich südlich des Hauptdorfes auf der Hangterrasse befindet, steht die Kirche **St. Stephan**. Auf den Grundmauern eines romanischen Vorgängerbaus errichtet, besitzt die Kirche einen hochgotischen Chor und einen schönen Flügelaltar des Brixener Meisters Hans Klocker, der neben Michael Pacher zu den bedeutendsten Künstlern der Gotik zählt. Leider wurden einige Figuren des Altars gestohlen und mussten durch Kopien ersetzt werden (Besichtigung nach Absprache mit dem Pfarramt in Montan).

Mit dem Rad zur Provinzgrenze

Auf der Trasse der im Jahr 1963 eingestellten Fleimstalbahn verläuft mit moderater Steigung (etwa 4 %) heute ein Radweg von Montan bis zur Provinzgrenze zum Trentino am Pass bei San Lugano. Weiter unten im Etschtal besteht Anschluss an den völlig flachen Etsch-Radweg nordwärts in Richtung Bozen bzw. nach Süden in Richtung Salurn/Trento.

Cavalese ▸ G 7

Von Auer sind es auf der gut ausgebauten Bergstraße über den Pass bei San Lugano nur knapp 24 km bis nach Cavalese in der Provinz Trentino. Der Linienbus benötigt für die Strecke 45 Minuten. Wohlhabend und fast städtisch wirkt der Marktort, der hoch über dem Tal des Avisio auf einer sonnigen Höhenterrasse liegt. Den Reichtum verdankt das Zentrum des Val di Fiemme, des Fleimstals, der *Magnifica Comunità*, der ›außergewöhnlichen Gemeinschaft‹ der Fleimstaler Gemeinden, die im Mittelalter den Fürstbischöfen in Trient eine unabhängige Verwaltung mit eigenen Gesetzen abtrotzte.

Infos

Tourismusverein/Zweigbüro Montan: 39040 Montan, Tel. 04 71 81 02 31, www.castelfeder.net.

Busverbindung von/nach Neumarkt, Maria Weißenstein, Truden sowie Cavalese und Predazzo im Trentiner Val di Fiemme.

Truden ▸ F 7

Das Dorf Truden/Trodena (1127 m) mit seinen weitverstreuten Höfen liegt in einem kleinen Bergkessel. Seit Jahrhunderten pflegen die Trudener wie auch die Bewohner des Bergdorfes Altrei (s. S. 220) enge Beziehungen zum nahen Trentiner Val di Fiemme/ Fleimstal, zu dem beide Gemeinden auch politisch einmal gehörten. Obwohl in Südtirol gelegen, sind Truden und Altrei noch heute Mitglieder der historischen Gemeinschaft der Fleimstaler Gemeinden, der »Magnifica Comunità«. Vom 12. bis zum 18. Jh. hatten diese Dörfer eine unabhängige Verwaltung mit eigenen Statuten und Gesetzen, obwohl sie formell zum Machtbereich der Trienter Bischöfe gehörten. Einmal im Jahr trafen sich die Vertreter der Dörfer an der Banco della Reson (»Bank der Einsicht«) in Cavalese zu einer Art Parlament und verhandelten die Angelegenheiten ihrer Gemeinden. Heute hat die »Magnifica Comunità« zwar ihre Autonomie verloren, doch die Dörfer-Gemeinschaft besteht weiter und verwaltet einen großen gemeinsamen Land- und Waldbesitz.

Trudner Naturparkhaus
April–Anfang Nov. Di–Sa 9.30–12.30, 14.30–18 Uhr, Juli–Sept. auch So; Juli–Sept. jeden Do ab 15 Uhr Kindernachmittage (nur mit Voranmeldung)
Truden liegt im Zentrum des fast 7000 ha großen Naturparks, der durch das Etschtal und von den Trentiner Tälern Val di Fiemme und Val di Cembra begrenzt wird und der vielfältige Wandermöglichkeiten bietet. Das Informationszentrum Trudner Naturparkhaus befindet sich in einer alten Mühle in Truden, die nach einer grundlegenden Sanierung wieder voll funktionsfähig ist. An speziellen Tagen (Auskunft im Naturparkhaus und Verkehrsamt) wird Getreide gemahlen und Brot gebacken. Ab April bis Anfang November finden geführte naturkundliche Wanderungen durch das Schutzgebiet statt.

Infos

Tourismusbüro: Kajetan-Pacher-Str. 9, 39040 Truden, Tel. 04 71 86 90 78, Fax 0471 86 92 78, www.trudnerhorn.com.

Verkehr: Werktags (nicht So) **Busverbindung** von/nach Auer und Neumarkt.

Altrei ▶ F 7

Das schöne Bergdorf Altrei/Anterivo mit seinen 380 Einwohnern erstreckt sich auf einer sonnenüberfluteten, nach Süden exponierten Terrasse hoch über dem Tal des Avisio. Die nächstgelegenen Dörfer liegen nicht in Südtirol, sondern im Trentino. Im Rahmen eines EU-Projektes wurde in den letzten Jahren der Anbau der ›Altreier Kaffeebohne‹ wiederbelebt, der früher den Bauern einen Zusatzverdienst sicherte. Es handelt sich um eine Lupinenart, die auf den leicht sauren Sandböden rings um Altrei besonders gut gedeiht. Bevor man sich in früherer Zeit ›echten‹ Kaffee leisten konnte, wurde daraus ein Surrogat, ein Ersatzkaffee, hergestellt, auch liebevoll-spöttisch ›Blümchenkaffee‹ genannt. Ob sich der ›Altreier Kaffee‹ durchsetzen kann? Der Tourismusverein organisiert regelmäßig Führungen zu den Bauern mit Verkostungen des Altreier Kaffees.

Infos

Tourismusverein Altrei: Rathausplatz 1/c, 39040 Altrei, Tel./Fax 04 71 88 20 77, www.trudnerhorn.com.

Verkehr: Werktags (nicht So) **Busverbindung** von/nach Auer und Neumarkt.

Aldein-Radein ▶ F 6

Das Dorf **Radein/Redagno** (1562 m), Teil der Doppelgemeinde Aldein-Radein, dehnt sich auf einer bewaldeten Mittelgebirgsterrasse aus, die umgangssprachlich ›Regglberg‹ genannt wird. Der Ort besitzt kein ausgeprägtes Zentrum. Die uralten stattlichen Bergbauernhöfe liegen verstreut auf einer Bergschulter. Nirgends ist städti-

In der Bletterbachschlucht kann man auf Saurierspuren wandeln

sche Atmosphäre zu verspüren. Trotzdem trägt eine Höfegruppe den Namen ›Stadt‹. Die Bezeichnung lässt sich auf den früheren Bergbau am Bletterbach zurückführen. Die Knappen, die in diesem Viertel des Dorfes wohnten, besaßen ein ›Stadtrecht‹, das sie mit besonderen Privilegien von der bäuerlichen Bevölkerung abhob.

Bletterbachschlucht! ▶ F 6

Besucherzentrum an der Lahneralm: Mai–Okt. tgl. 9.30–18, 3,5-stündige Führungen durch die Schlucht Mai–Okt. tgl. 10.30 ab Besucherzentrum, So 10 Uhr ab Radein (Anmeldung bis zum Vorabend erforderlich), www.bletterbach.info

Seit der Eiszeit vor etwa 15 000 Jahren hat sich der **Bletterbach** durch das Gestein und Erdreich unterhalb des Weißhorns gefräst und eine 8 Kilometer lange, bis zu 400 Meter tiefe Schlucht hinterlassen, die zu den wildesten in Europa zählt und in die Liste des ›Weltnaturerbes‹ aufgenommen wurde. Im Gegensatz zu anderen Regionen blieben hier die geologischen Schichten unversehrt. Auch Saurierspuren und versteinerte Pflanzen sind erhalten. Ein ausgeschilderter ›Geo-Weg‹ mit Erläuterungstafeln (je nach Strecke 3–6 Std.) führt als Rundweg durch die Schlucht. Bei nassem Wetter ist wegen der Steinschlaggefahr von der Tour abzuraten.

Geomuseum

Mai–Okt. Mi, Sa, So 15 bis 17.30, im Aug. Di–So 10–11.30 und 15-17.30 Uhr, www.museum-aldein.com

Das Museum im Peter-Rosegger-Haus an der Kirche in **Oberradein** ist eine gute Ergänzung zur Wanderung durch die Bletterbachschlucht, um die Erlebnisse durch die ausgestellten Funde und Gesteine aus dem Canyon gleichsam wissenschaftlich zu untermauern.

Aldein
Das Hauptdorf und der Sitz der Doppelgemeinde ist Aldein/Aldino (1223 m). Der Kirchhügel überragt das ruhige alte Bergdorf, das bereits im 12. Jh. erwähnt wurde. Wie auch in Radein liegen Dutzende von Einzelhöfen über das weite Bergland verstreut. Im Alten Schulhaus am Dorfplatz ist das **Dorfmuseum** untergebracht, das sakrale Kunstgegenstände aus der Barock- und Rokokozeit präsentiert (Mai–Okt. Mo 16–18, Mi 19–21, Sa 10–12, im Juli und Aug. zusätzlich Fr 16–18 Uhr).

Übernachten, Essen

Panoramalage – **Zirmerhof:** bei Radein, Tel. 04 71 88 72 15, Fax 04 71 88 72 25, www.zirmerhof.com, Mai–Anfan Nov. geöffnet, HP ab 110 € (92 €). Über 100 Jahre ist das schön gelegene, komfortable Berghotel schon alt. In den holzgetäfelten Restaurantstuben werden Wein vom eigenen Gut und landwirtschaftliche Produkte angeboten.
Auf der Alm – **Schmiederalm:** Tel. und Fax 04 71 88 68 10, www.schmiederalm.it, nahezu ganzjährig, HP ab 42 €, Restaurant: Do Ruhetag, Hauptgericht ab 11 €. Der Ausflugsgasthof mit dem weiten Blick über Unterland und Überetsch und hinüber zum Mendelkamm liegt hoch über Aldein (1680 m). Auf einer schmalen Bergstraße ist er auch mit dem Auto zu erreichen (18 km). Einfache, aber gemütlich Zimmer, deftige Südtiroler Kost im Restaurant.

Infos

Tourismusverein Aldein-Radein: 39040 Aldein, Tel. 0471 88 68 00, Fax 0471 88 66 66, www.aldein-radein.com.
Verkehr: Busse fahren von/nach Montan, Auer, Neumarkt, Deutschnofen.

Deutschnofen ▶ F/G 6

Auf dem Regglberg liegt auch Deutschnofen/Nova Ponente (1357 m). Im 12. Jh. wurde das Gebiet planmäßig besiedelt und das Dorf gegründet. Heute zählt es gut 2000 Einwohner. In der großen spätgotischen **Pfarrkirche** (15. Jh.) befinden sich im neogotischen Hochaltar vier ältere Holzreliefs. Sie stammen vom ersten großen Flügelaltar des Landes, den Hans von Judenburg im Jahr 1421 geschaffen hat und der einst in der Bozner Pfarrkirche stand.

Gebietsmuseum
Juli und Aug. Mo–Fr 9–12, Do 14.30–17, Jan.–Juni und Sept.–Dez. Di 9–12 und Do 14.30–17 Uhr
Im früheren Gerichtssitz und heutigem Rathaus **Schloss Thurn** (17. Jh.) neben der Kirche ist das **Gebietsmuseum** untergebracht, in dem neben vorgeschichtlichen Funden hauptsächlich sakrale Kunst gezeigt wird.

St. Helena
Östlich von Deutschnofen, in Nähe der Straße nach Obereggen, steht die **St. Helena Kirche**, die auf einen Bau aus dem 12. Jh. zurückgeht. Das Innere ist vollständig mit bemerkenswerten Fresken aus dem frühen 15. Jh. ausgemalt, die aus der berühmten Bozner Schule stammen. Den Schlüssel gibt es in der benachbarten Jausenstation Kreuzhof, die auch ein schöner Rastplatz mit einem weiten Blick ist.

Obereggen
Das einst kleine Bergdorf (1561 m) unterhalb der filigranen Gebirgslandschaft des Latemar, die im Sommer vielfältige Wandermöglichkeiten bietet, hat sich zu einem bedeutenden Wintersportort entwickelt. Das provinzübergreifende »Skicenter Latemar« umfasst an die 20 Liftanlagen

und rund 40 Pistenkilometer. Vom alten Charme des Dorfes ist so gut wie nichts erhalten geblieben.

Maria Weißenstein

Von der Fraktion **Petersberg** führt eine Seitenstraße nach **Maria Weißenstein** (1520 m), dem bedeutendsten Wallfahrtsort Südtirols (www.weissenstein.it). Mitte des 16. Jh. soll hier ein Bauer eine Marienstatue aus Alabaster gefunden haben, die als wundertätiges Gnadenbild verehrt wird. Allerdings ist in Weißenstein nur eine Kopie der Statue vorhanden (das Original befindet sich in der Pfarrkirche von Leifers). Die große barocke Kirche und das angebaute Kloster, stammen in den heutigen Formen aus dem Jahr 1753. Die bunten Deckenfresken der Kirche hat der Wiener Theatermaler Joseph Adam Mölk geschaffen. Maria Weißenstein ist auch ein beliebter Ausflugsort mit einem weiten Ausblick auf die Dolomiten.

Baden im Bergheu

Seit 1870 existiert das **Heubad am Jochgrimm**/Passo d'Oclini (1989 m) im gleichnamigen Gasthaus. Die Kuren im aromatischen Bergheu werden von Mitte Juli bis Ende August verabreicht. Im Heu entstehen Temperaturen von bis zu 60 °C, die den Körper wie in einer Sauna zum Schwitzen bringen. Die Anwendungen helfen u. a. bei Rheumatismus, Arthrosen und Neuralgien. Zum flachen Sattel des Jochgrimms zwischen den Aussichtsbergen **Weißhorn** (2317 m) und **Schwarzhorn** (2439 m) führt von Oberradein ein Wanderweg (4 Std. Gehzeit). Mit dem Auto ist der Pass vom Lavazejoch/Passo di Lavazè her zu erreichen.

Übernachten

Im Dorfzentrum – **Stern:** in Deutschnofen, Tel. 04 71 61 65 18, Fax 04 71 61 67, www.hotel-stern.it, Allerheiligen bis Weihnachten geschl., 60 € (45 €). Der traditionsreiche Gasthof steht mitten im Dorfzentrum von Deutschnofen und ist ein beliebter Treffpunkt für die Einheimischen. Bereits im 15. Jh. wurde das Wirtshaus erwähnt. Heute ist das Hotel eine bevorzugte Übernachtungsstation der Wanderer auf dem Fernwanderweg E 5.

Nicht nur für Pilger – **Maria Weißenstein:** Tel. 04 71 61 51 24, Fax 04 71 61 13 33, www.weissenstein.it, HP im Hotel 45 € (41 €), HP in der Pilgerherberge 29 €. Der Wallfahrtsort bietet preiswerte Übernachtungsmöglichkeiten im Gasthof/Hotel (Zimmer mit Dusche/WC) und für Gruppen wahlweise in der Pilgerherberge (Dreibettzimmer mit Stockbetten).

Infos

Tourismusverein Deutschnofen: 39050 Deutschnofen, Tel. 04 71 61 65 67, Fax 04 71 61 67 27, www.eggental.com, Informationsbüro in Obereggen.

Verkehr: Busse von/nach Bozen, Obereggen, Petersberg, Maria Weißenstein, Aldein.

Das Beste auf einen Blick

Burggrafenamt

Highlight!

Die Gärten von Schloss Trauttmansdorff: Der herrliche botanische Park mit den fantasievollen Themengärten, Pavillons, Grotten und dem ›Touriseum‹ im Schloss führt durch die Pflanzenwelt aller Kontinente von Südtirol bis nach Japan und durch die wechselhafte Geschichte des Tourismus in Meran und Südtirol. S. 233

Auf Entdeckungstour

Mit Sissi in Meran: Nach der österreichischen Kaiserin Elisabeth ist der **›Sissi-Weg‹** benannt. Er führt vom Schloss Trauttmansdorff durch Wein- und Obstgärten, vorbei an Ansitzen, stattlichen Höfen, Stadtvillen und altehrwürdigen Hotels in einer gemütlichen Stunde hinab in die Kurstadt. S. 230

Zum Sandwirt – auf Andreas Hofers Spuren: Auf der 6-stündigen Tour wandern wir von Klammeben, das bequem mit der Seilbahn zu erreichen ist, auf Bergsteigen zur Pfandler Alm. Hier hatte sich der »Tiroler Freiheitsheld« versteckt und hier wurde er verhaftet. Talwärts geht es dann zum **»Sandwirt«,** dem Gasthof von Andreas Hofer, und zum Hofer-Museum. S. 244

Kultur & Sehenswertes

Frauenmuseum: Das Museum in Meran, Lebenswerk von Evelyn Ortner, einer passionierten Sammlerin, dokumentiert das Frauenbild von der Biedermeierzeit bis in unsere Tage. S. 228

Schloss Tirol: Vom Stammschloss der Grafen von Tirol erhielt das ganze Land den Namen. Im 12. Jh. errichtet, wurde die beeindruckende Burganlage um 1900 in romantisierenden Formen wieder aufgebaut. S. 240

Aktiv & Kreativ

Pseirer Radtour: Durch das Tal der Passer verläuft der 19 km Radweg abseits des Verkehrs von Meran nach St. Leonhard. Die Tour ist auch für Kinder gut zu schaffen. S. 235

Meraner Höhenweg: In 6 Tagen führt der gut markierte Weitwanderweg um die Texelgruppe. Die nicht allzu schwere Tour zählt zu den beliebtesten in den Alpen. S. 241

Genießen & Atmosphäre

Shopping in den Meraner Lauben: Die **Laubengasse** spiegelt den Reichtum des mittelalterlichen Städtchens wider. Damals wie heute sind die Geschäfte unter den Arkaden ein Einkaufsparadies für alle Genüsse. S. 235

Musik auf der Alm: Wer die ›echte‹ Südtiroler Volksmusik erleben möchte, muss nur 30 Minuten von der Hirzer-Seilbahn zur **Gompm Alm** wandern. Mehrmals im Jahr wird hier aufgespielt. Auch Kunst-Events stehen auf dem Programm. Die hauseigene Küche überzeugt mit Bio-Produkten. S. 242

Abends & Nachts

Theater in Meran: Die Kurstadt besitzt zwei Bühnen mit einem lohnenden, abwechselungsreichen Programm. Die große ›offizielle‹ Spielstätte ist das **Stadttheater**, die kleine das engagierte **Theater in der Altstadt**. S. 228, 235

Kuren unter südlicher Sonne

Infobox

Tourismusverband Marketinggesellschaft Meran
Gampenstr. 95, 39012 Meran, Tel. 04 73 20 04 43, Fax 04 73 20 01 18
Alle Gemeinden des Burggrafenamtes und auch einige des unteren Vinschgaus haben sich zu diesem Tourismusverband zusammengeschlossen, der zentral alle nötigen Infos erteilt und versendet. Außerdem gibt es in jedem Hauptort ein lokales Info-Büro (s. u.).

Internet
www.meranerland.com
Die offiziellen Seiten des Tourismusverbands informieren über Orte, Unterkünfte, Veranstaltungen, Sportmöglichkeiten etc. Die Homepages der einzelnen Ortschaften (s. dort) sind meist umfangreicher und informativer.

Anreise und Weiterkommen
Verkehrsknotenpunkt des Burggrafenamtes ist Meran. Von hier fahren **Regionalzüge** im halbstündlichen/stündlichen Takt nach Bozen und Vinschgau aufwärts nach Mals. Am Meraner Bahnhof beginnen auch fast alle **Buslinien,** die die umliegenden Dörfer und Täler bedienen. Die meisten Busse halten auch im Zentrum am Rennweg.
Guest Card: Neben der vorteilhaften »Mobilcard« (s. S. 23) lohnt es, sich auch die kostenfreie »Guest Card« bei den Vermietern der Unterkunft zu besorgen. Für Gäste des Meraner Landes gewährt sie Vergünstigungen um die 10 % u. a. bei Museen, Seilbahnen, Ausflügen, Radverleih, Schwimmbädern und diversen Sportangeboten.

Hohe Gebirgswälle schützen den Meraner Talkessel im Norden, während die warmen mediterranen Lüfte ungehindert durch das breite Etschtal strömen. Das Land um die Kurstadt Meran wird Burggrafenamt/Il Burgraviato genannt, ein Name, der sich vom Amtsbereich der Burggrafen von Tirol ableitet. Auch das Passeier Tal, das Ultental und die Gemeinden des Nonsbergs gehören zum Burggrafenamt.

Die glanzvollen Zeiten, als die Stadt an der Passer noch Tiroler Residenzstadt und später berühmter mondäner Kurort war, sind lange vorbei. Aber die Landesfürstliche Burg, die schönen Kurparkanlagen und die repräsentativen Villen erinnern an die Vergangenheit. Heute ist Meran die zweitgrößte Stadt Südtirols und lebendige Metropole des Burggrafenamts.

Meran ▸ E 4

Meran/Merano liegt in einem weiten Talkessel auf rund 325 m Höhe. Gleich auf den Bahnsteigen des ›Hauptbahnhofs‹, der sich den Charme einer k.u.k.-Provinzstation bewahrt hat, geht der Blick auf die Bergriesen, die Meran umschließen. Nur nach Süden öffnet sich der Kessel weitflächig im breiten Tal der Etsch. Von den Gebirgsketten gegen die rauen Nordwinde geschützt, hat Meran ein überaus mildes, fast mediterranes Klima.

Stadtgeschichte

Wo heute Meran liegt, kreuzte sich einst der eine der beiden Seitenäste der römischen Heer- und Handelsstraße Via Claudia Augusta, der durch

Vom Meraner Kurhaus schweift der Blick hinauf zu den Bergriesen

das Etschtal über den Reschenpass nach Norden führte, mit einer anderen Straße, die durch das Passeier Tal und über den Jaufenpass zum Brenner verlief. Um diesen wichtigen Schnittpunkt zu sichern, entstand in Nähe der Passermündung ein befestigtes römisches Militärlager, das Castrum Maiense, dessen Name in den Meraner Ortsteilen Ober- und Untermais weiterlebt.

Keimzelle der späteren Stadt wurde jedoch das heutige Stadtviertel **Steinach**. Dieser Brückenort an der Passer liegt am Fuß des Küchelberges, auf dem die späteren Grafen von Tirol im 12. Jh. ihre Hauptburg errichteten. Nachdem sie im Machtkampf gegen die Konkurrenten aus Eppan und Trient siegreich waren, wurde Meran im 13. Jh. zur Residenz ausgebaut und erhielt 1317 das Stadtrecht.

Mit dem Aussterben des Grafengeschlechtes im Jahr 1363 und der Übergabe der Grafschaft Tirol an das habsburgische Reich begann die politische und wirtschaftliche Bedeutung Merans zu schwinden. Um 1420 wurde die Residenz nach Innsbruck verlegt. Durch den Ausbau der Verbindung durch das Eisacktal zum Brenner verdrängte das nun verkehrsgünstigere Bozen die Passerstadt von ihrer Stelle als wichtigste Handels- und Marktstadt. Meran versank für die nachfolgenden Jahrhunderte in Bedeutungslosigkeit und trug das Image eines ›Kuhstadtls‹, in dem das Vieh durch die Straßen lief.

Erst Anfang des 19. Jh. erfolgte ein erneuter wirtschaftlicher und kultureller Aufschwung. Meran wurde zum Kurort, der sich rasch zu einem vielbesuchten Reiseziel für den europäischen Hoch- und Geldadel entwickelte. Mit der Eröffnung der Eisenbahnlinie zwischen Meran und Bozen im Jahr 1881 erhielt die Stadt Anschluss an das europäische Verkehrsnetz und dehnte sich gewaltig aus. Der Zusammenbruch der habsburgischen Monarchie und die beiden Weltkriege stoppten den rasanten Aufschwung. Erst mit dem Einsetzen des Massentourismus in den

Meran

Sehenswert
1 Stadttheater
2 Stadtmuseum
3 Klarissenkloster
4 Frauenmuseum
5 Landesfürstliche Burg
6 Stadtpfarrkirche St. Nikolaus
7 Spitalkirche
8 Kurhaus
9 Therme
10 Jüdisches Museum
11 Schloss Trauttmansdorf

Übernachten
1 Villa Tivoli
2 Aurora
3 Rainer
4 Jugendherberge

Essen & Trinken
1 Sissi
2 Santer Klause
3 Forsterbräu
4 Partanes
5 Vinothek Relax
6 Oasi

Einkaufen
1 Lauben
2 Meraner Weinhaus
3 Obst- und Krämermarkt
4 Bauernmarkt

Abends & Nachts
1 Stadttheater
2 Theater in der Altstadt
3 Bistro Sieben
4 Weinstube Hans

1960er-Jahren erreichte Meran wieder Übernachtungszahlen wie vor dem Ersten Weltkrieg. Mit den Gärten von Schloss Trauttmansdorff und den neuen Thermen versucht die Stadt an die vergangenen Zeiten anzuknüpfen. In Meran leben heute knapp 33 500 Menschen, von denen sich gut die Hälfte der deutschsprachigen und knapp 50 % der italienischsprachigen Bevölkerungsgruppe zurechnet.

Bummel durch die Stadt

Merans Innenstadt ist überschaubar und leicht zu Fuß zu durchstreifen. Am verkehrsreichen Theaterplatz befindet sich das **Stadttheater** 1, das Ende des 19. Jh. erbaut wurde und eines der wenigen erhaltenen Jugendstiltheater in Europa ist (Einlass nur zu Veranstaltungen). Vom Theaterplatz führt der **Rennweg** nach Norden. Der Name ist auf mittelalterliche Turnierspiele, das »Rennen und Stechen« zurückzuführen.

Stadtmuseum 2

März–Anfang Jan., Di–Sa 10–17, So 10–13 Uhr

Im Gebäude der Raiffeisenkasse (Rennweg 42), das einst das Gasthaus Roter Adler beherbergte, ist derzeit noch provisorisch das **Stadtmuseum** untergebracht, das neben Funden aus der Urgeschichte auch Kunsthandwerk sowie Werke alter und moderner Tiroler Künstler zeigt. Der neue Sitz des Museums wird der Ansitz Steinachheim am oberen Pfarrplatz sein.

Am nahen **Kornplatz** sind Bank- und Kirchenwelt eine eigentümliche Verbindung eingegangen. Im heutigen Gebäude der **Volksbank** war bis 1782 das im 14. Jh. gegründete **Klarissenkloster** 3 untergebracht. Durch einen Seiteneingang des Geldinstituts (Hausnummer 2) erreicht man unbehelligt von den schwer bewaffneten Bankwächtern einen frei zugänglichen Teil des Kreuzgangs der früheren, zum Kloster gehörigen Marienkirche, der mit schönen spätgotischen Fresken geschmückt ist.

Frauenmuseum 4

www.museina.it, ganzjährig Mo–Fr 10–17, Sa 10–12.30 Uhr

Das engagiert geführte Frauenmuseum **›Evelyn Ortner‹** (früher Laubengasse) hat einen neuen Standort im Volksbankgebäude am Kornplatz. Die Dauerausstellung mit Kleidern, Schuhen und Accessoires wie Täschchen

und Hüten zeigt das Frauenbild von der Biedermeierzeit bis in unsere Tage. Dazu gibt es wechselnde Sonderausstellungen und Veranstaltungen.

Laubengasse

Auf der anderen Seite des Kornplatzes beginnt die schöne **Laubengasse**. Die ältesten Häuser der engen Straße mit den schattigen Arkadengängen wurden in der zweiten Hälfte des 13. Jh. erbaut und spiegeln den Reichtum des aufstrebenden mittelalterlichen Städtchens wieder. Auch heute ist die Gasse mit ihren versteckten Seitengängen, reich ausgestatteten Läden und alten Gasthäusern das wichtigste Einkaufszentrum für Meran und Umgebung.

Landesfürstliche Burg 5

März–Anfang Jan. Di–Sa 10–17, So 10–13 Uhr

Bei der Hausnummer 194–192 gelangt man nach links durch den offenen Durchgang des Rathauses, das in der Zeit des Faschismus erbaut wurde, über den Hof zur **Landesfürstlichen Burg**. Das Gebäude mit dem wohlklingenden Namen erinnert eher an eine Spielzeugburg. Seit dem 15. Jh. ▷ S. 232

Auf Entdeckungstour

Mit Sissi in Meran

Mehrere Male war Sissi, die Kaiserin von Österreich, in der Kurstadt und trug maßgeblich dazu bei, dass Meran weltbekannt wurde. Ihr zu Ehren wurde ein schöner Spazierweg vom Schloss Trauttmansdorff 11 hinab nach Meran ausgeschildert.

Zeit: 1 Stunde

Info: Der Spazierweg beginnt in der Nähe des Kassenhäuschens und führt hinunter zu den Kuranlagen und Thermen von Meran.

Schloss und Gärten von Trauttmansdorff: Öffnungszeiten s. S. 233.
Ein Prospekt mit kleiner Karte ist an der Kasse erhältlich oder kann im Internet heruntergeladen werden (www.trauttmansdorf.it).

Eintritt: 10,80 €, Familienkarte 22 €

»Heute kam nun der ersehnte Tag der tiefgefühlten innigsten Freude für die ganze Bevölkerung dieser Gegend, denn er brachte die allergnädigste, liebevollste Kaiserin wieder in unsere Mitte.« Die Kaiserin, der die Schwärmerei des ›Boten für Tirol und Vorarlberg‹ im Oktober 1870 galt, war Elisabeth von Österreich, besser bekannt als ›Sissi‹. Elisabeths Aufenthalte in Meran trugen dazu bei, dass sich das verschlafene Provinzstädtchen zum renommierten Kurort entwickeln konnte. In den Jahren bis zum Ersten Weltkrieg galt es nämlich in den ›besseren Kreisen‹ als ›chique‹, sich nach Meran zur Kur zu begeben. Dabei ging es weniger um das Kurieren eines spezifischen Leidens als viel mehr um ein gesellschaftliches Ereignis, dem man sich im Kurhaus, im Speisesaal, auf der Promenade, im Theater oder auf der Pferderennbahn hingab.

Mediterrane Blumenpracht

Vier Mal war Sissi zur Kur in Meran. Standesgemäß stieg sie zumeist im Schloss Trauttmansdorff ab. Die Kaiserin liebte Spaziergänge. Ob sie jedoch den nach ihr benannten **›Sissi-Weg‹** jemals ging, ist nicht überliefert. Der gut ausgeschilderte Weg ist jedoch eine großartige Möglichkeit, nach dem Besuch von Trauttmansdorff nach Meran zurückzukehren. Die Route führt, fast ohne störenden Verkehr und überwiegend bergab, zunächst durch Wein- und Obstgärten. Die üppige Blumen- und Pflanzenpracht mutet mediterran an. Der Weg führt an stattlichen Höfen, Schlössern und Ansitzen vorbei. Im Schloss Pienzenau mit seinem schönen Park waren bei Sissis Besuch die zahlreichen Kutschen und Pferde untergebracht. Der kaiserliche Hofstaat nächtigte im Schloss Rubein, das wenig weiter erreicht ist. Der Ansitz Reichenbach gehörte Franz Tappeiner, Merans berühmtestem Kurarzt.

Viel besuchtes Sissi-Denkmal im Park

Pizza aus der Hand – im noblen Ambiente

Der Meraner Ortsteil Obermais, den man nach einer halben Stunde erreicht, hat sich mit den prachtvollen Stadtvillen und altehrwürdigen Hotels viel vom noblen Charme der königlich-kaiserlichen Zeit bewahren können. Hier wohnten die ›Herrschaften‹, wenn sie in Meran kurten. Auch heute kann man es sich – etwas bescheidener – gut gehen lassen: Im **Café Prantl** am Brunnenplatz (So Ruhetag) bei Kaffee und Kuchen oder mit einem Stück Pizza aus der Hand aus dem benachbarten Pizza-Shop. Jetzt ist es nicht mehr weit nach Meran. Unten an der Passer führt die Sommerpromenade nach links zum Sissi-Park. Hier steht das oft abgelichtete Marmordenkmal der liebreizenden Kaiserin. Nur wenige hundert Meter sind es von hier noch zu den neuzeitlichen Kuranlagen der Stadt, den neuen Thermen.

war es Stadtsitz der Herren von Schloss Tirol. Heute ist hier eine Art Museum der mittelalterlichen Wohnkultur untergebracht: Die Räume sind mit gotischem Mobiliar ausgestattet, das aus allen Landesteilen zusammengetragen wurde. Der Hochzeitssaal ist ein beliebt für Trauungen.

Stadtpfarrkirche St. Nikolaus 6

Tgl. 8–17 Uhr

Das östliche Ende der Laubengasse bildet der **Pfarrplatz**. An seinem Rand steht das restaurierte **Raffl-Haus,** ein ehemaliger Gasthof aus der Mitte des 19. Jh., heute eine moderne Ladenpassage. Die **Stadtpfarrkirche St. Nikolaus** (Baubeginn im frühen 14. Jh.) fällt mit ihren zwei Turmuhren auf, von denen die untere die Stunden mit dem großen Zeiger verkündet. Die reiche Innenausstattung vereinigt die Kunstauffassungen von der Gotik bis zum Barock. Die **Barbarakapelle** hinter der Kirche ist ein achteckiger Bau mit einem Sterngewölbe, zwei Barockaltären und einem gotischen Flügelaltar.

Steinach

Die Passeirergasse führt durch **Steinach**, das älteste Meraner Stadtviertel, vorbei an der Santer Klause, einem der traditionellen Gasthäuser der Stadt, zum **Passeirer Tor**, das bereits 1325 erwähnt wurde. Hier beginnt der kurze Fußweg zum **Steinernen Steg**. Der italienische Name dieser Brücke über die Passer, Ponte Romano, weist in die Irre: Mit den Römern hat die Steinbrücke, von der man einen schönen Blick auf die Gilfschlucht hat, nichts zu tun.

Spitalkirche 7

Tgl. 8–12 und 15–18.30 Uhr

Auf der **Winterpromenade**, die Teil der Kuranlagen ist, geht es entlang der Passer wieder stadteinwärts. Die offene **Wandelhalle** mit Gemälden und Gedenkbüsten hat sich den Charme vergangener (Kur-)Tage bewahrt. Die k.u.k.-getreu restaurierte **Postbrücke** ermöglicht einen Abstecher ans andere Ufer, wo gegenüber der Hauptpost im tobenden Straßenverkehr die **Spitalkirche zum Heiligen Geist** steht, eine Meisterleistung gotischer Raumharmonie. Der ursprüngliche Bau aus dem 13. Jh. wurde 1419 durch eine Flutwelle zerstört. Im Inneren des ›Neubaus‹ sind vier Reliefs eines früheren Hochaltars von Jörg Lederer (um 1520) sowie eine große frühgotische Kreuzigungsgruppe (14. Jh.) zu bewundern.

Kurhaus 8

Auf die andere Seite der Passer zurückgekehrt, führt die **Kurpromenade** am **Alten** und das **Neuen Kurhaus** entlang, die Bauelemente des Klassizismus und des Jugendstils vereinigen. Auf den Parkbänken und auf den Terrassen der Cafés ist während der Saison kaum ein freier Platz zu finden.

Therme 9

www.thermemeran.it, ganzjährig, 9–22 Uhr

Wieder auf der anderen Seite der Passer, leicht über die **Theaterbrücke** zu erreichen, erhebt sich das allerneuste architektonische Glanzlicht der Stadt: die **Therme**. Mit dem lichten Wellness-Tempel aus Glas und Stahl will die Kurstadt endlich wieder an die glanzvollen vergangenen Zeiten anknüpfen. Aber der moderne Prachtbau war nicht unumstritten. Denn die Baukosten explodierten. Mit 122 Mio. Euro wurden sie dreimal so hoch wie der gesamte jährliche Haushalt der Stadt. Querelen gab es auch um die Baumeister. Schließlich wurde der bekannte Innenarchitekt und Designer Matteo Thun engagiert, der für den Kur-Kubus ein dynamisches Lichtkonzept entwickelte. Ungehindert geht der Blick aus der Schwimmhalle auf die Berge des Burggrafenamtes. Die durchgestaltete Thermenlandschaft bietet 25 Pools, acht Saunen und eine Kälte-Kammer, ein Vital- und ein Fitness-Center, ein riesiges Freibad und einen schönen Park.

Jüdisches Museum 10

Ganzjährig, außer an jüdischen Feiertagen Di/Mi 15–18, Do/Fr 9–12 Uhr

In der Schillerstraße 14 steht die 1901 geweihte **Synagoge**, in der auch das **Jüdische Museum** untergebracht ist. Die einst 600 Mitglieder der jüdischen Kultusgemeinde in Meran wurden unter der Herrschaft der Nationalsozialisten deportiert, 80 von ihnen wurden in den Konzentrationslagern von Reichenau und Auschwitz ermordet. Das Museum dokumentiert die jüdische Geschichte in Meran und die Shoah.

Schloss Trauttmansdorff ! 11

www.trauttmansdorff.it, April–Okt. tgl. 9–19, erste Nov.-Hälfte 9–17, Juni–Aug. Fr bis 23 Uhr

Schon außerhalb der Stadt liegen die neu gestalteten Gärten von **Schloss Trauttmansdorff**, die ein wahres Schmuckstück Merans sind (Stadtbus Nr. 1B und 4). Der Name ist auf eine Adelsfamilie aus der Steiermark zurückzuführen, die im Jahr 1543 die Burg Neuberg aus dem 13. Jh. erwarb und ausbauen ließ. Berühmtester Gast war ›Sissi‹, die österreichische Kaiserin Elisabeth. Nach langer Planungs- und Bauzeit und unter immensen Kosten wurde der riesige Garten in einen beeindruckenden botanischen Park mit verschiedenen thematischen Gärten und Pavillons umgewandelt. Das Schloss selbst beherbergt das **Touriseum**, das sehenswerte Museum für Tourismus, das die Geschichte des Südtiroler Fremdenverkehrs von 1800 bis zur Gegenwart präsentiert. Der **Sissiweg** führt als lohnender Wanderweg hinunter in die Stadt (s. S. 230).

Pferderennplatz

Der 1896 erbaute und 1935 erweiterte Pferderennplatz im Stadtteil Untermais (Stadtbusse Nr. 11 und 12) zählt zu den schönsten Pferdesportplätzen weltweit. Neben den allwöchentlichen Rennen sind das Bauerngalopprennen auf Haflingerpferden am Ostermontag und der ›Große Preis von Meran‹ Ende September, dem bedeutendsten Hürdenrennen in Kontinentaleuropa, die Höhepunkte der Rennsaison.

Übernachten

In Meran ein passendes Quartier zu finden, ist außerhalb der absoluten Hochsaison kein Problem. Die lange Tradition als Kurstadt und Fremdenverkehrsmetropole bürgen für ein umfassendes Angebot für jeden Geldbeutel.

Stilvoll – **Villa Tivoli** 1: Verdistr. 72, Tel. 04 73 44 62 82, Fax 04 73 44 68 49, www.villativoli.it, Mitte Nov.–März geschlossen, ab 90 € (80 €). Die Hoteloase mit einem großen Garten, herrlicher Terrasse, eigener Quelle und Schwimmbad liegt außerhalb des Zentrums.

Zentral – **Aurora** 2: Kurpromenade 38, Tel. 04 73 21 18 00, Fax 04 73 21 11 13, www.hotelaurora.bz, 6. Jan.–Mitte Feb. geschl., 91 € (80 €). Das noble Stadthotel liegt mitten in der Stadt in Nähe des Theaterplatzes. Die eine Front des Hauses geht zur Kurpromenade an der Passer.

Einfach und gut – **Rainer** 3: Lauben 266, Tel. und Fax 04 73 23 61 49, Feb. und letzte Woche im Juni geschlossen, ab 43 €. Noch zentraler befindet sich der einfache, aber angenehme Gasthof in der Laubengasse. In lauen Som-

Wunderbar plüschig: Publikumsreihen im Stadttheater

mernächten sitzt man angenehm im Gastgarten des Restaurants.

Bahnhofsnah – **Jugendherberge 4**: Carduccistr. 77, Tel. 04 73 20 14 75, Fax 04 73 20 71 54, www.meran.jugendherberge.it, im Nov. 2–3 Wochen geschlossen, ab 21 €, Jugendherbergsausweis nicht nötig/gültig. Das neu erbaute Haus steht knapp 10 Gehminuten vom Bahnhof entfernt.

Essen & Trinken

Für Gourmets – **Sissi 1**: Galileistr. 44, Tel. 04 73 23 10 62, www.sissi.andreafenoglio.com, Mo sowie Di-mittag geschl., Hauptgericht 26 €, Menü ab 60 €. Das Restaurant mit seiner Jugendstileinrichtung gilt in Gourmetkreisen als Top-Adresse in der Kurstadt. Reservierung unbedingt ratsam.

Bodenständig – **Santer Klause 2**: Passeiergasse 36, Tel. 04 73 49 13 25, So abend und Mo Ruhetag, Hauptgericht 14 €. Das Wirtshaus mit dem schattigem Gastgarten befindet sich in Steinach. Traditionelle Südtiroler Gerichte.

Bier statt Wein – **Forsterbräu 3**: Freiheitsstr. 90, Tel. 04 73 23 65 35, ganzjährig, 11.30–23 Uhr warme Küche, Hauptgericht ab 12 €. Das Gasthaus der großen Südtiroler Brauerei serviert zu gepflegten Bieren einheimische Kost auch außerhalb der sonst üblichen strengen Essenszeiten.

Wild – **Partanes 4**: Hallergasse 2, Tel. 04 73 23 38 94, Mitte Jan.–März geschl., Mo Ruhetag, Tagesgericht ab 10 €. Das angenehme Restaurant liegt am oberen Pfarrplatz, mit großer, einladender Terrasse. Der Schwerpunkt der Küche liegt auf Südtiroler Kost und Wildgerichten.

Pizza und Wein – **Vinothek Relax 5**: Cavourstr. 31, Tel. 04 73 23 67 35, So Ruhetag, Pizza ab 5 €. Neben guten Weinen und Grappe gibt es hier ab 18 Uhr leckere Pizzen. Auch Räumlichkeiten für Raucher sind vorhanden.

Süß und eisig – **Oasi** 6: Carduccistr. 4, April–Mitte Okt, 10–20.30 Uhr, Mo Ruhetag. Nicht ganz so elegant, aber dafür reeller als an der Kurpromenade geht es in der kleinen *gelateria* in der Nebenstraße zu, die vom Theaterplatz abzweigt.

Einkaufen

Lebendig und vielfältig – **Lauben** 1: Auch in Meran sind die Lauben Mittelpunkt des Einkaufsbummels mit Geschäften aller Art. Elegante Damenmode ist in der Boutique **Les Libres** (Hausnummer 95) zu finden, Trachtenmode im Loden-Fachgeschäft **Runggaldier** (Nr. 276). Bei **Kikinger** (Nr. 165) werden seit 1845 Kerzen gezogen und verkauft. Bei **Seibstock** (Nr. 227) bekommt man Speck, Käse, Weine und andere Delikatessen. Ganz in der Nähe bietet **Winterholer** (Rennweg 72) über 100 verschiedene Sorten Grappa und edle Weine an.

Prämiert – **Meraner Weinhaus** 2, Romstr. 76: Weinkenner werden das breite und exzellente Sortiment zu schätzen wissen, wofür das Weinhaus als beste Vinothek Italiens ausgezeichnet wurde.

Quirlig – **Obst- und Krämermarkt** 3: Fr 8–13 Uhr in Nähe des Bahnhofs.

Frisch und gesund – **Bauernmarkt** 4: Jeden Sa Vormittag, 8–12 Uhr in der Galileistraße.

Aktiv & Kreativ

Spazierengehen und Wandern – **Tappeinerpromenade:** Neben den Promenaden entlang der Passer besitzt die Stadt auch einen herrlichen fast ebenen Panoramaweg, der rund 100 m oberhalb des Meraner Talkessels durch ein im Frühling rauschendes Blütenmeer von der Zenoburg nach Gratsch führt.

Hoch hinaus – **Ifinger-Seilbahn:** Die Seilbahn vom Vorort Naif (Stadtbus 1A) erschließt das Wander- und Skigebiet **›Meran 2000‹**.

Radfahren – **Fahrradverleih:** Das innerstädtische Radwegenetz ist gut ausgebaut. An drei Stellen in Meran (Bahnhof, Galileistr. und Tennisstr.) kann man gegen Vorlage des Ausweises und einer Kaution von 5 € gratis Räder ausleihen.

Radfahren - **Etsch-Radweg:** Es besteht Anschluss an den Etsch-Radweg, der am Reschenpass beginnt und über Bozen ins Trentino führt. Eine kürzere Radroute mit nur geringer Steigung, die an einem Tag zu bewältigen ist, verläuft von Meran durch das Passeier Tal nach St. Leonhard (19 km).

Abends & Nachts

Jugendstil – **Stadttheater** 1: Theaterplatz. Im 1900 eröffneten Jugendstilbau werden deutsche und italienische Gastspiele, aber auch Produktionen von heimischen Ensembles gezeigt.

Klein, aber ambitioniert – **Theater in der Altstadt** 2: Freiheitsstr. 27, 04 73 21 16 23, www.tida.it. Die engagierte kleine Bühne nutzt Räumlichkeiten des Kurhauses. Ab und an finden auch Kabarett- und Musikabende statt.

Treffpunkt – **Bistro Sieben** 3: Lauben 232, Tel. 04 73 21 06 36, 8.30–1 Uhr, Restaurant 19–22 Uhr, April–Okt kein Ruhetag, sonst Di. Mitten im Zentrum trifft sich die Meraner Gesellschaft für den schnellen Espresso, das gute Glas Wein oder den gepflegten Cocktail.

Traditionell – **Weinstube Hans** 4: Lauben 205, Tel. 04 73 23 71 83, So Ruhetag. Das Kontrastprogramm zum Bistro 7 genau gegenüber ist diese traditionelle Weinstube Südtiroler Art.

Infos & Termine

Touristeninformation

Kurverwaltung: Freiheitsstraße 45, 39012 Meran, Tel. 04 73 27 20 00, Fax 04 73 23 55 24, www.meran.eu.

Termine

Meranflora: Die internationale Blumenschau findet alle ungeraden Jahre Ende April–Mitte Mai auf den Promenaden an der Passer statt.
Meraner Musikwochen: Jedes Jahr Ende Aug.–Sept. steht die klassische Musik im Mittelpunkt des kulturellen Lebens. Bedeutendes Ensembles aus aller Welt gastieren in der Kurstadt.
Traubenfest: Am dritten So im Okt. ziehen prächtig geschmückte Festwagen, Trachtengruppen und Musikkapellen durch die Innenstadt.

Verkehr

Meran hat ein gutes innerstädtisches Busnetz. Die **zentrale Busstation** für den Regionalverkehr in die umliegenden Dörfer und Täler befindet sich neben dem Bahnhof. Die meisten Regionalbusse halten auch im Stadtzentrum am Rennweg. **Regionalzüge** verkehren im stündlichen Taktverkehr von/nach Bozen und Mals.

Rings um Meran

Hafling ►E 4

Bis vor einigen Jahrzehnten war das **Haflinger Hochplatea**u am östlichen Rand des Meraner Talkessels noch autofrei und nur über eine inzwischen stillgelegte Seilbahn und auf steilen Karrenwegen erreichbar. Weltweit ist der Name des weit verstreuten Dorfes **Hafling/Avelengo** (1298 m) durch die Pferdezucht bekannt geworden. Die gutmütigen, zähen Haflinger Pferde mit den blonden Mähnen sind klein und stämmig und wurden einst Ende des 19. Jh. für den militärischen Einsatz im Hochgebirge gezüchtet. Heute werden sie überall in Südtirol als Reitpferde und auch in der Forstwirtschaft eingesetzt.

Meran 2000

Mit der Kurstadt hat das Wintersportgebiet (2350 m, 40 km Pisten) hoch über dem Dorf nur den Namen gemeinsam. Im Sommer sind von Meran 2000 aus schöne Wanderungen über den Höhenzug des Salten möglich. Die Ifinger-Seilbahn und die Umlaufbahn von Falzeben verkehren auch im Sommer, ganzjährig in Betrieb ist der »Alpin-Bob«, eine 1,1 km lange Rodelbahn auf Schienen.

Infos

Tourismusverein: St-Kathrein-Straße 2/b, 39010 Hafling, Tel. 04 73 27 94 57, Fax 04 73 27 95 40, www.hafling.com, www.meran2000.net.

Verkehr: Busse fahren von/nach Meran.

Schenna ►E 4

Auch das Dorf Schenna/Scena (640 m) lag vor 50 Jahren noch still und verträumt oberhalb des Meraner Talkessels. Seither hat sich – außer der schönen Lage – alles geändert. Abgesehen von einigen Gebäuden im alten Dorfkern ist heute fast jedes Haus ein Gastbetrieb. Hinzu kommen noch etliche private Vermieter, so dass Schenna jedes Jahr die gewaltige Zahl von über 750 000 Übernachtungen aufweisen kann und einen Spitzenplatz in der Südtiroler Fremdenverkehrsstatistik hält. Der Tourismus hat die Gemeinde, die selbst nur 2700 Einwohner zählt, fest im Griff.

Schloss Schenna

www.schloss-schenna.com, nur Führungen Ende März–Anfang Nov. Mo–Sa 10.30, 11.30, 14, 15 Uhr

Die Hauptsehenswürdigkeit ist das **Schloss Schenna**, das unter Petermann von Schenna, einem der Burggrafen von Tirol, um 1350 erbaut wurde. Nach ständig wechselnden Besitzverhältnissen, die mit zahlreichen Umbauten einhergingen, erwarb Mitte des 19. Jh. Erzherzog Johann von Österreich die Anlage. Seinen Nachfahren, den Grafen von Meran, gehört das Schloss mit den schönen Barock- und Renaissanceräumen noch heute.

Pfarrbezirk

Kirchen: nur Di 9.30 Uhr im Rahmen einer Ortsführung zu besuchen
Mausoleum: Ende März–Anfang Nov. Mo–So 10–11.30, 15–16.30 Uhr

Einen Besuch wert ist auch der Pfarrbezirk am Rand des Dorfzentrums. Hier stehen die alte **Pfarrkirche Maria Aufnahme**, die auf einen romanischen, freskengeschmückten Bau des 12. Jh. zurückgeht, die romanische **Kapelle St. Martin am Friedhof** sowie das **Mausoleum**, das für Erzherzog Johann und seine Frau errichtet wurde.

St. Georg

Anfang April–Anfang Nov. Mo–Sa 10–12, 14–17 Uhr

In der Fraktion **St. Georgen**, dem so genannten Oberdorf, steht die romanische Rundkirche **St. Georg** (12. Jh.), wahrscheinlich die Kapelle der nicht mehr existierenden Burg Schenna. Im Innenraum, der durch einen einzigen Pfeiler gestützt wird, finden sich gotische Wandmalereien (um 1400) und ein Flügelaltar aus dem frühen 16. Jahrhundert.

Übernachten

Talblick – **Schlosswirt:** Tel. 04 73 94 56 20, Fax 04 73 94 55 38, www.schlosswirt.it, Anfang Jan.–Mitte März geschlossen, ab 60 € (45 €). Das traditionsreiche Haus liegt genau unterhalb des Schlosses von Schenna und besitzt eine schöne (Speise-)Terrasse mit Blick auf Dorf Tirol und den Meraner Talkessel.

Traumhaft – **Greitererhof:** Tel. und Fax 0473 94 59 76, www.greitererhof.it, Ende März–Mitte Nov., 38 € (36 €). Der schöne Gasthof der freundlichen Familie Kuen liegt hoch oben über dem Tal am Schennaberg auf fast 1500 m. Die bodenständigen feinen Speisen lassen sich auf der Aussichtsterrasse so richtig genießen. Wanderwege beginnen direkt vor der Haustür.

Aktiv & Kreativ

Wandern – **›Schennacard‹:** Die nähere Umgebung Schennas mit ihren vielfältigen Wandermöglichkeiten ist mit Seilbahnen sehr gut erschlossen. Mit der ›Schennacard‹ für 55 € ist auch die Benutzung der Aufstiegsanlagen für 7 Tage inklusive.

Infos

Tourismusverein: Erzherzog-Johann-Platz 1/d, 39017 Schenna, Tel. 04 73 94 56 69, Fax 04 73 94 55 81, www.schenna.com.

Verkehr: Busse fahren von/nach Meran und Verdins. Zusätzlich gibt es Gästebusse der Gemeinde z. B. nach St. Georgen und zum Schloss Trauttmansdorff. Mit der **BusCard** für 12 € ist die Benutzung der Busse in der Umgebung für 7 Tage kostenfrei.

Lieblingsort

Tagelang unterwegs
Die Autoren lieben Mehrtageswanderungen. Eine der schönsten Touren, die zeitlich im Rahmen bleibt, ist die Wanderung auf dem **Meraner Höhenweg.** In 5–6 Tagen wird auf dem grandiosen Panoramaweg die gesamte Texelgruppe umrundet. Unterwegs locken zahlreiche Jausenstationen und Gasthäuser zur Einkehr und bieten zur Nacht ein bequemes Bett (s. S. 241).

Dorf Tirol ► E 4

In Sichtweite von Schenna liegt auf der gegenüberliegenden Talseite auf der Hangschulter des Küchelberges der andere große Magnet für Urlauber, Dorf Tirol/Tirolo (596 m). Die propere quirlige Gemeinde (2350 Einwohner) zählt zu den beliebtesten Ferienzielen in Südtirol. Die Gäste, die zu 90 % aus Deutschland kommen, bestimmen an jeder Ecke und in jedem Winkel das Bild.

Schloss Tirol

www.schlosstirol.it, Mitte März–Anfang Dez. Di–So 10–17, Aug. bis 18 Uhr, Führungen um 10.15 und 14 Uhr

Von der **Pfarrkirche zum Heiligen Johannes** (14. Jh.) in der Dorfmitte verläuft der Schlossweg, ein breiter, etwa ein Kilometer langer Fußweg, zum Schloss Tirol, das dem Land den Namen gab. Der Bau der Anlage wird zwischen 1125 und 1140 datiert, als die Vinschgauer Grafen, die sich ab 1141 als Grafen von Tirol bezeichneten, im Machtkampf mit rivalisierenden Adelsgeschlechtern standen. Nach der Verlegung der Residenz nach Innsbruck verfiel Schloss Tirol völlig. Um 1900 wurde es in romantisierenden Formen wieder aufgebaut. Aus der Erbauungszeit blieben die eindrucksvollen Portale des Palas und der zweigeschossigen Burgkapelle erhalten. Der romanische Figurenschmuck ist in seiner kraftvollen Formensprache, die vorchristliches und christliches Gedankengut verbindet, einmalig in Südtirol. Die mit frühgotischen Fresken ausgemalte Kapelle wird von einer überlebensgroßen Kreuzigungsgruppe beherrscht (um 1300). Das Schloss beherbergt das Landesmuseum für Kultur- und Landesgeschichte mit einer umfangreichen Ausstellung und wechselnden Präsentationen zur Historie Tirols.

Greifvogelstation

www.gufyland.com, Ende März–Anfang Nov. Di–So 10–17, im Winter nur So 13.30– 16.30 Uhr, Flugvorführungen im Sommer Di–So 11.15 und 15.15 Uhr

Am Burghügel befindet sich das **Pflegezentrum für Vogelfauna**, das sich um verletzte Vögel kümmert. Die 24 Volieren sind mit einem Lehrpfad verbunden. Um die Kosten zu finanzieren, werden spannende Flugvorführungen mit Greifvögeln vom Adler bis zum Bussard gezeigt.

St. Peter ob Gratsch

April–Okt. tgl. 9–18 Uhr

Während das Schloss Tirol von den Besuchermassen förmlich gestürmt wird, liegt die wunderschöne Kirche **St. Peter ob Gratsch** gleichsam im Schatten der Burg, obwohl sie nur 15 Gehminuten entfernt ist. Der Bau stammt in seinen Grundmauern aus vorromanischer Zeit (5. Jh.) und zählt zu den ältesten Sakralbauten des Landes. Kunsthistorisch bedeutsam sind die romanischen Fresken an der Außenwand und im Inneren sowie der schlichte romanische Taufstein. Die übrigen Wandmalereien sind der Gotik zuzuordnen.

Brunnenburg

www.brunnenburg.net, April–Okt. So–Do 10–17 Uhr

Auf dem Rückweg zum Dorf Tirol bietet sich ein Besuch der **Brunnenburg** an, die nicht weit vom Schlossweg entfernt liegt. Mit dem Ursprungsbau des 13. Jh. hat die Burg allerdings nichts mehr gemein. Die Anlage wurde 1904 im Stil der Neogotik völlig umgebaut. Heute sind in der Burg, in der der amerikanische Dichter Ezra Pound ab 1958 seine letzten Lebensjahre verbrachte, ein sehenswertes **Landwirtschaftliches Museum** und eine Gedächtnisstätte für den Dichter untergebracht.

Meraner Höhenweg

Vom nördlichen Rand des Ortes verkehrt eine Seilbahn hinauf zum **Hochmuter** auf 1350 m. Die Bergstation ist ein guter Ausgangspunkt für Hochtouren in der Texelgruppe und auch für die Streckenwanderung auf dem **Meraner Höhenweg**, der zu den beliebtesten Fernwegen in den Alpen gehört (s. S. 238). Die 5- bis 6-tägige Umrundung der gesamten Texelgruppe entlang der Sonnenhänge des Vinschgaus, des Schnals- und des Passeier Tales ist relativ einfach zu begehen. Nur der Übergang über das Eisjöchl (2908 m) trägt hochalpine Züge.

Übernachten

Dorf Tirol besitzt ein sehr großes Angebot an Gästebetten. Außerhalb der absoluten Hochsaisonzeiten gibt es stets Kapazitäten.

Top – **Castel:** Tel. 04 73 92 36 93, Fax 04 73 92 31 13, www.hotel-castel.com, März–Mitte Nov. geöffnet, HP ab 220 € (193 €). Das absolute Top-Hotel des Ortes liegt ruhig in einer Seitenstraße. Mit exzellentem Sport- und Beautyangebot sowie einem mehrfach ausgezeichnetem Gourmet-Restaurant.

Jugendstil – **Villa Maria:** Tel. 04 73 92 33 06, Fax 04 73 92 35 45, www.villamariatirol.com, Ende März–Anfang Nov. geöffnet, ab 47 €. Hübsches Jugendstilhotel mit schöner Aussicht, zentral und dennoch ruhig.

Essen & Trinken

Für Wanderer – **Talbauer:** Muthöfe 3, Tel. 04 73 22 99 41, www.talbauer.it, Frühjahr bis Herbst geöffnet, Sa Ruhetag (kein Ruhetag Aug.–Okt.), Hauptgericht ab 12 €. An schönen Tagen sind alle Ausflugsrestaurants heillos überfüllt – bis auf das schöne Gasthaus unterhalb des Mutkopfes (30 Min. ab Bergstation Hochmuter). Bei bodenständiger Kost kann man hier den weiten Blick über das Burggrafenamt genießen. Übernachtungsmöglichkeit im romantischen Hüttenlager, 24 €.

Infos

Tourismusverein: Hauptstraße 31, 39019 Dorf Tirol, Tel. 04 73 92 33 14, Fax 04 73 92 30 12, www.dorf-tirol.it.

Verkehr: Linienbusse fahren von/nach Meran. Am südlichen Ortsrand liegt die Station eines Sesselliftes, der nach Meran hinunterführt.

Passeier Tal ► E 2–E 4

Das ›Passeier‹ wie die einheimischen ›Pseirer‹ ihr Tal nennen, ist ein eigener Mikrokosmos und hat wenig mit dem übrigen Burggrafenamt gemein. Auf einer Länge von nur knapp 50 km durchläuft das Tal nahezu alle Vegetationsstufen – von den Weinreben am Rand des Meraner Beckens bis zu den Alpenrosenfeldern unter den weit herabziehenden Gletschern der Stubaier und Ötztaler Alpen.

Seit alters her wurde das Passeier Tal her als Fernhandelsweg genutzt: Schmale, steinige Wege führten über das Timmelsjoch in das obere Inntal und über den Jaufenpass nach Sterzing und dann weiter nach Innsbruck. Der Saumverkehr mit Pferden und Maultieren sowie der Transport zu Fuß mit Traggestellen – den sogenannten ›Kraxen‹ – gaben den Talbewohnern bis zum Bau der Straße Ende des 19. Jh. gute Verdienstmöglichkeiten. Heute ist der Tourismus, besonders im unteren Talabschnitt, eine wichtige Erwerbsquelle.

Riffian ▶ E 4

Das Dorf Riffian/Rifiano (504 m) im ›Äußeren Passeier‹, wie der untere Talabschnitt genannt wird, liegt noch völlig im Einflussbereich der nahen Kurstadt Meran. Ein großer Teil der Einwohner pendelt jeden Tag zur Arbeit dorthin. Sehenswert sind die **Wallfahrtskirche** und die **Gnadenkapelle** oberhalb des Dorfes. Die vormals gotische Kirche schwelgt in barocken Farben und Formen. Im Hochaltar steht die Muttergottes (um 1400), die Ziel der Wallfahrt ist. In der Kapelle beeindrucken die harmonischen Fresken, die dem ›Höfischen Stil‹ des frühen 15. Jh. zuzuordnen sind. Leider wurden später brutal Rundfenster in die Wandmalereien hineingebrochen.

Unser Tipp

Musik auf der Gompm Alm
In der Almhütte auf 1800 m Höhe sind Musikfreunde besonders willkommen. Jeden Sommer fand hier ein mittlerweile legendäres Fest der einheimischen Musikszene mit italienischen und ausländisches Bands statt. Rund 1200 Besucher umlagerten dann die Alm. Der Platz ist leicht in 30 Min. zu Fuß von der Bergstation der Hirzer-Seilbahn zu erreichen. Regelmäßig wird hier und auf den benachbarten Almen im Rahmen des ›Tallner Sunntig‹ auch zu traditioneller ›echter‹ Südtiroler Volksmusik aufgespielt, die hier nichts Volkstümelndes an sich hat (www.gompm alm.it, www.tallnersunntig.it).

Saltaus ▶ E 3

Bei Saltaus (581 m), das zur Gemeinde St. Martin gehört, beginnt das ›Vorderpasseier‹. Das Tal verengt sich, und die Mundart der Bewohner bekommt einen anderen Tonfall. Direkt an der Straße steht der zinnengeschmückte **Schildhof Saltaus**, der heute ein Hotel beherbergt. Die ›Schildhöfe‹, von denen es insgesamt zwölf gibt, sind eine Besonderheit des Passeiertals: Ihre Besitzer gehörten im Mittelalter dem niederen Adel an. Als Gegenleistung für Waffendienste für den Landesfürsten (›Schilddienst‹) waren sie mit Privilegien ausgestattet (Steuerbefreiung, Weide- und Jagdrechte), von denen sich das Fischereirecht bis in die heutige Zeit erhalten hat. Von Saltaus führt die Seilbahn nach Klammeben (1980 m) unterhalb des Hirzer.

St. Martin ▶ E 3

Das aufstrebende St. Martin/S. Martino (597 m) macht dem Passeirer Hauptort St. Leonhard heftig Konkurrenz und hat sich zu einem beliebten Ferienort entwickelt. Bis 1845 war das Dorf Sitz der ›Passeirer Malerschule‹, die seit 1719 bestanden hatte und deren Künstler dem Stil des Barock verpflichtet waren. Das **Malerhaus** mit den schönen Fresken kann nur von außen besichtigt werden. Oberhalb des Dorfes liegt der **Schildhof Steinhaus**, der bereits 1285 urkundlich erwähnt wurde.

Museum Passeier – Andreas Hofer
Kurz vor St. Leonhard liegt im Talgrund der ›**Sandhof**‹, das Geburtshaus Andreas Hofers. Der heutige **Gasthof Sandwirt** ist ein Besuchermagnet. Im früheren Stadel ist das **Museum Pas-**

seier – Andreas Hofer untergebracht (Mitte März–Anfang Nov. Di–So, 10–18 Uhr, Aug./Sept. tgl., www.museum.passeier.it). Neben einer volkskundlichen Sammlung wird eine sehenswerte Ausstellung gezeigt, die sich ganz bewusst allzu leichter Antworten über Hofers Rolle im ›Freiheitskampf der Tiroler‹ verweigert (s. S. 244). Auf dem Freigelände sind originale Passeirer Berghofgebäude wieder aufgebaut worden, die einen Eindruck vom Leben vergangener Zeiten vermitteln.

St. Leonhard ▸ E/F 3

Der in einem weiten Talkessel gelegene Ort St. Leonhard/S. Leonardo (693 m) ist mit über 3000 Einwohnern die größte und bedeutendste Gemeinde des Passeier. Das herausgeputzte Dorf ist mit seinen knapp 2000 Gästebetten auch das wichtigste Fremdenverkehrszentrum des Tales. In der spätgotischen **Heiligkreuz-Kirche** wurde vor einigen Jahren ein Freskenzyklus aus dem 16. Jh. aufgedeckt.

Zum Museum Passeier gehört als Außenstelle der **Franzosenfriedhof** am westlichen Dorfrand. Nach der letzten Schlacht am Berg Isel kam es im Passeier Tal zu heftigen Kämpfen mit den französischen Truppen (s. S. 56). Die gefallenen französischen Soldaten sind hier begraben.

Jaufenburg

Mai–Mitte Okt. Di und Do
14–16 Uhr

Auf einem Hügel über St. Leonhard steht die über 600 Jahre alte Burg, die einst den Talkessel beherrschte. Der trutzige Bergfried ist ebenfalls eine Außenstelle des Museums Passeier. In den fünf Stockwerken wird ein anschauliches Bild der Burg und des Passeier Tales vermittelt. Die Anlage ist zu Fuß in ca. 20 Min. vom Dorf, aber auch mit dem Auto zu erreichen.

Jaufenpass ▸ F 3

Als Nebental verläuft das Wannser Tal nach Osten und stellt über den Jaufenpass/Passo del Monte Giovo (2099 m) eine direkte Verbindung mit Sterzing her. Der frühere Saumweg wurde Anfang des 20. Jh. zu einer Straße mit 19 Kehren ausgebaut, die in Motorradkreisen überaus beliebt ist. Im Winter wird die Strecke zum Passeirer Jaufenhaus (1827 m) offengehalten, um die Zufahrt zum Skigebiet am Pass zu ermöglichen.

Hinterpasseier ▸ E 3

Ab St. Leonhard schwenkt das Haupttal der Passer scharf nach Westen. Das ›Hinterpasseier‹, das hier beginnt, hat ausgesprochenen Hochgebirgscharakter und ist nur dünn besiedelt. Hafer- und Gerstenfelder sowie Almwirtschaft bestimmen das Bild. Die kleinen Dörfer und Weiler liegen fast alle hoch über dem Talboden. Zu den Naturschönheiten zählen die **Wasserfälle** in Nähe des Dorfes **Stuls**, die in zwei Kaskaden 342 m hinabstürzen. Von geologischem Interesse sind die Gletscherschliffe am Kirchenhügel des Dorfes **Platt** und die zahlreichen Gletschermühlen in der Umgebung. Der Hauptort und das Fremdenverkehrszentrum des Hinterpasseier ist **Moos/Moso** (1007 m) im Talgrund.

Timmelsjoch ▸ E 2

Das Tal der Passer biegt nun wieder nach Norden und gewinnt rasch an Höhe. Die beiden letzten kleinen Dörfer, **Rabenstein** (1419 m) und **Schönau** (1571 m), liegen abseits ▷ S. 247

Auf Entdeckungstour

Zum Sandwirt – auf Andreas Hofers Spuren

Im Passeier Tal wurde Andreas Hofer, der als Held des Freiheitskampfes gegen die Franzosen und Bayern gilt, im Gasthof Sandwirt geboren. Und – etwa 40 Jahre später – auf der nahen Pfandler Alm verhaftet. Die fantastische Bergwanderung verbindet die beiden Orte.

Reisekarte: ▶ E/F 3

Infos: Hirzer-Seilbahn Saltaus nach Klammeben Ende März–Anfang Nov. 8.30–17.30 Uhr alle 30 Min., Mitte Juni–Sept. bis 18.30 Uhr, ab 10 Pers. auch Zwischenfahrten, Bergfahrt 11 €.
Rückkehr nach Klammeben und weiter per Bus nach Meran. Start: An der Bergstation der Klammeben-Seilbahn. 6 Stunden reine Gehzeit

Museum Passeier–Andreas Hofer: Mitte März–Anfang Nov. Di–So, 10–18 Uhr, Aug./Sept. tgl., Eintritt 7 €, www.museum.passeier.it

Wir zäumen die Geschichte und das Leben von Andreas Hofer gleichsam von hinten auf und nähern uns ihr mit einer schönen Bergwanderung. Streckenweise erfordern die Bergsteige Schwindelfreiheit und Trittsicherheit. Von der Bergstation der Seilbahn wandern wir vorbei an der Hirzer Hütte zur Mahdalm. Der Weg ist mit der **Ziffer 1** und der Abkürzung **E 5** (Europäischer Fernwanderweg) markiert. Hinauf zum Kamm des Prantachkogels geht es dann steil, schweißtreibend und mit atemberaubenden Tiefblicken. Die Höhe verlieren wir allerdings wieder, um nach insgesamt knapp 4 Wanderstunden die Wiesen der Pfandler Alm zu erreichen.

Versteck und Verrat

Der zweite Heustadel auf der Wiese ist aus langen Holzstämmen und roh zurechtgeschlagenen Felssteinen errichtetet. Dies war das Versteck Andreas Hofers, in das er im bitterkalten Winter des Jahres 1809 nach der verlorenen Schlacht am Berg Isel bei Innsbruck flüchtete. Auf seine Ergreifung war ein Kopfgeld von 1500 Gulden ausgesetzt. Eine hohe Summe für die damalige Zeit, in der ein Arbeiter nicht mehr als einen drittel Gulden am Tag verdiente. Hofer wurde denn auch von einem Passeirer Bauern verraten, am 28. Januar 1810 hier verhaftet und keinen Monat später in der Festung von Mantua standrechtlich erschossen. Der ursprüngliche Heustadel brannte 1919 ab. Die heutige Hütte ist ein originalgetreuer Nachbau aus dem Jahr 1983. Auf der anderen Seite der Wiese steht das gastliche Haus der Pfandler Alm, das ein wichtiger Stützpunkt für die Fernwanderer auf dem E 5 ist. Zwanzig Matratzenlager warten auf müde Häupter und auf uns Kaffee und Kuchen oder eine Brotzeit.

Die Tour folgt weiter den Markierungen mit der Nummer 1 talwärts. Im heutigen Gasthaus Pfandler Hof in der

Das Gasthaus Sandwirt, das Geburtshaus von Andreas Hofer

Streusiedlung Prantach hielt sich Hofer mit seiner Familie zunächst für einige Tage verborgen, bevor er auf die Pfandler Alm flüchtete. Am Bildstock der Hofkapelle am kleinen Sträßchen folgen wir nun dem **Wanderweg Nr. 3,** passieren die Jausenstation Pfeiftal und erreichen das erodierte Bachbett der Kehlmure. Nach links auf dem geschotterten Fahrweg gelangen wir zu einem Asphaltsträßchen, auf dem wir nach rechts bald das Gasthaus Sandwirt erreichen.

Besuchermagnet Sandwirt

Hier wurde Andreas Hofer am 22. November 1767 geboren. In früheren Zeiten hieß das Wirtshaus ›Auflegerhof‹, denn hier wurden den Saumpferden für den steilen Weg über den Jaufenpass nach Sterzing und weiter nach Innsbruck leichtere Lasten ›aufgelegt‹. Auch Andreas Hofer besaß einige Pferde, denn der Gasthof brachte wenig ein. Als sprachgewandter Wein- und Pferdehändler kam er weit herum und knüpfte so die Kontakte, die für den späteren Kampf sehr wichtig waren. Heute ist der Gasthof eine Goldgrube. In den Sommermonaten ist der Parkplatz vor dem Sandwirt stets voll. Dann ist in der alten holzgetäfelten Gaststube, auf der großen verglasten Veranda oder auf der Terrasse vor dem Haus kaum noch einer der 350 Plätze frei.

Das **Museum ›Passeier – Andreas Hofer‹** im früheren Stadel beleuchtet die Person Hofers und seine Rolle im ›Freiheitskampf der Tiroler‹ (s. S. 57) anhand von Filmen und persönlichen Gegenständen sehr differenziert und stellt auch kritische Fragen. Sehenswert sind auch der volkskundliche Teil über das Passeier Tal und die wiederaufgebauten originalen Bergbauernhöfe auf dem Freigelände. Vor dem Gasthaus hält der Bus.

der Staatsstraße, die sich in steilen Kurven zur italienisch-österreichischen Grenze am **Timmelsjoch/Passo del Rombo** auf 2483 m hinaufwindet. Die grandiose Hochalpenstraße, die erst 1968 fertig-gestellt wurde, kann nur in schneefreien Monaten (Ende Mai/Anfang Juni–Mitte/Ende Okt.) zwischen 7 und 20 Uhr befahren werden. Da die Strecke für LKW verboten ist, ist sie auch für ambitionierte Radfahrer eine schweißtreibende Herausforderung.

Wandern

Anspruchsvolle alpine Touren im Passaier Tal sind im **Naturpark Texelgruppe** möglich (s. S. 258). Bei weitem leichter ist die Wanderung auf dem Weg Nr. 13 in ca. 1,5 Std. zur Außenstelle des Museums Passeier, der **Pfistrad Alm.** Sie liegt südöstlich von St. Leonhard auf 1350 m Höhe. In dem schönen alten Holzbau werden die Almwirtschaft und das mittelalterliche Leben und Wohnen dokumentiert. Im Sommer ist die Alm auch bewirtschaftet.

Viel über die aktuelle Situation der Bergbauern erfährt man auf den halbtägigen **Höfewanderungen,** die von Bäuerinnen begleitet werden. Oben auf den Berghöfen wird dann nicht nur erklärt, sondern auch die bäuerliche Kost probiert (Termine bei den Verkehrsbüros). Auf den **Spuren von Andreas Hofer** führt (s. S. 244) eine Tageswanderung von Klammeben über die Pfandler Alm, Hofers letztem Versteck, hinab zu Hofers Gasthof, dem ›Sandwirt‹.

In Ulfaß bei Moos besteht eine gute Zugangsmöglichkeit für den **Meraner Höhenweg** (s. S. 241).

Übernachten

Schildhof – **Saltauserhof:** in Saltaus, Tel. 04 73 64 54 03, Fax 04 73 64 55 15, www.saltauserhof.com, März–Nov., 95 € (80 €). Das komfortable Hotel besticht durch sein Ambiente in einem historischen Schildhof. Die Zimmer im Haupthaus sind eher rustikal, die in der Residence romantisch eingerichtet.

Wandern – **Jägerhof:** in Walten, Tel. 04 73 65 62 50, Fax 04 73 65 68 22, www.jagerhof.net, Nov. geschl., HP ab 53 €. Der Familienbetrieb im Dörfchen Walten vor dem Jaufenpass hat sich auf Wanderurlaub spezialisiert (jede Woche geführte Touren).

Aktiv & Kreativ

Golf – **Anlagen:** Im Tal gibt es gleich zwei Möglichkeiten, den Sport auszuüben. Eine 18-Loch-Anlage hat der **Golfclub Passeier/Meran** bei St. Martin (www.golfclubpasseier.com), und der **Hotelkomplex Quellenhof** (www.quellenhof.it), besitzt eine 4-Loch-Anlage (beide mit Golfschule und Schnupperkursen).

Gleitschirmfliegen – **Tandemclub Ilfinger:** Handy 33 97 63 17 15, www.tandemclub-ifinger.info. Hoch hinaus in die Lüfte am Hirzer geht es bei den Tandem-Mitflügen mit staatlich geprüften Piloten.

Infos & Termine

Tourismusverein Passeiertal: Passeirerstraße 40, 39015 St. Leonhard in Passeier, Tel. 04 73 65 61 88, Fax 04 73 65 66 24, www.passeiertal.it, Info-Büros auch in Riffian, St. Martin und Moos.

Verkehr: Linienbusse fahren von/nach Meran durch das gesamte Tal bis nach Moos sowie ins Pfelderer Tal und über Walten zum Jaufenpass. Mitte Juni–Mitte Okt. verkehrt ein **Wanderbus** von Moos zum Timmelsjoch.

Algund ▶ E 4

Westlich von Meran liegt das Dorf Algund/Lagundo, das mit der nahen Kurstadt fast zusammengewachsen ist. Der Ort wird durch den immensen Verkehr auf der Ausfallstraße in den Vinschgau stark belastet. Trotzdem hat er sich abseits der Staatsstraße einige ruhige Winkel bewahren können.

Blickfang des Dorfes ist der 70 m hohe Glockenturm der **Neuen Pfarrkirche,** die 1977 geweiht wurde (tgl. 6.30–19.30 Uhr; Führung April–Okt. Do 17 Uhr). Die Kirche ist einer der gelungensten sakralen Neubauten in ganz Südtirol. Das Innere wird vom bewusst gesuchten Kontrast bestimmt: Nackter Beton trifft auf warmes Holz, Teile des Innenraums sind hell erleuchtet, andere fast völlig dunkel. Hohe, weite Räume gehen unvermittelt in niedrigere, heimelige über. Sehr beeindruckend ist die zeitgemäße Interpretation der Kreuzwegstationen.

Im Ortsteil **Mitterplars** wurden vier marmorne Kultsteine (Menhire) gefunden, die wahrscheinlich aus der ligurischen Besiedlungszeit vor 3000 Jahren stammen. Die Originale befinden sich heute im Städtischen Museum in Meran, Duplikate sind vor dem Verkehrsamt Algund aufgestellt.

Von Mitterplars verkehrt ein Sessellift zur Fraktion **Vellau** (996 m), die auf einer Höhenterrasse unterhalb der Mutspitze liegt. Ein Gondellift führt weiter zur Leiteralm auf 1552 m und erschließt das ausgedehnte Wanderrevier der Texelgruppe und den Meraner Höhenweg (s. S 241).

Essen & Trinken

Schöne Aussicht – **Oberlechner:** Tel. 04 73 44 83 50, Jan. und Feb. geschlossen, Mi Ruhetag, Hauptgericht ab 11 €. Hoch über dem Meraner Becken bietet der Gasthof in Vellau eine gute traditionelle Südtiroler Küche. Weit geht der Blick über das Meraner Becken.

Infos

Tourismusverein: 39022 Algund, Tel. 04 73 44 86 00, Fax 04 73 44 89 17, www.algund.com.

Verkehr: Busse fahren von/nach Meran und in den Vinschgau.

Lana ▶ E 4

Die wohlhabende weitläufige Marktgemeinde (9300 Einwohner, 301 m) am Eingang des Ultentals ist der wichtigste Obstproduzent Südtirols. Die nahezu völlige Umstellung vom Wein- zum Apfelanbau in riesigen Plantagen erfolgte erst ab 1957. Der zweite wichtige Erwerbszweig ist der Tourismus mit rund 70 000 Feriengästen im Jahr, vornehmlich aus Deutschland. Einen landesweiten Ruf hat sich Lana durch sein reiches Kulturangebot erworben, mit dem manche Südtiroler Städte nicht mithalten können. Sechs Chöre, drei Musikkapellen, drei Theatergruppen, der ambitionierte ›Verein der Bücherwürmer‹ und eine Galerie gehören zum lebendigen Gemeindeleben. Das Dorf ist sehr weitläufig und wirkt leider zersiedelt. Nur im Ortsteil Niederlana gibt es noch einzelne reizende Winkel.

Schnatterpeckaltar

Nur im Rahmen von Führungen: Anfang April–Ende Aug. Mo–Sa 11, 15, 16 Uhr, Sept. und Okt. Mo–Sa 10.30, 11.30, 15, 16, 17 Uhr

Die bedeutendste Sehenswürdigkeit der Gemeinde ist der Schnatterpeckaltar in der über 500 Jahre alten Pfarrkirche Maria Himmelfahrt in Niederlana. Der spätgotische Flügelaltar ist ein Werk des schwäbischen, später in Meran ansässigen Meisters Hans Schnatterpeck. Er beeindruckt weniger durch seine künstlerische Bedeutung als durch die monumentale Höhe von über 14 m. Der Schrein enthält viele detailreiche Figuren und Reliefs.

Südtiroler Obstbaumuseum

www.obstbaumuseum.it, April–Okt. Mo–Sa 10–17 Uhr

In der Nähe der Pfarrkirche befindet sich im ehemaligen Ansitz Larchgut das sehenswerte **Südtiroler Obstbaumuseum**, das in zahlreichen Exponaten und Schautafeln die Geschichte, aber auch die Gegenwart des Obst- und Weinanbaus darstellt.

Schloss Lebenberg

Mo–Sa 10.30–12.30 und 14–16.30 Uhr, Führungen Ostern–Okt.

Im benachbarten Dorf **Tscherms/Cermes** (294 m) lohnt das **Schloss Lebenberg,** das stolz auf einem Hügel südwestlich des Dorfes thront, einen Besuch. Die Herren von Marling ließen die Burg im 13 Jh. errichten. Aus dieser Zeit sind noch der Palas und der Bergfried erhalten, während die meisten anderen Gebäude mit ihren schönen Sälen und Gemächern aus dem 18. Jh. stammen.

Vigiljoch

Weitgehend autofrei ist die Höhenterrasse am Vigiljoch (1486 m), an dem sich eine kleine Hotel- und Ferienkolonie entwickelt hat. Der Zugang wird durch eine fast ganzjährig betriebene Seilbahn gewährleistet, die 1912 als eine der ersten der Welt erbaut wurde. Die Talstation liegt in Lana an der Straße in das Ultental. Von der Bergstation führt ein Sessellift (nahezu ganzjähriger Betrieb) weiter auf den Larchbühel (1824 m) und erschließt ein schönes Wandergebiet und ein kleines Skirevier, das aber oft unter Schneemangel leidet.

Übernachten

Minimalistisch – **Vigilius Mountain Resort:** Vigiljoch, Tel. 04 73 55 66 00, Fax 04 73 55 66 99, www.vigilius.it, Mitte Nov.–Anfang Dez. geschlossen, ab 183 € (ab 157 €). Auf dem Vigiljoch (Seilbahn für Hotelgäste kostenlos) steht das nach ökologischen Kriterien erbaute Luxushotel aus Holz und Glas mit schönem Spa und Pool. Architekt ist Matteo Thun, der auch die Meraner Thermen gestaltet hat.

Im Tal – **Eichhof:** in Lana, Tel. 04 73 56 11 55, Fax 04 73 56 37 10, www.eichhof.net, Ende März–Anfang Nov., HP ab 70 €. Freundliches Hotel mit schattigem Garten und Pool mitten im Ort.

Essen & Trinken

Für Feinschmecker – **Kirchsteiger:** in Völlan, Tel. 04 73 56 80 44, 10. Jan.–10. März geschl., Do Ruhetag, Hauptgericht ab 13 €, Gästezimmer ab 45 €. Das Restaurant im Bergdorf Völlan bei Lana setzt auf verfeinerte traditionelle und auch mediterrane Küche. Zum Haus gehören 16 Gästezimmer.

Infos

Tourismusverein Lana: Andreas-Hofer-Straße 9/1, 39011 Lana, Tel. 04 73 56 17 70, Fax 04 73 56 19 79, www.lana.info.

Verkehr: Busverbindungen von/nach Meran, Völlan, Tisens, St. Felix, Fondo (Trentino) sowie ins/vom Ultental.

Ultental ▶ D 5

Wie das Passeier Tal ist das Ultental/Val d'Ultimo eine Welt für sich. Es zieht sich von Lana aus rund 40 km lang hinauf zu den Gletschern des Ortlermassivs. Bis zum Ende des 19. Jh. lag das Ultental im Abseits und war kaum zugänglich. Die Holz- und Weidewirtschaft war die Haupterwerbsquelle für die Bevölkerung. Erst 1907 wurde der gefährliche Saumweg durch einen leidlichen Fahrweg ersetzt. Mit dem Bau der Wasserkraftanlagen und Stauseen, die den natürlichen Wasserreichtum des Tales zur Energiegewinnung nutzen, wurde dann die Straße ausgebaut und modernisiert. Seitdem hat sich ein – im Vergleich zum übrigen Burggrafenamt – bescheidener Tourismus entwickelt. Trotzdem müssen viele Ultner nach Lana oder Meran zur Arbeit pendeln, da mit der Landwirtschaft auf den Berghöfen nicht genug erwirtschaftet werden kann.

St. Pankraz ▶ E 5

In Kehren muss die Talstraße von Lana aus die erste Talstufe am Rand der Gaulschlucht erklimmen. An der Ruine von Schloss Eschenlohe (12. Jh.) vorbei, führt sie durch das schluchtartige Tal der Valschauer nach **St. Pankraz/S. Pancrazio** (736 m), wo sich das Ultental zum ersten Mal weitet. Das hübsche Dorf liegt etwas abseits der Straße.

St. Walburg ▶ D 5

Anschließend verengt sich das Tal erneut. Hinter dem ersten der Stauseen liegt dann der Ort St. Walburg (1190 m). In den letzten Jahren hat sich der Hauptort der Gemeinde Ulten ausgedehnt, doch die Neubauten passen sich gut dem harmonischen Dorfbild an. Danach verändert sich der Charakter der Landschaft. Das Tal öffnet sich wieder, und ausgedehnte Weideflächen säumen den Talboden. Am Ende des Zoggler Stausees zweigt die Zufahrt zum kleinen Skigebiet Schwemmalm ab.

Ultner Talmuseum

Mai–Okt. Di und Fr 11–12, 15–17, So 10–12, 15–17, März und April nur So 10–12, 15–17 Uhr

Die Talstraße wird bald schmaler und lässt **St. Nikolaus** rechts am Berghang liegen. In dem kleinen Bergdorf befindet sich im früheren Schulhaus das liebevoll gestaltete **Ultener Talmuseum**, das bäuerliche Arbeitsgerätschaften der Region zeigt.

Nationalparkhaus Lahner Säge

Mitte Mai–Okt. Di–Fr 9–12 und 14.30–18 Uhr, Sa und So nur nachmittags

Das letzte und höchstgelegene Dorf ist **St. Gertraud** (1512 m), dessen Häuser sich den Hang hinaufziehen. In der restaurierten **Lahner Säge** ist eines der insgesamt vier Südtiroler Besucherzentren für den Nationalpark Stilfser Joch

untergebracht, die alle ein spezielles Thema zum Mittelpunkt haben. Es liegt nahe, dass in einem alten Sägewerk der Schwerpunkt auf dem Aspekt ›Wald und Holz‹ liegt.

Talschluss

In St. Gertraud teilt sich das Haupttal. Durch das **Kirchbachtal** führt ein schöner Wanderweg zum **Rabbijoch/Passo di Rabbi** (2467 m), das die Provinzgrenze zum Trentino bildet. Das Rabbital war während des Zweiten Weltkriegs wichtiger Zufluchtsort für die wenigen Südtiroler Widerstandskämpfer gegen den Nationalsozialismus.
Durch das zweite Seitental, das **Weißbrunntal**, erklimmt die frei befahrbare, steile Werksstraße (14–15 %) der Elektrizitätswerke die Höhenstufe zum **Weißbrunnsee** (1870 m). Der Stausee, der zwischen 1957 und 1962 angelegt wurde und der sich gut in die Landschaft einfügt, ist ein guter Ausgangspunkt für Hochgebirgstouren in den Ausläufern des Ortlermassivs im **Nationalpark Stilfser Joch** (s. S. 273, beispielsweise hinauf zum **Grünsee** mit der Höchster Hütte (1 ¾ Std.).

Wandern

An beiden Talseiten und im Talschluss gibt es vielfältige Tourenmöglichkeiten, die aber nahezu alle mit langen Anstiegen verbunden sind. Einzig die Seilbahn zur Schwemmalm (Mitte Juni–Mitte Okt., tgl. 9–17, So bis 18 Uhr) verkürzt die Anstiege.

Übernachten, Essen

Heimelig – **Eggwirt:** in St. Walburg, Tel. 04 73 79 53 19, Fax 04 73 79 54 71, www.eggwirt.it, Nov.–Weihnachten geschlossen, ab 36 €, im Restaurant Hauptgericht ab 12 €. Der schöne, altehrwürdige Gasthof liegt ganz zentral im Ort. Es wird hier die traditionelle Küche gepflegt und in den

Am Falschauer Bach im Ultental

schönen alten holzgetäfelten Gaststuben serviert.

Infos

Tourismusvereinigung Ultental: 39016 St. Walburg, Tel. 04 73 79 53 87, Fax 04 73 79 50 49, www.ultental.it.

Verkehr: Busse fahren von/nach Meran über Lana durch das gesamte Tal bis/von St. Gertraud.

Tisens und Prissian ▶ G 5

Südlich von Lana wird das breite Etschtal vom Tisenser Mittelgebirge begleitet. Über diese Höhenstufe mit ihren vielen Kastanienhainen verlief der historische Fernhandelsweg, denn der Talboden der Etsch war früher versumpft.

Noch vor dem Hauptdorf **Tisens/Tesimo** führt nach einem Straßentunnel an einem Parkplatz rechts der Weg zur kleinen romanischen Kirche **St. Hippolyt** (13. Jh.) hinauf. Das Kirchlein steht auf einem Hügel, der zu den schönsten Aussichtsplätzen des Burggrafenamts zählt. Grabungsfunde belegen, dass die Gegend seit der Jungsteinzeit besiedelt ist.

Über Tisens ist schnell das hübsche Nachbardorf **Prissian/Prissiano** erreicht. Auf seinem Gemeindegebiet stehen zahlreiche Burgen. Die **Fahlburg** beherbergt ein Restaurant, die **Wehrburg** ist ein Hotel, und **Schloss Katzenzungen** kann im Rahmen von Weinverkostungen besucht werden. Burg **Kasatsch-Pfeffersburg** ist eine Ruine, deren Areal für Freiluftkonzerte genutzt wird.

In Prissian zweigt eine kleine Straße ab, die kurvig hinauf zum kastanienumsäumten Weiler **Grissian** (950 m) führt. In seiner Nähe steht die **St. Jacob-Kirche**. Das Gotteshaus wurde 1142 geweiht und zeigt vorzügliche romanische und gotische Fresken.

Übernachten

Ritterlich – **Hotel Schloss Wehrburg:** in Prissian, Tel. 04 73 92 09 34, Fax 04 73 92 06 76, www.wehrburg.com, Ostern–Ende Okt., HP ab 65 €. Mittelalterliche Gefühle werden im stilvollen Ambiente des Schlosses aus dem 13. Jh. wach.

Essen & Trinken

Frau am Herd – **Zum Löwen:** in Tisens, 04 73 92 09 27, www.zumloewen.it, Mo/Di Ruhetag, Hauptgericht ab 28 €. Anna Matscher, eine der wenigen Frauen, die es in den Kreis der Spitzenköche geschafft haben, pflegt die feine regionale Küche. Reservierung ratsam.

Infos

Tourismusverein: 39010 Tisens, Tel. 04 73 92 08 22, Fax 04 73 92 10 10, www.tisensprissian.com.

Verkehr: Busse fahren von/nach Lana, Meran, St. Felix, Fondo (Trentino).

Nonsberg ▶ E 5

Die Gampenstraße führt von Lana zum **Gampenjoch/Passo di Palade** (1518 m). Hier beginnt der Nonsberg, der ein Tal ist und eine Sonderstellung im Burggrafenamt einnimmt. Geografisch bildet er den Talschluss des Trentiner Val di Non, das sich nur nach Süden hin öffnet. In alle anderen Richtungen wird der Nonsberg von der Provinz Südtirol naturräumlich getrennt. Der obere Talabschnitt wurde wahrscheinlich im 12. Jh. vom Ultental und vom Überetsch her besiedelt. Bis heute ist die Bevölkerung mehrheitlich deutschsprachig. Verwaltungs- und kirchenpolitisch aber gehörte der Nonsberg bis nach dem Zweiten Weltkrieg zum überwiegend italienischsprachigen ›Welschtirol‹, der heutigen Provinz Trentino. Erst 1948 kam er zu Südtirol. Wegen der kurzen Verkehrswege orientieren sich die Nonsberger nach wie vor zu den italienischsprachigen Gemeinden des Val di Non.

Wanderung zur Laugenspitze
Das **Gampenjoch** stellt die Verbindung mit dem Burggrafenamt her. Vom Pass lässt sich in etwa 2 ¾ Std. auf dem Bergsteig 10 die Laugenspitze erklimmen. Der Gipfelanstieg ist bergtechnisch nicht schwierig, erfordert aber Trittsicherheit und Schwindelfreiheit.

Unsere Liebe Frau im Walde ▶ E 5

Das kleine Dorf (1351 m) hinter dem Gampenjoch ist ein bekannter Wallfahrtsort. Die Legende berichtet, dass Fuhrleute im Moor an der Stelle, an der heute die **Wallfahrtskirche** steht, ein Licht sahen und ein Marienbild fanden. Zu Ehren der Mutter Gottes wurde eine kleine Kirche erbaut. Historische Quellen erwähnen eine Kirche und ein Hospiz für das Ende des 12. Jh. Die heutige Kirche wurde 1432 eingeweiht und mehrfach umgebaut. Nach der Restaurierung erklingt die Aigner-Orgel aus dem Jahr 1870 wieder in klaren Tönen. Ziel der **Wallfahrt** ist eine Marienstatue aus gebranntem Ton, die aus der ersten Hälfte des 15. Jh. stammt.

St. Felix ▶ E 5

Weiter unten im Tal erstreckt sich mit St. Felix/S. Felice (1225 m) der Hauptort des Nonsbergs. Die **Kuratialkirche** mit ihrem schlanken Turm wurde im 18. Jh. erbaut. Bauern siedelten sich an den sonnenbefleckten Hängen an. Ein Wanderweg führt durch Lärchenwiesen hinauf zum idyllisch gelegenen **Tretsee** (1 Std.). Oberhalb des Sees bietet der **Gasthof Waldruhe** eine Einkehrmöglichkeit. Von St. Felix führt die Straße hinab in das hübsche Städtchen **Fondo** (988 m), dem Marktzentrum des oberen Trentiner Val di Non.

Laurein und Proveis ▶ E 6

Zum deutschsprachigen Nonsberg gehören auch die beiden abgelegenen, noch ursprünglichen Dörfer Laurein/Laurengno (1148 m) und Proveis/Proves (1420 m), zu denen seit ein paar Jahren vom Ultental eine Straße hinaufführt. Hier hat der Tourismus noch einen sehr bescheidenen Stellenwert.

Übernachten

Freundlich – **Greti:** in St. Felix, Tel. 04 63 88 62 26, Fax 04 63 88 55 21, www.pension-greti.com, ab 32 €. Freundliche Pension am Ortsrand. Im Restaurant werden u. a. gute Pizzen serviert.

Infos

Tourismusverein Nonsberg: 39040 Laurein, Tel. 04 63 53 00 88, www.ultentaldeutschnonsberg.info.

Verkehr: Busse von/nach Meran über Lana nach St. Felix und weiter nach Fondo (Trentino).

Das Beste auf einen Blick

Vinschgau

Highlights!

Glurns: Mit seinen 700 Einwohnern ist das Städtchen im oberen Vinschgau winzig. Einst ein blühender Handelsort, ging später die Entwicklung an Glurns vorbei. So hat sich ein wohlrestauriertes mittelalterliches Ackerbauernstädtchen mit alten Häusern, schmalen Gassen, intakter Stadtmauer und Toren erhalten. S. 276

Kloster Marienberg: Aus der Ferne wirkt das vielfenstrige Benediktinerkloster Marienberg fast wie ein tibetischer Bau. Die Nähe zeigt tiefverwurzeltes christliches Glaubensgut, das sich besonders bemerkenswert in den Engelsfresken der Krypta manifestiert. S. 280

Auf Entdeckungstour

Die Waale des Vinschgaus: Das kunstvolle Bewässerungssystem an den trockenen Sonnenhängen des Vinschgaus ist uralt. Entlang der kleinen Kanäle verlaufen Wege für die ›Waaler‹, die für den unablässigen Fluss des Wassers sorgten. Einer dieser Waalwege führt uns zum Schloss Juval, dem Sommersitz von Reinhold Messner. S. 262

Kultur & Sehenswertes

St. Prokulus: Die einzigartigen Fresken in der kleinen Kirche bei Naturns stammen aus dem 8. Jh. – die ältesten im deutschsprachigen Kulturkreis. S. 258

Churburg: Noch heute wird die gut erhaltene Burg vom Geschlecht derer von Trapp bewohnt. Höhepunkt der Führung durch die oberhalb von Schluderns gelegene Anlage ist die bestens ausgestattete **Rüstkammer.** S. 275

Aktiv & Kreativ

Kite-Surfen: Hier werden die Surf-Boards von Lenkdrachen gezogen, was größere Geschwindigkeiten und höhere Sprünge ermöglicht. Auf dem **Reschensee** kann man diesen Sport lernen und ausüben. S. 282

Etsch-Radweg: Die attraktive Route abwärts durch den Vinschgau auf der historischen Fernhandelsroute, der *Via Claudia Augusta,* hat die beste Radler-Infrastruktur in ganz Südtirol. S. 283

Genießen & Atmosphäre

Kulturfestival XONG: Das Gebiet im Dreiländereck rings um die Quelle der Etsch ist eine uralte Kulturlandschaft, die durch die Grenzen der Gegenwart zerschnitten ist. An die Gemeinsamkeiten der rätoromanischen Wurzeln knüpft das innovative Kulturfestival an. S. 278

Zum Mohren: Burgeis mit dem alten Gasthof ›Zum Mohren‹ am Dorfplatz sieht so idyllisch aus wie im Bilderbuch. S. 281

Abends & Nachts

Tote Hose: Wer in den Dörfern des Vinschgaus ein aufregendes Nachtleben erwartet, ist am falschen Ort. Mit Ausnahme von einigen Folkloreabenden, abendlichen Vorträgen und Dia-Shows, die von den Verkehrsbüros organisiert werden, passiert nicht viel. Aber Meran ist nicht weit entfernt ... S. 226

Tal der Gegensätze

Der Vinschgau/Val Venosta, das insgesamt 75 km lange Tal an der oberen Etsch, ist eine Region der Gegensätze. Die trockenen kahlen Hänge an der nördlichen Bergflanke, dem Sonnenberg, kontrastieren mit den blühenden Edelobstplantagen des fruchtbaren Talbodens und den waldreichen Hängen der Südseite des Tales. Das milde Klima des **unteren Vinschgaus** ist mit den rauen alpinen Verhältnissen des oberen Vinschgaus und in den Seitentälern nicht zu vergleichen. Im unteren Teil des Tales ist der Tourismus neben dem Obstanbau der wichtigste Wirtschaftsfaktor. Im **Obervinschgau** werden die Dörfer stiller und beschaulicher. Der Fremdenverkehr spielt nur eine Nebenrolle. Der obere Talabschnitt gilt als ›strukturarmes Gebiet‹. Das raue Klima schränkt die Landwirtschaft ein, und Industriebetriebe gibt es kaum. Viele Obervinschgauer pendeln jeden Tag zu Arbeitsplätzen in die nahe Schweiz. Der wichtigste Ort des gesamten Vinschgaus ist **Schlanders**.

Infobox

Tourismusverband Vinschgau

Kapuzinerstr. 10, 39028 Schlanders, Tel. 04 73 62 04 80, Fax 04 73 62 04 81. Alle Gemeinden des mittleren und oberen Vinschgau haben sich zu diesem Tourismusverband zusammengeschlossen, der zentral alle nötigen Infos erteilt und versendet. In allen größeren Orten gibt es zusätzlich lokale Info-Büros (s. u.).

Tourismusverband Marketinggesellschaft Meran

Gampenstr. 95, 39012 Meran, Tel. 04 73 20 04 43, Fax 04 73 20 01 18. Die Gemeinden des unteren Vinschgaus (Partschins, Naturns und Schnals) sind touristisch eng mit dem Burggrafenamt verbunden und haben sich diesem Verband angeschlossen. Auch diese Orte haben zusätzlich lokale Info-Büros.

Internet

www.vinschgau-suedtirol.info, www.meranerland.com: Die Homepages beider Tourismusverbände informieren über Orte, Sehenswürdigkeiten, Unterkünfte, Veranstaltungen, Sportmöglichkeiten etc. Die Seiten der einzelnen Ortschaften (s. dort) sind zumeist umfangreicher und informativer.

www.vinschgerbahn.it: Die Homepage der Vinschgerbahn informiert über Geschichte, Bahnhöfe, Fahrpläne, Preise und Angebote wie ›Bahn und Bike‹.

Anreise und Weiterkommen

Zwischen Mals und Meran verkehren die Züge der **Vinschgerbahn** im halbstündlichen/stündlichen Taktverkehr (s. o). Nahezu alle Seitentäler werden gut und oft mit **Bussen** bedient. In die benachbarte Schweiz (Zernetz) und nach Österreich (Nauders) fahren Linienbusse von Mals aus.

Gästekarte: Neben der »Mobilcard« (s. S. 23) lohnt es, sich auch die kostenfreie »Gästekarte« bei den Vermietern der Unterkunft zu besorgen. Sie gewährt Vergünstigungen u. a. bei Museen, Seilbahnen, Radverleih, Schwimmbädern und diversen Sportangeboten.

Partschins ▶ D/E 4

Die Fahrt vom Meraner Becken in den Vinschgau wird wahrscheinlich mit einem Stau beginnen. Auch wenn die Straße durch Tunnels entschärft wurde und die Vinschger Eisenbahn nach langer Unterbrechung wieder fährt, muss die verkehrsreiche Talstraße immer noch zahllose Autos und Lastwagen verkraften. Auf der historischen Trasse der römischen Heer- und Handelsstraße, der *Via Claudia Augusta*, überwindet sie die erste Steilstufe des Vinschgauer Tales hinauf nach **Töll** (550 m). Oberhalb der Schluchtenge liegt auf einer Anhöhe das schöne Dorf **Partschins/Parcines** (637 m). Der Dorfkern mit der spätgotischen Pfarrkirche und einigen Ansitzen wirkt sehr geschlossen und harmonisch. Die beiden Ortsteile Rabland und Töll erstrecken sich unten auf dem Talboden.

Das Teisenhaus am Kirchplatz beherbergt das **Schreibmaschinenmuseum »Peter Mitterhofer«** mit einer imposanten Sammlung von Schreibgeräten aus aller Welt (April–Okt. Di–Do 10–12, 15–18, Mo, Fr 15–18, Sa 10–12, Nov.–März nur Di 10–12 Uhr, www.schreibmaschinenmuseum.com). Der eigenwillige Tüftler Mitterhofer aus Partschins war einer der Erfinder der mechanischen Schreibmaschinen.

Wanderungen

Vorbei am **Partschinser Wasserfall,** mit 97 m der höchste in Südtirol, führen Wanderwege hoch in die **Texelgruppe,** die herrliche Hochgebirgstouren bietet. Die Seilbahn »Texelbahn« erleichtert den Zugang.

Übernachten

Gediegen – **Hanswirt:** Tel. 04 73 96 71 48, Fax 04 73 96 81 03, www.hanswirt.com, Mitte Jan.–Mitte März geschlossen, ab 75 €, Hauptgericht im **Restaurant** ab 16 €. Der wehrhafte Gasthof in Rabland an der Römerstraße unten im Vinschgauer Tal wird seit 470 Jahren von der Inhaberfamilie geführt und ist heute ein gediegenes Hotel. Im früheren Stadel ist ein Modell-Eisenbahnmuseum untergebracht.

Im Dorf – **Sonne:** Tel. 04 73 96 71 08, Fax 04 73 96 82 80, www.hotel-sonne.it, Nov. und Jan–März geschl., ab 48 € (39 €). Unterhalb der Kirche am Partschinser Dorfplatz liegt das nette Gasthaus/Hotel.

Essen & Trinken

Museal – **Onkel Taa:** in Töll, Tel. 04 73 96 73 42, Mitte Jan.–Mitte März geschl., Mo Ruhetag Hauptgericht ab 15 €. Spezialität des Hauses, das fast mehr ein Museum als ein Restaurant ist (der Inhaber hegt eine Leidenschaft für die Habsburger), sind selbstgezüchtete Weinbergschnecken und Flusskrebse.

Infos

Tourismusverein: Spaureggstraße 10, 39020 Partschins, Tel. 04 73 96 71 57, Fax 04 73 96 77 98, www.partschins. com

Verkehr: Bahnhöfe mit **Zugverbindungen** von/nach Meran und Mals befinden sich in Töll und Rabland. **Busse** fahren von Partschins nach Meran.

Naturns ▶ D 4

Zu den wichtigsten Ferienorten im unteren Vinschgau zählt das urbane Dorf Naturns/Naturno (554 m). Die Umgehungsstraße hat das gepflegte Zentrum auch endlich von den Qualen des gewaltigen Durchgangsverkehrs befreit und dem gesamten Ort mehr Ruhe und Lebensqualität verschafft.

St. Prokulus

www.prokulus.org, Kirche: 2 Wochen vor Ostern– Anfang Nov. Di–So 9.30–12, 14.30–17.30, ab Mitte Okt. nur bis 17 Uhr. Museum: 2 Wochen vor Ostern–Anfang Nov. Di–So 10–12.30, 14.30–17.30 Uhr

Ziel der meisten Besucher ist die kleine, uralte Kirche, die sich inmitten von Obstgärten am östlichen Ortsrand unweit der Staatsstraße befindet. Das Innere birgt an der Südwand einzigartigen Freskenschmuck, der auf das 8. Jh. datiert wird und den Einfluss irischer Buchmalereien erkennen lässt. Am berühmtesten ist das Bild eines ›schaukelnden‹ Mannes, das wahrscheinlich die Flucht des Veroneser Bischofs Prokulus, des Namenspatrons der Kirche, über die Stadtmauer Veronas darstellt. Die meisten anderen Fresken der Kirche sind gotisch (um 1400). Einige wurden abgelöst und werden neben Grabfunden des spätantiken Friedhofs im unterirdischen **Museum** neben der Kirche gezeigt.

Detail des Freskenschmucks der St. Prokulus-Kirche

Naturparkhaus Texelgruppe

Feldgasse 3, Mitte März–Anfang Nov. Di–Sa 9.30–12.30, 14.30–18 Uhr

Das Naturparkhaus in den Räumen der Mittelschule informiert in Wort und Bild über das alpine, gut 33 ha große Schutzgebiet, das sich vom Etschtal bis zum Alpenhauptkamm erstreckt. Von April bis Anfang November werden **geführte Wanderungen** angeboten (Termine und Infos über die Tourismusbüros). Für **individuelle Touren** ist die Texelgruppe und der Meraner Höhenweg (s. S 241) leicht und bequem mit der Seilbahn Sonnenberg zu erreichen.

Übernachten, Essen

Naturns besitzt ein großes Angebot an Unterkünften, die alle den üblichen guten Südtiroler Standard bieten.

Schlicht und gut – **Goldene Rose:** Schlossweg 4, Tel. 04 73 66 10 26, ganzjährig geöffnet, ab 30 €; Restaurant: Mi Ruhetag, Hauptgericht ab 12 €. Der behagliche, schlichte Gasthof, ein ehemaliger Edelsitz nahe beim Ortszentrum, besticht mit traditioneller Gastlichkeit ohne Schnickschnack.

Infos

Tourismusverein: Rathausstr. 1, 39025 Naturns, Tel. 04 73 66 60 77, Fax 04 73 66 63 69, www.naturns.it.

Verkehr: Züge von/nach Meran und Mals. **Busse** verkehren durch den gesamten Vinschgau sowie ins Schnalstal.

Schnalstal ► C 3–D 4

Das erste große Seitental des Vinschgaus ist das 25 km lange Schnalstal/Val Senales, das kurz hinter Naturns nach Nordwesten abzweigt und bis in die Gletscherregionen der Ötztaler Alpen reicht. In diesem Hochtal prallt die moderne Architektur eines Ganzjahres-Skigebietes auf eine jahrhundertealte Bergbauernkultur. Bis zum Ende des 19. Jh. war das Tal nur über Höhenwege oder über einen gefahrvollen Steig durch die Schlucht am Talanfang zu erreichen. Am Hauslabjoch an der Grenze zum benachbarten Ötzteil in Österreich wurde ›Ötzi‹ gefunden, der mittlerweile überall stark vermarktet wird.

Schloss Juval ► D 4

www.messner-mountain-museum.it, Zugang nur zu Fuß (1 Std.) oder per Shuttlebus (am Schloss keine Parkplätze), nur Führungen Ende März–Ende Juni und Sept.–Anfang Nov., 10–16 Uhr, Mi geschl.

Hoch über dem Taleingang thront das **Schloss Juval** (927 m). Der Bergsteiger Reinhold Messner hat die 1278 erbaute Burg, die oft den Besitzer wechselte und später allmählich verfiel, 1983 gekauft und vorbildlich restaurieren lassen. Während der Sommermonate wohnt Messner selbst in der Anlage, die aber auch besichtigt werden kann. Zu bestaunen sind in den Burgräumen Fresken, die einem Sohn Tilman Riemenschneiders zugeschrieben werden, Skulpturen aus Indien und Tibet, eine Tibetika- und Maskensammlung, sowie Ausrüstungsgegenstände seiner vielen Expeditionen. Zum Schlossensemble gehören auch der Bio-Bergbauernhof Oberortl, der Buschenschank Schlosswirt und das Weingut Unterortl, unterhalb der Burg. Juval gehört wie Burg Sigmundskron (s. S. 204) zu den Messner-Mountain-Museen.

Katharinaberg ► D 4

Erst beim Weiler **Ratteis** öffnet sich die Schlucht des Schnalstals und gibt den Blick auf die Pfarrkirche von **Katharinaberg** (1245 m) frei, die auf einem Bergsporn hoch über dem Talgrund steht. Das hübsche kleine Dorf ist ein guter Ausgangspunkt für eine Wanderung zu hoch gelegenen uralten Bergbauernhöfen, die so charakteristisch für das Schnalstal sind und zu den schönsten in Südtirol gehören.

Karthaus ► D 4

Am anderen Talhang, nur ein wenig weiter nördlich, liegt ebenfalls oberhalb des Talbodens **Karthaus** (1327 m). Das Dorf geht auf das Kartäuserkloster Allerengelberg (gegründet 1326) zurück. Zwischen dem Kloster und der Talbevölkerung herrschten fortwährend Spannungen, da die Bauern für den Unterhalt der Mönche sorgen mussten. Im Jahr 1525, während der Bauernkriege, wurde das Kloster folgerichtig geplündert. Nach seiner Auflösung im 18. Jh. zogen Bauern und Handwerker in die Klosterzellen und bauten sie zu Wohnhäusern aus. Trotz des Brandes von 1924, der das Dorf bis auf die Grundmauern zerstörte, lassen sich im gesamten Ort viele Reste der ehemaligen Klosteranlage finden. Das Dorf bezaubert durch seine Atmosphäre und die geschlossene Anlage, die unter Denkmalschutz steht.

Herdentrieb ► C 3
Vernagt ist Ausgangspunkt und Ziel eines uralten Ereignisses. Seit Jahrhunderten haben die Schnalser verbriefte Weiderechte am Ötztaler Rofanberg jenseits der Grenze. Jedes Frühjahr im Juni werden Tausende von Schafen über das mit 3019 m gar nicht so niedrige Niederjoch zu den Sommerweiden nach Österreich getrieben. Oft liegt noch Schnee am Pass. Die Rückkehr der Tiere Mitte September ist in Vernagt ein Bauernfeiertag mit Speis und Trank. Die genauen von der Witterung abhängigen Termine sind beim Tourismusverein zu erfahren.

Pfossental

Das kleine Seitental ist bis zum Vorderkaser befahrbar. Der hintere Teil des überaus wildreichen Hochtales gehört zum **Naturpark Texelgruppe** (s. S. 258) mit seinen herrlichen Wandermöglichkeiten. Der **Eishof** im Talschluss (2069 m) war einst die höchstgelegene Siedlung der Ostalpen und ist heute ein Gasthof.

Unsere Frau in Schnals

► C 3/4

Am Rand von Unsere Frau in Schnals/Madonna Senales, dem größten Ort des Schnalstals, wurde in Sichtweite des Hauslabjochs hoch in den Bergen, dem Fundort von ›Ötzi‹ (s. S. 259), der **ArcheoParc** errichtet, der mit Museum, Freigelände und Kursen wie Bogenschießen, Werkzeugbau und Brotbacken die steinzeitliche Lebenswelt des ›Mannes aus dem Eis‹ nachzuempfinden versucht (Mitte März–Anfang Nov. Di–So 10–18 Uhr, ab Mitte Juli bis Ende Aug. auch Mo, www.archeoparc.it). Auch geführte Skitouren und hochalpine Wanderungen zur Fundstelle von ›Ötzi‹, die eine gute Kondition erfordern, bietet der Tourismusverein an.

Vernagt ► C 3

Nach einer Steilstufe folgt der Weiler Vernagt, dessen kleine Kirche zusammen mit den meisten seiner Gehöfte vom gleichnamigen Stausee überflutet wurde. Am Ufer des Sees, der nur bei Hochwasser einen reizvollen Anblick bietet, wurde das neue Dorf mit einigen großen Gasthöfen und Hotels erbaut.

Kurzras ►C 3

Nach einer weiteren Steilstufe taucht dann unvermittelt die Retortensiedlung (2011 m) im Talschluss auf, die an französische Skistationen erinnert. Begleitet von vielen Skandalen, entstand dieses überdimensionierte Skizentrum in den 1970er-Jahren. Eine Seilbahn führt zum ganzjährig betriebenen Gletscherskigebiet

Übernachten

Alt und neu – **Zur Goldenen Rose:** in Karthaus, Tel. 04 73 67 91 30, www.goldenerose.it, Mai geschl., HP ab 78 € (74 €). Das Hotel mitten im Ort ist eine gelungene Mischung aus Alt und Neu. Im Restaurant Speisen aus Schnal-staler Produkten und gute Weine.

Essen & Trinken

Frisch auf den Tisch – **Schlosswirt:** Tel. 04 73 66 80 56, März–Anfang Nov., So, Mo und Di tagsüber offen, Do, Fr und Sa auch abends, Mi Ruhetag, www.schlosswirtjuval.it, Hauptgericht ab 11 €. Das Restaurant unterhalb von Schloss Juval bietet Südtiroler Spezialitäten. Auch Ferienwohnungen.

Infos

Tourismusverein Schnalstal: 39020 Schnalstal (Karthaus), Tel. 04 73 67 91 48, Fax 04 73 67 91 77, www.schnalstal.com.

Verkehr: Linienbusse fahren durch das Schnalstal von/nach Meran. **Zubringerbusse** zum Schloss Juval verkehren ab Schnalserhof am Taleingang.

Kastelbell ►C 4

Der Ort (600 m) liegt inmitten von Obst- und Weingärten und ist das Zentrum für die Weiler auf den umliegenden Hügeln und Bergen. Das **Schloss Kastelbell/Castelbello** steht auf einem kleinen Felsen direkt im Dorf (nur Führungen Mitte Juni–Mitte Sept. Mi–Sa 14, 15, 16 und 17 sowie So 10.30, 14, 15, 16 und 17 Uhr). Es wurde im 13. Jh. erbaut und kam im 16. Jh. in den Besitz der Grafenfamilie Hendl, die es komplett umbauen und vergrößern ließ. 1813 und 1824 brannte das Schloss aus, wurde notdürftig bewahrt und später restauriert. Bis zu ihrem Tod vor wenigen Jahren hatte die letzte Nachfahrin des Geschlechts im Schloss ein Wohnrecht.

Essen & Trinken

Für Feinschmecker – **Kuppelrain:** 04 73 62 41 03, www.kuppelrain.com, So, Mo (mittags) Ruhetag, Hauptgericht ab 24 €, auch Zimmer: 65 €. Mehrfach in Gourmetführern ausgezeichnet, zählt das Restaurant zu den besten Adressen in Südtirol. Der Sterne-Koch Jörg Trafoier vertritt eine naturnahe, alpin-mediterrane Küche.

Infos

Tourismusverein Kastelbell: 39020 Kastelbell, Tel. 04 73 62 41 93, www.kastelbell-tschars.com. ▷ S. 265

Auf Entdeckungstour

Die Waale des Vinschgaus

Die kleinen Kanälchen, die Waale, sind eine Besonderheit, ohne die die Sonnenhänge des Vinschgaus eine Steppe wären. Vor Jahrhunderten angelegt, wurden die meisten Waale durch Wasserleitungen und Beregnungsanlagen ersetzt. Zum Glück werden die letzten nun erhalten.

Infos: Spitalkirche Mitte März–Anfang Nov. Mo–Sa 9–17 Uhr geöffnet. **Schloss Juval** (s. S. 259). Start: Ortszentrum von Latsch. Gut 3 Std. reine Gehzeit bis Juval. Ziel: Juval; vom Schloss verkehren ca. halbstündlich Shuttle-Busse hinab zum Hotel Schnalser Hof, an dem die Busse durch den Vinschgau Richtung Latsch und Meran halten.

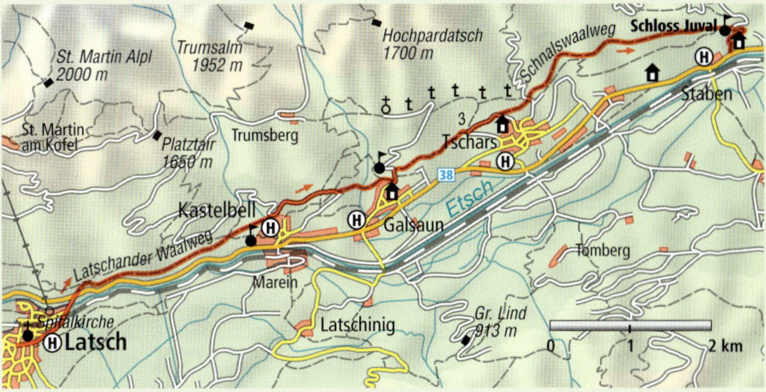

Waal-Wanderung entlang eines der im Vinschgau typischen Bewässerungskanäle

Es lohnt sehr, die Wanderung in Latsch zu beginnen. Unweit des Dorfzentrums wartet in der kleinen Spitalkirche der großartige Flügelaltar von Jörg Lederer auf einen Besuch. Ortsauswärts geht es dann über die Etsch und die Nationalstraße. Hier beginnt der Wanderweg Nr. 3, der rasch zum Latschanderwaal hinaufführt.

Insel der Trockenheit

›Waale‹ heißen im Vinschgau die kleinen, sorgfältig angelegten Bewässerungskanäle, die sich im gesamten Tal über die Hänge ziehen. Eine Besonderheit des alpinen Klimas macht den Vinschgau nämlich zu einer Insel der Trockenheit: Der vorherrschende Wind kommt aus Nordwest. Auf seinem weiten Weg über den Kontinent regnen sich die Wolken lange vorher ab und verlieren die letzte Feuchtigkeit beim Anstieg über die Ötztaler Alpen. Für den Vinschgau bleiben so nur durchschnittlich 550 mm jährlicher Niederschlagsmenge übrig, während andere Regionen in den Alpen das Dreifache und mehr aufweisen können. Die Folge sind trockene Talböden und kahle Hänge auf der Sonnenseite des Tales. Ohne Bewässerung gäbe es nur eine Trockengrassteppe mit stacheligen Pflanzen und Wacholder.

Von aqualis zum Waal

Bereits die ersten Siedler vor dreitausend Jahren haben das Land bewässert, um sich ihre Existenzgrundlage zu schaffen. In den nachfolgenden Jahrhunderten wurde in mühsamer Gemeinschaftsarbeit ein weit verzweigtes System von kleinen Kanälen, Rinnen und Leitungen geschaffen, um die Felder zu bewässern, das Vieh zu tränken und die übrige Wasserversorgung sicherzustellen. Die römische Bezeichnung aqualis für diese Kanäle schliff sich im Laufe der Zeit zum heute gebräuchlichen Wort ›Waal‹ ab.

In großen Höhen, oft nur wenig unterhalb der Gletscherregion, sammelt sich das Schmelzwasser in der ›Einkehr‹, der Fassungsstelle. Durch ein Sieb von Treibholz und Geröll gereinigt, wird das Wasser dann im ›Tragwaal‹, offenen Holzrinnen oder befestigten kleinen Kanälen, zu Tal ›getragen‹. Oft müssen die Waale mit abenteuerlichen Konstruktionen an Felswänden vorbeigeführt oder auf schmalen Brücken über Schluchten geleitet werden, damit ein möglichst gleichmäßiges, sanftes Gefälle erhalten bleibt. Enorme Entfernungen werden zurückgelegt.

Roadtag und Waalerschellen

Unten im Tal wird das Wasser nach strengen Regeln, die oft auf uralte Vereinbarungen zurückgehen, durch kleine Erdkanäle, die ›Ilzen‹, auf die einzelnen Grundstücke verteilt. Die Bewässerungszeiten eines ›Roadtages‹ (von lateinisch *rota,* ›Kreis‹) werden unter den Dorfbewohnern ausgelost. Der ›Waaler‹ überwacht die Verteilung des Wassers und ist auch für die Pflege der Waale zuständig. Hierfür wurden an den Kanälchen Wege angelegt, die heute als Wanderwege genutzt werden. An exponierten Stellen der Leitungen sind »Waalerschellen« angebracht. Der stete Klang dieser von einem Wasserrad betriebenen kleinen Glocken zeigt an, dass die Kanäle ausreichend Wasser führen und kein Waal verstopft ist. Leider sind heute viele Schellen verstummt. In den letzten Jahrzehnten wurden fast 80 % der alten Waale durch moderne Wasserleitungen und Beregnungsanlagen ersetzt. Zum Glück hat man nun den kulturhistorischen Wert des alten Bewässerungssystems erkannt und erhält die übrig gebliebenen Waale.

Latschanderwaal

Der insgesamt 7 km lange Latschanderwaal ist noch vergleichsweise jung. 1873 wurde er als letztes großes Waalbauprojekt im Vinschgau angelegt. Von März bis September führt er Wasser, das 37 ha Weingüter und Obstwiesen der Gemeinde Kastelbell versorgt. Kein eiliger Autofahrer auf der lärmigen Staatsstraße ahnt, dass wir rund 50 m über seinem Kopf auf dem Waalweg entlang wandern. Ein paar ausgesetztere Stellen sind mit Stahltrossen und Geländer gut gesichert, und immer wieder laden Bänke zur Rast.

Tscharser Schnalswaal

Auf Höhe von Galsaun erreichen wir den Tscharser Schnalswaal. Jetzt strömt uns das Wasser entgegen. Wenn es denn fließt. Leider wird der Waal im ersten Abschnitt nicht mehr gepflegt. Erst später plätschert das Wasser. Seit 1517 gibt es diesen Kanal bereits. 12 Jahre Bauzeit waren nötig. Die Fassung liegt beim Walchhof nördlich von Alt Rateis im Schnalstal auf 860 m Höhe. Insgesamt ist der Tscharser Schnalswaal 11 km lang. Somit ist er der zweitlängste in Südtirol. Allmählich gewinnen wir an Höhe, kommen an einer Waalerschelle vorbei und durchschreiten einen trockenen Felsenhang, wie er für die Sonnenseite des Vinschgaus so typisch ist. Weit geht der Blick über das Tal mit der gezähmten schnurgeraden Etsch und den geometrisch angelegten Obstplantagen.

Sonnenhof und Juval

Nach ca. 3 Std. ist die Jausenstation Sonnenhof erreicht (Fr Ruhetag). Auf der schönen Terrasse munden Brotzeitteller, Suppen, frisch gepresster Apfelsaft, Wein aus eigenem Anbau und im Herbst geröstete Kastanien besonders gut. Der Sonnenhof ist der schönere Rastplatz als das viel besuchte Gasthaus Schlossbauer oben am Schloss Juval, zu dem wir nach einer Viertelstunde auf dem steilen Karrenweg gelangen. Nach dem lohnenden Besuch des Schlosses geht es rasch hinab zum besuchenswerten Schlosswirt, der Reinhold Messner gehört. Am nahen Parkplatz ist die Haltestelle des Shuttle-Busses hinab zum Talboden des Vinschgaus.

Verkehr: Die **Bahn** fährt von/nach Meran und Mals. **Busse** verkehren parallel durch den gesamten Vinschgau.

Latsch ►C 4

Etwas abseits der Vinschgauer Talstraße dehnt sich das lang gestreckte Latsch/Laces (639 m) aus. Die reiche Marktgemeinde, die heute gut 4000 Einwohner hat, war in früheren Jahrhunderten wichtiger Verkehrsknotenpunkt. Hier traf eine vielbegangene Route vom Nonsberg über das Ultental auf die Römerstraße im Vinschgau. So wurde der Ort auch ein kulturelles Zentrum und besitzt noch heute zahlreiche Kirchen und Kunstschätze.

Die größte Sehenswürdigkeit im Ort ist der spätgotische, nahezu vollständig erhaltene Flügelaltar des schwäbischen Meisters Jörg Lederer in der kleinen **Spitalkirche zum Heiligen Geist** (Mitte März–Anfang Nov. Mo–Sa 9–17 Uhr). Die **Bichl-Kirche,** in der ein ca. 5000 Jahre alter marmorner Menhir mit Ritzzeichnungen entdeckt wurde, und das **Museum,** in dem sakrale Kunst gezeigt wird, können im Rahmen einer Führung (April–Okt. Mo 15.30 Uhr) des Tourismusvereins besucht werden.

Schloss Goldrain ►C 4

Das Schloss, das unten im Tal am Rand der Latscher Fraktion **Goldrain** steht, hat eine wichtige kulturpolitische Bedeutung (nur Führung mit Voranmeldung, Tel. 04 73 74 24 33, Ende März–Okt. Do 16 Uhr). Der Bau aus dem 15. Jh. wurde umfassend restauriert. Heute finden hier berufliche Weiterbildungskurse, politische Seminare und kulturelle Veranstaltungen für die Bevölkerung des in dieser Hinsicht eher unterversorgten Vinschgaus statt.

Burg Montani ►C 4

Vom Dorf **Morter** am Eingang des Martelltales, das noch zur Gemeinde Latsch gehört, führt ein Wanderweg (auch Autozufahrt von der Straße ins Martelltal) hinauf zur **Burg Montani**, die im 13. Jh. errichtet wurde und eine berühmte Bibliothek beherbergte. Im 19. Jh. wurde die Anlage völlig ausgeplündert.

Kapelle St. Stephan

Anfang April – Ende Okt., Sa und So 15–18 Uhr. Bei der Betreuerin, Frau Weber, kann auch ein kleiner Führer erworben werden

Von der Zerstörung verschont blieb zum Glück die Kapelle neben der Burgruine, die einen kunsthistorischen Schatz erster Güte birgt. Das Innere ist fast vollständig mit gotischen **Fresken** aus dem 15. Jh. ausgeschmückt. Die Bilder an der Nord- und Ostwand wurden vermutlich von einem lombardischen Wandermaler geschaffen, während die Fresken an der Süd- und Ostwand von schwäbischen Künstlern stammen. Mehr oder weniger kunstvoll verewigten sich im Laufe der Jahrhunderte zahlreiche Besucher an den Wänden.

Übernachten

Sportlich – **Matillhof:** in Latsch, Tel. 04 73 62 34 44, Fax 04 73 62 33 76, www.hotelmatillhof.com, März–Nov. ab 109 € (93 €). Das gepflegte Hotel mit großem Bade- und Wellnessbereich liegt mitten im Ort, aber dennoch ruhig. Mit umfangreichem Aktiv-Angebot.

Essen & Trinken

Zünftig – **Bierkeller:** in Latsch, Tel. 04 73 62 32 08, www.bierkeller-latsch.com, Anfang März–Anfang Nov., Mo, Di (bis

17 Uhr) Ruhetag, Nov.–Mitte Dez. Fr, Sa und So offen, Hauptgericht ab 9 €. In dem über 100 Jahre alten Gasthaus am Waldrand wird deftige Kost vom Grill serviert.

Infos

Tourismusverein Latsch: 9021 Latsch, Tel. 04 73 62 31 09, Fax 04 73 62 20 42, www.latsch-martell.it.

Verkehr: Die **Vinschgerbahn** fährt von/nach Meran und Mals. **Busse** verkehren parallel durch den gesamten Vinschgau sowie von Goldrain und Morter ins Martelltal.

Martelltal ►C 5

Das schmale Martelltal/Val Martello, das vom Vinschgau nach Südwesten bis an die Gletscher des Cevedale reicht und Teil des Stilfser-Joch-Nationalparks ist, hat sich seine Ursprünglichkeit weitgehend bewahrt. Wie im Vinschgau gibt es eine trockene Talseite, den ›Sonnenberg‹, und den waldreichen ›Nörderberg‹ am gegenüberliegenden Talhang. Die rund 850 Talbewohner leben in kleinen verstreuten Siedlungen beiderseits des Wildbaches Plima, der im Laufe der Jahrhunderte immer wieder über die Ufer trat und das Tal verwüstete. Die letzte große Katastrophe geschah 1987, als am Zufrittstausee im Talschluss fahrlässigerweise die Schleusen geöffnet wurden und die Flutwelle zahlreiche Häuser zerstörte.

Hinter Morter muss die Talstraße, die erst im Ersten Weltkrieg als Nachschubtrasse für die ›Ortler-Cevedale-Front‹ erbaut wurde, in Serpentinen einen gewaltigen vorgeschichtlichen Bergsturz überwinden. Überraschend sind die ausgedehnten Erdbeerfelder beiderseits der Straße, die von der Klimagunst des unteren Tales zeugen. Erst im Weiler Bad Salt (1158 m), einem alten ›Bauernbadl‹, öffnet sich das Tal etwas.

Culturamartell

www.culturamartell.com, Ostern und Pfingsten 14–17.30, Mitte Mai–Ende Okt. Di–Fr 9–12 und 14.30–18 Uhr, Sa und So nur nachmittags

In **Trattla** an der Talstraße lädt **Culturamartell** zum Besuch ein. Der auffällige Bau ist einer von insgesamt vier Stilfser-Joch-Nationalparkhäusern, die alle unterschiedliche Themenschwerpunkte haben. Wie der Name andeutet, wird

Auf der Hintergrat-Hütte scheint die Gletscherwelt des Ortlers zum Greifen nah

hier in einer spannenden Ausstellung das Leben und die Kultur der Bergbauern jenseits der sonst gängigen Klischees gezeigt.

Martell Dorf ►C5

Martell Dorf/Martello (1312 m) liegt hoch oberhalb des Talbodens am Sonnenhang. Die Kirche **St. Walpurg** stammt in ihren Grundformen aus der Zeit um 1200, wurde aber mehrfach umgebaut. Vom Dorf ist auf schönen We gen der höchstgelegene Marteller Hof, der **Stallwieser** (1950 m), zu erreichen.

Talschluss ►C5

Über **Maria in der Schmelz**, eine einfache Wallfahrtskapelle, und entlang des **Zufrittstausee** (1850 m) wird der großartige Talschluss erreicht. Der Blick auf **Cevedale**, den höchsten Skiberg der Ortlergruppe, **Zufallspitzen** und **Cima Venezia** ist überwältigend. Neben einigen anderen Gasthäusern steht hier als eines der wenigen Beispiele moderner Hotelarchitektur das Sporthotel Valmartello. Das im Jahr 1936 erbaute, riesige Haus steht allerdings schon lange leer und ist dem Verfall preisgegeben.

Lieblingsort

Die Gedanken sind frei …

Der Vinschgau zeichnet sich durch eine Vielzahl von kleinen uralten romanischen Kirchen aus. In ihrer Bescheidenheit korrespondieren sie harmonisch mit der grandiosen Bergwelt ringsum. Die Autoren sitzen gern auf der Bank unterhalb des **St. Ägidius-Kirchleins** und sinnen über den Lauf der Zeit nach.

Wandertouren

Der Stausee ist guter Ausgangspunkt für Touren in den **Nationalpark Stilfser Joch.** Eine leichte Wanderung führt zur Zufallhütte (2265 m) und zur Gedächtniskapelle für die Opfer der Kämpfe im Ersten Weltkrieg. Speziell für Familien mit Kindern ist das 4-stündige **Trekking mit Lamas** gedacht, das im Sommer stattfindet (Termine und Anmeldung beim Tourismusverein).

Essen & Trinken

Bodenständig – **Stallwies:** Tel. und Fax 04 73 74 45 52, www.stallwies.com, Nov.–26. Dez geschl., außer Juni–Sept. Do Ruhetag, Hauptgericht: ab 12 €; auch Zimmer: ab 30 €. Die rustikale Gastwirtschaft liegt hoch am Berg. Serviert wird eine bodenständige Kost.

Infos

Tourismusverein Martelltal: 39020 Martell (in Trattla an der Talstraße), Tel. 04 73 62 31 09, Fax 04 73 62 20 42, www.latsch-martell.it.

Verkehr: Der **Talbus** fährt von/nach Goldrain über Martell Dorf bis zur Enzianhütte im Talschluss.

Schlanders ▸ C 4

Noch keine Stadt, aber auch längst kein Dorf mehr: Schlanders/Silandro (721 m) ist mit seinen rund 5000 Einwohnern der größte und wichtigste Ort des Vinschgaus, gleichsam die ›Kapitale‹ des gesamten Talsystems. Die Marktgemeinde ist Sitz der Talgemeinschaft Vinschgau und des Bezirksgerichtes. Hier befinden sich viele Verwaltungsämter, das Bezirkskrankenhaus sowie eine Garnison. Im Vergleich zu anderen Vinschgauer Gemeinden hat Schlanders mit 6,5 % einen recht hohen Anteil an italienischsprachigen Bewohnern.

Im Ortszentrum wurde die enge Hauptstraße mit ihren vielen Läden, Gasthöfen und Bars nach langem Hin und Her zur Fußgängerzone erklärt. Etwas oberhalb der betriebsamen Hauptstraße steht die spätgotische (beginnendes 16. Jh.) **Pfarrkirche Maria Himmelfahrt** mit Südtirols höchstem Kirchturm (92 m). Das Innere ist in leuchtend-bombastischen Farben barockisiert worden.Einer der vielen Adelssitze in Schlanders ist der **Ansitz Plawenn,** in dem heute das Rathaus untergebracht ist. Der Platz davor wurde zu einer kleinen Parkanlage mit Konzertbühne umgestaltet. Ganz in der Nähe befindet sich der restaurierte **Ansitz Schlanderegg** mit einem vielbesuchten Café.

Der kunsthistorisch bedeutsamste Bau des Ortes ist die **Spitalskirche** (Schlüssel bei der Sanitätseinheit West im Krankenhaus nebenan). Das Innere birgt Fresken aus dem 13. und 16. Jh., z. B. die Krönung Marias, die Enthauptung der Katharina. Die **Schlandersburg** erhebt sich am nördlichen Ortsrand, unterhalb des Sonnenberges. Der schöne Renaissancebau stammt aus der Zeit um 1600 und beherbergt heute öffentliche Einrichtungen. Der zweigeschossige Arkadenhof ist frei zugänglich. Hoch über dem Ort thront auf 1100 m Höhe **Schloss Schlandersberg** (13 .Jh.), der Stammsitz der einstigen Herren von Schlanders. Hinauf führt ein steiler Wanderweg. Aber das Innere ist nicht zu besichtigen, denn die trutzige Anlage befindet sich in Privatbesitz. Vom nordwestlichen Ortsrand führt ein schöner Wanderweg entlang des Ils-Waales durch Obstterrassen zur **St. Ägidius-Kirche**, die sich an die Felsen des Sonnenbergs oberhalb von Kortsch schmiegt. Das Kirchlein ist mit romanischen und gotischen Fresken geschmückt. Auf einer kleinen Straße, die kurz unterhalb der Kirche vorbeiführt, ist das reizvolle Dorf **Kortsch** zu erreichen. Die **Pfarrkirche St. Johann** (15. Jh.) wurde vor wenigen Jahren einfühlsam modernisiert und besitzt schöne Altäre aus dem 14. und 16. Jh. Auf der alten Dorfstraße kann man vorbei an stattlichen Bauernhöfen zurück nach Schlanders wandern.

Übernachten

Luxus – **Vier Jahreszeiten:** Andreas-Hofer-Str. 8, Tel. 04 73 62 14 00, Fax 04 73 62 15 33, www.vierjahreszeiten.it, Mitte März–Mitte Jan., ab 99 € (74 €). Das luxuriöse, moderne Haus mit einer großen Wellnessabteilung liegt nahe am Ortszentrum.
Gediegen – **Goldene Rose:** Tel. 04 73 73 02 18, Fax 04 73 62 00 40, www.hotel-goldene rose.it, Nov. geschlossen, 38 € (36 €). Der große, alteingesessene Gasthof befindet sich am Ende der Fußgängerzone sehr zentral im Ort. Für Motorradfahrer steht eine Garage bereit.

Essen & Trinken

Treffpunkt – **Alte Post:** Di Ruhetag. Der traditionsreiche Gasthof in der Fußgängerzone von Schlanders ist ein beliebter Treffpunkt nach dem Einkaufsbummel. Angeboten werden kleine Speisen und leckeres Eis.
Mit Aussicht – **Sonneck:** in Allitz, oberhalb von Laas, Tel. 04 73 62 65 89, www.gasthaus-sonneck.it, Mitte Jan.–Ende Feb. geschl., Di Ruhetag, Hauptgericht 11 €. Der schön gelegene Gasthof tischt lokale Gerichte auf, die den Jahreszeiten angepasst sind.

Infos

Tourismusverein Schlanders: Göflanerstr. 27, 39028 Schlanders, Tel. 04 73 73 01 55, www.schlanders-laas.it.
Verkehr: Die **Vinschgerbahn** verkehrt über Schlanders und Laas zwischen Meran und Mals, parallel dazu fahren auch **Linienbusse.**

Laas ► C 4

Das Dorf Laas/Lasa (870 m) ist der vielleicht einzige Ort auf der Welt, dessen Bürgersteige mit Marmor gepflastert sind. Seit dem 15. Jh. wird hier das beliebte reinweiße Gestein gebrochen und zu Rohblöcken, Platten und Marmorstaub verarbeitet. Auf dem ›Bremsweg‹, wie die museumsreife, über 80 Jahre alte Schrägbahn heißt, wird das Rohmaterial von über 2000 m Höhe zu Tal transportiert. Die Genossenschaft »Marmorplus« bietet Besichtigungen des Marmorwerks (Ende März–Okt., Mo/Di, Fr 13.30 Uhr) und Exkursionen zum Marmorbruch an (April–Okt. Do, So 10 Uhr, Voranmeldung nötig beim Tourismusbüro Schlanders).

Trafoier Tal und Suldental ► B 4/5

Ganz im Bann des Eisriesen **Ortler** – mit 3905 m der höchste Berg Südtirols und der Ostalpen – zieht sich das Talsystem von Trafoi und Sulden vom Talboden des Vinschgaus hinauf in die Gletscherregion des Nationalparks Stilfser Joch.

Trafoier Tal

Wie in so vielen Südtiroler Tälern herrschte auch im Trafoier Tal/Val di

Trafoi bis zum vorletzten Jahrhundert bittere Armut, unter der besonders die Kinder zu leiden hatten. Noch bis zum Ersten Weltkrieg zogen jedes Jahr im März die 6–14 Jahre alten Kinder in Gruppen, begleitet von einem Lehrer oder Geistlichen, über die meist noch verschneiten Alpenpässe in bis zu 40 km langen Tagesmärschen hinüber an den Bodensee, ins ›Schwabenland‹. In Ravensburg wurde ein regelrechter Markt abgehalten, auf dem die Kinder als Hütebuben oder Kindsmägde an die Bauern verteilt wurden. Als Lohn erhielten sie Bekleidung und einige wenige Gulden. Erst Ende Oktober kehrten die ›Schwabenkinder‹ in ihre Dörfer zurück. Das Schicksal der Kinder wurde auch schon für das Fernsehen verfilmt.

Prad ▶ B 4

Am Eingang zum Trafoier Tal liegt die Marktgemeinde Prad/Prato Stelvio (913 m). Etwas außerhalb des Dorfes steht die sehenswerte romanische Kirche **St. Johann** aus dem 13. Jh. mit einigen schönen Fresken. Vorbei an der reich geschmückten **Kapelle St. Christina** ist von Prad aus leicht auf einem Spaziergang die Burgruine **Lichtenberg** zu erreichen, die Anfang des 13. Jh. erbaut wurde.

In Prad befindet sich das **Stilfser-Joch-Nationalparkhaus Aquaprad**(fast ganzjährig geöffnet, Di–Fr 9–12 und 14.30–18 Uhr, im Juli/Aug. ohne Mittagspause, Sa/So stets nur nachmittags, www.aquaprad.com), in dessen Ausstellung das Wasser im Mittelpunkt steht. Aquarien mit einheimischen Fischen, eine umfangreiche Mineraliensammlung und Exkursionen bringen diesen Aspekt des Schutzgebietes den Besuchern nahe.

Stilfs ▶ B 4

Hoch über dem Trafoier Tal breitet sich in wunderschöner Lage Stilfs (1311 m) aus. Im **Pfeiferhaus** hat das Dorf eine würdige Ausstellungsstätte für einheimische Künstler. Im Dorf, das bis vor wenigen Jahrzehnten noch völlig abgelegen war, ist heute noch das ›Klasen‹ lebendig, ein alter Brauch, dessen Wurzeln weit in die vorchristliche Zeit zurückreichen: Am letzten Samstag vor dem Nikolaustag ziehen wüste Gestalten durch Stilfs. Die ›Schiachn‹ mit ihren Holzmasken sind mahnende Boten aus dem Schattenreich, die schwere Ketten um Frauen und Mädchen legen und so Besitz von ihnen ergreifen. Die buntscheckigen ›Esel‹, die mit ihren Schellen alles Dunkle und Böse vertreiben, zwicken dagegen den Mädchen und Frauen in den Oberarm, damit sie gesund bleiben und möglichst viele Kinder bekommen.

Gomagoi ▶ B 5

In diesem Weiler wird das Trafoier Tal durch ein altes fast völlig intaktes Sperrfort aus alt-österreichischen Zeiten abgeriegelt. Die K.u.K.-Festung aus den Jahren 1860/62 sollte vor einem Einfall italienischer Truppen vom Stilfser Joch her schützen. Zu Beginn des Ersten Weltkriegs war die Anlage aber bereits vollkommen veraltet, sodass hier nie ein Schuss fiel. Es gibt Pläne, in der Festung ein Museum einzurichten.

Trafoi ▶ B 5

Das Dorf (1543 m), das an einer der unteren Kehren der Stilfser-Joch-Hochalpenstraße liegt und sich zu einem beliebten Ferienort entwickelt hat, besitzt rund um die **Furkelhütte** (2300 m) ein kleines Skigebiet. Südlich des Dorfes befindet sich der vielbesuchte Wallfahrtsort **Heilig Drei Brunnen**, der wahrscheinlich bereits in vorchristlicher Zeit ein Quellheiligtum war. Die kleine Loretokapelle stammt aus dem Jahr 1645, die benachbarte größere Wallfahrtskirche aus den Jahren 1701/02.

Naturatrafoi

www.naturatrafoi.com, Mitte Mai–Okt. Di–Fr 9–12 und 14.30–18 Uhr, Sa und So nur nachmittags, Weihnachten–März Di–So 14–18 Uhr

In Trafoi befindet sich ein weiteres Besucherzentrum für den Nationalpark Stilfser Joch, **Naturatrafoi**. Im Mittelpunkt der interessanten Ausstellung steht das Thema ›Leben an der Grenze‹. Damit sind nicht – wie man meinen könnte – die früher oft spannungs- und konfliktgeladenen politischen Beziehungen in dieser Grenzregion gemeint, sondern der Lebensraum von Tieren und Pflanzen an der Grenze des Hochgebirges.

Stilfser-Joch-Straße ▶ A 5

Bis Trafoi kann die Talstraße ganzjährig befahren werden. Hinter dem Dorf beginnt die eigentliche Stilfser-Joch-Straße, die nur von Mitte Juni bis Ende Oktober offen ist. Die Hochalpenstraße wurde zwischen 1820 und 1825 erbaut, um eine direkte Verbindung zwischen Tirol und der Lombardei herzustellen, die noch bis 1859 zu Österreich gehörte. Auch heute gilt die atemberaubende Straße mit ihren 87 Serpentinen als verkehrstechnische Meisterleistung und stellt einige Anforderungen an das fahrerische Können. Einmal im Jahr, Ende August, wird

Mit insgesamt 87 Serpentinen überwindet die Stilfser-Joch-Straße das Stilfser Joch

die Straße zum **»Radtag Stilfser Joch«** für den motorisierten Verkehr gesperrt. Dann gehören die schweißtreibenden Kehren allein den rund 6000 sportlichen Freizeitradlern. Auch der Giro d`Italia führte etliche Male über das **Stilfser Joch/Passo Stelvio**, das mit 2757 m der höchste Punkt der Hochgebirgsstraße ist.

Die schmale Passhöhe, die im Ersten Weltkrieg Frontlinie war, liegt mitten im **Nationalpark Stilfser Joch.** Am Pass selbst ist allerdings von den strengen Landschaftsschutz-Bestimmungen so gut wie nichts zu spüren. Das Joch ist mit Hotels völlig verbaut, und die Hänge des nahen Sommerskigebietes sind mit Aufstiegshilfen verdrahtet. Über den 3 km entfernten **Umbrail-Pass** führt eine steile Straße hinab in das schweizerische Münstertal, durch das man in den Südtiroler Vinschgau zurückkehren kann. Die Stilfser-Joch-Straße selbst führt in Kehren bergab zum schönen Gebirgsstädtchen Bormio im Valtellina/Veltlintal (18 km).

Nationalpark Stilfser Joch ► A–C 4–6

Der Nationalpark ist mit rund 135 000 ha einer der größten in Europa. Provinzübergreifend erstreckt er sich rings um das **Ortler-Cevedale-Massiv** in Südtirol, im Trentino und in der Lombardei. Bereits 1935 wurde das Schutzgebiet eingerichtet, wobei nicht nur Naturschutzgedanken maßgebend waren, sondern die Einrichtung des Nationalparks hatte für die damaligen faschistischen Machthaber auch ein politisches Kalkül. Die neue deutschsprachige Provinz ›Alto Adige‹ sollte so stärker in den Staatsverband integriert werden. Der Nationalpark, in dem viele seltene Pflanzen und Tiere ihren Lebensraum haben, ist streng geschützt, kann aber auf vielen Wanderwegen und alpinen Steigen durchstreift werden.

Suldental ► B 5

Bei Gomagoi im Trafoier Tal beginnt das Suldental/Val di Solda. Das raue, stets von Lawinen gefährdete Hochtal, in dem noch im 19. Jh. nur wenige Menschen unter harten Bedingungen ihr Auskommen fanden, erlebte mit dem Einsetzen des Alpintourismus an der Schwelle zum 20. Jh. einen immensen wirtschaftlichen Aufschwung. Innerhalb kürzester Zeit entwickelte sich das Bergorf Sulden zu einem berühmten Fremdenverkehrsort der österreichischen Monarchie. Im Ersten Weltkrieg verlief die Ortler-Cevedale-Front in unmittelbarer Nähe des Tales.

Sulden ► B 5

Heute ist das Dorf Sulden/Solda (1907 m) einer der wichtigsten **Wintersportorte** Südtirols. Das locker bebaute Ortsgebiet zieht sich hinauf bis zum Talschluss. Die allermeisten der landschaftlich angepassten Häuser sind Gastbetriebe. Im Sommer ist der Suldener Talschluss mit Blick auf den Ortler Ausgangspunkt für viele, teilweise sehr anspruchsvolle Bergtouren. Eine Seilbahn (zur Schaubachhütte) und zwei Sessellifte (zum Langenstein bzw. zur Kanzel) stehen sommers wie winters zur Verfügung.

Der Bergsteiger und Abenteurer **Reinhold Messner** besitzt in Sulden gleich zwei Museen. Das winzige Museum **Alpine Curiosa** in der früheren Unterkunft für Bergsteiger neben dem Hotel Post macht seinen Namen alle Ehre und zeigt die kuriosen Seiten der Bergsteigerei. Das unterirdisch angelegte **Museum Ortles** hat – wie die vergletscherte Umgebung nahelegt – das Eis zum Thema. Erzählt werden Geschichten von Schneemenschen und Schneelöwen, von Lawinen, Schnee und Kälte (Mitte Juni–Mitte Okt. und Mitte Dez.–April Mi–Mo 14–18 Uhr, www.messner-mountain-museum.it).

Das **Museum für das Ortlergebiet** ist in der Grundschule von Sulden untergebracht (ganzjährig tgl. 9–19 Uhr). Die Sammlung aus Kriegsgeräten, die der Gletscher im Laufe der Zeit freigab, alten Fotografien und vergilbten Dokumenten ist das Lebenswerk von Konrad Knoll und zeichnet ein anschauliches Bild der Vergangenheit des Gebirgsdorfes.

Übernachten

Exzellent – **Post:** in Sulden, Tel. 04 73 61 30 24, Fax 04 73 61 32 24, www.hotelpost.it, Anfang Okt.–Ende Nov. und Mai/Juni geschl., ab 95 € (ab 85 €). Das traditionsreiche Hotel liegt ganz zentral, von der schönen Sonnenterrasse genießt man einen fantastischen Blick auf den Ortler. Mit Wellnessbereich.

Für Familien – **Bella Vista:** in Trafoi, Tel. 04 73 61 17 16, Fax 04 73 61 22 50, www.bella-vista.it, Mitte Juni–Mitte Okt. und Weihnachten–Ostern, HP ab 72 € (ab 62 €). Das sehr familiär geführte Hotel des Alpin-Olympiasiegers Gustav Thöni befindert sich im Dorfzentrum von Trafoi. Rührend kümmert man sich hier um die Kinder.

Essen & Trinken

Exotisch – **Yak & Yeti:** in Sulden am Museum Ortles, Forststr., Tel. 04 73 61 32 66, Anfang Juni–Mitte Okt. und Ende Nov.–Anfang Mai, Di Ruhetag, Hauptgericht ab 14 €. In einem alten Suldener Berghof hat Reinhold Messner das Restaurant mit den schönen, schlichten Stuben einrichten lassen. Auf der Bergwiese grasen Yaks, die später als Steaks auf den Teller kommen. Aber es gibt auch regionale Speisen und Spezialitäten.

Infos

Tourismusverein Ortlergebiet: 39029 Sulden, Tel. 04 73 61 30 15, Fax 04 73 61 31 82, www.ortlergebiet.it. Die Dörfer des Trafoier Tals und des Suldentals haben sich touristisch zusammengeschlossen und versenden Prospekte zentral. Info-Büros gibt es in Prad und Sulden.

Verkehr: Busse fahren von/nach Mals, Glurns und Spondinig durch das gesamte Trafoier Tal (mit Umsteigen am Stilfser Joch auch nach/von Bormio) und Suldental.

Schluderns ▶ B 4

Ab **Spondinig** wendet sich das Tal der Etsch nach Norden. Hier beginnt der rauere Teil des Vinschgaus. Charakteristisch für diesen nördlichen Talabschnitt sind die vielen romanischen Kirchen, die mit ihren gedrungenen, fast schüchternen Türmen zu den spitzen Nadeln der späteren gotischen Kirchen in einem strengen Kontrast stehen. Der erste dieser romanischen Türme ist an der **Pfarrkirche** im Zentrum des ansehnlichen Dorfes **Schluderns/Sluderno** (919 m) zu bewundern. Das Kirchenschiff ist allerdings ein spätgotischer Bau aus dem Jahr 1493, der Anfang des 20. Jh. erweitert wurde. In der benachbarten **Michaelskapelle** können sakrale Figuren und Bilder besichtigt werden (Anmeldung beim Pfarrer).

Churburg

www.churburg.com, nur Führungen Mitte März–Okt. Di–So 10–12, 14–16.30 Uhr

Überragt wird Schluderns von der Churburg, die strategisch günstig am Eingang des Matscher Tales liegt. Die Burg wurde Mitte des 13. Jh. unter Heinrich von Montfort, Bischof von Chur, gegen die konkurrierenden Vögte von Matsch errichtet, die das Kastell aber bereits 40 Jahre später in ihren Besitz brachten. Seit 1504 gehört die Burg dem Geschlecht derer von Trapp, die die Churburg im Stil der Renaissance erweitern und umbauen ließen. Noch heute nutzen die Trapps die Anlage als Sommersitz. Höhepunkte der lohnenden Führung durch die gut erhaltene Burg sind der Loggienhof mit seinem bemalten Arkadengang sowie die Rüstkammer, in der Rüstungen und Waffen der Burgherren ausgestellt sind.

Vintschger Museum

Mitte März–Okt. Di–So 10–12, 15–18, Juli/Aug. auch Mi 20.30–22 Uhr

Das Museum im Dorfzentrum thematisiert den Widerspruch zwischen höfischem Burgleben und bäuerlicher Alltagskultur, erläutert die **Geschichte der Waale** (s. S. 263) und zeigt Funde der Ausgrabungen am Ganglegg oberhalb Schluderns. Dort wurden die Überreste einer Siedlung aus der mittleren Bronzezeit bis frühen Eisenzeit freigelegt, die für den Alpenraum einmalig ist. Archäologen vermuten, dass der befestigte Hügel eine Art ›Regierungssitz‹ der *Venosten* war, des rätischen Volkes, von dem sich der Name des Vinschgaus herleitet.

Exkursionen

Über den Tourismusverein werden mit Voranmeldung Exkursionen zur **Grabungsstätte** (ca. 45 Min. zu Fuß) und zum **Waal-Lehrpfad** am ›Quair Waal‹ organisiert. Aber auch individuell lässt sich eine Waal-Wanderung unternehmen, die zu den schönsten im Vinschgau zählt: Entlang des Leitenwaals geht es aufwärts in das Tal des Saldurbaches und entlang des Bergwaals wieder hinunter nach Schluderns. Etwas Trittsicherheit ist für die 3.5 Stunden lange Tour nötig.

Übernachten

Im Dorf – **Burg-Gasthof:** Tel. 04 73 61 53 00, www.burggasthof.com, Allerheiligen–Ende März geschl., ab 30 €.

Das angenehme Haus liegt zentral im Dorf beim Vintschger Museum.

Infos

Tourismusverein: 39020 Schluderns, Tel. 04 73 61 52 58, Fax 04 73 61 54 44, www.ferienregion-obervinschgau.it.

Verkehr: Züge und **Busse** fahren von/nach Mals und Meran.

Glurns! ►B 4

Mit nur 700 Einwohnern ist Glurns/Glorenza (908 m) die kleinste Stadt Südtirols. Der heute eher unbedeutende Ort spielte in der Vergangenheit des oberen Vinschgaus eine wichtige Rolle. 1223 wurde Glurns Sitz des landesfürstlichen Gerichts. So sollte ein Gegengewicht zur Macht der Churer Bischöfe geschaffen werden, die ihre Vinschgauer Zentren in der Churburg, in der Burgeiser Fürstenburg und in ihrem Gerichtssitz Mals hatten. Im Jahr 1304 erhielt Glurns die Stadtrechte und entwickelte sich rasch zu einem blühenden Handelsstädtchen, da es das Stapelrecht für den Salzhandel in die Lombardei innehatte.

Im Engadiner Krieg wurde 1499 das habsburgische Ritter- und Söldnerheer westlich der Stadt bei Calven von der Schweizer Bauernarmee vernichtend geschlagen. Damit wurde die Schweizer Eidgenossenschaft endgültig unabhängig. Nach der Schlacht zogen die siegreichen Schweizer durch den Vinschgau bis nach Schlanders und zerstörten Glurns und zahlreiche andere Orte, als Vergeltung dafür, dass zuvor Engadiner Dörfer von Tiroler Truppen gebrandschatzt worden waren. Als

Die Arkaden der Laubengasse von Glurns sind extrem niedrig

Festungsstadt mit Türmen, Schutzmauern und Gräben wurde Glurns von den Habsburgern bald wieder aufgebaut. In den nachfolgenden Jahrhunderten verlagerten sich die Handelswege und die politischen Machtzentren, sodass Glurns gleichsam in einen Dornröschenschlaf fiel und sich bis heute sein mittelalterliches Stadtbild bewahrt hat. Häuser, Gassen und Mauern des Ackerbauernstädtchens wurden vorbildlich restauriert.

In der kleinen, überschaubaren Stadt kann man sich nicht verlaufen. Egal, in welche Gasse man einbiegt, nach wenigen hundert Metern trifft man auf die vollständig erhaltene Stadtmauer mit ihren drei Toren, massiven Türmen und Rondellen. Das Städtchen strahlt eine ruhige, beschauliche Atmosphäre aus, die nur von periodisch einfallenden Reisegruppen gestört wird. Zentraler Punkt ist der schöne **Stadtplatz** mit seinen beiden Gasthäusern. Der heutige **Gasthof Krone** war einst ein hochherrschaftliches Palais. Die **Laubengasse** ist so niedrig, dass man den Kopf einziehen muss. Hier gibt es allerdings keine Geschäfte wie in den Bozner oder Meraner Lauben. Der Glurnser Arkadengang ist eine reine Wohngasse. Im früheren **Ansitz Hendlspurg** in der Florastraße ist heute das Rathaus untergebracht.

Schludernser Tor-Turm

April–Anfang Okt. Mo–Sa 9–12.30, 2. Juni-Hälfte sowie Sept. und Anfang Okt. auch 15–18, Juli/Aug. durchgehend 9–18 Uhr

Der Turm beherbergt ein kleines Museum zur Geschichte der Stadt und Umgebung. Außerhalb der Stadtmauer, jenseits der Etsch, befindet sich die spätgotische Pfarrkirche **St. Pankratius** mit ihrem romanischen Kirchturm, den ein barocker Helm krönt.

Übernachten

Tradition – **Zur Post:** Tel. 04 73 83 12 08, Fax 04 73 83 04 32, www.hotel-post-glurns.com, 6. Jan.–So vor Ostern geschl., ab 44 €. Das traditionsreiche, zeitgemäß restaurierte Haus stammt aus dem 15. Jh. und liegt mitten in der Altstadt. Zum Hotel gehört ein schöner Garten mit Kinderspielplatz.

Infos

Tourismusverein Obervinschgau: 39020 Glurns, Tel. 04 73 83 10 97, Fax 04 73 83 52 24, www.ferienregion-obervinschgau.it.

Verkehr: Busse fahren von/nach Mals, Schluderns, Taufers sowie Müstair und Zernez in der Schweiz.

Münstertal ▶ A/B 4

An der Calvenbrücke beginnt das Münstertal/Val Monastero. In der Nähe fand 1499 die Entscheidungsschlacht im Engadiner Krieg zwischen den habsburgischen und schweizerischen Truppen statt. Nur der kleinere Teil des Tales liegt in Südtirol. Der Hauptanteil befindet sich im Schweizer Kanton Graubünden.

Taufers

Nach der Brücke verengt sich das Münstertal und führt hinauf ins langgestreckte **Taufers/Tubre** (1232 m).

Am Dorfeingang von Taufers steht rechts der gedrungene Komplex von **St. Johann** (Mitte Juni–Sept. Mo/Di, Do–Sa 9.30–17 (im Aug. bis 18), Mi 9.30–12 Uhr). Die Kirche und das angeschlossene Pilgerhospiz wurden Anfang des 13. Jh. von den Johannitern errichtet. Über eine Außentreppe ge-

Unser Tipp

Vinschger Höhenweg
Einer der neuesten Fernwanderwege in Südtirol ist der gut 100 km lange Vinschger Höhenweg, der am Schloss Juval beginnt und am Reschenpass endet. Er nutzt oft die schönen Waalwege und verläuft an der Sonnenseite des Tales. Für die Tour müssen 5 bis 6 Tage veranschlagt werden. Die beste Zeit für die Wanderung sind das Frühjahr und der Herbst, da auch im Vinschgau die Hochsommermonate sehr heiß werden können. Angebote mit Gepäcktransport gibt es bei Vinschgau Incoming, Tel. 04 73 61 67 42.

langt man in das Obergeschoss, das wahrscheinlich als Schlafsaal der Pilger diente. Der Raum wie auch die Außenwand der Kirche sind mit spätromanischen Fresken geschmückt, die durch ihre expressive Malerei begeistern. Auffälliger, wenn auch kunsthistorisch weniger bedeutend, sind die frühgotischen Fresken des Pilgerraums.

Das Dorf wird von den zwei Burgruinen **Reichenberg** und **Rotund** überragt, die zur Sicherung des Weges nach Graubünden im 12. Jh. errichtet wurden.

Münster ►A 4

Kurz hinter Taufers erreicht man die schweizerische Grenze und wenig später den Ort **Müstair** (1247 m). Unbedingt besuchenswert sind das **Kloster** und die **Stiftskirche St. Johann**, die einen weltberühmten karolingischen Freskenzyklus aus dem 9. Jh. besitzen. Wegen der Einmaligkeit wurde St. Johann in die Liste der Weltkulturgüter aufgenommen (Mai–Okt. tgl. 9–12 und 13.30–17, Nov.–April 10–12 und 13.30–16.30 Uhr, So jeweils nur nachmittags, www.muestair.ch).

Infos

Tourismusverein Taufers im Münstertal: 39020 Taufers, Tel. 04 73 83 30 46, Fax 04 73 83 20 00, www.taufers.org.

Verkehr: Busse fahren von/nach Mals, Glurns, Müstair, Zernez, wo Anschluss an das Schweizer Bahnsystem besteht.

Mals ►B 4

Das Bild der großen Marktgemeinde Mals/Malles (1050 m) wird von fünf Türmen beherrscht. Im Mittelalter konkurrierte der Ort, der Gerichtssitz der Bischöfe aus Chur war, mit dem von den Landesfürsten unterstützten Glurns. Heute hat Mals das Städtchen Glurns in jeder Hinsicht überflügelt und ist mit seinen knapp 5000 Einwohnern das wirtschaftliche und verwaltungspolitische Zentrum des Obervinschgaus. Einen wichtigen Anteil hatte dabei die im Jahr 1906 eröffnete Vinschgauer Eisenbahn, die in Mals endet und den Ort zu einem wichtigen Umschlagplatz werden ließ. Rings um den zentralen Peter-Glückh-Platz herrscht ein lebendiges kleinstädtisches Treiben.

Die kleine Kirche am Ortsrand, St. Benedikt, die um 800 wahrscheinlich als Filialkirche des Klosters in Müstair gegründet wurde, ist die vielleicht schönste der zahlreichen romanischen Kirchenbauten des Obervinschgaus. Das Innere birgt wertvolle karolingische Fresken. Besonders beeindruckend sind die Darstellungen der beiden Kirchenstifter: Der weltliche trägt fränkische Kriegsausrüstung, während der geistliche Stifter ein Modell des Gotteshauses in den Händen hält. (April–Anfang Nov. Mo–Sa 10–11.30, Mitte Juli–Ende Aug. zusätzlich Di–Do 15–16 Uhr. Führungen: April–Ende Okt. Mo um 16.30, Ende Juni–Anfang Sept. zusätzlich Di–Do um 14 Uhr)

Die **Kirche St. Martin** mit ihrem romanischen Turm (12. Jh.) steht beim nahezu unversehrt erhaltenen Kirchanger und Friedhof. In der Spitalstraße befindet sich der nächste Malser Turm, der **Fröhlichsturm** (Turmbesteigung Ende Juni–Anfang Sept. Di und Mi um 11 Uhr). Dieser Bergfried ist Überrest einer Burganlage aus dem 12. Jh. Wer die 164 Stufen erklimmt, wird mit einem großartigen Rundblick über Mals belohnt. An der nächsten Kreuzung der Spitalstraße steht rechts der schöne romanische Turm der 1799 von französischen Truppen zerstörten **St. Johann-Kirche** (ebenfalls aus dem 12. Jh.). An der spätgotischen Friedhofskapelle St. Michael vorbei, erreicht man auf dem Friedhof die Grabstätte der Familie Plattner und ein Denkmal für die Kriegsopfer, beides Werke von Karl Plattner, der zu den bekanntesten Südtiroler Malern des 20. Jh. zählt.

Laatsch ▶ B 4

Knapp 1 km südwestlich von Mals liegt unterhalb eines bewaldeten Felshanges die lang gezogene Malser Fraktion **Laatsch** (969 m). Das schöne Dorf besitzt gleich mehrere bemerkenswerte Kirchenbauten, deren sakrale Kunstschätze aber zum größten Teil dem organisierten Kirchenraub zum Opfer fielen. Am östlichen Dorfeingang steht der romanische Turm der abgebrochenen alten Pfarrkirche **St. Luzius**. Etwa in der Mitte des Dorfes befindet sich die zweigeschossige **Kirche St. Leonhard**. Die eine Fahrbahn der kleinen Straße führt unter dem Gotteshaus hindurch. Außen und innen ist der Bau mit gotischen Fresken geschmückt. Der kostbare Flügelaltar ist ein Werk des 15. Jh. (Schlüssel bei Familie Hutter im Haus Nr. 30 oder im Pfarrhaus). Die gotischen Gotteshäuser **St. Cäsarius** sowie **St. Kosmas** und Damian am westlichen Dorfausgang wurden vollständig ausgeplündert.

St. Veit auf dem Tartscher Bühel

Führung Ende Juni–Aug. Do 17 Uhr mit Voranmeldung am Vortag beim Tourismusverein

Auf dem **Tartscher Bühel** südöstlich von Mals nahe dem Dorf **Tartsch** steht weithin sichtbar die romanische Kirche **St. Veit** mit ihren wertvollen Fresken und barocken Altären. Grabungsfunde belegen, dass sich auf dem Hügel bereits eine vorgeschichtlich befestigte Siedlung befand. An die vorchristlichen Zeiten erinnert ein Brauch, der hier noch jedes Jahr im Februar praktiziert wird: das Scheibenschlagen. Die Teilnehmer halten runde oder eckige Holzscheiben an Birkenruten in ein Feuer, bis sie glühen, und schleudern sie dann mit allen möglichen Wünschen durch die Luft, dass die Funken sprühen.

Matscher Tal ▶ B 4

Beim Dorf Tartsch zweigt eine kleine Straße in das vergleichsweise unberührte **Matscher Tal** ab, das ebenfalls zum Malser Gemeindegebiet gehört. Das Tal mit dem Hauptort **Matsch** (1573 m) zählt immer noch zu den ärmsten der Region. Die Bergbauernwirtschaft ist weiterhin die wichtigste Erwerbsquelle. Man bemüht sich hier um einen ›angepassten‹ Tourismus, der im Einklang mit der traditionellen Landwirtschaft steht. Vom Talschluss aus sind auch anspruchsvolle Bergwanderungen in den Ötztaler Alpen möglich.

Übernachten

Ökologisch – **Greif:** Tel. 04 73 83 11 89, Fax 04 73 83 19 06, www.hotel-greif.com, HP 72 € (ab 65 €). Das traditionelle Hotel im Zentrum von Mals wird nach ökologischen Gesichtspunkten geführt. In der Küche werden deshalb überwiegend Produkte aus biologischem Anbau der Region verwendet.

Infos

Tourismusverein Mals: Peter-Glückh-Platz 3, 39024 Mals, Tel. 04 73 83 11 90, Fax 04 73 83 19 01, www.ferienregion-obervinschgau.it.

Verkehr: Die **Vinschgerbahn** fährt durch den Vinschgau von und nach Meran. Parallel dazu verkehren **Busse** sowie von und nach Nauders (Österreich) und durch das Münstertal von und nach Müstair (Schweiz).

Burgeis ► B 4

Das ansehnliche Dorf Burgeis/Burgusio (1201 m) mit den versteckten Winkeln und Gassen und den trutzigen Häusern, die von zahlreichen Erkern, Fresken und Außentreppen geschmückt sind, ist ein gutes Beispiel für eine wohlgelungene Ortssanierung. Besonders schön ist der **Dorfplatz** mit dem Michaelsbrunnen und dem uralten Gasthof ›Zum Mohren‹. Die ehemals romanische **Pfarrkirche** mit dem schlanken, hohen Turm wurde um 1480 im gotischen Stil umgebaut. Die Kirche **St. Nikolaus**, die am nördlichen Dorfrand jenseits der Etsch liegt, konnte sich ihr romanisches Aussehen bewahren.

Fürstenburg

Führungen im Juli und Aug. Mo um 14 und Do um 10 Uhr

Die Burg wurde im Jahr 1280 am südlichen Ortsrand von den Churer Fürstbischöfen zum Schutz gegen die Matscher Vögte errichtet. Heute ist darin eine Landwirtschaftsschule untergebracht.

Kloster Marienberg ! ► B 4

www.marienberg.it, Klostermuseum: April–Anfang Nov. Mo–Sa 10–17, Ende Dez.–Anfang Jan. Mo–Sa 10–16 Uhr. Krypta: Nur im Rahmen der Vesper Einlass Mo–Sa 17.30 Uhr

Hoch über Burgeis liegt der Hauptanziehungspunkt des Dorfes, der weiße, vielfenstrige Bau des Benediktinerklosters Marienberg. Vom Dorf ist das Kloster in einem halbstündigen Spaziergang auf dem Wanderweg 2 oder auf einer kleinen Fahrstraße zu erreichen. Nach der Gründung des Klosters um das Jahr 1150 mussten sich die Benediktinermönche lange Zeit gegen die Macht der Matscher Vögte behaupten. Es kam zu wiederholten Plünderungen des Klosters und zur Ermordung eines Abtes. Zur Zeit der Reformation, die auch hier von Bauernaufständen und der Wiedertäuferbewegung geprägt war, spielte das Kloster eine entscheidende Rolle für Rekatholisierung und Germanisierung des bis dahin rätoromanischen Vinschgau.

Die **Klosterkirche** mit dem erhalten gebliebenen romanischen Säulenportal war ursprünglich eine dreischiffige Pfeilerbasilika (frühes 13. Jh.). Im 17.

Attraktion hoch über Burgeis: Kloster Marienberg

Jh. wurde sie im Inneren stark barockisiert. Die **Krypta** unterhalb der Kirche beherbergt einzigartige romanische Fresken aus der Zeit der Stiftsgründung. Die herrlichen Engelsfiguren und die Aposteldarstellungen in leuchtenden Farben lassen byzantinischen Einfluss vermuten. Um die überaus wertvollen Malereien zu schützen, kann die Krypta nur noch im Rahmen des Abendgebets besucht werden. Die übrigen Räume des weitläufigen Klosters können nicht besichtigt werden.

Übernachten

Komfortabel – **Weisses Kreuz:** Tel. 04 73 83 13 07, Fax 04 73 83 16 53, www.weisseskreuz.it, Allerheiligen–Mitte Dez. und einen Monat nach Ostern geschlossen, ab 75 € (55 €), im Restaurant (Do Ruhetag) Hauptgericht ab 14 €. Mit Understatement nennt sich das Haus ›Landgasthof, ist aber ein komfortables Hotel mit einem großzügigen Wellnessbereich. Das Restaurant besticht mit einer leichten, traditionellen Küche – international angehaucht.

Traditionell – **Zum Mohren:** Tel. 04 73 83 12 23, Fax 04 73 83 04 06, www.mohren-plavina.com, Mitte Nov.–25. Dez. geschl., im Gasthof ab 55 €, Appartements ab 71 €; Restaurant: Di und Mi (mittags) Ruhetag, Hauptgericht ab 14 €. Der seit Generationen von der Familie Theiner geführte Gasthof liegt zentral am Dorfplatz und ist *der* Treffpunkt. Im Restaurant werden Südtiroler Speisen serviert.

Infos

Tourismusbüro: 39024 Burgeis, Tel. 04 73 83 14 22, Fax 04 73 83 16 90, www.ferienregion-obervinschgau.it.

Verkehr: Busse fahren von/nach Mals, Reschen, Reschenpass und Nauders (Österreich).

Reschen ►B 3

Um zu den letzten Vinschger Dörfern zu gelangen, muss die **Malser Haide**, der größte Murkegel aus Moränenmaterial im gesamten Alpenraum, überwunden werden. In früheren Zeiten war die Haide wegen des starken Nordwinds und der häufigen Schneestürme, die vom Reschenpass herabtoben, bei Reisenden gefürchtet. An einer der Straßenkehren steht ein **Ossarium**, in dem die Gebeine von italienischen Soldaten ruhen, die im Ersten Weltkrieg an der Ortlerfront getötet wurden. Am fischreichen Haidersee vorbei erreicht man **St. Valentin an der Haide** (1470 m). Von hier führt ein Sessellift hinauf zum Ski- und Wandergebiet der Haideralm.

Reschensee ►B 3

Nördlich von St. Valentin liegt der See, der 1949 aufgestaut wurde und dessen Wasser mittels eines 12 km langen Stollens die Turbinen eines Kraftwerks in Schluderns antreibt. Bei der Überflutung des Talbodens wurden alle Häuser des Dorfes Graun sowie etliche Bauten der Dörfer St. Valentin und Reschen zerstört. Nur der Turm der alten Grauner Pfarrkirche blieb erhalten und ragt aus dem Wasser. Das neue Dorf **Graun** (1500 m) wurde in den 50er-Jahren am Rand des Stausees wieder aufgebaut. Hier zweigt das nach Osten verlaufende Hochtal von **Langtaufers** ab, das ein kleines Skigebiet bei Maseben besitzt. Im Sommer ist es guter Ausgangspunkt für Wandertouren im Bereich des zweithöchsten Berges der Ötztaler Alpen, der Weißkugel (3739 m). Der Weiler **Melag** im Talschluss ist mit 1915 m Höhe der höchstgelegene ganzjährig bewohnte Ort in Südtirol.

Reschen Dorf ►B 3

Am Nordende des Stausees liegt kurz vor der italienisch-österreichischen Grenze das Dorf **Reschen** (1497 m). Von hier aus erreicht man auf einem schönen, anfangs steilen Wanderweg (Nr. 6/7), der an einer kleinen Waldkapelle vorbeiführt, das winzige Dorf **Rojen** (1968 m) mit seiner einzigartigen Kirche im gleichnamigen Hochtal. Die holzschindelgedeckte kleine **St. Nikolaus-Kirche** wurde wahrscheinlich im 13. Jh. erbaut und weist einen reichen Freskenschmuck aus dem 15. Jh. auf. Die Figuren des barocken Altars sind jedoch Kopien, die wertvollen Originale wurden 1976 gestohlen (Schlüssel im benachbarten Gasthof).

Ausflüge

Schiffstour auf dem Reschensee

Das einzige Ausflugsschiff in ganz Südtirol, die ›MS Hubertus-Interregio‹, verkehrt mehrmals am Tag von Mai bis Oktober auf dem Reschensee. Einst fuhr das 1937 gebaute, 28 m lange Motorschiff mit seinen 50 Sitzplätzen auf dem Starnberger See in Bayern. Im Rahmen des Interregio-Projekts, der internationalen Zusammenarbeit zwischen Südtirol, Österreich und der Schweiz, kam es auf den Vinschgauer See. Die Abfahrt ist in Graun. Ein Pullover oder eine Windjacke sind ratsam, denn auf dem See kann es empfindlich kühl werden.

Kite-Surfen

Der Reschensee ist das Südtiroler Mekka für eine vergleichsweise junge Sportart, dem Kite-Surfen. Anders als beim Windsurfen wird hier das Board von einen Drachen gezogen. So sind weitaus höhere Sprünge möglich. Über Einzel- und Gruppenunterricht informieren die Tourismusbüros.

Infos

Ferienregion Reschenpass: 39027 Graun, Tel. 04 73 63 46 03, Fax 04 73 63 31 40, www.reschenpass.it, Info-büros gibt es auch in St. Valentin und Reschen.

Verkehr: Busse fahren von/nach Mals und Nauders (Österreich).

Radvergnügen an der oberen Etsch

Nirgendwo sonst in Südtirol lässt sich einfacher und angenehmer eine tolle Radtour unternehmen als im Vinschgau an der oberen Etsch. Denn die Infrastruktur für Radler ist nahezu perfekt: Der gut ausgebaute Radweg führt überwiegend abseits des motorisierten Verkehrs. Parallel zur Route verkehrt die Vinschgerbahn mit ihren modernen Triebwagen, die auch Räder transportieren. An sechs Bahnhöfen entlang der Strecke werden Fahrräder verliehen, die an jeder Verleihstation wieder abgegeben werden können. Das Leihrad kostet pro Tag 20 € inkl. Versicherung und Pannenservice. Gibt man das Rad woanders ab, kommen 4 € hinzu. Dafür ist dann die Rückfahrt zum Startpunkt per Bahn oder Bus gratis.

Am besten ist es, die Radtour in Mals zu beginnen, denn dann rollt man stets bergab. Der Radweg folgt der historischen römischen Fernhandelsstraße, der *Via Claudia Augusta,* die einst von Augsburg zur Adria verlief. Heute ist die Strecke eine ausgeschilderte internationale Rad- und Wanderroute.

Radverleih: 04 73 20 15 00, www.vinschgauerbahn.it, www.viaclaudia.org, www.suedtirol-rad.com.

Abbildungsnachweis

Bildagentur Huber, Garmisch-Patenkirchen: S. 142 (Arcangelo); 10, 63 (Bernhart); 272 (Huber); Umschlagklappe vorn (Olimpio); 184 (Rellini)

dpa/picture-alliance, Frankfurt a. M.: S. 56 (KPA/Fuhrmann)

iStockphoto.com: S. 54 (Pruter)

laif, Köln: S. 146/147 (Huber); 74/75, Titelbild (Linkel)

Mauritius Images, Mittenwald: S. 72/73, 238/ 239 (Ehn); 18, 33 Umschlagrückseite (go-images); 222 (imagebroker); 70 (Rischel)

Südtirolfoto, Bozen: S. 14/15, 70, 76 re., 90, 96, 112, 128, 177, 200 re., 204, 283 (Bernhart); 137 (Dejori-Stork); 100 re., 122/123, 124, (Kienzl); 11 (Moser); 24/25, 27, 28, 42/43, 50/51, 53, 64, 68, 86, 88, 93, 100 li., 108, 138, 140, 150/151, 161, 169, 170, 254 li., 258, 262, 268, 276 (Rier); 49, 52, 60, 76 li., 79, 80, 84, 94/95, 98, 101 li., 104/105, 116/117, 130, 154, 158 li., 158 re., 159, 164, 172, 180/181, 190, 195, 198, 200 li., 201 li., 208, 212, 218, 221, 224 li., 224 re., 225 li, 227, 230, 231, 234, 244, 246, 250/251, 254 re., 255 li., 260, 266/267, 281 (Seehauser); 35, 246

Kartografie

DuMont Reisekartografie, Fürstenfeldbruck
© DuMont Reiseverlag, Ostfildern

Umschlagfotos

Titelbild: Kirche St. Magdalena im Villnoesstal vor den Geislerspitzen
Umschlagklappe vorn: Blühender Rhododendron vor dem Langkofel

Hinweis: Autoren und Verlag haben alle Informationen mit größtmöglicher Sorgfalt geprüft. Gleichwohl sind Fehler nicht vollständig auszuschließen. Alle Angaben erfolgen ohne Gewähr. Bitte, schreiben Sie uns! Über Ihre Rückmeldung zum Buch und über Verbesserungsvorschläge freuen sich Autoren und Verlag:

DuMont Reiseverlag, Postfach 3151, 73751 Ostfildern,
info@dumontreise.de, www.dumontreise.de

3., aktualisierte Auflage 2013

Redaktion/Lektorat: Silvia Engel, Susanne Pütz
Grafisches Konzept: Groschwitz/Blachnierek, Hamburg
Printed in China

FSC www.fsc.org
MIX
Paper from responsible sources
FSC® C002957